***ACCESO GRATIS** a la Lectura en la Nube*

Para visualizar el libro electrónico en la nube de lectura envíe junto a su nombre y apellidos una fotografía del código de barras situado en la contraportada del libro y otra del ticket de compra a la dirección:

ebooktirant@tirant.com

En un máximo de 72 horas laborables le enviaremos el código de acceso con sus instrucciones.

SISTEMAS PREDICTIVOS EN LA JUSTICIA CIVIL

SISTEMAS PREDICTIVOS EN LA JUSTICIA CIVIL

EDITORA

ANA ISABEL BLANCO GARCÍA

tirant lo blanch

Valencia, 2024

En caso de erratas y actualizaciones, la Editorial Tirant lo Blanch publicará la pertinente corrección en la página web www.tirant.com.

Esta Obra se ha realizado en el marco del Proyecto "Aplicación de los sistemas predictivos en la tutela cautelar civil" financiado por la Fundación Privada Manuel Serra Domínguez.

© TIRANT LO BLANCH
EDITA: TIRANT LO BLANCH
C/ Artes Gráficas, 14 - 46010 - Valencia
TELFS.: 96/361 00 48 - 50
FAX: 96/369 41 51
Email: tlb@tirant.com
www.tirant.com
Librería virtual: www.tirant.es
DEPÓSITO LEGAL: V-3572-2023
ISBN: 978-84-1169-839-9

Si tiene alguna queja o sugerencia, envíenos un mail a: *atencioncliente@tirant.com*. En caso de no ser atendida su sugerencia, por favor, lea en *www.tirant.net/index.php/empresa/politicas-de-empresa* nuestro procedimiento de quejas.

Responsabilidad Social Corporativa: http://www.tirant.net/Docs/RSCTirant.pdf

Índice de autores (orden alfabético)

Ana Isabel Blanco García
Ana Montesinos García
Betty Martínez Cárdenas
Désiré Sansaloni Blanco
Elena de Luis García
Laura Estephanía Huertas Montero
Marcela Rodríguez Mejía
María Isabel Cornejo Plaza
María José Catalán Chamorro
María Torres Pérez
María Victoria Sánchez Pos
Marta Benavides Pérez
Marta Isabel Robles Ustariz
Miren Josune Pérez Estrada

Índice

Y LLEGÓ LA INTELIGENCIA ARTIFICIAL, MANIFESTACIÓN DE LA JUSTICIA ORIENTADA AL DATO

SILVIA BARONA VILAR
Prof. Dra. Dra h.c. mult
Catedrática de Derecho Procesal
Universitat de València

En los últimos tiempos estamos asistiendo a una cascada de publicaciones en torno a la inteligencia artificial y su incorporación en la Justicia. Obras que, en muchos casos, reiteran machaconamente las mismas ideas, los mismos discursos, sin aportar siquiera una visión distinta, lo que, en otras cosas, dan la razón a aquellos que opinan que la máquina, aun cuando no piensa, puede mostrarse más inteligente que la propia mente humana. Proyectos, congresos, seminarios, conferencias, discurren en los últimos años sobre la irrupción del fenómeno de la algoritmización de la Justicia, todo y que todavía hay muchos que aún no han diferenciado que no todo sistema algorítmico -sino solo unos pocos- son inteligencia artificial, en sentido tecnológico empleado. Y hay quienes mantienen una posición negacionista de una realidad que ha llegado para quedarse, nos entusiasme o nos pese.

Por una u otra causa, lo que es indudable es que esta volcánica inmersión e interés doctrinal por la algoritmización y la inteligencia artificial empleadas en el *modus operandi* de la Justicia refleja un nuevo modelo, una nueva mirada, un entorno y un contenido de la Justicia diverso. Esta nueva realidad emergió de forma instrumental, en tanto en cuanto la tecnología se empleaba como medio para cumplir la misma función de siempre, pero que camina inexorablemente hacia su conversión en una realidad funcional en la Justicia, lo que supone un cambio de paradigma en quienes ejercen funciones en Justicia y en el cómo las ejercen (principios, garantías, derechos, deberes, etc). Los hechos lo constatan y las normas que se avizoran caminan hacia su consolidación (de la digitalización documental a la Justicia orientada al dato), lo que no es sino el reflejo del entorno digital que nos acompaña, mostrando una *Smart Society* en la que los instrumentos digitales, el Internet y las tecnologías fueron asistiendo inicialmente a la Humanidad, generando un planeta tecnológico, aumentado, propulsando una suerte de dependencia, que ha ido dando paso a la realidad actual del *homo digitalis*, que ha penetrado en todos sectores, áreas, principios y valores de la sociedad, alcanzando a la *Iustitia Digitalis*.

La digitalización no es el fruto de una primavera, ni tampoco de la casualidad, sino que responde a una evolución propulsada desde la revolución industrial del 3.0., que trajo consigo en el sector económico una revolución tecnológica, a saber, la automatización industrial, la computación y las tecnologías digitales de primera generación, que transformaron las bases de la sociedad del Siglo XX, especialmente en materia de comunicación, lo que favoreció una manera diversa de operar tanto en la organización como en la gestión. Dos componentes esenciales en esta manera de organizar y gestionar: el ordenador y el internet, instrumentos que revolucionaron la manera de comunicarse y favorecieron una red comunicacional que permitía mucho en poco tiempo.

Los resultados que se alcanzaban en el mundo de la Justicia debido a la incorporación de estos instrumentos tecnológicos fueron pronto aplaudidos, dada la mayor celeridad y eficiencia de los sistemas jurídicos. Fue esa primera etapa de digitalización instrumental cuando comenzaron a aparecer nuevos instrumentos y herramientas tecnológicas que ofrecen un escenario diverso para una mejor y más eficiente Administración de Justicia, girando en torno a la adquisición masiva de los ordenadores. La evolución marcada en sus inicios por la ofimática (automatización, mediante sistemas electrónicos, de comunicaciones y procesos administrativos en las oficinas) pasó poco a poco por la digitalización inicial, más instrumental y especialmente referida a la gestión procesal, con una vocación (frustrada en sus inicios) hacia la interoperatibilidad de los sistemas, y con un foco nucleado en torno al expediente judicial electrónico.

La primera fase vino de la mano de la sociedad de la información y de su estrecha vinculación a internet, incorporando las TIC, que permitían archivar, tratar y transmitir grandes cantidades de datos en el contexto de la compleja organización judicial, y además con un abaratamiento creciente de costes y a unas velocidades cada vez más elevadas. Caminaba esta transformación de la mano de los dos grandes disvalores de la sociedad actual, la eficacia y la eficiencia, que buscaban una agilización de procedimientos, una reducción de plazos y la efectividad en la ejecución, además de presentarse como una mejora de la calidad de la justicia y muy especialmente de las resoluciones judiciales. La gestión de tiempos, gracias a la incorporación progresiva de la tecnología en esta fase, avizoraba una mayor optimización del trabajo personal, con una mejora en la distribución y gestión de la actividad en sede judicial.

Aun cuando en esta primera fase los desarrollos tecnológicos irrumpieron y se expandieron sin apenas darnos cuenta, se hacía necesario configurar un marco normativo que abrigara las respuestas tecnológicas sin afectar a la seguridad jurídica y a las garantías y derechos en sede judicial. Los textos legales se han ido sucediendo desde finales del siglo pasado y en el siglo XXI, en aras de ofrecer respuesta jurídica adecuada a la utilización de medios técnicos, electrónicos e informáticos para el desarrollo de la actividad y el ejercicio de las funciones de juzgados y tribunales (LO 16/1994, de 8 de noviembre, que reforma la LOPJ; L.1/2000, de 7 enero (LEC), que incorpora la oralidad en vistas y comparecencias, registrándose éstas en soporte apto para la grabación y reproducción del sonido y la imagen; L.18/2011, de 5 de julio, reguladora del uso de las tecnologías de la información por parte de los ciudadanos y profesionales en sus relaciones con la Administración de Justicia; L. 39/2015, de 1 de octubre, del Procedimiento administrativo común de las administraciones públicas, la L.40/2015, de 1 de octubre, de Régimen Jurídico del Sector Público y la L.42/2015, de 5 de octubre, de reforma de la LEC, que introduce las subastas electrónicas, la obligatoriedad general de comunicación con la Administración de Justicia por medios electrónicos para ciudadanos y profesionales, entre otras).

Se configuraban conceptos e instituciones, como Sede Judicial Electrónica, Punto de Acceso General de la Administración de Justicia, se creaba el Comité Técnico Estatal de la Sede Judicial Electrónica, se fueron digitalizando los expedientes electrónicos (EJE), incorporando sistemas de gestión procesal y notificaciones… . El camino hacia la *Iustitia Digitalis* pareciera imparable.

En este itinerario de transformación digital de la Justicia, sin embargo, no todo fue un camino de rosas. Las decisiones y sistemas incorporados en las diversas comunidades autónomas presentaban una asimetría presupuestaria e instrumental, así como una asimetría temporal, siendo diversas las velocidades y la intensidad, amén de ser diversos tecnológicamente hablando los sistemas de gestión que se implementaban. Esta diversidad tecnológica propiciaba un enorme obstáculo a la interoperatividad, objetivo esencial de este proceso de transformación.

El itinerario digital caminaba a un ritmo adecuado a la realidad social que le abrigaba, tanto en cantidad como en calidad, haciendo cada vez más expansiva la funcionalidad de la digitalización y la incorporación de herramientas algorítmicas que comenzaban a sustituir funciones del ser humano, convirtiéndole en prescindible en determinados casos, e incorporando legalmente las nuevas realidades en el mundo jurídico. La revolución 4.0. había llegado y también la Unión Europea trabajaba para caminar digitalmente juntos, con mayor cautela que países de otros espacios geográficos, y preocupada por mantener la seguridad, las garantías y los derechos. En esa evolución se produjo un inesperado acontecimiento, la aparición de la enfermedad del coronavirus (COVID-19), aparecida en el mes de diciembre de 2019, en la ciudad de Wuhan, capital de la provincia de Hubei (China), donde un grupo de trabajadores del mercado mayorista de mariscos presentaron síntomas de una neumonía de causa desconocida, que parecía tener su origen en un virus zoonótico, esto es, que circula principalmente entre animales, habiendo infectado a los humanos, sin tener capacidad hasta el momento de combatirlo. Lo que originariamente pareciera haber emergido como un "problema local" chino propulsó una pandemia planetaria. La Organización Mundial de la Salud (OMS) declaró el 30 de enero de 2020 la existencia de un riesgo de salud pública de interés internacional, y declaró la pandemia por coronavirus el 11 de marzo de 2020.

En este contexto pandémico el colapso planetario alcanzó a la Justicia. La impredecibilidad y, sobre todo, la enorme vulnerabilidad que mostraba la humanidad requería respuestas asertivas. En España, tras la declaración del estado de alarma el 14 de marzo de 2020 y la suspensión con carácter general de términos y plazos procesales con las excepciones de actuaciones esenciales para garantizar los derechos de las personas, se adoptaron decisiones con urgencia para continuar la actividad de la Justicia. Se aprobaron el RDL 16/2020, de 28 de abril, y la posterior L. 3/2020, de 18 de septiembre, de medidas procesales y organizativas para hacer frente al COVID-19 en el ámbito de la Administración de Justicia, permitiendo la celebración de vistas y actos procesales por medios telemáticos. El Ministerio de Justicia y las Comunidades Autónomas estuvieron trabajando en esa línea, consolidando las relaciones tecnológicas entre la ciudadanía y la Administración de Justicia, en busca de un incremento de la eficacia y la calidad en el funcionamiento de la Justicia.

Las respuestas a situaciones de emergencia encontraron en la tecnología instrumental su mejor aliada, provocando una aceleración volcánica del ecosistema digital en la sociedad y, por necesidad, también en el mundo jurídico.

La vuelta a la normalidad progresiva no supuso una regresión tecnológica, sino, al contrario, una necesidad de avanzar y progresar, de la mano de la tecnología innovativa y progresivamente también disruptiva, hacia una metamorfosis digital de la Justicia; esto, a mayor abundamiento, casaba a la perfección con el impulso de la aprobación por Naciones Unidas de los Objetivos de Desarrollo Sostenible (ODS) de 2015 y la necesidad de adoptar por los Estados medidas para adaptarse a la denominada Agenda 2030; una agenda global ambiciosa que ofrecía una voluntad de movilización de la comunidad internacional en los retos por alcanzar unos objetivos comunes. La Agenda 2030 se fundamenta en la sostenibilidad económica, social y ambiental, y asume que el desarrollo sostenible no puede hacerse realidad sin que haya paz y seguridad, para lo cual se ha de luchar para construir sociedades pacíficas, justas e inclusivas que proporcionen igualdad de acceso a la justicia y se basen en el respeto de los derechos humanos, en un estado de derecho efectivo y una buena gobernanza a todos los niveles, así como en instituciones transparentes y eficaces que rindan cuentas.

En ese contexto la Justicia, su modelo, sus protagonistas, sus principios y su *modus operandi,* están llamados a desempeñar un papel esencial en el cumplimiento de estos ODS. Y precisamente, entre la pluralidad de medios para combatir la justicia lenta, desigual, costosa, excesivamente técnica e inasible se ubica la tecnología, inicialmente de forma instrumental, al servicio de una mejor justicia social, para poco a poco incorporar la tecnología funcional, que ofrece funciones que antes eran exclusivas del ser humano, propulsando el debate en torno a si la irrupción de la tecnología, los algoritmos y la inteligencia artificial en la Justicia permiten, amén de favorecer el cumplimiento de los ODS, alcanzar una *Justicia más sostenible, más equitativa, más igual y más justa socialmente.* La tecnología no puede -ni debe- servir para acentuar las grandes falencias de la sociedad actual, para generar el empoderamiento de unos pocos para el control y la manipulación de unos muchos. La tecnología no es neutra y, por ello, debe funcionar, aplicarse, desarrollarse, en las sociedades actuales, que buscan la disrupción social desde la innovación digital, empero como instrumento o medio, no como fin de la Humanidad.

Los desarrollos conceptuales e institucionales tecnológicos se han ido sucediendo y consolidándose, y hemos asistido a la proliferación de herramientas algorítmicas que se han nucleado en torno a un concepto emergente y supravalorado en el mundo tecnológico: *los datos,* siendo considerado en los foros internacionales como el petróleo del siglo XXI. Algunas de estas herramientas son verdaderos soportes importantes para el ejercicio de las funciones en Justicia y caminan hacia sus desarrollos y conversiones en verdaderas inteligencias artificiales que la están ya revolucionando, ofreciendo predicciones, generando soportes argumentativos, ofreciendo respuestas valorativas (computacionales) tras búsquedas, comparación y análisis de documentos, entre otros. Son múltiples las herramientas que vienen incorporándose en la Justicia (VioGén, SIG, Veripol, Araucaria, Argumen, Casemap, Expertcop, Advokate, Stevie, Data Mining, Compas, Echo/Alibi, Ican System…). Todos ellos comienzan a ser conocidos en los foros nacionales e internacionales, permitiendo asistir, complementar o incluso en algunos casos sustituir las decisiones de los operadores jurídicos en el mundo de la Justicia.

Ante esa realidad tecnológica, la legislación busca otorgar no solo viabilidad, sino sobre todo garantías, aprovechando los avances tecnológicos en aras de una justicia más accesible, más próxima y más célere. Se trata de otorgar la debida cobertura jurídica a la transformación digital disruptiva que camina hacia una Justicia orientada al dato, que comporta necesariamente una afectación de los fundamentos (principios), la organización de la Justicia y sus operadores jurídicos, las normas procesales, que deberán adaptarse a la nueva realidad y favorecer la gestión procesal digital, amén de garantizar los derechos de la ciudadanía, y, por supuesto, un aporte presupuestario suficientemente importante como para implementar infraestructuras digitales, espacios, edificios y capacitación de los operadores y de la ciudadanía.

Esta orientación al dato de la Justicia presenta numerosas mejoras en celeridad, eficiencia y aminoración de costes en las relaciones entre la ciudadanía y la Administración en general, siempre que se garanticen los principios de seguridad jurídica digital, acceso, autenticidad, confidencialidad, integridad, disponibilidad, trazabilidad, conservación e interoperatividad de los sistemas de información de la Administración. Todo ello debe ser aplicable en el sector Justicia, como punto de partida indiscutible para favorecer el ecosistema digital eficiente, sostenible y garantista de la Justicia en nuestro país. Y son estos los principios sobre los que se diseña la normativa proyectada en torno a la eficiencia digital del servicio público de la Justicia, esto es, en la conformación, modus operandi y estructura de la Administración de Justicia, amén de la regulación de las relaciones de la Administración de Justicia con la ciudadanía y con los profesionales que interactúan con ella, así como las relaciones entre aquélla y el resto de Administraciones y organismos públicos. Esos principios delimitadores del sistema digital orientado al dato permiten ofrecer garantías en su desarrollo, asumiendo que el modelo de Justicia analógico funciona desde unos parámetros diversos. Así, si objetivamente es imprescindible garantizar estos principios, también lo es garantizar derechos y deberes digitales en la Justicia, asumiendo como punto de partida el derecho de la ciudadanía a un servicio personalizado de acceso a procedimientos, informaciones y servicios accesibles de la misma. Simultáneamente, se reconoce el derecho de los profesionales de justicia a que este nuevo modelo posibilite la desconexión digital y la conciliación de la vida laboral, personal y familiar.

Acceso a la Justicia digital, servicios digitales de las Administraciones con competencia en Justicia, gestión de expedientes electrónicos (su itineración), la transmisión de documentos electrónicos entre los diversos operadores en Justicia, la tan anhelada interoperatividad de datos entre tribunales, oficinas judiciales y fiscales, la configuración de portales de datos en los términos legalmente establecidos y la identificación y firma de los intervinientes en actuaciones no presenciales, o un servicio de información de la Justicia que afecte a la ciudadanía, cuando sea parte o se halle legítimamente interesada, la creación de la Carpeta de Justicia, el establecimiento con garantías del sistema de identificación y autentificación, la configuración de un modelo de tramitación electrónica (con modificaciones legales) con garantías (para la organización, las personas y la accesibilidad al sistema), la comunicación electrónica, etc, son todos ellos componentes paradigmáticos de ese nuevo modelo de Justicia orientada al dato.

En ese modelo de Justicia se validan las actuaciones automatizadas, proactivas y las asistidas, que permiten incorporar herramientas algorítmicas (predictivas, generativas, argumentativas…).

Las automatizadas son aquellas que ofrecen funciones repetitivas y automatizables, tareas que anteriormente se efectuaban manualmente, de modo que, por ejemplo, permiten calcular plazos desde las fechas que aparecen en los datos, realizar comprobaciones automáticas, que afectan a duración de medidas cautelares, a situación concursal, etc.

Las proactivas son aquellas que, alimentadas de datos incorporados a las mismas, permiten generar efectos o establecer avisos o alertas respecto de otros fines distintos, como sucede por ejemplo con aquellas herramientas que realizan notificaciones a las partes o aquellas que incorporan avisos automáticos.

Finalmente, cabría pensar en las herramientas asistidas o generativas, que crean un borrador total o parcial de texto, de apoyo al juez o fiscal, a los letrados de la administración de justicia o a los abogados. Ahora bien, estas herramientas asistidas que generan documento, que en algunos países, especialmente anglosajones y asiáticos sustituyen a los operadores jurídicos funcionalmente, encuentran ciertos límites en las legislaciones europeas. Se presentan como un texto creado o generado por la máquina, empero que requiere de control humano.

Poco a poco, las inteligencias artificiales han venido ganando terreno, en esa orientación de la Justicia al dato. Son numerosas las herramientas de IA que ofrecen respuestas en el desarrollo del proceso y en la decisión que deba adoptarse en sede judicial. Su perfeccionamiento viene de la mano de la obtención, selección, y tratamiento de los datos, que permitirán mejorar la generación de los textos y el alcance de una mayor calidad de los mismos.

Para avanzar en este terreno se insiste en el modelo de co-gobernanza entre el sector privado y el sector público, dado que si bien se implementa en el sector público, con consecuencias jurídicas y jurídico-procesales innegables, la necesidad de colaboración con el sector privado en indudable; es aquí donde se diseñan, programan y crean las inteligencias artificiales, empero su implementación en la Justicia, como pilar fundamental, constitucional y público, del Estado, obliga a mantener el diálogo entre ambos; diálogo que permita trabajar conjuntamente para garantizar que el modelo IA es adecuado, pertinente y garantista, de modo que podrán -deberían- establecerse una suerte de controles previo de viabilidad (una suerte de compliance que permita fijar condiciones para su validación), si bien también controles periódicos de aplicabilidad (auditorías), que permitieran mantener la validez de la herramienta o su necesidad de cambios, que adapten la funcionalidad de la IA a la sociedad en la que se implementa. En este sentido, hemos asistido al uso de herramientas, altamente conocidas en el mundo de la Justicia, como sucede en España con Viogén, que han dado muestras de una necesidad de revisión, de cambios, ante los fallos que se han podido generar, provocando situaciones de injusticia palmaria. Esos cambios tecnológicos no se materializan por el sector público, sino por el privado, aun cuando a propuesta del sector público, de ahí el imprescindible diálogo público-privado en este sector.

En consecuencia, la inteligencia artificial ha llegado al mundo de la Justicia, propulsada desde esa orientación de la misma al dato. Los datos, su obtención, clasificación, explotación, permiten realizar tareas en la Justicia, aun cuando se basan en la calculabilidad, dado que dan respuestas al presente y al futuro con datos del pasado. Obviamente, la selección de los datos, el perfeccionamiento de las herramientas, su usabilidad en el marco de un entorno digital en la Justicia ya innegable, ofrecen respuestas a tareas tales como la clasificación automática de la documentación, eliminando la necesidad de análisis humanos, permite explotar información, generando indicadores interesantes en materia de Justicia, tales como indicadores de litigiosidad, de criminalidad o de vulnerabilidad social, lo que puede favorecer la toma de decisiones (reorganización judicial, reestructuración de las funciones policiales, lugares, horas, días, etc, la toma de decisiones de política social, etc), además de la posible decisión judicial, o pueden ofrecer sustento en el refuerzo de los sistemas de ciberseguridad y protección de datos personales en la Justicia, así como las múltiples herramientas que permiten establecer el grado de fiabilidad de testigos o peritos, el valor de los rumores en el proceso, el nivel de valoración de la prueba, el cálculo de probabilidad de una denuncia falsa, de posible reincidencia, etc.

Más allá de las manifestaciones y herramientas que se han ido diseñando en estos últimos años con proyección en el mundo de la Justicia, en muchos casos estas herramientas cumplen un papel asistencial innegable, con un valor generativo también indiscutible. Sus resultados aplicados a determinados ámbitos, incluidos aquellos en los que la herramienta realiza una propuesta decisoria basada en los datos que la alimentan (generan, almacenan y procesan), permiten afirmar que el camino hacia un ecosistema digital de Justicia, con esta orientación al dato (eje de todo el profuso movimiento transformador disruptivo de la digitalización) está consolidándose.

Todo momento de la Historia en el que se produce un factor innovativo y hasta disruptivo genera no pocas dudas, miedos, insatisfacciones y sensación de fracaso como Humanidad. Este momento es uno más. La digitalización se ha expandido por todo el planeta, nos ha abrazado, nos ha envuelto y ha penetrado en la esencia, suscitando la gran duda de si en estos momentos nos hallamos en un estadio de Humanidad aumentada, de humanidad siliconizada (Eric Sadin dixit), o si estamos en un periodo de reversión de esas falencias iniciales, que hacían avizorar el fin de la Humanidad y el sometimiento a las máquinas, y de este modo se presenta un camino hacia la hibridación positiva, a saber, hacia la humanización de la tecnología, en tanto en cuanto la asunción de los Estados, de los movimientos supranacionales, de la responsabilidad (pública) del devenir de la inteligencia artificial y su exigencia de respeto a las personas, al sistema en su conjunto y a la sostenibilidad y el medioambiente, lleva a pensar que los avances pueden ser beneficiosos para la Humanidad en su conjunto.

Paralelamente, también esta transformación digital de la justicia comporta un incremento de ciertos riesgos -que hay que detectar y paliar- para los derechos de las personas, especialmente cuando hablamos de privacidad y de protección de datos personales; y asimismo concurren riesgos de ciberseguridad, debiendo adoptar medidas de protección de datos del proceso frente a los ataques, del ciberespacio, y a las múltiples conductas que maliciosamente pueden desplegarse (phishing, sexting, stalking, craking, swin swapping, scareware ...). Deben considerarse los riesgos y la posible gestión que deba efectuarse, tratando de eliminar o aminorar sus posibles consecuencias.

Si la premisa de partida es que la digitalización del documento y la orientación de la Justicia al dato es una realidad indiscutible, que encuentra soporte en la legislación consolidada y en la proyectada, y conociendo el qué, por qué y para qué de la inteligencia artificial, de forma machaconamente reiterada en los estudios que se publican, debe darse un paso más en los aportes que puedan realizarse en la doctrina. Una de las posibles líneas de investigación puede ser precisamente analizar la aplicación de las herramientas algorítmicas y la inteligencia artificial a una función específica en nuestro modelo procesal, ora para prevenir, ora para facilitar la tarea judicial, ora para asesorar, ora para solventar conflictos o incluso para efectuar propuestas de solución de los mismos.

Uno de esos sectores en los que indudablemente se abre un todavía largo recorrido de aplicabilidad de las IA es en materia de la tutela cautelar, en cuanto puede ser tremendamente interesante su empleo para garantizar a las partes la tutela efectiva, amén de para facilitar la tarea del juez de efectuar valoración de los presupuestos que deben concurrir bien para adoptar medidas cautelares o bien para valorar algunos elementos que permitan alzar medidas, sustituirlas por otras o determinar los tiempos de caducidad de la vida jurídica de la medida. Otro sector es el de la aplicabilidad de las herramientas en los procesos concursales, o en materia probatoria, o en materia arbitral o incluso en el empleo de herramientas diseñadas para facilitar la profesión de la Abogacía, entre otras. La obra que aquí se prologa pretende ofrecer algunas respuestas o plantear dudas respecto de las soluciones actualmente vigentes en esa tarea que comporta el ejercicio y la impartición de la Justicia. Dudas hay muchas, beneficios que se presentan también. En todo caso, hay que seguir manteniendo a las personas en el eje de esa orientación al dato de la Justicia. ¿Es posible? ¿Cómo hacerlo? La lectura de esta obra puede darnos algunas posibles respuestas.

REFLEXIONES SOBRE LA ALGORITMIZACIÓN DEL PROCESO JUDICIAL CIVIL

Ana Montesinos García*

I.- INTRODUCCIÓN: DE UNA JUSTICIA DIGITAL A UNA JUSTICIA ALGORÍTMICA

La digitalización de la justicia civil lleva décadas en la agenda del legislador y es, sin lugar a dudas, uno de los grandes retos que debe afrontar.

La primera vez que se incluyó en nuestro ordenamiento jurídico la posibilidad de emplear medios técnicos, electrónicos e informáticos en los juzgados y tribunales fue en 1994 cuando se reformó la Ley Orgánica 6/1985, de 1 de julio, del Poder Judicial (art. 230 LOPJ)[1]. Pero no ha sido realmente hasta la Ley 18/2011, de 5 julio, reguladora del uso de las tecnologías de la información y la comunicación en la Administración de justicia (LUTICAJ), que se ha dado un paso significativo[2]. Posteriormente, otras normas como la Ley 42/2015, de 5 de octubre, de reforma de la Ley 1/2000 de Enjuiciamiento Civil, o la Ley Orgánica 4/2018, de 28 de diciembre, de reforma de la Ley Orgánica del Poder Judicial, han seguido apostando por el uso de la tecnología en la Administración de Justicia[3].

---

1 Estudio redactado en el marco del Proyecto de I+D+i "Claves para una Justicia digital y algorítmica con perspectiva de género", PID2021-123170OB-I00, financiado por MCIN/ AEI/10.13039/501100011033/ y del Proyecto "Aplicación de los sistemas predictivos en la tutela cautelar civil" financiado por la Fundación Manuel Serra Domínguez.

* Reforma operada por el art. 8.2 de la Ley Orgánica 16/1994, de 8 de noviembre (BOE-A-1994-24612). Esta Ley es calificada por PÉREZ ESTRADA, como el punto de partida. "El uso de algoritmos en el proceso penal y el derecho a un proceso con todas las garantías", *Claves de la justicia penal,* (BARONA VILAR, Ed.), Tirant Lo Blanch, Valencia, p. 489.

2 BUJOSA VADELL, L., "Ética e inteligencia artificial. Una mirada desde el proceso jurisdiccional", en *El impacto de las tecnologías disruptivas,* (BUENO DE MATA, dir.), Aranzadi, Cizur Menor, 2022, p. 49.

3 Vid, entre otras, el Real Decreto 396/2013, por el que se regula el Comité técnico estatal de la Administración de Justicia electrónica o el Real Decreto 1065/2015,

Más allá de la modernización de la Administración de Justicia con la implantación de la nueva oficina judicial, del expediente judicial electrónico, de los sistemas de comunicaciones y notificaciones electrónicas (como LEXNET) o de los sistemas informáticos de gestión procesal (como MINERVA- NOJ), entre otros, el uso de las tecnologías de la información y la comunicación ya es habitual en nuestros juzgados y tribunales como medios o instrumentos a través de los cuales se practican los diferentes actos procesales, ya sea a través de videoconferencias, comunicaciones o notificaciones telemáticas, pruebas electrónicas, etc. La pandemia provocada por el Covid- 19 no ha hecho más que acelerar este proceso[4].

Alcanzada, con mayor o menor satisfacción, esta primera fase en la que se han incorporado las tecnologías en nuestra Administración de Justicia con la finalidad no solo de mejorar la propia organización y gestión procesal del sistema judicial, sino también, la eficacia y calidad de la Justicia, recientemente han surgido nuevos proyectos de ley que promueven la digitalización. Proyectos que, por cierto, han quedado en suspenso tras la disolución de las Cortes. Nos estamos refiriendo principalmente al Proyecto de Ley de eficiencia procesal, que actualiza la Ley 18/2011 y que dedica un título concreto (Título III) a la transformación digital y, al Proyecto de Ley de Medidas de eficiencia digital del Servicio público de Justicia, con el que se aspira a instaurar un marco jurídico que apueste por la digitalización de la Justicia[5]. En este último se alude a la aplicación de técnicas de inteligencia artificial para fines que sirvan de apoyo a la función jurisdiccional, a la tramitación y conclusión, en su caso, de procedimientos judiciales, así como a la definición y ejecución de políticas públicas relativas a la Administración de Justicia (art. 35 K).

Se empieza así a hablar de tecnologías disruptivas con inteligencia artificial (en adelante, IA)[6]. Y, aunque todavía no se han explorado las posibilidades que

---

de 27 de noviembre, sobre comunicaciones electrónicas en la Administración de Justicia en el ámbito del Ministerio de Justicia que reguló el sistema LexNet.

4 Véase, el Real Decreto-Ley 16/2020 de 28 de abril, de medidas procesales y organizativas para hacer frente al COVID-19 en el ámbito de la Administración de Justicia que, entre otras, declaró la preferencia de la celebración de actuaciones por medios telemáticos (aunque con fecha límite hasta el 20 de junio de 2021) y la posterior Ley 3/2020 de 18 de septiembre de medidas procesales y organizativas para hacer frente al COVID19 en la Administración de Justicia.

5 De 12 de abril de 2022 y 12 de septiembre de 2022, respectivamente. Estas dos leyes, junto al Proyecto de Ley de eficiencia organizativa, constituyen la base del Plan Justicia 2030.

6 Se habla comúnmente de inteligencia artificial. No existe, sin embargo, una definición única ni un consenso acerca de qué debe entenderse por la misma. De hecho,

proporcionaría el tratamiento inteligente de los datos judiciales[7], se vislumbran múltiples utilidades de la misma. El nuevo desafío legislativo que se avizora viene a ser, por tanto, la regulación de la IA que está permeando en la práctica totalidad de los sectores, entre los que no se excluye el jurídico, y que ya se está utilizando tanto fuera como dentro de nuestras fronteras. Los despachos de abogados ya han comenzado a servirse de sofisticados programas computacionales que agilizan (y mejoran) sus tareas diarias, por lo que entendemos que los jueces y tribunales no tienen por qué renunciar a su empleo[8].

Ya existen herramientas que permiten, entre otras[9], identificar antecedentes, plantear hipótesis alternativas o estudiar la viabilidad de un

---

es un término que se usa a modo de paraguas que "engloba un conjunto de ciencias, teorías y técnicas dedicadas a mejorar la habilidad de las máquinas en la realización de tareas que requieren de inteligencia". Así lo ha manifestado el Consejo de Europa en "Unboxing Artificial Intelligence: 10 steps to protect Human Rights", 2019, p. 5. Podemos compartir o no la idoneidad de calificar de "inteligente" programas, sistemas, etc., que nos son humanos, pero la cuestión es que esta es la terminología que, entre otros, están adoptando los textos europeos. Ante la duda de si realmente nos encontramos ante sistemas que emplean IA (porque no todo es IA), preferimos utilizar en este trabajo el término sistemas o programas algorítmicos, sin perjuicio de que en algunas ocasiones si que hagamos referencia a la misma.

7 CARRIZO GONZÁLEZ-CASTELL, A., "Inteligencia artificial y acceso de la población migrante", en *El impacto de las tecnologías disruptivas,* (BUENO DE MATA, dir.), Aranzadi, Cizur Menor, 2022, p. 78. Tengamos en cuenta que, más allá de la eliminación del papel, la digitalización de la justicia va a permitir que la información digitalizada ahora sea "tratable", con un potencial enorme para fines muy diversos, desde la estadística hasta la gestión. SIMÓN CASTELLANO, P., "Inteligencia artificial y valoración de la prueba: las garantías jurídico-constitucionales del órgano de control", *THĒMIS-Revista de Derecho* 79, enero-junio 2021, p. 286.

8 Al respecto, indica MARTÍNEZ GUTIÉRREZ, renunciar a la utilización de estas técnicas por los miembros de la carrera judicial supondría, admitir de partida una desigualdad de armas a la hora de afrontar la resolución de un conflicto judicial, además de poner en riesgo la calidad de las resoluciones judiciales y la igualdad de las partes en el proceso judicial. "Inteligencia artificial, algoritmos y automatización en la Justicia. Propuestas para su efectiva implantación", *Práctica de Tribunales,* n° 149, marzo-abril 2021, p. 2.

9 Véase la reciente puesta en marcha del "Sistema de Dictado Jurídico" por el Ministerio de Justicia, que emplea tecnologías punteras de IA y redes neuronales profundas. Se trata de una herramienta que permite la transcripción automática de notas de voz desde cualquier dispositivo y en diferentes aplicaciones y es posible formatear, hacer búsquedas, navegar por la web y cumplimentar formularios. Es capaz de transcribir 160 palabras por minuto, con un alto porcentaje de precisión. "Justicia inicia el despliegue del Sistema de Dictado Jurídico", *Economist &juris,* 22 junio 2022.

asunto[10]. La automatización de determinadas tareas mecánicas puede arrojar resultados muy positivos en términos de aceleración de los tiempos o simplificación de funciones. De modo que, como apoyo o auxilio a los jueces conllevan beneficios que no podemos negar. Sin embargo, cuando se plantea su uso con carácter decisional, y no meramente asistencial, son numerosos los riesgos que comportan. Precisamente, el principal debate radica en si estas tecnologías deben limitarse a auxiliar a los operadores jurídicos (agilizar sus tareas, asesorar en la toma de decisiones, etc.) o puede darse un paso más y llegar a sustituir su labor.

Por todo ello, necesitamos imperiosamente contar con una regulación que defina su alcance y sus límites[11]. En este sentido, son diversas las acciones llevadas a cabo en el seno de la Unión Europea con el ánimo de configurar un escenario óptimo y apropiado que a la vez impulse, pero también controle y regule la IA. Tras diversas normas de *softlaw* (entre las más recientes destacan, la Carta ética europea sobre el uso de la inteligencia artificial en los sistemas judiciales y su entorno de 2018[12], las Directrices éticas para una IA fiable de 2019[13] y el Libro Blanco de la Inteligencia Artificial de la Comisión de 2020[14]), por fin llega la Propuesta de Reglamento del Parlamento Europeo y del Consejo por el que se establecen normas armonizadas en materia de inteligencia artificial (ley de inteligencia artificial) y se modifican determinados actos legislativos de la Unión, cuyo objeto principal reside en impulsar la innovación a partir de normas que promuevan la confianza en las tecnologías[15].

---

10 ARRABAL PLATERO, P., "La tecnología y el derecho procesal: la prueba tecnológica en la actualidad y la IA en el futuro", en *Justicia Digital: Una mirada internacional en época de crisis*, (RAMÍREZ CARVAJAL, coord.), Justicia y Proceso, Medellín, 2020, p. 572.

11 El tema de la regulación normativa del fenómeno en cuestión no solo conlleva varios problemas, sino que además es blanco de las críticas de quienes temen limitar el rápido desarrollo tecnológico a través de normas demasiado estrictas, que podrían quedar obsoletas en poco tiempo. BATTELLI, E., "La decisión robótica: algoritmos, interpretación y justicia predictiva", *Revista de Derecho Privado*, n° 40, 2021, p. 58.

12 Aprobada por la Comisión europea para la eficacia de la justicia (CEPEJ) el 4 de diciembre de 2018.

13 Elaborado por un Grupo de expertos de alto nivel sobre IA, por encargo de la Comisión Europea, el 8 de abril de 2019.

14 Libro Blanco sobre la IA -un enfoque europeo orientado a la excelencia y la confianza de 19 de febrero 2020 (COM (2020) 65 final).

15 COM (2021) 206 final. En esta Propuesta se dividen los sistemas de IA en cuatro niveles de riesgo: prohibidos, alto riesgo, riesgo medio/bajo y resto de sistemas. Se califica de "riesgo alto" a los que se emplean en el contexto de la Administración

II. EL EMPLEO DE ALGORITMOS EN ALGUNAS FASES DEL PROCESO CIVIL

En este contexto (descrito en el epígrafe anterior), resulta conveniente reflexionar acerca del posible empleo de algoritmos informáticos en la toma de algunas decisiones, más o menos complejas, por parte del juez en el proceso judicial civil. Nos vamos a circunscribir, por tanto, a las actuaciones judiciales.

Más allá de aquellas cuestiones que se resuelven a lo largo del proceso de forma casi automática si se cumplen las condiciones para ello, respecto de las cuales entendemos que podría resultar viable el empleo de sistemas computacionales, o por lo menos, no tan problemático (como podría ser, a título de ejemplo, la inadmisión por extemporaneidad de un determinado acto procesal), queremos detenernos en otras decisiones procesales de mayor envergadura que implican una verdadera valoración por parte del juez.

En concreto, vamos a centrarnos en cuatro momentos clave del proceso civil: prueba, medidas cautelares, sentencia y ejecución.

1.- FASE PROBATORIA

Vamos a analizar, en primer lugar, la posibilidad de hacer uso de programas algorítmicos en la fase probatoria de un proceso civil.

Por exceder del objeto de este trabajo, no vamos a abordar la posibilidad de que determinadas herramientas o sistemas de IA puedan ser fuente de prueba y, en su caso, posteriormente introducidas en el proceso a través de un medio probatorio. Sin embargo, dado el protagonismo que, sin duda, van a ir alcanzando, merece la pena, al menos, apuntarlo. Nos referimos principalmente a los dispositivos de Internet de las cosas, conocidos como IoT (*Internet of things)* y a las evidencias que pueden desprenderse de los mismos, es decir, a los datos que emanan de sensores ubicados en objetos como *smart phones*, relojes inteligentes, gafas de realidad aumentada, etc., y que pueden contener información muy valiosa, con trascendencia jurídica, acerca de sus propietarios o portadores[16].

---

de justicia, concretamente, los sistemas de IA destinados a ayudar a una autoridad judicial en la investigación e interpretación de hechos y de la ley, así como en la aplicación de la ley a un conjunto concreto de hechos.

16 REUSSER MONSÁLVEZ, C., "¿Son admisibles las tecnologías de internet como medio de prueba en el proceso civil?", en BUENO DE MATA (dir.) *Fodertics 9.0*, Comares, Granada, 2021, p. 381.

Sí queremos, sin embargo, detenernos en la valoración de la prueba y en el auxilio que estas herramientas pueden proporcionar al juez, no sin antes dejar constancia que son también otras sus posibles aportaciones en la fase probatoria de un proceso civil y a las que la doctrina ya ha comenzado a hacer mención. A título de ejemplo, MARTIN DIZ considera idóneas tales herramientas para simplificar y facilitar tareas "mecánicas" y que en materia de prueba pueden verse encarnadas en el constate de datos objetivos vinculados a un medio de prueba (como, por ejemplo, las condiciones climatológicas del día en que acontecieron los hechos controvertidos o la existencia de un determinado fenómeno o situación real)[17]. Por su parte, NIEVA FENOLL entiende que pueden ser eficientes en la labor de admisión de las preguntas de un interrogatorio, por ejemplo, para descartar preguntas que no sean neutras o deslicen información que pueda subrepticiamente introducirse en la respuesta del sujeto[18].

Pero donde realmente consideramos que puede ser útil el empleo de herramientas algorítmicas es en el auxilio al juez en la valoración de la prueba. Huelga recordar que esta actividad, la valoración, es exclusivamente jurisdiccional y solo podrá llevarla a cabo el juez, lo que no obsta a que se sirva de las mismas para que le proporcionen información sobre las pruebas propuestas y con ello, pueda alcanzarse un mejor resultado[19].

Sea un medio u otro por el que se incorporen estas fuentes al proceso, probablemente resulte necesario que un perito certifique – o no- la fiabilidad del sistema y de sus resultados en cada caso concreto. DE HOYOS SANCHO, M., "El libro blanco sobre inteligencia artificial de la Comisión Europea: reflexiones desde las garantías esenciales del proceso penal como "sector de riesgo", *Revista Española de Derecho Europeo,* núm. 76, 2020, p. 24.

17 MARTIN DIZ, F., "Justicia predictiva: inteligencia artificial y algoritmos aplicados al proceso judicial en materia probatoria", en BUENO DE MATA, (dir.), *El impacto de las tecnologías disruptivas,* Aranzadi, Cizur Menor, 2022, p. 139.

18 *Inteligencia artificial y proceso judicial,* Marcial Pons, Barcelona, 2018, p. 88. En un sentido similar, LLORENTE SÁNCHEZ-ARJONA afirma que, en donde sí podrían ser eficientes estas herramientas, es en determinar si concurren los criterios legales de admisión de preguntas, esto es, si no son capciosas, ni sugestivas, ni impertinentes y operan con neutralidad o, por el contrario, están desviando en un determinado sentido la respuesta del declarante. "Prueba e inteligencia artificial: ¿buen maridaje?", en BARONA VILAR, (edª.) *Justicia poliédrica en periodo de mudanza: Nuevos conceptos, nuevos sujetos, nuevos instrumentos y nueva intensidad,* Tirant Lo Blanch, Valencia, 2022, p. 493.

19 BORRÁS ANDRÉS, N., "La verdad y la ficción de la inteligencia artificial en el proceso penal", en CONDE FUENTES y SERRANOS HOYO (dirs.), *La justicia digital en España y la Unión Europea,* Atelier, Barcelona, 2019, p. 35. Si no fuera así, correríamos el riesgo, señala esta autora, de volver paulatinamente a un sistema

Cuando las pruebas se someten al sistema tasado o legal de valoración, en el que es la propia ley la que proporciona al juez el grado de credibilidad de las mismas, la operación resulta más sencilla dado que consiste simplemente en constatar que efectivamente se cumplen los presupuestos previstos en la ley para que se produzca la fijación de los hechos. Esta tarea, entendemos, puede llegar a ser realizada por un programa informático. Más complejo deviene, sin embargo, la valoración de las pruebas de manera libre, pues no existen estándares o pautas que orienten al juez a la hora de determinar la verosimilitud de las pruebas, lo que dificulta su objetivación en un lenguaje algorítmico.

Nos cuestionamos, en primer lugar, si un programa informático podría ayudar al juez a valorar las declaraciones de los testigos o de las partes del proceso. Al respecto, consideramos que algunas de las circunstancias que se ha demostrado que influyen en la capacidad memorística de las personas, sí podrían resultar objetivables (edad, capacidad cognitiva, distancia o alejamiento, iluminación, consumo de alcohol o estupefacientes, etc.) y, por tanto, permitir un determinado margen de actuación a las herramientas algorítmicas[20]. De hecho, ya existen sistemas de asesoramiento de expertos, como ADVOKATE, que han sido diseñados para evaluar la capacidad, la competencia y la fiabilidad de los testigos[21].

En segundo lugar, son conocidas las múltiples funciones que pueden llevar a cabo los más sofisticados programas computacionales a la hora

---

implícito de valoración legal de la prueba, en el que aquello tasado no serían normas legales sino la simple estadística y los resultados algorítmicos, con toda la indefensión que este hecho podría provocar.

20 Estas fórmulas deberían incluir determinados parámetros de valoración del testimonio, entre los que NIEVA FENOLL destaca: a) la coherencia de la declaración; b) la contextualización o capacidad del interrogado de recuperar la descripción del escenario donde sucedieron los hechos; c) la existencia o no de corroboración en otros medios de prueba de lo declarado por el deponente; y d) la existencia o no de comentarios oportunistas que solo buscan reforzar retóricamente una declaración. *Inteligencia artificial y proceso judicial*, cit., p. 84.

21 Desarrollado por investigadores de la Universidad Caledonian de Glasgow, la Universidad de Edimburgo y el Laboratorio Forense de la Policía de Lothian y Borders. El sistema se basa en datos tales como: la visibilidad, el conocimiento previo entre el testigo y la persona observada, la distancia del observador, la edad, la detección de errores en la descripción de lo sucedido, etc. Introducidos todos los datos pertinentes en la aplicación, el sistema ofrece orientación sobre si el testigo es o no fiable. BROMBY, M., "ADVOKATE: a resource for learning the law of evidence", en https://michaelbromby.wordpress.com/advokate/ [Consulta: 8/9/2022].

de analizar documentos y, entre otras, corroborar sus requisitos formales, comprobar la autenticidad de la firma, detectar errores o contradicciones, comparar con otros documentos, etc. Qué duda cabe que el análisis por parte de estas herramientas del documento aportado facilitará su valoración probatoria. Y ello sin hacer mención a su utilidad en los supuestos en los que el acervo probatorio sea abundante y se tenga que revisar un gran número de documentos[22]. De manera que, cuando el documento se someta al sistema de valoración legal, el juez se limitará a constatar que concurren los requisitos contemplados en la ley, lo que sin grandes complicaciones podrá hacer un programa informático "inteligente"[23]. Mucho más complejo resultará, sin embargo, que el sistema pueda comprender la verdadera intención del documento.

En tercer lugar, en el terreno de la prueba pericial las herramientas algorítmicas también pueden ofrecer distintos beneficios. Podrían ayudar, en primer término, a valorar el currículum del perito a través del análisis de su experiencia profesional, datos académicos, publicaciones científicas realizadas, etc. Nótese, además, que los sistemas de procesamiento masivo permiten detectar plagios o descubrir méritos aparentes[24], o incluso identificar la creatividad y originalidad de las aportaciones[25]. Podrían, asimismo, auxiliar al juez en la detección de fallos, contradicciones o incoherencias del dictamen pericial, así como en la comprobación del cumplimiento de los estándares científicos. Incluso podrían ser óptimas para automatizar los criterios doctrinales y jurisprudenciales que ayudan al juez a valorar la prueba pericial[26]. Y todo ello sin obviar que la propia

---

22 En sentido similar, DE HOYOS SANCHO, M., "El uso jurisdiccional de los sistemas de inteligencia artificial y la necesidad de su armonización en el contexto de la unión europea", *Revista General de Derecho Procesal* n° 55, 2021, p. 9.

23 Comparten esta opinión: BONET NAVARRO, J., "Valoración de la prueba y resolución mediante inteligencia artificial" en BUJOSA VADELL (Dir.), *Derecho Procesal: retos y trasformaciones*, Atelier, Barcelona, 2021, p. 326 y LLORENTE SÁNCHEZ-ARJONA, M., "Prueba e inteligencia artificial: ¿buen maridaje?", cit., p. 499.

24 SIMÓN CASTELLANO, P., "Inteligencia artificial y valoración de la prueba", cit., p. 289.

25 NIEVA FENOLL, J., *Inteligencia artificial y proceso judicial*, cit., pp. 94 - 95.

26 Cuando se aborda esta materia, la doctrina recuerda los criterios Daubert de admisión de la prueba pericial contenidos en tres sentencias estadounidenses conocidas como la "trilogía Daubert" y que han provocado la modificación del art. 702 de las *Federal Rules of Evidence.* Dichos criterios estadounidenses son similares a los criterios doctrinales y jurisprudenciales que ayudan al juez español a valorar la prueba pericial, sin perjuicio del art. 348 LEC. Estos criterios podrían ser evaluados por herramientas de IA.

herramienta algorítmica podría proporcionar al juez los mismos conocimientos científicos que le ofrece el perito[27], hasta el extremo de que resultara innecesaria su intervención. No obstante, como refiere CASTILLO FELIPE, lo más probable es que, al tiempo que se redujese dicha necesidad de intervención en algunos campos, se requiriese su presencia en otros. Por ejemplo, para practicar prueba sobre la prueba tendente a desacreditar aquellas propuestas de valoración emitidas por los algoritmos[28].

2.- MEDIDAS CAUTELARES

Vamos a ver en este apartado en qué medida las herramientas algorítmicas podrían llegar a auxiliar al juez en la valoración de las circunstancias que justifican la idoneidad y la necesidad de adopción de las medidas cautelares. Al respecto, advertimos que nos encontramos en una fase procesal, la cautelar, en la que, como afirma NEIRA PENA, se trabaja en un contexto de relativa incertidumbre en el que resulta esencial la valoración de riesgos y en el que las potencialidades de la IA son indiscutibles. Sin embargo, puede resultar controvertido en tanto se aplican a un sujeto que aún no ha sido enjuiciado y condenado[29].

Recordamos que son dos los presupuestos de adopción de las medidas cautelares que vienen establecidos en el artículo 728 de la LEC: el f*umus boni iuris* o apariencia de buen derecho y el *periculum in mora* o peligro en la mora procesal.

A la hora de valorar el primero de ellos, el f*umus boni iuris*, la ayuda que pueden proporcionar los sistemas algorítmicos es más limitada[30]. Para entender cumplido este presupuesto, debe existir un mínimo convencimiento del juez acerca de la efectiva existencia del derecho subjetivo alegado en el proceso principal por el solicitante de la medida. Para ello, el juez tendrá que valorar lo que ha sucedido, y no predecir lo que va suceder, por lo que estas herramientas poco pueden aportar más allá de la asistencia que

---

27 BONET NAVARRO, J., "Valoración de la prueba y resolución mediante…", cit., p. 330.

28 CASTILLO FELIPE, R., "Proceso civil e inteligencia artificial", en SIGÜENZA LÓPEZ (dir.), *Proceso civil y nuevas tecnologías*, Aranzadi, Cizur Menor, 2021, pp. 288- 289.

29 NEIRA PENA, A. M., "Inteligencia artificial y tutela cautelar. Especial referencia a la prisión provisional", *Rev. Bras. de Direito Processual Penal*, Porto Alegre, v. 7, núm. 3, set.-dic., 2021, p. 1900.

30 Comparte esta opinión, NEIRA PENA, A. M., "Inteligencia artificial …", cit., p. 1906.

puedan proporcionar en la valoración de los datos, argumentos y justificaciones documentales u otros medios de prueba aportados por el solicitante a los que se refiere el artículo 728.2 LEC.

En la apreciación del segundo presupuesto procesal, esto es, del *periculum in mora,* los sistemas predictivos algorítmicos sí pueden jugar un papel más importante. Este presupuesto consiste en la necesaria concurrencia durante la pendencia del proceso de un riesgo/s que, de no adoptarse la medida solicitada, provocaría situaciones que impidieren o dificultaren la efectividad de la tutela que pudiere otorgarse en una eventual sentencia estimatoria. En este sentido, la objetivación de los riesgos que operan como presupuesto de adopción de las medidas cautelares, a través de algoritmos, podría ser de utilidad para el juez a la hora de proceder a su valoración, permitiéndole adoptar una decisión más idónea y proporcional acorde a la situación concreta que deba decidirse[31]. Sin embargo, esta tarea en el proceso civil no se antoja nada sencilla.

A diferencia del proceso penal, en el que se detallan con mayor concreción los riesgos que conlleva el *periculum in mora*[32], en el proceso civil se ha optado por la configuración en abstracto de este presupuesto, en atención al peligro que en sí mismo conlleva la duración del proceso y que podría ser aprovechado por el demandado para impedir que se haga efectivo el cumplimiento de la sentencia[33].

Los tipos de riesgos que pueden amenazar la efectividad de la sentencia en el proceso civil son de muy diversa índole y no se encuentran legalmente

---

31 En este sentido, PLANCHADELL-GARGALLO, A., "Inteligencia Artificial y medidas cautelares", en BARONA VILAR (edª.) *Justicia algorítmica y neuroderecho, Una mirada multidisciplinar,* Tirant Lo Blanch, Valencia, 2021, p. 410.

32 Véase, a título de ejemplo, el artículo 503 LECrim referido a la prisión provisional, que no solo hace mención a los riesgos a los que pretende hacer frente esta medida (riesgo de fuga, riesgo de ocultación, alteración o destrucción de las fuentes de prueba, riesgo de reiteración delictiva y riesgo de desprotección de la víctima), sino también a las circunstancias que deben atenderse para valorar su existencia. Por ejemplo, para valorar la existencia del riesgo de fuga se atenderá conjuntamente a la naturaleza del hecho, a la gravedad de la pena que pudiera imponerse al investigado o encausado, a la situación familiar, laboral y económica de éste, así como a la inminencia de la celebración del juicio oral.

33 BARONA VILAR, S., "La tutela cautelar", en GÓMEZ COLOMER y BARONA VILAR (Dirs.) *Derecho Procesal Civil,* Tirant Lo Blanch, Valencia, 2022, p. 547.

delimitados[34]. De manera que, en cada caso concreto el juez tendrá que valorar, en función de las circunstancias, si efectivamente se da el particular peligro que se pretende enervar. Veamos, a título de ejemplo, uno de los riesgos más comunes en el proceso civil, como es el riesgo de insolvencia del deudor. Para evaluar este riesgo, el juez tendrá que considerar factores tales como la cuantía de la deuda, la situación patrimonial del deudor, la existencia de otros procesos pendientes por impago de deudas, la situación de pérdida de su empresa, el retraso habitual en el pago de deudas o la realización de conductas sospechosas tales como la disgregación patrimonial o la constitución de nuevas sociedades, etc[35].

Lo que ahora se plantea es que, en lugar de evaluar este riesgo de manera intuitiva, como vienen haciendo lo jueces, se objetiven (estadísticamente hablando) estos riesgos por el algoritmo y la máquina formule propuestas de resolución al juez[36]. De hecho, los algoritmos predictivos hacen algo

---

34 Pensemos, entre otros, en los siguientes: insolvencia del demandado o de no disposición de medios económicos suficientes, la transmisión de un bien a un tercero de modo que lo haga irreivindicable, la destrucción de la cosa o su pérdida de valor, riesgo de difusión de una determinada actividad, riesgos de continuidad de la actividad, o en fin, la pérdida de sentido o finalidad de la tutela jurisdiccional solicitada por el mero lapso de tiempo. DIEZ-PICAZO GIMÉNEZ, I., "Las medidas cautelares", en DE LA OLIVA SANTOS *et al*, *Derecho procesal civil*, Ramón Areces, Madrid, 2005, p. 392 y BARONA VILAR, S., "La tutela cautelar", cit., p. 547.

35 Datos estos que NIEVA FENOLL apunta como los factores que más se consideran a la hora de evaluar el riesgo de impago o insolvencia. *Inteligencia artificial y proceso judicial*, cit., p. 63.

Como SOLAR CAYON, se trata este de un terreno (el dominio de lo futurible) en el que, a la vista de la capacidad que viene mostrando la inteligencia artificial para identificar nuestras preferencias e intereses y prever nuestros comportamientos, no parece muy descabellado afirmar que aquella puede resultar un instrumento útil para la toma de cierto tipo de decisiones. "Reflexiones sobre la aplicación de la inteligencia artificial en la administración de justicia", *Teoría jurídica*, v. 6, 2021, p. 27.

36 Cuando se analizan los procesos mentales de los jueces en la toma de sus decisiones, la doctrina se remite a los heurísticos del pensamiento (atajos mentales del pensamiento humano) descritos por TVERSKY y KAHNEMAN, esto es, a los heurísticos de la representatividad, accesibilidad, anclaje y ajuste y, afección. Del estudio de los mencionados procesos psicológicos de adopción de decisiones, se desprende que las decisiones cautelares son tomadas, en gran número de ocasiones, "de forma casi automática, atendiendo a la experiencia reciente del juez, que otorgará una especial relevancia, en ocasiones desproporcionada, a determinadas variables por el mero hecho de estar presentes en casos decididos recientemente, o juzgados en el pasado y valorados como representativos, sin contrapesar adecuadamente otras variables distintas y particulares del nuevo caso a enjuiciar". NEIRA PENA, A.M., "Inteligencia artificial…", cit., p. 1901.

similar – salvando las distancias - a lo que hacen los jueces. Como refiere SIMÓN CASTELLANO, con las decisiones cautelares por parte del juez se produce una suerte de automatismo en relación con casos parecidos o análogos que han sido resueltos con anterioridad, dado que, ante la falta de actividad probatoria, difícilmente se pueden apoyar en algo más[37]. Precisamente esto es lo que hacen los sistemas algorítmicos, los cuales, analizan resoluciones pasadas (referidas a experiencias anteriores, de las que se conoce los resultados que produjeron) y extraen correlaciones, es decir, identifican (automáticamente) qué situaciones han llevado a determinados resultados y toman esos criterios como base para las decisiones[38].

La dificultad con la que nos encontramos en el proceso civil estriba principalmente en la determinación de los datos de entrada que deben nutrir el modelo algorítmico para poder ofrecer un resultado acerca de la posible concurrencia o no de un determinado riesgo (presupuesto de adopción de la medida cautelar)[39]. Para tal fin, podría servirnos de ayuda el artículo 22 de la Ley 1/2019, de 20 de febrero, de Secretos Empresariales, que prevé de manera expresa los elementos que debe ponderar el juez a la hora de adoptar una medida cautelar en este ámbito[40]. Estos elementos son: las circunstancias específicas del caso y su proporcionalidad teniendo en cuenta el valor y otras características del secreto empresarial, las medidas adoptadas para protegerlo, el comportamiento de la parte contraria en su obtención, utilización o revelación, las consecuencias de su utilización o revelación ilícitas, los intereses legítimos de las partes y las consecuencias para estas de la adopción o de la falta de adopción de las medidas, los intereses legítimos de terceros, el interés público y la necesidad de salvaguar-

[37] SIMÓN CASTELLANO, P., *Justicia Cautelar e inteligencia artificial*, cit., p. 122.

[38] HUERGO LORA, A., “Una aproximación a los algoritmos desde el Derecho administrativo”, en HUERGO LORA (dir.), *La regulación de los algoritmos*, Aranzadi, Cizur Menor, 2020, p. 35.

[39] Los datos sirven para “entrenar” al algoritmo, es decir, para suministrarle experiencias que pueda analizar para hallar correlaciones, que son, a su vez, la base de las predicciones. HUERGO LORA, A., “Una aproximación a los algoritmos desde el Derecho administrativo”, cit., p. 41.

[40] En este sentido, señala BARONA VILAR, con esto se introduce una «especialización» para esta materia específica, que no se encuentra ni en la LEC ni en la Ley de Patentes. Si bien puede servir como un protocolo. Y estos protocolos son los datos-inputs que se están incorporando en las herramientas algorítmicas que permiten a los jueces contar con un *software* que ofrece unos resultados acerca de la posible concurrencia o no de los presupuestos (siempre desde la probabilidad) a los efectos de motivar la decisión cautelar. *Derecho Procesal Civil*, cit., p. 561.

dar los derechos fundamentales. Tales factores podrían servir de modelo al resto de medidas o, al menos, a gran parte de ellas, siempre y cuando se adaptaran a sus respectivas particularidades.

Ciertamente determinados riesgos que actúan como presupuesto para la adopción de las medidas cautelares podrían objetivarse a través de sistemas algorítmicos y arrojar un pronóstico (o estimación probabilística) respecto a la posibilidad de que la parte demandada provoque alguna de las situaciones que tratan de evitarse con las medidas. Con base en ello, el juez, junto a otros factores, podría decidir acerca de la procedencia o no de una determinada medida. Dado que esta posibilidad puede ser factible –respecto de algunos riesgos-, lo que realmente debemos preguntarnos es si queremos incorporarla en nuestro ordenamiento jurídico y, en su caso, con qué garantías[41].

3.- ALGORITMOS PARA PREDECIR LA SENTENCIA

Una de las aplicaciones de los sistemas algorítmicos que más atención atrae hoy en día es la denominada predictibilidad. Ya hemos mencionado los algoritmos predictivos cuando hablábamos de las medidas cautelares. Ahora nos referimos a los "sistemas expertos de computación inteligente que logran predecir, con mayor o menor porcentaje de acierto, cuál va a ser el sentido de la decisión judicial en determinados casos"[42]. De manera que, a través del análisis (inteligente) de resoluciones judiciales precedentes, un programa informático permite adelantar la decisión de los jueces[43].

41 En sentido similar, PLANCHADELL GARGALLO, A., "Inteligencia Artificial…", cit., p. 414.

42 GUZMÁN FLUJA, V., "Sobre la aplicación de la inteligencia artificial a la solución de conflictos (Reflexiones acerca de una transformación tan apasionante como compleja)", en BARONA VILAR (edª.), *Justicia civil y penal en la era global*, Tirant Lo Blanch, Valencia, p. 70.

43 Lo que, como apunta BARONA VILAR, encuentra mayor incentivo en el mundo jurídico anglosajón en el que el precedente judicial es vinculante. Sin embargo, no ha tenido el mismo éxito en los sistemas continentales, lo que no es óbice a su aplicabilidad como herramienta de lógica jurídica y su empleabilidad como fuente de documentación jurídica. BARONA VILAR, S., *Algoritmización del Derecho y de la Justicia*, Tirant Lo Blanch, Valencia, 2020, p. 368.

Diversos estudios[44] han demostrado que pueden alcanzarse porcentajes de acierto bastante consistentes, por lo que conviene considerar las utilidades que la predictibilidad de las decisiones judiciales presenta, no solo para el juez sino también y fundamentalmente para las partes del proceso.

Se dice, en primer lugar, que gracias a la predictibilidad se puede lograr una mayor homogeneización de las decisiones judiciales propias, así como avanzar en una mejor unificación de las decisiones judiciales referidas a casos iguales o semejantes (y hacerlo desde la primera instancia)[45]. Se elimina con ello, en parte, la incertidumbre jurídica que existe en los juzgados[46]. Además, estas herramientas pueden facilitar el trabajo previo de los jueces en relación a un caso concreto[47]. En este sentido, la Carta ética

---

44 Han sido dos, principalmente, los estudios que mayor repercusión han tenido en esta materia. El primero, "Predicting judicial decisions of the European Court of Human Rights: a Natural Language Processing perspective", consiste en un modelo predictivo desarrollado por las Universidades de Sheffield y Pensilvania con el que se ha conseguido predecir el resultado de las decisiones judiciales del Tribunal Europeo de Derechos Humanos (TEDH) con un índice de acierto del 79%. Vid. ALETRAS, N., TSARAPATSANIS, D., PREOŢIUC-PIETRO, D. y LAMPOS V., "Predicting judicial decisions of the European Court of Human Rights: a Natural Language Processing perspective", *PeerJ Computer Science* 2:e93, 2016, https://doi.org/10.7717/peerj-cs.93. El segundo, ha sido el estudio "A general approach for predictng the behaviour of the Supreme Court of the United Sates", desarrollado por investigadores del Illinois Tech - Chicago-Kent College of Law, del Stanford Center for Legal Informatics de Stanford y del South Texas College of Law Houston, con el objetivo de predecir las decisiones judiciales de la Corte Suprema Federal de los Estados Unidos, incluidos los votos de sus magistrados, y que ha logrado un índice de acierto similar al previamente indicado (70,2 % del Tribunal y 71.9% de cada juez). KATZ D.M, BOMMARITO M.J II y BLACKMAN J., "A general approach for predicting the behavior of the Supreme Court of the United States", *PLoS ONE 12*(4): e0174698, 2017. En lo que se refiere en concreto a la Corte Suprema Federal de EEUU, hay un gran número de estudios previos sobre la predictibilidad de sus decisiones, a algunos de los cuales hace referencia GUZMÁN FLUJA, en "Sobre la aplicación de la inteligencia artificial...", cit., pp. 87 -90. Como señala PLANCHADELL GARGALLO, a un nivel más modesto, también se ha hecho con tribunales de Australia y Nueva Zelanda o India, entre otros. "La justicia civil y penal ante el reto de la inteligencia artificial: una aproximación", *Actualidad penal,* nº 81, marzo 2021, p. 143.

45 Así lo ha referido, GUZMÁN FLUJA, V., "Sobre la aplicación de la inteligencia artificial...", cit., p. 94.

46 BARONA VILAR, S., *Algoritmización del Derecho y de la Justicia,* cit., p. 373.

47 Desde luego, lo que está fuera de toda duda es que IA y sistema de expertos son de enorme utilidad a la hora de servir como elementos de ayuda a la toma de decisiones en el sector jurídico (legisladores, jueces, administradores, abogados, fiscales,

europea sobre el uso de la IA en los sistemas judiciales y su entorno de la CEPEJ manifiesta al respecto que podría alentarse ofrecer a los jueces una evaluación cuantitativa y cualitativa más detallada de sus actividades, pero con el objetivo puramente informativo de ayudar en la toma de decisiones y para su uso exclusivo[48].

Aunque realmente uno de los principales beneficios que puede reportar la predictibilidad recae, sin lugar a dudas, en una mejora en el estudio y preparación de la estrategia y táctica procesal más idónea para asegurar el éxito de un caso por parte de los abogados/as. En esta misma línea, pueden ser de utilidad para valorar la conveniencia de pactar o incluso la de no acudir a juicio, lo que inevitablemente puede redundar en una reducción del número de demandas sobre casos no fundados[49]. Respecto de esto último, tenemos que ser sumamente cuidadosos en aras a evitar que el derecho a la tutela judicial efectiva se vea quebrantado, en el sentido de que, al evaluar la viabilidad de una pretensión cuyo resultado arroje un porcentaje de éxito poco elevado, se decida, por parte del abogado/a, no iniciar un proceso judicial.

Estas herramientas, empero, como advierte SIMÓN CASTELLANO, podrían estar abiertas al abuso si se emplean no solo para gestionar los asuntos judiciales de manera más eficiente, sino también para evaluar el grado de desempeño de los jueces, incluido el análisis de supuestos sesgos ideológicos en sus patrones de comportamiento[50]. Esto es, para predecir no solo cuál va a ser el resultado de un concreto litigio, es decir, el dictado de una sentencia, sino cual suele ser la postura de un tribunal a la hora de resolver un determinado tipo de caso.

Por ello, advertimos del peligro del empleo de las mismas para el perfilado de jueces y magistrados. Cuestión esta última que ha sido abordada

---

etc.), en cuanto pueden dar respuestas tras el rapidísimo análisis de millones de datos, algo imposible para cualquier ser humano. GUZMÁN FLUJA, V., "Sobre la aplicación de la inteligencia artificial a la solución...", cit., p. 95.

48 Carta ética europea cit., pág. 66.

49 Al respecto, sirva como ejemplo el uso de técnicas de justicia predictiva por parte de las compañías aseguradoras, que calculan y evalúan las posibilidades de éxito de acudir a los tribunales y, en el caso que este resulte inferior a un determinado porcentaje, prefieren acudir a sistemas de resolución extrajudicial de conflictos, evitando los costes del proceso judicial. SIMÓN CASTELLANO, P., "Inteligencia artificial y valoración de la prueba…", cit., p. 286.

50 SIMÓN CASTELLANO, "Inteligencia artificial y valoración de la prueba: …", cit., p. 286.

en países como Francia, en donde se ha limitado el tratamiento de estas herramientas para la creación de perfiles de los jueces, fundamentalmente cuando se les vincule con determinadas ideologías o pensamiento político[51]. En este sentido, el artículo 33 de la Ley de Reforma de la Justicia francesa de 2019, señala que los datos de identidad de los magistrados no pueden ser reutilizados con el fin de evaluar, analizar, comparar o predecir sus prácticas profesionales reales o presuntas. La violación de esta prohibición puede llegar a ser castigada con pena de hasta cinco años de privación de libertad[52].

Resta señalar que las técnicas predictivas han comenzado ya a utilizarse en algunos despachos de abogados. Sírvase como ejemplo en nuestro país, la herramienta de analítica jurisprudencial *Jurimetría* que, como indica su propia web, permite al jurista explorar y analizar información sobre los parámetros más relevantes en torno a un determinado proceso judicial, entre los que se incluye, su duración, probabilidad de recurso, predicción de su resultado, trayectoria del juez o magistrado encargado o líneas jurisprudenciales en torno al conflicto planteado[53].

---

51 BUENO DE MATA, F., "Macrodatos, Inteligencia Artificial y Proceso: Luces y Sombras", *Revista General de Derecho Procesal*, nº 51, 2020, p. 26.

52 Penas previstas en los artículos 226-18, 226-24 y 226-31 del Código Penal, sin perjuicio de las medidas y sanciones previstas en la Ley Nº 78-17, de 6 de enero de 1978, en relación con el procesamiento de datos, archivos y libertades. Véase al respecto, MATHIS, B. y RUGIERI, H., "L'open data des decissions de justice en France. Les enjeux de la mise en oeuvre", *Le juge at l'algorithme: juges augmentés ou justice diminué?*, (HUBIN, JACQUEMIN y MICHAUX, coords.), Larcier, Bruselas, 2019, pp. 197 y ss.

53 Jurimetría es una plataforma desarrollada por Wolters Kluwer en colaboración con Google España que combina tecnología en IA con el conocimiento de expertos legales de Wolters Kluwer. Vid. https://jurimetria.laleynext.es. Como señala MAGRO SERVET, esta herramienta permite comparar la información entre diferentes tribunales para poder así elegir cuál de ellos interesa más en función de la estrategia procesal, siempre y cuando la competencia territorial de los órganos judiciales lo permita. Todo ello hace posible que los abogados ofrezcan a sus clientes información estadística que, sumada a su experiencia profesional, puede facilitar una idea más aproximada de lo que sucederá en un determinado caso, identificando claramente lo riesgos y oportunidades ante un proceso concreto. "La aplicación de la inteligencia artificial en la Administración de Justicia", Diario La Ley, nº 9268, 2018, p. 5. Otro ejemplo a destacar es el caso argentino de PROMETEA, *software* que tiene como cometido principal la automatización de tareas reiterativas y la aplicación de IA para la elaboración automática de dictámenes jurídicos basándose en casos análogos para cuya solución ya existen precedentes judiciales reiterados. Es utilizado por la Fiscalía General Adjunta

4.- LA EJECUCIÓN DE LA SENTENCIA

Las herramientas algorítmicas también pueden llegar a ser de utilidad en la fase de ejecución de la sentencia en un proceso civil, pues entendemos que la ejecución de determinadas condenas, especialmente de las pecuniarias, puede ser en gran medida automatizada.

En primer lugar, podrían emplearse estas herramientas para asistir al juez y al letrado de la administración de justicia en la realización de algunos de los trámites más mecánicos que se llevan a cabo en el seno de la ejecución, como puede ser el examen por parte del tribunal de la admisibilidad de la demanda ejecutiva, es decir, la comprobación de la regularidad formal del título ejecutivo, la conformidad de los actos ejecutivos solicitados con la naturaleza y contenido del título, así como la concurrencia de los presupuestos y requisitos procesales que deben cumplirse para que pueda dictarse el auto que contiene la orden general de ejecución y de despacho de la misma (art. 551 LEC).

Otra utilidad que podría asignarse a estas herramientas podría ir vinculada a la localización e investigación judicial de los bienes que integran el patrimonio del deudor para poder proceder al embargo (cuando el ejecutante no haya podido designar bienes suficientes). En este sentido, el sistema computacional podría encargarse de la investigación judicial del patrimonio del ejecutado prevista en el artículo 590 LEC, lo que obviamente resultará más sencillo cuando los bienes se encuentren debidamente inscritos y baste con buscar en las bases de datos de los registros correspondientes o acudir a las entidades financieras en las que el ejecutado tenga su dinero. Para ello, se podría conectar con organismos y registros públicos, entidades financieras o personas físicas y jurídicas que el ejecutante indique, "aprovechando el *big data* y los sistemas *blockchain* para conseguir información sobre bienes y derechos"[54]. Podría asimismo realizar las consultas pertinentes relacionadas con averiguaciones patrimoniales al Punto neutro judicial.

---

en lo Contencioso Administrativo y Tributario del Ministerio Público Fiscal de la Ciudad de Buenos Aires. El componente más innovador de esta herramienta es la predicción de la recomendación que el fiscal le realiza al juez sobre cada caso. ESTEVEZ, E., LINARES LEJARRAGA, S., y FILLOTTRANI, P., *Prometea. Transformando la administración de justicia con herramientas de inteligencia artificial*, Banco Interamericano de Desarrollo, Washington, 2020, p. 46.

54 BARONA VILAR, S., "Una justicia "digital" y "algorítmica" …", cit., p. 55.

Localizados los bienes, como indica NIEVA FENOLL, no debería haber dificultad para que una herramienta de IA, en defecto de pacto entre las partes, realizara automáticamente la selección de los mismos para su posterior embargo siguiendo los criterios de "máximo provecho para el acreedor ejecutante y mínimo perjuicio para el deudor", de manera bastante más perfeccionada que un ser humano[55]. De modo que, del patrimonio completo del ejecutado, el programa informático declarara los bienes que son inembargables y, los que, por el contrario, son embargables, tras lo cual, establecería entre estos últimos la relación de bienes a embargar siguiendo el orden de prelación previsto en el artículo 592 LEC, procurando, en todo caso, tener en cuenta la mayor facilidad de su enajenación y la menor onerosidad de esta para el ejecutado. Dicha selección y prelación podría ser contestada por el ejecutado también a través de una aplicación informática, si la entendiera errónea. La decisión última, en todo caso, no debería ostentarla la máquina sino el LAJ, y en su lugar, el juez.

Realizada la afección de bienes por el LAJ, la propia máquina podría encargase del embargo telemático de los bienes del ejecutado y, en aquellos supuestos en los que no fuese necesario proceder a la realización forzosa, podría incluso ocuparse de su liquidación. Pensemos, por ejemplo, en el directo traslado del dinero de la cuenta corriente del ejecutado a la del ejecutante, si con dicha cantidad se pudiera satisfacer la deuda.

De nuevo, otra utilidad que podría atribuirse al *software* algorítmico, podría ser la de proceder al avalúo de los bienes previo a la subasta. Para ello, el programa debería tener en cuenta en primer lugar, el acuerdo al que han llegado las partes (ejecutante y ejecutado). De no haber acuerdo, el programa podría auxiliar en la búsqueda de un perito tasador o incluso, llevar a cabo él mismo tal peritaje.

De manera previa al anuncio de la subasta, el programa podría examinar la situación jurídica de los bienes inmuebles para indicar si sobre ellos pesa alguna carga o gravamen. Para ello, se conectaría con el Registro correspondiente para que le remitiera el certificado de dominio y cargas previsto en el artículo 656 LEC. Junto a ello, notificaría a los titulares de créditos anteriores que sean preferentes y al ejecutado para informales sobre la subsistencia del crédito garantizado, así como a los titulares de

---

55 NIEVA FENOLL, J., "Un cambio generacional en el proceso judicial: la inteligencia artificial", en BUJOSA VADELL, (dir.), *Derecho Procesal: retos y trasformaciones*, Atelier, Barcelona, 2021, p. 283.

derechos que figuren en el certificado y que consten en asientos posteriores al del derecho del ejecutante. Fijada la situación jurídica, procedería a la convocatoria de la subasta de forma electrónica en el Portal de Subastas para su celebración también electrónicamente.

A todas estas utilidades CASTILLO FELIPE añade otras dos. La primera se refiere a la utilización de estas tecnologías para facilitar la acumulación de ejecuciones existentes entre un mismo acreedor ejecutante y un mismo deudor ejecutado o seguidas por una pluralidad de acreedores frente a un mismo ejecutado o seguidas por una pluralidad de acreedores frente a un mismo ejecutado (art. 555 LEC). La segunda, relativa a las tercerías, en el sentido de que la IA se nutriese de datos obtenidos de la red - respetando la legalidad - para ayudar en el enjuiciamiento sobre la pertenencia del bien embargable al ejecutado (art. 593 LEC)[56].

Si todas estas actuaciones pudieran realmente ser llevadas a cabo por programas informáticos, se acelerarían los tiempos en esta fase del proceso de una manera muy notoria, casi automática. Como hemos visto, la tramitación de esta fase del proceso es eminentemente escrita, lo que facilita su automatización.

III.- EL JUEZ ROBOT

Llegamos al punto que más recelos levanta. Planteada en las páginas anteriores la posibilidad de que se empleen sistemas algorítmicos como apoyo o auxilio a los jueces, vamos a analizar en este último capítulo el supuesto en el que sea la propia máquina la que dicte la sentencia, esto es, el tan temido juez robot que sustituye al juez humano[57].

---

56 De esta manera, si el programa pudiese aportar signos adicionales de pertenencia de un determinado bien al deudor, serviría para evitar la ulterior interposición de terrecías de dominio (arts. 595 y ss. LEC); aunque también podría darse el supuesto contrario, cual sería que el programa considerase signos externos marginales o nimios para aplicar implacablemente el mandato del art. 593.1 LEC. CASTILLO FELIPE, R., "Proceso civil e inteligencia artificial", cit., p. 291.

57 Aclárese que en este trabajo no nos estamos refiriendo a jueces transhumanistas ni a una máquina con forma de humano que es capaz de imitar sus movimientos, sino simplemente a programas computacionales "inteligentes" capaces de emitir unos resultados (en este caso, una sentencia) basados en el tratamiento y análisis de grandes volúmenes de datos.

Se advierte que las condiciones técnicas permitirán pronto su aparición[58]. De hecho, ya se han puesto en marcha algunas iniciativas sobre jueces-robots en el seno de procesos civiles en países tales como China[59] o Estonia[60]. Entendemos, por tanto, que el problema más que técnico, es moral o ético. En consecuencia, lo que realmente debemos preguntarnos es si queremos que se evolucione técnicamente hasta tal punto que se pueda sustituir al juez por un programa informático. Al respecto, son numerosas las voces que afirman con rotundidad que la IA no puede suplantar a los jueces[61]. Esta postura parte fundamentalmente de la premisa de que no puede contrariarse el artículo 117 de la Constitución española, el cual proclama que solo jueces y magistrados pueden juzgar y hacer ejecutar lo juzgado.

Para analizar esta cuestión, y a pesar de que no se refiera de manera específica a las resoluciones judiciales[62], podemos tomar como referencia el

---

No por ello dejamos de compartir la postura de SOLAR CAYON, cuando afirma que constituye una simplificación excesiva equiparar o asociar directamente la posibilidad de automatización de las decisiones judiciales con la idea de la sustitución del juez humano por un juez-robot o una máquina. Interesantes son las razones que avalan dicha postura y pueden verse en "Reflexiones sobre ...", cit., pp. 17 y 18.

58 Así lo hace, GUZMÁN FLUJA, V., "Sobre la aplicación de la inteligencia artificial ...", cit., p. 81.

59 En China existen los denominados "Tribunales inteligentes". El primero de ellos se estableció en la ciudad de Hangzhou en 2017 para conocer disputas sobre asuntos digitales. Todo el procedimiento se desarrolla enteramente en línea, incluida la decisión final. Con posterioridad, otras ciudades como Pekín y Guanzhou siguieron esta misma senda. En un primer momento se ha previsto la combinación de jueces robots y jueces humanos. Progresivamente se está dando más tareas a los robots hasta que sean ellos quienes asuman la totalidad de las funciones.

60 En Estonia –país que destaca por su digitalización-, con el objetivo de descongestionar los juzgados de procedimientos de menor cuantía, se ha desarrollado un programa de IA que resuelve asuntos civiles o mercantiles de naturaleza contractual de cuantía de hasta un máximo de 7000 euros. Si alguna de las partes no está de acuerdo con el resultado, puede recurrir ante un juez humano.

61 Entre otros, BELLOSO MARTÍN, N., "Entre la ciencia y la técnica del derecho ¿hacia una hermenéutica telemática?", *Anales de la Cátedra Francisco Suárez*, 47, 2013, pp. 154 y ss., y DE LA OLIVA SANTOS, A., "Justicia predictiva. Interpretación matemática de las normas, sentencias robóticas y la vieja historia del Justizklavier", *El cronista del Estado Social y Democrático de Derecho*, n° 80, 2019.

62 Si lo hacen, sin embargo, otros documentos de instituciones europeas tales como: el Consejo, en sus Conclusiones «Acceso a la justicia: aprovechar las oportunidades de la digitalización», de 14 de octubre de 2020 (2020/C 342 I/01) en cuyo párrafo 39 subraya que el uso de herramientas de IA no debe interferir con el poder de decisión de los jueces ni con la independencia judicial. Las resoluciones

Reglamento 2016/679 del Parlamento Europeo y del Consejo, relativo a la protección de las personas físicas en lo que respecta al tratamiento de datos personales y a la libre circulación de estos datos de 27 de abril de 2016, cuyo artículo 22 garantiza que los sujetos no sean objeto de una decisión basada únicamente en el tratamiento automatizado, incluida la elaboración de perfiles, y que fruto de dicho tratamiento, se produzcan efectos jurídicos sobre ellos, salvo que se autorice por el Derecho de la Unión o de los Estados miembros y se establezcan medidas adecuadas para salvaguardar los derechos y libertades y los intereses legítimos del interesado[63].

Por tanto, la posibilidad de que sea un programa informático el que emita una decisión judicial que produzca efectos jurídicos, únicamente sería posible si lo autorizara el Derecho de la Unión o de los Estados miembros, además de establecerse las oportunas garantías. Por el momento nuestro legislador no se ha pronunciado al respecto en materia procesal civil. Ante la ausencia de una norma que prevea esta posibilidad[64], descartamos de plano la posibilidad de

---

judiciales deben ser siempre dictadas por seres humanos y no pueden delegarse en una herramienta de IA. En idéntico sentido, la Resolución del Parlamento Europeo, de 20 de octubre de 2020, con recomendaciones destinadas a la Comisión sobre un marco de los aspectos éticos de la inteligencia artificial, la robótica y las tecnologías conexas (2020/2012(INL)), hace hincapié en que la IA nunca debe sustituir a los seres humanos en la emisión de sentencias, y que o decisiones basadas únicamente en el tratamiento automatizado que produzcan efectos jurídicos en las personas o que les afecten de forma significativa, siempre deben comportar la evaluación significativa y el criterio de un ser humano.

63 En un sentido similar se ha pronunciado más recientemente la Recomendación del Comisario de Derechos Humanos del Consejo de Europa "Unboxing Artificial Intelligence: 10 steps to protect Human Rights" de mayo de 2019 (p. 14), al establecer que los Estados miembros deben proporcionar a las personas el derecho a no ser objeto de a una decisión que les afecte significativamente y que esté basada en una adopción automatizada de decisiones sin una intervención humana significativa.

64 Aunque la LUTICAJ en su artículo 42 haga referencia a la "Actuación judicial automatizada", se limita a señalar que "En caso de actuación automatizada, deberá establecerse previamente por el Comité técnico estatal de la Administración judicial electrónica la definición de las especificaciones, programación, mantenimiento, supervisión y control de calidad y, en su caso la auditoría del sistema de información y de su código fuente". Como señala MARTÍNEZ GUTIÉRREZ, este precepto regula la actuación automatizada en forma de *desiderátum*, más que como una realidad palpable; utiliza el condicional, por lo que parece que sea una remisión a un futuro desarrollo de la actuación judicial automatizada y que por el momento no ha querido desarrollar. "Inteligencia artificial, algoritmos y automatización en la Justicia. Propuestas para su efectiva implantación", *Práctica de Tribunales*, n° 149, marzo-abril 2021, p. 7.

que una máquina, en sustitución del juez, adopte una decisión que afecte a la libertad de una persona, como puede ocurrir en un proceso penal. Cuestión distinta sería plantearnos qué se pudieran automatizar algunos procesos civiles que resuelven casos sencillos, es decir, con escasas cuestiones fácticas o jurídicas que pueden abordarse de manera casi automática. Al respecto, compartimos con BARONA VILAR que es posible imaginar la tramitación automatizada algorítmica y la consecuente robotización judicial en los supuestos en los que no concurre oposición o, aun habiéndola, esta sea restringida, y se precise soporte documental, dado que se facilita notablemente este modelo de justicia automatizada. Por ejemplo, en los procesos de desahucio u otros posesorios en los que el ilegítimo poseedor simplemente carece de motivo de oposición, o bien en el proceso monitorio sin oposición[65]. Estos procesos, que carecen de oposición, podrían tramitarse de manera automatizada, pues se trata de procedimientos que siguen un patrón semejante: la reclamación es sencilla, el demandando no contesta (en gran número de ocasiones), la documentación que se aporta es similar y lo mismo podemos decir de la respuesta del juez[66]. A estos supuestos podríamos añadir los litigios que con carácter repetitivo acontecen en materia de consumidores y usuarios.

Por el contrario, entendemos que otros casos más complicados, con mayor número de implicaciones fácticas y jurídicas, difícilmente podrán ser resueltos con carácter exclusivo por un sistema computacional. Ello no obsta a que estas herramientas puedan asistir al juez en su decisión[67], incluso proponiendo un borrador o un modelo de decisión provisional que después sea revisado por un juez humano, quien, además de controlar la ausencia de sesgos algorítmicos y comprobar que no se han visto afectadas las garantías inherentes al proceso, aportaría su criterio, sus propias razones, valoraciones y consideraciones discrecionales a la decisión final[68].

---

65 BARONA VILAR, S., "Una justicia "digital" y "algorítmica" para una sociedad en estado de mudanza", en BARONA VILAR, (edª.), *Justicia Algorítmica y Neuroderecho. Una mirada multidisciplinar*, Tirant Lo Blanch, Valencia, 2021, p. 48.

66 Como señala REILING, una gran cantidad de casos que se resuelven diariamente en los tribunales de la mayoría de órdenes jurisdiccionales no son complejos jurídicamente, ni siquiera se discuten los hechos. Además, presentan un carácter bastante rutinario y no necesitan de un tratamiento legal singular o específico, lo que les hace susceptible de la estandarización necesaria para el empleo de IA en su resolución. "Courts and Artificial Intelligence", *International Journal for Court Administration* 8, 11 (2), 2020.

67 GUZMÁN FLUJA, V., "Sobre la aplicación de la inteligencia...", cit., p. 99.

68 BONET NAVARRO reflexiona al respecto y distingue si hay hechos controvertidos o no, si se ha practico o no prueba o, si la actividad probatoria resulta contradictoria.

Dicho esto, veamos los principales obstáculos o limitaciones a los que debería hacer frente un hipotético juez- robot.

En primer lugar, tenemos que hacer referencia a las dificultades que derivan de la propia especificidad del lenguaje jurídico y su interpretación por la máquina[69].

Como afirma BELLOSO MARTÍN, la interpretación judicial no tiene un significado automático y/o mecánico, las respuestas no se obtienen de una mera deducción lógica. En el proceso de razonamiento del Derecho se puede utilizar la deducción, pero no ofrece un resultado aritmético, como si se tratara de la matemática. Además, la terminología jurídica es susceptible de diversas interpretaciones, por cuanto las decisiones del juez se realizan en función de normas que no tienen un significado claro y unívoco, sino pluralidad de sentidos, que se aplican a las situaciones de la realidad social: hay términos jurídicos ambiguos, conceptos jurídicos indeterminados, múltiples excepciones, mientras que los Sistemas Expertos "operan siempre dentro de un modelo lógico, que permite llegar a soluciones fijas e indiscutibles"[70].

A lo dicho hay que añadir que, por muy claros que sean los términos o palabras consignadas en el texto de una norma, estos deben relacionarse con el contexto, los antecedentes, la realidad social del tiempo en el que tienen que aplicarse, la ratio de la norma, etc[71]. Y esto es algo que difícilmente, por el momento, parece que pueda hacer la máquina[72]. Por mucho que los sis-

---

"La tutela de los derechos no humanos. De la tramitación electrónica al proceso con robots autónomos", *Revista Ceflegal*, n° 28, mayo 2018, pp. 81 y 82.

69 Obstáculo al que también hacen referencia PLANCHADELL-GARGALLO, A., "La justicia civil y penal …", cit., nota 12 y GUZMÁN FLUJA, V., "Sobre la aplicación …", cit., p. 79.

70 Por último, en el ámbito jurídico suele haber más de una respuesta a la cuestión objeto de la controversia legal. BELLOSO MARTÍN, N., "Entre la ciencia y la técnica del derecho…", cit., p. 157.

71 En un sentido similar, BATTELLI, E., "La decisión robótica…", cit., p. 58.

72 Desde una perspectiva iusfilosófica, se podría argumentar que la sustitución judicial por la IA podría apuntar al "fin de la interpretación". Esto se debe a que un algoritmo no sería capaz de interpretar un caso (o mejor dicho, el hecho/s que debe decidirse), sino únicamente asociar una respuesta al mismo. En otras palabras, aunque el sistema podría ser eficiente, el resultado jurídico podría ser incorrecto debido a la ausencia de un análisis de principios o contextual que "escapa" a los comandos predeterminados de la rutina. LIMBERGER, T., BECK DA SILVA GIANNAKOS, D., y SZINVELSKI, M., "Can Judges be Replaced by Machines? The Brazilian Case", *Mexican Law Review*, vol. 14, núm. 2, 2022, p. 80.

temas sean capaces de asumir el manejo de una inmensa cantidad de datos en tiempo real, carecen de la compresión de conceptos axiológicos básicos propios de los procesos judiciales, tales como la equidad o la justicia[73].

En segundo lugar, resaltemos la necesidad de contar con una base de datos completa, cuya información, además, se adecue a los constantes cambios. Al respecto, no tenemos más remedio que reconocer que no tenemos un "patrimonio digital completo"[74], dado que no existe una total digitalización de la producción jurídica, ni tan siquiera de la última década[75].

En conexión con ello, otra de las limitaciones con la que podríamos encontrarnos es que las técnicas algorítmicas solo son útiles cuando la información analizada es similar a la nueva información presentada a la máquina. Si al programa se le introduce un caso nuevo respecto del cual no existe ningún precedente similar, no será adecuado para hacer una predicción o alcanzar un resultado. También pueden surgir problemas cuando el tamaño de la muestra de casos anteriores no es lo suficientemente completo como para que descubra patrones y cree generalizaciones efectivas.

Por otro lado, vincular el juez robot a la jurisprudencia consolidada, como señala BATTELLI, impediría la evolución misma de las orientaciones jurisprudenciales. Además, el resultado sería no tener la posibilidad de considerar el cambio de las exigencias sociales y de la sensibilidad de la comunidad humana[76]. Por ello, alertamos sobre el riesgo de petrificación de la jurisprudencia[77], o como también se ha denominado, fosilización del

---

73 MARTÍNEZ CONTI, M., "Aproximaciones sobre la utilización de inteligencia artificial en los procesos judiciales", XXX Congreso Nacional de Derecho Procesal "Nuevo sistemas de litigación", San Juan, 12-14 2018, p. 10, disponible en: https://www.acaderc.org.ar/wp-content/blogs.dir/55/files/sites/55/2020/09/Aproximaciones-sobre-la-utilizaci%C3%B3n.pdf [Consulta:8/8/2022].

74 BUENO DE MATA, F., "La necesidad de regular la inteligencia artificial y su impacto como tecnología disruptiva en el proceso: de desafío utópico a cuestión de urgente necesidad", en BUENO DE MATA (dir.), *El impacto de las tecnologías disruptivas en el Derecho procesal*, Aranzadi, Cizur Menor, 2022, p. 16.

75 BATTELLI, E., "La decisión robótica...", cit., p. 61. Como remarca este autor, la máxima disponibilidad de los datos es imprescindible para garantizar la uniformidad del Derecho (cit. p. 50).

76 BATTELLI, E., "La decisión robótica: algoritmos...", cit., p. 61.

77 AMRANI MEKKI, S., "Garantías frente a eficiencia. ¿Es lo racional siempre razonable?", en JIMÉNEZ CONDE y BELLIDO PENADÉS, (dirs.), *Justicia: ¿Garantías Versus Eficiencia?*, Tirant Lo Blanch, Valencia, 2019, pp. 58-59. Reflexiona al respecto, ARMENTA DEU, quien considera que la predictivilidad otorga una relevancia des-

Derecho. A diferencia de la máquina, que únicamente decide con la información que tiene en su base de datos, el juez humano, sin embargo, sí que puede replantearse su decisión y, con ello, dinamizar el Derecho.

En tercer y último lugar, debemos abordar la tesitura entre la subjetividad del juez y la objetividad del algoritmo. Adviértase que, en ninguno de los dos casos se garantiza la ausencia total de sesgos, ya sean estos humanos u algorítmicos. Precisamente, una de las razones por las que se aboga por la justicia robótica y que suele esgrimirse a favor de su empleo, es la eliminación de la subjetividad de los jueces. Es decir, se piensa que la solución proporcionada por la máquina va a ser más correcta y objetiva.

En este sentido, la objetividad de los algoritmos se presenta como una garantía frente a la subjetividad del juez (humano). Al respecto, compartimos con BARONA VILAR, que lejos de ser una bondad, podría discutirse, en cuanto decidir acerca de un litigio no solo supone la aplicación matemática del derecho al caso concreto, sino una identificación de componentes variables y en muchos casos con dosis de elementos subjetivos basados en las emociones, en las percepciones, que hoy por hoy ni la psicología ni la neurociencia aplicadas a la tecnología de última generación pueden extrapolar a la máquina[78]. De ahí que nos cuestionemos si realmente queremos prescindir de tales elementos subjetivos y si estos son necesarios en el razonamiento jurídico[79] .

Por el momento no se han desarrollado programas con emociones o empatía ni tampoco que incorporen factores éticos o morales. Resulta difícil, asimismo, que estas herramientas puedan introducir criterios de equidad o principios generales que podrían influir en las decisiones judiciales[80], o contextualizar la información aportada. Tengamos en cuenta, además, que la resolución de un pleito, en diversas ocasiones implica cierta discreción por parte del juez. Los programas informáticos funcionan sobre la base de la lógica, donde la información de entrada

---

mesurada al pasado y al presente, en detrimento del futuro, y con ello, existiría el riesgo de bloquear las tentativas de cambio. *Derivas de la Justicia. Tutelas de los derechos y solución de controversias en tiempos de cambios,* Marcial Pons, Madrid, 2021, p. 317.

78 BARONA VILAR, S., "Una justicia "digital" y "algorítmica" ...", cit., p. 53.

79 PLANCHADELL-GARGALLO, A., "La justicia civil y penal ante el reto de ...", cit., p. 146. Al respecto, manifiesta ARMENTA DEU, que la IA ofrece la ventaja de la más absoluta objetividad, pero, con ello, la mayor de las desventajas, la ausencia de percepciones individualizadas. *Derivas de la Justicia...* cit., p. 307.

80 PLANCHADELL-GARGALLO, A., "La justicia civil y penal ...", cit., p. 146.

se procesa a través de algoritmos programados para llegar a un resultado predeterminado. Esta rigidez es incompatible con las decisiones discrecionales, que pueden necesitar tener en cuenta los valores de la comunidad, las características subjetivas de las partes, o cualquier otra circunstancia circundante que pueda ser relevante[81].

Son, en definitiva, muchos los interrogantes a los que tendría que darse respuesta en el hipotético caso de aceptar esta nueva figura del juez robot, tales como: qué tipo de responsabilidad civil se le podría exigir, ante quién podrían recurrirse sus resoluciones, como podrían motivarse sus decisiones, si sería posible que el juez robot formara parte de un tribunal colegiado junto a jueces humanos[82], la posibilidad de que los jueces robot decidieran en primera instancia y los humanos los recursos, etc. Junto a ello, se plantean numerosos problemas procesales de carácter constitucional, que pueden afectar, entre otros, al derecho al juez ordinario predeterminado por la ley, al derecho al juez imparcial, al derecho a la tutela judicial efectiva, al derecho al proceso con todas las garantías, al principio de igualdad procesal o al derecho de defensa o a la presunción de inocencia[83].

Con el escenario previamente descrito, la pregunta que realmente debemos hacernos no es tanto si lo jueces- robots pueden dictar sentencias, sino si estamos dispuestos, como sociedad, a delegar este poder en entidades no humanas[84].

---

81 SOURDIN, T., "Judge v Robot? …", cit., p. 1128. En este sentido, BATTELLI señala que cuando el legislador atribuye amplios poderes al juez, se precluye el empleo de modelos matemáticos. "La decisión robótica: algoritmos, interpretación …", cit., p. 55.

82 Proponen esta posibilidad, KERR, I. y MATHEM, C., "Chief justice John Roberts is a robot", http://robots.law.miami.edu/2014/wp-content/uploads/2013/06/Chief-Justice-John-Roberts-is-a-Robot-March-13-.pdf, p. 40. [Consulta: 8/8/2022].

83 En un sentido muy similar, GÓMEZ COLOMER, J.L., "Unas reflexiones sobre el llamado "juez-robot", al hilo del principio de la independencia judicial" en BARONA VILAR, (edª.), *Justicia Algorítmica y Neuroderecho, Una Mirada Multidisciplinar,* Tirant Lo Blanch, Valencia, 2021, PP. 253-254.

84 WORTHY CAMPBELL, R., "Artificial Intelligence in the Courtroom: The Delivery of Justice in the Age of Machine Learning", *Colorado Technology Law Journal,* vol. 18, n° 2, 2020, p. 349.

IV.- REFLEXIONES FINALES

Hemos comprobado que ya existen sistemas computacionales que pueden auxiliar al juez en la adopción de determinadas decisiones, como puede ser a la hora de valorar la prueba, lo que se ha considerado una oportunidad para expulsar de las salas de justicia "los atávicos heurísticos judiciales"[85] y los posibles errores que derivan de la falibilidad de la memoria humana[86].

A pesar de tales bondades, no podemos dejar de advertir acerca de la existencia de, entre otros, tres peligros que implica la utilización de herramientas algorítmicas en un proceso judicial civil.

a) En primer lugar, tengamos en cuenta que al tratar de objetivar algunas decisiones, como puede ser la valoración del *periculum in mora* a la hora de adoptar una medida cautelar, podríamos tratar igual lo que en realidad es diferente, por mucho que coincidan los patrones tendenciales de la herramienta[87]. Se pierden con ello las particularidades del caso concreto y su análisis de manera individualizada. De ahí la necesaria intervención del juez que controle la decisión final.

b) El segundo de los peligros atañe al tan aludido problema de los sesgos algorítmicos, es decir, a la posible incorporación de sesgos en los

---

85 SIMON CASTELLANO, P., "Inteligencia artificial…", cit., p. 288.

86 PLANCHADELL-GARGALLO, A., "La justicia civil y penal ante el reto de la inteligencia artificial: una aproximación", *Actualidad Penal*, Instituto Pacífico, n° 81, marzo, 2021, pp. 144-145.

87 SIMÓN CASTELLANO, P., *Justicia Cautelar e inteligencia artificial*, cit., p. 186. Precisamente, otra de las barreras con la que nos encontramos es la complejidad del algoritmo para individualizar una sentencia, dado que no tiene la capacidad humana de incorporar variables que no se hayan introducido en el programa. Las decisiones judiciales resuelven sobre asuntos particulares que, aunque similares a otros, mantienen singularidades que necesitan de un examen humano de la cuestión. En este sentido se pronuncia, BORRÀS ANDRÉS cuando señala que en un proceso judicial la intervención humana garantiza que las situaciones de cada caso se traten con singularidad y no se apliquen automáticamente decisiones a un caso concreto por su parecido con otros casos anteriores, por muy clara que sea la similitud *a priori*. Se trata de garantizar que, en la determinación del supuesto de hecho, se toman en cuenta todas las particularidades del caso de que se trata. "La verdad y la ficción …", cit., p. 34

resultados que ofrezca el sistema y que pueden conducir a una discriminación, y con ello, a una posible afectación del principio de igualdad[88].

c) El tercero de los problemas que puede plantearse se refiere a la falta de transparencia, esto es, al carácter secreto o ininteligible de la lógica que reside en el proceso de decisión[89]. Si estas herramientas van a utilizarse como auxilio al juez, en la medida en que pueden influir en su decisión, las partes deben conocer con carácter previo los elementos y características esenciales del sistema algorítmico[90]. Solo así podrá permitirse que puedan cuestionar su resultado.

El código fuente debe, por tanto, ser "abierto, libre y auditable"[91]. Los sistemas algorítmicos no pueden ser una black box, en donde los justiciables no conozcan el razonamiento de la decisión adoptada. Deviene, por ello, imprescindible garantizar la tan aclamada trasparencia algorítmica, en aras a evitar una afectación de los derechos fundamentales de las partes del proceso, principalmente del derecho de defensa. Precisamente en esa línea se posiciona la Unión Europea, que exige la trazabilidad, la transparencia y la vigilancia humana para reducir los riesgos de la IA para los derechos fundamentales.

A tales peligros podríamos sumar una inquietud, como es la confianza ciega que el juez podría llegar a depositar en la máquina y con ello, el riesgo que supone que se conforme, de manera acrítica, con la decisión proporcionada

---

88 Vid, respecto de los sesgos algorítmicos, SORIANO ARNANZ, A. y SIMÓ SOLER, E., en, "Machine learning y Derecho: aprendiendo la (des) igualdad", en BARONA VILAR, (edª.) *Justicia algorítmica y neuroderecho, Una mirada multidisciplinar,* Tirant Lo Blanch, Valencia, 2021, pp. 183- 208.

89 BATTELLI, E., "La decisión robótica…", cit., p. 62. Refiere SORIANO ARNANZ, que la falta de transparencia de los algoritmos responde tanto a que el código fuente no se hace público como a que el sistema es tan complejo que comprenderlo es imposible. Resulta altamente complejo argumentar que una decisión es errónea si se desconoce su lógica subyacente. "Decisiones automatizadas…", cit., p. 94.

90 En sentido similar, DE HOYOS, M., en "Premisas y finalidades del Libro Blanco sobre Inteligencia Artificial de la Comisión Europea: perspectiva procesal del nuevo marco regulador", en BARONA VILAR (edª.), *Justicia Algorítmica y Neuroderecho, Una Mirada Multidisciplinar,* Tirant Lo Blanch, Valencia, 2021, P. 142.

91 ERCILLA GARCÍA, J., "La inteligencia artificial en la Justicia: asistentes IA judiciales y jueces IA", *Revista Aranzadi de Derecho y Nuevas Tecnologías,* nº 53 (mayo-agosto), julio 2020.

por el programa sin contrarrestar ni cuestionar sus resultados[92]. Al respecto, no podemos sino manifestar que la información que obtenga el juez a través de las mismas, podrá servirle para formar su convicción, pero en ningún caso tendrá que ser aceptada de forma automática, sino que podrá desmarcarse de ella cuando así lo considere.

Advertidos estos peligros, no consideramos, sin embargo, que deban limitarse los instrumentos cognitivos del juez[93]. Si estas herramientas coadyuvan a objetivar determinadas decisiones - que hoy se deciden con base en heurísticos y otros factores contextuales -, podrían ser bienvenidas[94]. Eso sí, como colaboradoras, cuyo resultado no pueda ser, en ningún caso, decisivo, ni puedan sustituir al juez, quien podrá apartarse del resultado arrojado por la máquina o rechazarlo cuando no esté de acuerdo.

No podemos olvidar que estas herramientas ofrecen múltiples beneficios en términos de celeridad, eficacia y eficiencia, como tampoco debemos obviar que no están exentas de riesgos y pueden seriamente afectar a las garantías y principios del proceso, por lo que deben preverse las debidas cautelas que velen por su respeto. Se plantean, por tanto, nuevos desafíos y retos, pero que no son insalvables. Para afrontarlos, resulta necesaria una regulación que prevea cuándo, cómo, y bajo qué condiciones pueden utilizarse los modelos algorítmicos en un proceso civil. A título de ejemplo, y en lo que a las decisiones que hemos analizado en este trabajo se refiere, la ley tendrá que señalar qué riesgos pueden ser evaluados por estas herramientas para informar acerca de la idoneidad de una medida cautelar, qué medios probatorios pueden valorarse con su auxilio o qué resoluciones judiciales pueden complementarse con información proporcionada por un programa informático. En todos los casos, la norma habrá de contemplar las garantías que deben cumplirse, los límites que resultan infranqueables, así como la necesidad de que el juez exponga el peso que ha otorgado al resultado otorgado por el sistema computacional en la resolución de su decisión.

---

92 La dificultad que entraña apartarse de las indicaciones proporcionadas por las máquinas se ha denominado "sesgo de automatización". Al mismo hace referencia la Propuesta de Reglamento por el que se establecen normas armonizadas en materia de IA en su artículo 14.4.

93 Así lo entiende, DE HOYOS SANCHO, en "Premisas y finalidades...", cit., p. 146.

94 SIMÓN CASTELLANO, P., *Justicia Cautelar e inteligencia artificial*, cit., p. 94.

A modo de conclusión, defendemos rotundamente que la impartición de la justicia se halle en manos de los jueces- humanos, lo que no impide que estos puedan beneficiarse y auxiliarse de las nuevas tecnologías disruptivas analizadas en este trabajo. Los justiciables no pueden someterse a una decisión judicial automatizada a menos que esta sea revisada y perfeccionada por un órgano jurisdiccional. Será pues el juez quien realice la valoración final y controle que se ha hecho un uso apropiado del resultado proporcionado por la herramienta "inteligente" o que esta se encuentra libre de sesgos. La meta de estas herramientas no es sustituir a los jueces sino proporcionarles información y auxilio para que puedan ejercer mejor su función. En definitiva, la IA puede convertirse en una herramienta extremadamente útil para el sistema judicial con carácter general y para los jueces en particular, siempre y cuando se emplee como es debido, pero nunca como sustitución del juzgador, al que no puede reemplazar, sino tan solo ponerse a su servicio.

BIBLIOGRAFIA

ALETRAS, N., TSARAPATSANIS, D., PREOŢIUC-PIETRO, D. y LAMPOS V., "Predicting judicial decisions of the European Court of Human Rights: a Natural Language Processing perspective", *PeerJ Computer Science,* 2:e93, 2016.

AMRANI MEKKI, S., "Garantías frente a eficiencia. ¿Es lo racional siempre razonable?", en JIMÉNEZ CONDE y BELLIDO PENADÉS (Dirs.), *Justicia: ¿Garantías Versus Eficiencia?,* Tirant Lo Blanch, Valencia, 2019.

ARMENTA DEU, T., *Derivas de la Justicia. Tutelas de los derechos y solución de controversias en tiempos de cambios,* Marcial Pons, Madrid, 2021.

ARRABAL PLATERO, P., "La tecnología y el derecho procesal: la prueba tecnológica en la actualidad y la IA en el futuro", en *Justicia Digital: Una mirada internacional en época de crisis,* (RAMÍREZ CARVAJAL, coord.), Justicia y Proceso, Medellín, 2020,

BARONA VILAR, S., *Algoritmización del Derecho y de la Justicia,* Tirant Lo Blanch, Valencia, 2020.

BARONA VILAR, S., "Una justicia "digital" y "algorítmica" para una sociedad en estado de mudanza", en Barona Vilar, Silvia (Edª.), *Justicia Algorítmica y Neuroderecho. Una mirada multidisciplinar,* Tirant Lo Blanch, Valencia, 2021.

BARONA VILAR, S., "La tutela cautelar", en GOMEZ COLOMER y BARONA VILAR (Dirs.), *Derecho Procesal Civil,* Tirant Lo Blanch, Valencia, 2022.

BATTELLI, E., "La decisión robótica: algoritmos, interpretación y justicia predictiva", *Revista de Derecho Privado,* núm. 40, 2021.

BELLOSO MARTÍN, N., "Entre la ciencia y la técnica del derecho ¿hacia una hermenéutica telemática?", *Anales de la Cátedra Francisco Suárez,* núm. 47, 2013.

BONET NAVARRO, J., "La tutela de los derechos no humanos. De la tramitación electrónica al proceso con robots autónomos", *Revista Ceflegal* núm. 28, mayo, 2018.

BONET NAVARRO, J., "Valoración de la prueba y resolución mediante inteligencia artificial" en BUJOSA VADELL (Dir.) *Derecho Procesal: retos y trasformaciones,* Atelier, Barcelona, 2021.

BORRÁS ANDRÉS, N., "La verdad y la ficción de la inteligencia artificial en el proceso penal", en CONDE FUENTES y SERRANOS HOYO (Dirs.) *La justicia digital en España y la Unión Europea,* Atelier, Barcelona, 2019.

BROMBY, M., "ADVOKATE: a resource for learning the law of evidence", en https://michaelbromby.wordpress.com/advokate/

BUENO DE MATA, F., "La necesidad de regular la inteligencia artificial y su impacto como tecnología disruptiva en el proceso: de desafío utópico a cuestión de urgente necesidad", en BUENO DE MATA (Dir.), *El impacto de las tecnologías disruptivas en el Derecho procesal* Aranzadi, Cizur Menor, 2022.

BUENO DE MATA, F., "Macrodatos, Inteligencia Artificial y Proceso: Luces y Sombras", *Revista General de Derecho Procesal,* núm. 51, 2020.

BUJOSA VADELL, L., "Ética e inteligencia artificial. Una mirada desde el proceso jurisdiccional", en *El impacto de las tecnologías disruptivas,* (BUENO DE MATA, dir.), Aranzadi, Cizur Menor, 2022.

CATALÁN CHAMORRO, M.J., "Multidoor System e inteligencia artificial", BARONA VILAR (ed[a]), *Justicia algorítmica y neuroderecho, una mirada multidisciplinar,* Tirant Lo Blanch, Valencia, 2022.

CARRIZO GONZÁLEZ-CASTELL, A., "Inteligencia artificial y acceso de la población migrante", en BUENO DE MATA (Dir.) *El impacto de las tecnologías disruptivas,* Aranzadi, Cizur Menor, 2022.

CASTILLO FELIPE, R., "Proceso civil e inteligencia artificial", en SIGÜENZA LÓPEZ, (Dir.), *Proceso civil y nuevas tecnologías,* Aranzadi, Cizur Menor, 2021.

DE HOYOS SANCHO, M., "El libro blanco sobre inteligencia artificial de la Comisión Europea: reflexiones desde las garantías esenciales del proceso penal como "sector de riesgo", *Revista Española de Derecho Europeo,* núm. 76, 2020.

DE HOYOS SANCHO, M., "Premisas y finalidades del Libro Blanco sobre Inteligencia Artificial de la Comisión Europea: perspectiva procesal del nuevo marco regulador", en BARONA VILAR (Ed[a].) *Justicia algorítmica y neuroderecho, Una mirada multidisciplinar,* Tirant Lo Blanch, Valencia, 2021.

DE LA OLIVA SANTOS, A., "Justicia predictiva. Interpretación matemática de las normas, sentencias robóticas y la vieja historia del Justizklavier", *El cronista del Estado Social y Democrático de Derecho,* núm. 80, 2019.

DIEZ-PICAZO GIMÉNEZ, I., "Las medidas cautelares", en DE LA OLIVA SANTOS, DIEZ-PICAZO y VEGAS TORRES, *Derecho procesal civil,* Ramón Areces, Madrid, 2005.

ERCILLA GARCÍA, J., "La inteligencia artificial en la Justicia: asistentes IA judiciales y jueces IA", *Revista Aranzadi de Derecho y Nuevas Tecnologías,* núm. 53 (mayo-agosto), julio, 2020.

ESTEVEZ, E., LINARES LEJARRAGA, S. y FILLOTTRANI, P., *Prometea. Transformando la administración de justicia con herramientas de inteligencia artificial,* Banco Interamericano de Desarrollo, Washington, 2020.

GÓMEZ COLOMER, J.L, "Unas reflexiones sobre el llamado "juez-robot", al hilo del principio de la independencia judicial" en BARONA VILAR (Ed[a].), *Justicia algorítmica y neuroderecho, Una mirada multidisciplinar,* Tirant Lo Blanch, Valencia, 2021.

GÓMEZ COLOMER, J.L, *Derecho Procesal Civil,* Tirant Lo Blanch, Valencia, 2021.

GUZMÁN FLUJA, V., "Sobre la aplicación de la inteligencia artificial a la solución de conflictos (Reflexiones acerca de una transformación tan apasionante como compleja)", en BARONA VILAR (Ed[a].), *Justicia civil y penal en la era global,* Tirant Lo Blanch, Valencia, 2017.

HUERGO LORA, A., "Una aproximación a los algoritmos desde el Derecho administrativo", en HUERGO LORA (Dir.), *La regulación de los algoritmos* Aranzadi, Cizur Menor, 2020.

HURBERT, M., "Les algorithmes au service du juge: vers une déshumanisation de la justice penale?" *Regards critiques de jueges d'instruction, Faculté de droit et de criminologie,* Université catholique de Louvain, 2020, disponible en http://hdl.handle.net/2078.1/thesis:26618.

KATZ, P., "Expert robot: using artificial intelligence to assist judges in admitting scientific expert testimony", *Albany Law Journal of Science & Technology,* vol. 24, Issue 1, 2014.

KERR, I. y MATHEM, C., "Chief justice John Roberts is a robot", http://robots.law.miami.edu/2014/wp-content/uploads/2013/06/Chief-Justice-John-Roberts-is-a-Robot-March-13-.pdf.

LIMBERGER, T., BECK DA SILVA GIANNAKOS, D., y SZINVELSKI, M., "Can Judges be Replaced by Machines? The Brazilian Case", *Mexican Law Review,* vol. 14, núm. 2, 2022.

LLORENTE SÁNCHEZ-ARJONA, M., "Prueba e inteligencia artificial: ¿buen maridaje?", en BARONA VILAR (Ed[a].), *Justicia poliédrica en periodo de mudanza: Nuevos conceptos, nuevos sujetos, nuevos instrumentos y nueva intensidad,* Tirant Lo Blanch, Valencia, 2022.

MATHIS, B. y RUGIERI, H., "L'open data des decissions de justice en France. Les enjeux de la mise en oeuvre", *Le juge at l'algorithme: juges augmentés ou justice diminué?* (HUBIN, JACQUEMIN y MICHAUX, coords.), Larcier, Bruselas, 2019.

MARTIN DIZ, F., "Justicia predictiva: inteligencia artificial y algoritmos aplicados al proceso judicial en materia probatoria", en BUENO DE MATA (Dir.), *El impacto de las tecnologías disruptivas,* Aranzadi, Cizur Menor, 2022.

MARTÍNEZ GUTIÉRREZ, R., "Inteligencia artificial, algoritmos y automatización en la Justicia. Propuestas para su efectiva implantación", *Práctica de Tribunales,* núm. 149, marzo-abril, 2021.

NEIRA PENA, A. M., "Inteligencia artificial y tutela cautelar. Especial referencia a la prisión provisional", *Rev. Bras. de Direito Processual Penal,* Porto Alegre, vol. 7, núm. 3, set.-dic, 2021.

NIEVA FENOLL, J., *Inteligencia artificial y proceso judicial,* Marcial Pons, Barcelona, 2018.

NIEVA FENOLL, J., "Un cambio generacional en el proceso judicial: la inteligencia artificial", *Derecho Procesal: retos y trasformaciones* (BUJOSA VADELL, dir.), Atelier, Barcelona, 2021.

PLANCHADELL-GARGALLO, A., "Inteligencia Artificial y medidas cautelares", en BARONA VILAR (Ed[a].), *Justicia algorítmica y neuroderecho, Una mirada multidisciplinar,* Tirant Lo Blanch, Valencia, 2021.

PLANCHADELL-GARGALLO, A., "La justicia civil y penal ante el reto de la inteligencia artificial: una aproximación", *Actualidad Penal,* Instituto Pacífico, núm. 81, marzo, 2021.

PÉREZ ESTRADA, como el punto de partida. "El uso de algoritmos en el proceso penal y el derecho a un proceso con todas las garantías", en BARONA VILAR (Edª.), Claves de la justicia penal, Tirant Lo Blanch, Valencia, 2021.

PÉREZ ESTRADA, M.J., *Fundamentos jurídicos para el uso de la inteligencia artificial en los órganos judiciales,* Tirant lo Blanch, 2022.

REILING, D., "Courts and Artificial Intelligence", *International Journal for Court Administration* 8, 11(2), 2020.

PÉREZ DAUDÍ, V. *De la Justicia a la ciberjusticia,* Atelier, 2022.

REUSSER MONSÁLVEZ, C., "¿Son admisibles las tecnologías de internet como medio de prueba en el proceso civil?", en BUENO DE MATA (Dir.) *Fodertics 9.0,* Comares, Granada, 2021, pp. 381 – 392.

SIMÓ SOLER, E. y ROSSO, P., "Inteligencia artificial y derecho: entre el mito y la realidad. La destrucción algorítmica de la humanidad", *Diario La Ley,* núm. 9982, Sección Tribuna, 4 de enero, 2022.

SIMON CASTELLANO, P, "Inteligencia artificial y valoración de la prueba: las garantías jurídico-constitucionales del órgano de control", *TH⊠MIS-Revista de Derecho* núm. 79, enero-junio, 2021.

SIMÓN CASTELLANOS, P., *Justicia Cautelar e inteligencia artificial,* Bosch, Barcelona, 2021.

SOLAR CAYON, J.I., "Reflexiones sobre la aplicación de la inteligencia artificial en la administración de justicia", *Teoría jurídica,* v. 6, 2021, pp. 1-35.

SORIANO ARNANZ, A., "Decisiones automatizadas: problemas y soluciones jurídicas. más allá de la protección de datos", *Revista de Derecho Público: Teoría y Método,* vol. 3, 2021.

SORIANO ARNANZ, A. y SIMÓ SOLER, E., "Machine learning y Derecho: aprendiendo la (des) igualdad", en BARONA VILAR (Edª.), *Justicia algorítmica y neuroderecho, Una mirada multidisciplinar,* Tirant Lo Blanch, Valencia, 2021.

SOURDIN, T., "Judge v Robot? Artificial Intelligence and Judicial Decision-Making", *UNSW Law Journal,* vol. 41(4).

TARUFFO, M., "Judicial decisions and artificial intelligence", *Artificial Intelligence and Law,* vol. 6, núm. 2-4, 1998.

WORTHY CAMPBELL, R., "Artificial Intelligence in the Courtroom: The Delivery of Justice in the Age of Machine Learning", *Colorado Technology Law Journal,* vol. 18, núm. 2, 2020.

LA INTELIGENCIA ARTIFICIAL AL SERVICIO DE LA TUTELA CAUTELAR

LAURA ESTEPHANÍA HUERTAS MONTERO, MARTA ISABEL ROBLES USTARIZ Y MARCELA RODRÍGUEZ MEJÍA[1]

1. PUNTO DE PARTIDA: LA TECNOLOGÍA AL SERVICIO DE LA ADMINISTRACIÓN DE JUSTICIA

Hace ya varias décadas que la tecnología aterrizó en la administración de justicia. Cada país, dependiendo de sus realidades, ha ido incorporando paulatinamente el uso de la tecnología en el día a día de sus procesos. La presencia ha sido gradual a medida que la tecnología se desarrolla y especializa, y en las normas procesales se han ido incorporando instrumentos que responden a esos avances técnicos.

Hoy en día, el *summum* de la discusión se centra sobre la conveniencia o no de permitir que las controversias sean resueltas por programas de inteligencia artificial, o lo que es lo mismo, si es aceptable un juez robot en los sistemas judiciales de los estados de derecho. Sin embargo, antes de llegar a este punto, que en la gran mayoría de países es hasta ahora solo un planteamiento, no una realidad, los procesos tanto civiles como penales han venido adaptándose a las nuevas realidades que los desarrollos tecnológicos han venido presentando.

A continuación, se mencionará esas adaptaciones que se han venido dando. Se intentará presentarlas de menor a mayor complejidad técnica; es decir, no se seguirá el *iter* legislativo de un país en concreto, sino que se hará una revisión panorámica de las legislaciones procesales que mayor desarrollo tienen en esta materia.

---

1 Estudio realizado en el marco del Proyecto de Investigación "Aplicación de los sistemas predictivos en la tutela cautelar civil", financiado por la Fundación Manuel Serra Domínguez

1.1. Pruebas documentales

Antes del Internet, se entendía por prueba documental todos aquellos soportes en papel que pudieran dar cuenta en el proceso judicial de alguno de los hechos que apoyara lo pretendido. Con la llegada y posicionamiento del internet al día a día empresarial, y luego, a la vida cotidiana, esta concepción muta en lo que al continente se refiere, toda vez que ya no solo serán admisibles como pruebas los documentos en papel sino también los contenidos en mensajes de datos.

Así, por ejemplo, en Colombia, esto se materializó en el año 1999, en la Ley 527, "Por medio de la cual se define y reglamenta el acceso y uso de los mensajes de datos, del comercio electrónico y de las firmas digitales, y se establecen las entidades de certificación y se dictan otras disposiciones", que en su artículo 10 dispone que los mensajes de datos serán admisibles como medios de prueba y tendrán la misma fuerza probatoria de los demás medios de prueba reconocidos en el país. Y, en su artículo 11 dispone que su valoración será conforme a las reglas de la sana crítica.

1.2. Firma digital

Es una obviedad que el internet ha cambiado, en general, la forma en la que las personas nos relacionamos. Y es que la forma como se celebran negocios, se resuelven disputas, se enamora la gente, se capacitan las personas ya no demanda estar ubicados en el mismo lugar, ahora se pueden tejer relaciones solo con la voluntad, sin necesidad de compartir espacio físico y tiempo.

Ha dejado entonces de ser importante el lugar físico, pero sigue siendo fundamental la voluntad. Por tanto, ¿cómo se logra que la virtualidad no diluya la autoría de todo aquello que ella misma nos permite?, o lo que es lo mismo ¿cómo garantizar que ese documento electrónico ha sido firmado por determinada persona? La respuesta que la propia tecnología ha dado, y ha sido recogida por las legislaciones, ha sido la firma digital que es la "información cifrada que identifica al autor de un documento electrónico"[2].

Hoy en día, innumerables legislaciones se han ocupado de la firma digital, y su valor jurídico. A modo de ejemplo la Ley 27269 del Perú, "Ley de firma y certificados digitales" que regula la firma digital y le da la misma validez y eficacia de una firma manuscrita.

---

2 https://www.rae.es/. [Consulta: 29/10/2022.]

1.3. Notificaciones electrónicas

Hasta hace no muchos años, gran parte de la profesión del abogado transcurría en los juzgados, yendo no solo a las audiencias sino también, a notificarse de las muchas decisiones judiciales que se notifican por estados[3]. El tiempo que se empleaba en enterarse de las notificaciones era sin duda amplio, y el esfuerzo en tal labor, era desgastante. Esta realidad paquidérmica cambia con las notificaciones electrónicas, que no es otra cosa que la tecnología al servicio de la administración de justicia. Supone que la comunicación del juzgado hacia el justiciable se hará de forma ágil y segura mediante el uso de plataformas electrónicas creadas para el efecto.

Así por ejemplo en Brasil, se encuentran recogidas las notificaciones electrónicas en el Código de Proceso Civil del año 2015, artículo 246§4.

1.4. Expediente judicial digital

Si se quisiera definir qué es un expediente judicial podría decirse que son todos aquellos soportes de lo que ocurre en el procedimiento: demandas, contestaciones, notificaciones, documentos, transcripciones, recursos, autos, sentencias. Si a ello le agregamos el calificativo digital, estamos significando que cada procedimiento estará en soporte electrónico, lo que permitirá poder ser consultado en cualquier momento, en cualquier lugar, por las partes y sus apoderados.

Que todo lo que ocurre en un proceso, se encuentre en medio digital, es hoy en día una verdadera posibilidad porque ya existen herramientas tecnológicas que lo permiten, y también, es una realidad[4]. Un reflejo de ello es la regulación que con ocasión de la Pandemia del Covid 19 se dictó en Colombia, Decreto 808 del 2020 "Por el cual se adoptan medidas para implementar las tecnologías de la información y las comunicaciones en las actuaciones judiciales, agilizar los procesos judiciales y flexibilizar la atención a los usuarios del servicio de justicia, en el marco del Estado de Emergencia Económica, Social y Ecológica", que aunque nació con la intención de tener una duración de solo dos años -que era el tiempo que se estimaba

---

[3] En países como España, el impulso procesal -incluidas las notificaciones- corresponde a la figura del procurador.

[4] Un ejemplo de ello es la normativa brasileña que regula en la Ley 11419 de 2006 el proceso judicial electrónico.

necesario para superar el COVID-, una vez mostrada sus ventajas, terminó convirtiéndose en legislación permanente con la Ley 2213 de 2022[5].

1.5. Litigio en línea

Lo que parecía una utopía es desde hace algunos años una realidad en algunas latitudes: un mecanismo para resolver controversias surtido totalmente en una plataforma digital, o lo que es lo mismo, un litigio en línea, conocido por sus siglas en inglés *ODR*, Online Dispute Resolution.

Han sido los mecanismos alternativos de resolución de controversias los espacios en los que la virtualidad ha encontrado total cabida, y día a día logran más adeptos movidos por la celeridad y economía que los mismos suponen. Así, y por solo citar un ejemplo, desde la propia Unión Europea se promocionan estos mecanismos de litigios en línea en materia de consumo[6].

1.6. Inteligencia artificial al servicio del proceso

La Inteligencia Artificial, entendida como aquella tecnología que se compone de un conjunto de algoritmos que simulan o imitan diferentes fases y procesos cognitivos de la inteligencia humana, que van desde la repetición y ejecución de ciertas conductas, pasando por la toma de decisiones y llegando hasta una fase de autoaprendizaje por toma de decisiones pasadas, puede servir como tecnología de apoyo para ser implementada en la administración de justicia.

Actualmente existen diversos tipos de Inteligencia artificial con fines de apoyo a las entidades encargadas de administrar justicia. Incluso, algunas, pretenden o buscan avanzar en la sustitución de los jueces humanos para automatizar y "facilitar" el trabajo de resolución de controversias.

---

5 Sobre esto ver, JORDÁN MOSQUERA, D.: "El Decreto 806 de 2020 y su adopción como legislación permanente mediante la Ley 2213 de 2022." («[en línea]»), 2022, https://procesal.uexternado.edu.co/el-decreto-806-de-2020-y-su-adopcion-como-legislacion-permanente-mediante-la-ley-2213-de-2022/ . [Consulta: 29/10/2022.]

6 https://ec.europa.eu/consumers/odr/main/index.cfm?event=main.home2.show&lng=ES. Sobre esto ver, CARDENAS CAYCEDO, O. A., "Reflexiones sobre los ODR (Online Dispute Resolution) y el derecho procesal 3.0", En: *Memorias Congreso XLIII Colombiano de Derecho Procesal "Constitución y Proceso"*, Instituto Colombiano de Derecho Procesal, Cartagena de Indias, 2022, pp. 243-273.

El uso de la tecnología a esta escala en el proceso ha suscitado un gran debate[7], porque permitir que quien analice el conflicto, interprete y resuelva cómo aplicar la norma no sea un ser humano, supone, como mínimo, y con todo lo que ello conlleva, un cambio en el paradigma del funcionamiento de la justicia, y con ello, quizás, un replanteamiento de los principios del derecho, como por ejemplo el principio *pro homine* y el principio de publicidad, por solo mencionar algunos.

A continuación, se hará referencia a algunas experiencias de inteligencia artificial aplicada al proceso penal y constitucional que se han llevado a cabo en tres países con realidades criminológicas distintas.

1.6.1. Al servicio del Proceso Penal

Antes que en el proceso civil la inteligencia artificial aterrizó en el proceso penal de la mano de los sistemas COMPAS y HART. El primero en Estados Unidos, el segundo en Inglaterra. Son sin duda los sistemas tecnológicos de este tipo más conocidos y discutidos, y por eso en este escrito se ha decidido analizarlos. Junto con ello, en este apartado también se revisará el sistema WATSON implementado en el sistema penal colombiano[8].

- COMPAS

El COMPAS[9], por sus siglas en inglés, es una inteligencia artificial de tipo *machine learning*, o sistema de aprendizaje automático, implementado en Estados Unidos, diseñada para determinar la probabilidad de reincidencia de una persona que ha cometido un crimen. Su algoritmo se integra de 137 preguntas, de la información de antecedentes penales del sindicado, y de una entrevista que se le realiza al sujeto[10]; con esta

---

7 Ver, PÉREZ RAGONE, A: "Justicia civil en la era digital y artificial: ¿hacia una nueva realidad?", en Revista Chilena de Derecho, vol. 48 N° 2, pp. 203 - 229 [2021]

8 Un recorrido por los distintos sistemas de inteligencia artificial en GALVIS VEGA, G.A.; ALFONSO ACOSTA, G; RODRÍGUEZ PEÑALOZA, A.; CABEZA SAMBRANO, C.F.; OLARTE MOJICA, L.C.; GARZÓN FIERRO, V.; CHÁVEZ RODRÍGUEZ, P.E.; TRESPALACIOS ROJAS, I.C, "Inteligencia artificial en el proceso de predicción de decisiones judiciales como modelo asistencialista mixto: entre la codificación y la justicia equitativa", *UNA Revista de Derecho,* (En línea). Vol. 7 (1). Julio 2022.

9 Correctional Offender Management Profiling for Alternative Sanctions (COMPAS)

10 ROA AVELLA, M.; SANABRIA-MOYANO, J.E., y DINAS-HURTADO, K. "Uso del algoritmo COMPAS en el proceso penal y los riesgos a los derechos humanos", Revista. *Direito Processual Penal* 8 (1), Jan- Apr. 2022, Brasil, https://doi.org/10.22197/rbdpp.

información el algoritmo lograría, en teoría, determinar la probabilidad de reincidencia general y el riesgo de reincidencia violenta de aquel[11].

Sin embargo, a diferencia de las personas, COMPAS ha demostrado que los sistemas de aprendizaje una vez aprenden la solución de un problema o la respuesta automática al mismo, no logran poner en duda o, mejor, tener en cuenta los posibles errores o sesgos que se puedan presentar. Así, este sistema fue fuertemente criticado al demostrarse que su algoritmo creó sesgos hacia un grupo determinado de la población, encontrando que, erróneamente, calculó el doble de reincidentes en población afroamericana que en población caucásica[12]-[13].

Por otro lado, COMPAS también ha sido cuestionado por vulnerar los derechos y garantías procesales de los procesados. El caso hito es *State Wisconsin vs Loomis*, en el que el abogado del sujeto condenado cuestionó la decisión del juez, basada, entre otros, en el informe de COMPAS, por:

i. "Violar el derecho del acusado a ser sentenciado con base en información precisa, en parte debido a la naturaleza patentada de COMPAS, lo que impide evaluar su exactitud;
ii. Violar el derecho del acusado a una sentencia individualizada, por hacer uso de estadísticas grupales;
iii. Utilizar indebidamente evaluaciones de género en las sentencias, pues COMPAS evalúa considerando que existe una probabilidad de reincidencia diferente entre hombres y mujeres"[14].

Como vemos, la realidad es que el COMPAS, a pesar de poder ser considerado un avance en la sistematización de datos y la capacidad de aprendizaje del sistema, demuestra que su implementación es problemática.

v8i1.615 [en línea] https://www.scielo.br/j/rbdpp/a/6W9b8CHYbXcsc6qczDxCSfr/ [Consulta: 19/10/2022]

11 *Ibidem.*

12 MCKENNA, T., *Three notable examples of AI bias.* AI BUSINESS, [en línea], (2019) https://aibusiness.com/document.asp?doc_id=761095 [Consulta: 19/10/2022]. Traducción propia.

13 El informe de ProPublica puede ser encontrado en línea en: https://www.propublica.org/article/machine-bias-risk-assessments-in-criminal-sentencing [Consulta: 20/10/2022]

14 ROA AVELLA, M.; SANABRIA-MOYANO, J.E., y DINAS-HURTADO, K. *Op. Cit.*

- HART

Cercano a COMPAS, en Inglaterra se implementó la herramienta denominada HART[15], por sus siglas en inglés, desarrollada con el objetivo de ayudar a los oficiales de custodia a determinar el riesgo de futuros delitos[16].

La herramienta hace uso de 34 variables, de las cuales 29 son directamente del historial delictivo del sospechoso, combinados con datos sobre la edad, género, residencia y el recuento de informes de inteligencia policial existentes relacionados con el sujeto[17].

Con los datos, HART busca clasificar a los delincuentes dependiendo de la probabilidad de cometer o no delitos graves dentro de los siguientes dos años, así, categoriza en:

i. Riesgo alto: es más probable que el sujeto cometa crímenes graves.
ii. Riesgo moderado: es probable que el sujeto cometa crímenes de baja gravedad.
iii. Riesgo bajo: es poco probable que el sujeto cometa algún crimen[18].

La herramienta de *machine learning* ha sido tan cuestionada como COMPAS. Así, un estudio independiente demostró que HART tiene un rango de precisión general de un 63%[19], es decir, un 37% de los casos analizados pueden ser erróneos.

Y es que al igual que la herramienta estadounidense, se ha demostrado que Hart puede crear sesgos, vulnerando no solo derechos y garantías procesales -al no poder determinarse cómo funciona el algoritmo-, sino también derechos fundamentales.

- WATSON

---

15 Harm Assessment Risk Tool (HART)

16 OSWALD, M., GRACE, J., URWIN, S., y BARNES, G.C., "Algorithmic risk assessment policing models: lessons from the Durhman HART model and 'Experimental' proportionality", *Information & Communications Technology Law*, 27:2, [en línea] (2018) https://www.tandfonline.com/doi/pdf/10.1080/13600834.2018.1458455?needAccess=true [Consulta: 20/10/2022], p. 225. Traducción propia.

17 *Ibidem.*, p. 228. Traducción propia.

18 UNIVERSITY OF CAMBRIDGE, *Helping police make custody decisions using artificial intelligence.* [en línea] (2018) https://www.cam.ac.uk/research/features/helping-police-make-custody-decisions-using-artificial-intelligence [Consulta: 20/10/2022] Traducción propia.

19 *Ibidem.* Traducción propia.

El IBM's WATSON DEBATER es un software de *Big Data* "al que se le plantea un tema de debate, analiza los textos disponibles en la web sobre la materia, selecciona los argumentos que parecen más sólidos -probablemente, entre otras razones, por ser los más repetidos- y los expresa en un lenguaje natural"[20]. Es decir, es un sistema que permite identificar datos para, de allí, descubrir patrones[21]. Como vemos, no dista de manera significativa del sistema COMPAS.

Actualmente, el software ha sido implementado por la Fiscalía General de Colombia, permitiéndole explorar toda la información que se encuentra en el Sistema Penal Oral Acusatorio, hacer análisis de contexto sobre elementos similares (*modus operandi*, características físicas, tipos de armas y vehículos, entre otros), logrando que la entidad asociara, para 2018, fecha en la que inició su implementación, 722 casos en 61 líneas de investigación diferentes[22]; es decir, WATSON es una herramienta que dota a la Fiscalía de información para valorar el caso en concreto y tomar una decisión.

1.6.2. Al servicio de los Tribunales constitucionales

Otro de los campos en los que actual y recientemente se viene aplicando la inteligencia artificial en el espacio judicial, es en el de la justicia constitucional. Un buen ejemplo de ello son los sistemas PROMETEA y PRETORIA que se han aplicado con relativo éxito en la Corte Constitucional Colombiana.

PROMETEA, ahora PretorIA, es un sistema inteligente, *machine learning*, desarrollado por la Corte Constitucional colombiana, el Laboratorio de Inteligencia Artificial de Buenos Aires y la Universidad del Rosario, que tiene como objetivo ayudar en el proceso de selección de tutelas en la Corte Constitucional, es decir, no busca reemplazar al ser humano sino auxiliar en el proceso de selección que, para 2020, contaba con una demanda de 1900%[23].

---

20 NIEVA FENOLL, J. *Inteligencia artificial y proceso judicial.* Marcial Pons, 2018, p.30.

21 MORALES HIGUITA, L.; AGUDELO LONDOÑO, S.; MONTOYA RAIGOSA, M., y MONTOYA VIDALES, A.M., "Inteligencia artificial en el proceso penal: análisis a la luz del Fiscal Watson", *Pensamiento Jurídico* 1 (54), [en línea], (2021) https://revistas.unal.edu.co/index.php/peju/article/view/96091/82615 p. 153. [Consulta: 24/10/2022]

22 EL ESPECTADOR, *Así funciona Watson la inteligencia artificial de la Fiscalía*, [en línea], (2018), https://www.elespectador.com/judicial/asi-funciona-watson-la-inteligencia-artificial-de-la-fiscalia-article-809463/ [Consulta: 24/10/2022]

23 CORTE CONSTITUCIONAL COLOMBIANA, *PRETORIA, sistema inteligente de la Corte Constitucional para apoyar la selección de tutelas, es premiada como mejor herramienta de modernización en materia de justicia por la CEJ*, Boletín No. 187, [en línea] (2020), https://www.cortecons-

Para dicha selección, PretorIA organiza las tutelas por orden de urgencia de acuerdo con los 33 criterios sobre situaciones fácticas[24] establecidos por los Magistrados de la Corte Constitucional que conforman las Salas de Revisión, y la propia sistematización avanzada de la jurisprudencia que hace el sistema[25]. Así, PretorIA, lee, detecta, predice y elabora resúmenes de sentencias, con el objetivo de facilitarle la tarea a los Magistrados, realizando un primer análisis de las sentencias de tutela.

Esta tecnología, que en principio solo ofrece ventajas -reducción de plazos que en últimas se traduce en una tutela judicial efectiva-, sí plantea una zona gris con al menos dos compuertas que hay que dejar aquí planteada: i. ¿cómo se evita que el juez constitucional no "caiga en la tentación" de aceptar con los ojos vendados de la justicia el análisis que le propone PretorIA? y, ii. ¿garantiza PretorIA el principio *pro homine*?

1.6.3. Jueces robot

Comenzamos este escrito planteando que el *summun* del tema que nos ocupa en esta investigación, gira en torno a permitir como opción legítima en el derecho, el que las controversias sean resueltas por jueces robot. En este apartado nos vamos a detener en presentar de manera sucinta, lo que en torno a la materia ha ocurrido en Estonia y China, países pioneros en el planteamiento e, incluso, operatividad, de una herramienta de este calado.

- Estonia

En 2019, el Ministerio de Justicia de Estonia presentó la iniciativa de creación de una inteligencia artificial capaz de conocer y decidir casos fáciles y de baja cuantía, conflictos específicamente menores a €7,000[26]. Así,

---

titucional.gov.co/noticia.php?PRETORIA,-sistema-inteligente-de-la-Corte-Constitucional-para-apoyar-la-selecci%C3%B3n-de-tutelas,-es-premiada-como-mejor-herramienta-de-modernizaci%C3%B3n-en-materia-de-justicia-por-la-CEJ-9031 [Consulta: 23/10/2022]

24 IALAB, *PRETORIA, Sistema auxiliar de la justicia Constitucional. Basado en la experiencia PROMETEA.* [en línea] https://ialab.com.ar/wp-content/uploads/2020/08/UBA-e-IALAB-presentan-a-PretorIA.-Infografia.pdf [Consulta: 23/10/2022]

25 CALDERON-VALENCIA, F; PEREZ-MONTOYA, J; MORAIS, F. S. de. "Sistemas de la en la Experiencia del Supremo Tribunal Federal Brasileño y la Corte Constitucional Colombiana: Análisis Prospectivo.", *The Law, State and Telecommunications Review*, v. 13, no. 1, May 2021. p.156 [en línea] https://periodicos.unb.br/index.php/RDET/article/view/35614 [Consulta: 23/10/2022]

26 GALVIS VEGA, G.A.; ALFONSO ACOSTA, G.; RODRÍGUEZ PEÑALOZA, A.; CABEZA ZAMBRANO, C.F.; OLARTE MOJICA, L.C.; GARZÓN FIERRO, V.; CHAVES RODRÍ-

Estonia propone la creación de un juez robot capaz de "analizar gran cantidad de documentos legales y demás información relevante para la toma de decisiones"[27], documentos e información que serían cargados en una plataforma por los usuarios[28].

Cabe señalar que este sistema de juez robot propondría la solución a la controversia, la cual podría ser apelada por el juez humano[29]. Es decir, la propuesta de Estonia no pretende prescindir del ser humano, en la administración de justicia, sino que propone una mixtura entre los beneficios de la IA, en su modalidad *machine learning*, con la justicia tradicional.

Aunque el tema amerita un análisis exhaustivo que desborda el objetivo de este capítulo, nos atrevemos a decir que la intencionalidad de la herramienta planteada es beneficiosa para el sistema judicial, y propende garantizar los derechos y garantías fundamentales de los ciudadanos que acceden a la administración de justicia.

- China

A diferencia de Estonia, China cuenta con jueces robot que, desde 2017, son competentes para conocer temas de comercio electrónico, operaciones en red, y de propiedad intelectual[30]. Igualmente, existe Xiao Fao, un asistente robot que "brinda asesoramiento legal a los ciudadanos chinos en el tribunal de Beijing, así, explica y aclara conceptos jurídicos; adicionalmente, colabora con los propios funcionarios en la recopilación de sentencias, revisar historia de fallos, comparar leyes, entre otras labores."[31]

GUEZ, P.E.; y TRESPALACIOS ROJAS, I.C., "Inteligencia artificial en el proceso de predicción de decisiones judiciales como modelo asistencialista mixto: entre la codificación y la justicia equitativa.", *UNA Rev. Derecho (En línea).* Vol.7 (I), julio 2022, p.49.

27 RINCÓN CÁRDENAS, E., y MARTÍNEZ MOLANO, V., "Un estudio sobre la posibilidad de aplicar la inteligencia artificial en las decisiones judiciales. A study on the possibility of applying intelligence in judicial decisions", *Revista Direito GV*, Sao Paulo, V. 17 N.1 [en línea] (2021) http://dx.doi.org/10.1590/2317-6172202101, p.13 [Consulta 23/10/2022]

28 *Ibidem.*, [Consulta 23/10/2022] p. 13

29 *Ibidem.*, [Consulta 23/10/2022] p. 13

30 https://as.com/meristation/2022/03/19/betech/1647672219_333452.html#:~:text=Este%20juez%20robot%20es%20una,Atrapar%20a%20los%20conductores%20peligrosos[Consulta 16/10/2022]

31 OTERO, C., *China utiliza jueces robot para dictar sentencias en varios tipos de delitos menores. Betech [en línea] (2022) https://as.com/meristation/2022/03/19/betech/1647672219_333452.html [Consulta: 23/10/2022]* [Consulta 23/10/2022] p. 13

Y, para 2019, el Tribunal de Internet de Beijing presentó un centro de servicio de litigio en línea junto con un juez robot, "el cual ayudará a los jueces del tribunal con el trabajo repetitivo y mecánico"[32].

2. HIPÓTESIS DE APLICACIÓN DE LA INTELIGENCIA ARTIFICIAL EN LAS MEDIDAS CAUTELARES. ESPECIAL REFERENCIA AL PROCESO CIVIL COLOMBIANO

De lo anteriormente escrito queda claro que hoy por hoy la presencia de la tecnología, incluso en el nivel especializado de inteligencia artificial, es como un barco que va avanzando sin posibilidad de vuelta atrás, que se ha ido abriendo paso en muchos y variados países, sin importar su desarrollo ni el sistema jurídico sobre el que se asiente.

Sin embargo, aún hay un aspecto del proceso que aún no ha estado en la diana de los ingenieros, y por tanto su manejo y decisión sigue siendo del fuero exclusivo del juez. Estamos pensando, precisamente, en la institución cautelar -objeto de estudio de este capítulo-. Y es que de la investigación que se realizó previa a la redacción de este texto, no se encontró ningún sistema de inteligencia artificial que se aplique a la solicitud y resolución de medidas cautelares en el proceso civil.

En los siguientes apartados nos vamos a detener en analizar si es posible, y cómo, aplicar la inteligencia artificial a la institución cautelar, y cuáles deben ser las exigencias para aquellos sistemas que lo acojan.

2.1. Aproximación a las medidas cautelares: significado, requisitos y clases

Calamandrei señala que las medidas cautelares son mecanismos que *"aseguran preventivamente los medios idóneos para hacer que la providencia pueda tener, al ser dictada, la misma eficacia y el mismo rendimiento práctico que tendría si se hubiese dictado inmediatamente" referencia* 33, es decir, las medidas cautelares buscan proteger, asegurar, resguardar el derecho mientras el proceso se surte.

---

32 CÁRDENAS KARENZ, R. "¿Jueces robots? Inteligencia artificial y derecho. ¿Judges robots? Artificial intelligence and law", *Revista Justicia & Derecho,* vol.4. no. 2, 2021, p. 3 [en línea] https://repositorio.ulima.edu.pe/bitstream/handle/20.500.12724/13609/Cardenas_Krenz_Jueces%20robots.pdf?sequence=1&isAllowed=y [Consulta 23/10/2022]

33 CALAMANDREI, P, "Providencias Cautelares" *Traducción de Santiago Sentis Melendo,* Ed. Bibliográfica, Argentina, Gangallo 860, Buenos Aires. 1984, p. 44.

Tanto la doctrina como las diferentes legislaciones se han encargado de establecer requisitos para su decreto34, los cuales pueden sintetizarse en: i. La apariencia de buen derecho y ii. El *periculum in mora* (riesgo en la demora del proceso judicial)35. La apariencia de buen derecho, que, de acuerdo con el profesor Bejarano, es *"un juicio preliminar de verosimilitud que hace el juez sobre la probable prosperidad o éxito favorable de la cusa o negocio, que por hacerse prima facie es muy preliminar y por ello, aunque no implica prejuzgamiento si se erige en un criterio orientador para acceder favorablemente al pedido de que decrete una cautela.'*36. Indica, entonces, que el juez es el encargado de analizar la probabilidad de existencia del derecho que se pretende proteger con la medida cautelar. Y, por otro lado, el *periculum in mora,* es "la existencia de un peligro de daño jurídico, derivado del retardo de una providencia jurisdiccional definitiva"37, es decir, el riesgo que existe de concreción del daño.

La doctrina, con el propósito de conceptualizar y reflexionar alrededor de la medida cautelar como herramienta procesal puesta a disposición del juez y de las partes, ha distinguido entre medidas cautelares nominadas y medidas cautelares innominadas en el proceso civil. En Colombia, con la entrada en vigor de la Ley 1564 de 2012 o Código General del Proceso (CGP) se abrió la posibilidad de que el juez decrete medidas cautelares distintas a las reguladas por el legislador, otorgándole amplias facultades en materia cautelar38.

Los literales a) y b) del numeral primero del artículo 590 y los artículos 591 a 602 del CGP regulan el embargo, el secuestro y la inscripción de la demanda en los procesos declarativos, en los procesos de familia y en los procesos ejecutivos. Así mismo, el artículo 476 regula la medida cautelar de guarda y aposición de sellos en los procesos de sucesión. Sin

---

[34] En el caso colombiano, se tiene que las medidas cautelares deberán ser necesarias, efectivas, proporcionales, cumplir con la apariencia de buen derecho y se deberá prestar caución.

[35] Colombia, Consejo de Estado, Sala Plena. Expediente 2014-03799, consejera ponente: Sandra Lisset Ibarra Vélez.

[36] BEJARANO, R. Procesos *Declarativos, Arbitrales y Ejecutivos.* Octava edición. Editorial Temis, Bogotá, 2017, p. 260.

[37] CALAMANDREI, P. Óp. Cit, p. 40.

[38] Cfr. LEON GIL, M. "Aspectos controversiales de las medidas cautelares innominadas en el Código General del Proceso", En: *Memorias XXXVII Congreso Colombiano de Derecho Procesal,* Instituto Colombiano de Derecho Procesal, Bogotá D.C, 2017, p. 315.

embargo, y a la par de estas medidas cautelares que se encuentran expresamente contempladas y reguladas en la ley, el literal c) del numeral primero del artículo 590 del Código General del Proceso establece que procede el decreto de:

> "(...) Cualquiera otra medida que el juez encuentre razonable para la protección del derecho objeto del litigio, impedir su infracción o evitar las consecuencias derivadas de la misma, prevenir daños, hacer cesar los que se hubieren causado o asegurar la efectividad de la pretensión.
>
> Para decretar la medida cautelar el juez apreciará la legitimación o interés para actuar de las partes y la existencia de la amenaza o la vulneración del derecho.
>
> Así mismo, el juez tendrá en cuenta la apariencia de buen derecho, como también la necesidad, efectividad y proporcionalidad de la medida y, si lo estimare procedente, podrá decretar una menos gravosa o diferente de la solicitada. El juez establecerá su alcance, determinará su duración y podrá disponer de oficio o a petición de parte la modificación, sustitución o cese de la medida cautelar adoptada (...)".

Antes de continuar, debemos señalar que en los siguientes apartados realizaremos el análisis separado entre las medidas cautelares nominadas, e innominadas porque consideramos que el grado de implementación o de utilidad que tenga esta tecnología de inteligencia artificial dependerá del tipo de medida que sea solicitada por la parte demandante en cada caso en concreto.

2.2. *Aplicación de la inteligencia artificial para el decreto y práctica de una medida cautelar nominada*

Frente a la medida cautelar nominada, también entendida como aquella que tiene un *nomen iuris* propio y una regulación específica en la Ley Procesal civil, creemos que la inteligencia artificial podría ser implementada para la fase de decreto y práctica de dichas medidas cautelares. A continuación, los argumentos de dicha afirmación.

2.2.1. En la fase de decreto

En relación con la fase de decreto de dicha medida, y reflexionando conforme la normativa y práctica colombiana, hay que comenzar por señalar que, si bien el CGP no conmina al juez a adoptar las cautelares nominadas toda vez que el verbo rector de los artículos que las regula es el verbo "poder", lo que supone que el juez sí que debe analizar y reflexionar en cada caso concreto si se cumplen o no los requisitos para adoptar las cautelares, en la práctica el entendimiento es distinto: los jueces colombianos siempre adoptan las cautelares nominadas que se les solicitan. En pocas palabras, es como si los jueces en Colombia entendieran que en las medidas cautelares nominadas es el legislador el que ya ha hecho el análisis previo de los requisitos de procedibilidad de las cautelas. Aunque un entendimiento bastante discutible, está enraizado en el quehacer judicial colombiano.

Así las cosas, sabiendo que reflexionar acerca de la posibilidad de utilizar un sistema de inteligencia artificial para el decreto de cautelares nominadas en Colombia, obliga a pensar en uno que sea aplicable a la realidad judicial colombiana -expuesta *supra*-; concluimos que siendo que actualmente la labor del juez para el decreto de dichas cautelas se reduce a una labor automática, no queda sino aceptar la utilización de inteligencia artificial en dichas labores, lo cual, sea de paso decir, reduciría la carga laboral de los jueces y tornaría más eficiente el proceso, ya que el juez podría enfocar sus esfuerzos en decidir sobre las pretensiones del demandante, mientras el sistema de inteligencia artificial podría proferir el auto mediante el cual se decreta la medida cautelar nominada, haciendo un proceso de constatación entre la solicitud presentada por la parte demandante y los requisitos de procedencia previstos en la norma.

2.2.2. En la fase de práctica

Actualmente, en el país cafetero para practicar medidas cautelares nominadas como el embargo de dineros, de productos financieros o de bienes sujetos a registro; o la inscripción de la demanda, el secretario debe librar el respectivo oficio dirigido a la entidad de registro correspondiente, oficio que, en aplicación de lo previsto en el artículo 11 de la Ley 2213 de 2022, deberá enviarse desde el correo electrónico institucional del Despacho a la entidad financiera o a la oficina de registro correspondiente -sin que sea necesario en estos casos que el oficio vaya firmado por el secretario-. Lo anterior demanda costos en términos del tiempo por lo que se demoran los funcionarios de las secretarías de los despachos judiciales en realizar esta labor.

Así mismo, sucede en la práctica que, a pesar de la clara redacción del artículo 11 anteriormente citado, las oficinas de registro exigen que el oficio sea tramitado en físico con la firma del secretario lo que produce que, a los costos del tiempo empleado por el funcionario judicial para su elaboración, se sumen los costos de tiempo, desplazamientos y gastos de registro en los que deben incurrir los usuarios de la administración de justicia para la tramitación del oficio.

Sin duda, de usarse aplicaciones informáticas para el proceso anterior, el panorama sería otro. Piénsese, por ejemplo, en un software que conectara la Rama Judicial, los centros de arbitraje y las autoridades administrativas que ejerzan funciones jurisdiccionales, con los canales digitales de contacto de las diferentes oficinas de registro (oficinas de registro de instrumentos públicos, el Registro Único Nacional de Tránsito (RUNT) para vehículos automotores, las Cámaras de Comercio para el registro de actos sobre los establecimientos de comercio inscritos en las mismas, el sistema de registro de buques, naves y aeronaves operado por la autoridad competente respectiva, entre otros) y con las diferentes entidades bancarias y financieras, con la finalidad de comunicar en tiempo real las órdenes de embargo y secuestro de dineros, productos financieros o bienes sujetos a registro de propiedad del demandado. Sin duda, esto evitaría la elaboración y envío de los oficios de embargo, descargando a los funcionarios judiciales de ese tipo de labores meramente operativas.

En pocas palabras, utilizar un software en la práctica de las medidas cautelares nominadas, agilizaría la materialización de la orden cautelar y descongestionaría las labores de los funcionarios de las secretarías de los Despachos Judiciales.

2.3. Aplicación de la inteligencia artificial para el decreto de las medidas cautelares innominadas

Desde el punto de vista teórico, el análisis de la procedencia de la medida cautelar innominada exige una mayor carga argumentativa que la que se debe hacer cuando la que se adopta es una cautelar nominada porque implica admitir y validar la inventiva de parte, o del juez, y su concreción en una cautela.

Esa labor argumentativa podría llevar a concluir que la inteligencia artificial no podría ser aplicada para apoyar la labor del juez en el decreto de este tipo de cautelas, pues el proceso cognoscitivo para decidir si se decreta o se niega la respectiva medida no se encuentra previsto *a priori* en la ley procesal y debe desarrollarse por el juez en cada caso concreto, teniendo en cuenta las pruebas y los argumentos puestos de presente en cada proceso en particular.

Sin embargo, consideramos que, a pesar de esta dificultad, sí podría plantearse la posibilidad de utilizar la inteligencia artificial como una herramienta orientadora o de guía para que el juez pueda tomar la decisión de decretar o no una medida cautelar innominada en un determinado caso, a través de la implementación de un sistema de *machine learning*. En este caso, el sistema de inteligencia artificial tendrá que contener: a. Las fuentes de información que podrán ser datos estructurados, por ejemplo, decisiones en casos concretos y conceptos sobre lo que es apariencia de buen derecho; b. Las técnicas y algoritmos como fundamento estadístico y matemático que le permitirá identificar patrones en, por ejemplo, las decisiones con las que se informe; c. El aprendizaje que será reentrenamiento automático y auto aprendizaje. En este caso dependerá del sistema de aprendizaje que se adopte; y d. Los sistemas y softwares que le permitan gestionar datos, combinar herramientas, datos estructurados y desestructurados.

Igualmente, será necesario determinar la técnica de aprendizaje de la máquina, las cuales se clasifican en supervisadas, no supervisadas y semisupervisadas. Para lo que nos atañe, proponemos que el sistema trabaje mediante aprendizaje supervisado por medio del cual la máquina aprenderá "el mapeo de las respuestas correctas para los datos de entrada que le son proporcionados", es decir, el ser humano deberá clasificar ejemplos e introducirlos al algoritmo y la máquina se encargará de construir el clasificador para, posteriormente, presentar casos no clasificados con el fin de que sean ordenados por el sistema, y así logre aprender el concepto que se le intenta enseñar y pueda clasificar los casos que, posteriormente, se le presenten para resolver39.

En todo caso, consideramos que el resultado de esta inteligencia artificial sí debería ser objeto de un control posterior por parte del juez, pues es al juez a quien la ley obliga a motivar el auto que decrete la cautela40, y no al sistema de inteligencia artificial. Tendrá entonces el juez, a partir de la ponderación de todos los derechos e intereses de las partes y de los terceros que se encuentren en juego en ese específico caso, validar si la decisión tomada por el sistema es la que más se ajusta al caso concreto y al derecho.

Como vemos, el *machine learning* es una inteligencia artificial que no solo implica un reto al sistema de recolección y procesamiento de datos, sino que, si buscamos que en un futuro se cuente con una IA capaz de procesar información para "valorar" la apariencia de buen derecho en la adopción

---

[39] GODOY VIERA, A,F, "Técnicas de aprendizaje de máquinas utilizadas para la minería de texto", *Bibliotecología*, vol. 31, núm. 71, enero/abril 2017, México, p. 107.

[40] En Colombia, por ejemplo, la obligación a cargo de los jueces de motivar sus decisiones, entre ellas, las relacionadas con la solicitud de una medida cautelar, se encuentra prevista en los artículos 280 e inciso tercero del literal c) del numeral primero del artículo 590 del Código General del Proceso.

o no de una medida cautelar y pueda tener en cuenta la característica de cada caso, será necesario contar con personal capacitado para clasificar y "enseñar" a la máquina y así lograr un sistema completo, capaz de decidir si adoptar o no una medida cautelar.

2.3.1. ¿Y en la fase de práctica?

Frente la fase de práctica de las medidas cautelares innominadas a través de la implementación de un sistema de inteligencia artificial, consideramos que este escenario no sería posible, como quiera que la orden cautelar sería específica para el caso concreto, por lo que es el juez, quien dentro de su discrecionalidad, impone una orden de dar, hacer o no hacer en cada litigio en particular, por lo que su materialización no podría ser estandarizada ni materializada de forma masiva a través de un sistema de inteligencia artificial.

3. RETOS DE LA APLICACIÓN DE LA INTELIGENCIA ARTIFICIAL EN LA TUTELA CAUTELAR

Después de ver la viabilidad de adoptar sistemas de inteligencia artificial para la adopción y práctica de ciertas medidas cautelares, debemos detenernos ahora en revisar los desafíos que ello conlleva. Por tanto, en este apartado nos ocuparemos de reseñar algunos de los retos que desde el punto de vista de los derechos fundamentales plantea, así como desde el punto de vista económico.

3.1. Relacionados con los derechos humanos

Comenzando por los derechos humanos, a continuación, se analizará la relación de la inteligencia artificial con del derecho al acceso a la administración de justicia, al derecho de defensa y al principio de publicidad; y, por último, su relación con la ética de las decisiones.

3.1.1. El derecho al acceso a la administración de justicia

Según Díez-Picazo, el derecho al acceso a la administración de justicia tiene como objetivo elevar a la categoría de derecho fundamental una exigencia inherente a la idea de estado de derecho, a saber: que todos los derechos e intereses legítimos -esto es, cualesquiera situaciones jurídicamente relevantes- pueden ser, llegado el caso, defendidos ante un genuino órgano judicial, de manera que no existan supuestos de denegación de justicia[41].

A partir del momento en el que la administración de justicia se instrumentaliza en sistemas de inteligencia artificial, garantizar el acceso a ella conlleva la necesidad de medios tecnológicos avanzados, de una red de internet fuerte que cobije todo el territorio del país y sea de acceso a todos los administrados.

Por tanto, adoptar la inteligencia artificial para las medidas cautelares, y cabe aclarar para cualquier momento del proceso, implica tener en cuenta las diferentes realidades de los países, su infraestructura, capacidad económica e, incluso, resistencia o no a los cambios. En caso tal, a nuestro juicio, lo más conveniente es un sistema mixto o de transición para el uso total de la inteligencia artificial, así, dependiendo de las condiciones particulares de cada caso se podrá hacer uso del sistema "manual", sin ayuda de la inteligencia artificial, mientras que en otros casos podrá realizarse en su totalidad mediante la inteligencia artificial.

Casos como el de Colombia son un ejemplo claro en el que lo ideal sería la implementación de un sistema mixto o gradual pues, de acuerdo con sus Departamento Administrativo Nacional de Estadística (DANE), para 2020, únicamente el 56,5% del total de la población nacional contaba con el servicio de conexión a internet, destacándose que únicamente el 23,9% de los hogares en sectores rurales cuentan con dicho servicio42. Contrario a lo que ocurre en España, país en el que según el Informe Tecnología + Sociedad en España 2021, elaborado por su Observatorio Nacional de Tecnología y Sociedad (ONTSI), la brecha digital se ha reducido tanto que para 2020 la conexión a internet de hogares urbanos era de un 96,6%, mientras que para el área rural era de un 91,2%43.

---

41 DÍEZ-PICAZO, L.M., "Sistema de derechos fundamentales", Ed. Thomson, Civitas, 2ª Ed., Madrid,2005, p. 245.

42 DANE, Boletín *Técnico. Encuesta de Tecnologías de la Información y las Comunicaciones en Hogares- ENTIC Hogares 2020.* Bogotá D.C., p.8 [en línea] (2021) https://www.dane.gov.co/files/investigaciones/boletines/entic/bol_entic_hogares_2020.pdf [Consulta 24/10/2022]

43 ONTSI, *Informe Tecnología + Sociedad en España 2021,* Madrid: Ministerio de Asuntos Económicos y Transformación Digital, Secretaría General Técnica. p.16 [en línea] (2021) https://www.ontsi.es/sites/ontsi/files/2022-01/tecnologiasociedadespa%C3%B1a2021_0.pdf [Consulta 24/10/2022]

Siendo así, es evidente que por más avanzado que pueda llegarse a estar en inteligencia artificial, cada país deberá evaluar qué tan viable es su adopción dependiendo de su realidad de conectividad, para así no sacrificar el acceso a la tutela judicial efectiva de aquellos que no cuenten con los medios necesarios para acudir a la inteligencia artificial

3.1.2. El derecho de defensa y el principio de publicidad

Entre otras cosas, el derecho de defensa "supone que los litigantes en el proceso deben tener la posibilidad de desplegar con eficiencia todos sus argumentos y las pruebas que precise en su sustento, teniendo la garantía de que todas esas alegaciones sean tomadas en cuenta en una resolución judicial que les dé respuesta"44, siendo así, la implementación de la inteligencia artificial que, como vimos, hace uso de algoritmos y diagramas de flujo, lleva a preguntarnos ¿cómo puede el administrado defenderse de la decisión proferida por una inteligencia artificial cuando sus algoritmos e información que maneja no son públicos; e, incluso siéndolo, es un tema que muy pocas personas conocen y entienden?; ¿afectan estos sistemas su derecho de defensa?.

En la práctica ya lo hemos visto, es el caso de los previamente mencionados sistema COMPAS y sistema HART. De hecho, como señalamos acápites arriba, una de las defensas del abogado del acusado en el caso *Loomis* fue la imposibilidad de conocer cómo, de manera precisa, había actuado el algoritmo. Esta crítica, consideramos, puede extenderse a toda clase de inteligencia artificial pues funcionan con algoritmos que, en muchas ocasiones o no son públicos y de serlo no serían fáciles de entender por cualquiera.

Para salvar este problema, creemos que se podrá proteger el derecho de defensa permitiendo a los administrados conocer qué datos fueron usados y cómo operó el algoritmo, por ejemplo, podría incluirse en la decisión el listado de datos detallados con la calificación que la inteligencia artificial le otorgó, junto con una explicación del porqué de la calificación; es decir, podríamos exigirle a la máquina que explique cómo valoró conjuntamente la información con la que cuenta para llegar a su decisión, tal y como se lo exigiríamos a un juez humano.

En ese sentido, podríamos estar ante un nuevo concepto del principio de publicidad en relación con los actos procesales, pues implicará que a

44 NIEVA FENOLL, J. *Op. Cit.*, p.139.

un "tercero", que vendría a ser la empresa encargada de la elaboración de la inteligencia artificial, se le imponga la carga de develar la forma en que el algoritmo creado funciona (aquí se abriría otra puerta de discusión porque para nadie es una secreto que esa información suele ser protegida mediante secreto comercial, habría que reflexionar entonces cómo salvar esta situación).

3.1.3. Ética de las decisiones basadas en inteligencia artificial

Como vimos, la inteligencia artificial puede adoptar decisiones sesgadas y basadas en estereotipos. Por ello, cabe preguntarse sobre la ética de estas decisiones, ya sea cuando son decisiones definitivas, en caso de que se decida tenerse como tal, o, ya sea que el juez fundamente o tome como prueba principal la decisión de la inteligencia artificial para proferir su decisión. De hecho, según un artículo publicado en la *MIT Ttechnology Review* derivado de un caso práctico para probar el uso de los algoritmos en la justicia, queda claro que una de las preguntas más importantes sobre su uso es si estos empeoran o no las desigualdades existentes45.

Así, para asegurar o, mejor, reducir la probabilidad de decisiones éticamente cuestionables se han propuesto en la doctrina unas medidas que consideramos certeras:

> "a) Control e inspección de los sistemas mediante expertos humanos que puedan auditar o inspeccionar el correcto funcionamiento de dichos sistemas periódicamente.
>
> b) Los algoritmos también debe ser susceptibles de inspección y ser periódicamente inspeccionados.
>
> c) Predictibilidad y previsibilidad. Esta propiedad trasladada al derecho vendría a convertirse en el principio de legalidad con todas sus manifestaciones, lo que significa en su esencia seguridad jurídica, es decir que todos los ciudadanos sepan cuáles son los criterios mediante los cuales estos sistemas actúan y toman decisiones, para que los ciudadanos puedan tener un plan de vida más seguro y previsible. Es posiblemente la garantía más importante que ha de cumplirse.

---

[45] HAO, K. (Traducción de MILUTINOVIC, A.) Caso práctico: probamos por qué un algoritmo judicial justo es imposible. MIT Technology Review. [en línea] (2021) https://www.technologyreview.es//s/13800/caso-practico-probamos-por-que-un-algoritmo-judicial-justo-es-imposible [Consulta 25/10/2022]

d) Incorruptibilidad. Los algoritmos de los sistemas han de ser inexpugnables ante manipulaciones, es decir, lo más seguros posibles ante injerencias externas en los mismos con fines perversos.

e) Responsabilidad por los fallos del sistema. Cuando el sistema inteligente comete un error que tiene consecuencias para las personas y sus derechos han de establecerse parámetros para determinar con claridad quién es el responsable –el diseñador, el fabricante de los componentes, el encargado de su ensamblaje, los usuarios, etc."46

En ese sentido, en este punto, cabe plantearse el interrogante ¿podría el juez humano ser sujeto de responsabilidad judicial, en caso de encontrarse que la decisión de una inteligencia artificial – que tuvo como definitiva o como fundamento para decidir- es, por ejemplo, racista o xenófoba? Consideramos que, en efecto, debería ser sujeto de responsabilidad; la decisión de una inteligencia artificial por más evolucionada que pueda estar no es suficiente para reemplazar la capacidad humana de reevaluar conceptos y reconocer nuevas realidades. Así, creemos, que el juez humano podrá tener en sus manos una decisión perfectamente obtenida de una inteligencia artificial, pero siempre será su obligación estudiar el caso, evaluarlo él mismo y considerar si la manifestación de la máquina es o no acertada.

3.2. Reto económico

Es claro y para nadie es un secreto, que la implementación de un sistema de inteligencia artificial en la administración de justicia para el apoyo de diversas labores judiciales como el decreto y práctica de medidas cautelares, implica un esfuerzo presupuestal grande para los Estados ya que deben asumirse los costos para implementar dicha tecnología en todos los Despachos a nivel nacional, para realizar las pruebas de dicho sistema que aseguren que resulta operativo y funcional; para capacitar a todos los funcionarios judiciales y abogados litigantes en su implementación, y para proveer un equipo de soporte técnico para supervisar continuamente su buen funcionamiento e intervenir en caso de que falle.

---

46 BOSTROM, N. y YUDKOWSKY, E., *The Ethics of Artificial Intelligence.* Draft for Cambridge Handbook of Artificial Intelligence, eds. RAMSEY, W. and FRANKISH, K. [en línea] (2011) https://nickbostrom.com/ethics/artificial-intelligence.pdf citado por ÁLVARO PASCUAL, D. *Inteligencia artificial: Un panorama de algunos de sus desafíos éticos y jurídicos.* Universitat de Girona, [en línea] (2017) https://dugi-doc.udg.edu/bitstream/handle/10256/14950/alvaro-pascual.pdf?sequence=1 [Consulta 25/10/2022]

Sin embargo, aunque cuantioso la realidad es que la necesidad de digitalizar el proceso está siendo un tema permanente en la agenda institucional, ejemplo de ello es el caso colombiano, donde el Consejo Nacional de Política Económica y Social (CONPES), en su documento No. 4024 del 8 de marzo de 2021, dio concepto favorable a la Nación para contratar una operación de crédito público externo con la banca multilateral (Banco Interamericano de Desarrollo -DIB) hasta por cien millones de dólares, destinados a financiar el programa para la transformación digital de la justicia en el país.

Eventualmente estos recursos podrían ser encauzados para implementar un sistema de inteligencia artificial eficiente, útil y funcional, que sirva como apoyo a varias de las tareas que realizan los funcionarios judiciales colombianos hoy en día, entre ellos el decreto y práctica de medidas cautelares en los procesos judiciales.

BIBLIOGRAFÍA

www.rae.es

https://ec.europa.eu/consumers/odr/main/index.cfm?event=main.home2.show&lng=ES

BEJARANO, R. *Procesos Declarativos, Arbitrales y Ejecutivos.* Octava edición. Editorial Temis, Bogotá, 2017.

BOSTROM, N. y YUDKOWSKY, E., *The Ethics of Artificial Intelligence.* Draft for Cambridge Handbook of Artificial Intelligence, eds. RAMSEY, W. and FRANKISH, K. [en línea] (2011) https://nickbostrom.com/ethics/artificial-intelligence.pdf citado por ÁLVARO PASCUAL, D. *Inteligencia artificial: Un panorama de algunos de sus desafíos éticos y jurídicos.* Universitat de Girona, [en línea] (2017) https://dugi-doc.udg.edu/bitstream/handle/10256/14950/alvaro-pascual.pdf?sequence=1 [Consulta 25/10/2022]

CALAMANDREI, P. "Providencias Cautelares. *Traducción de Santiago Sentis Melendo"*, Ed. Bibliográfica, Argentina, Gangallo 860, Buenos Aires. 1984, p. 44.

CALDERON-VALENCIA, F; PEREZ-MONTOYA, J; MORAIS, F. S. de. "Sistemas de la en la Experiencia del Supremo Tribunal Federal Brasileño y la Corte Constitucional Colombiana: Análisis Prospectivo.", *The Law, State and Telecommunications Review*, v. 13, no. 1, May 2021. [en línea] https://periodicos.unb.br/index.php/RDET/article/view/35614 [Consulta: 23/10/2022]

CARDENAS CAYCEDO, O. A., "Reflexiones sobre los ODR (Online Dispute Resolution) y el derecho procesal 3.0", En: *Memorias Congreso XLIII Colombiano de Derecho Procesal "Constitución y Proceso"*, Instituto Colombiano de Derecho Procesal, Cartagena de Indias, 2022.

CÁRDENAS KARENZ, R. "¿Jueces robots? Inteligencia artificial y derecho. ¿Judges robots? Artificial intelligence and law", *Revista Justicia & Derecho*, vol.4. no. 2, 2021, p. 3 [en línea] https://repositorio.ulima.edu.pe/bitstream/handle/20.500.12724/13609/

Cardenas_Krenz_Jueces%20robots.pdf?sequence=1&isAllowed=y [Consulta 23/10/2022]

COLOMBIA, CONSEJO DE ESTADO,, Sala Plena. Expediente 2014-03799, consejera ponente: Sandra Lisset Ibarra Vélez.

CORTE CONSTITUCIONAL COLOMBIANA, *PRETORIA, sistema inteligente de la Corte Constitucional para apoyar la selección de tutelas, es premiada como mejor herramienta de modernización en materia de justicia por la CEJ,* Boletín No. 187, [en línea] (2020), https://www.corteconstitucional.gov.co/noticia.php?PRETORIA,-sistema-inteligente-de-la-Corte-Constitucional-para-apoyar-la-selecci%C3%B3n-de-tutelas,-es-premiada-como-mejor-herramienta-de-modernizaci%C3%B3n-en-materia-de-justicia-por-la-CEJ-9031 [Consulta: 23/10/2022]

DANE, Boletín *Técnico. Encuesta de Tecnologías de la Información y las Comunicaciones en Hogares- ENTIC Hogares 2020.* Bogotá D.C., [en línea] (2021) https://www.dane.gov.co/files/investigaciones/boletines/entic/bol_entic_hogares_2020.pdf [Consulta 24/10/2022]

DÍEZ- PICAZO, L.M., *Sistema de derechos fundamentales.*

EL ESPECTADOR, *Así funciona Watson la inteligencia artificial de la Fiscalía,* [en línea], (2018), https://www.elespectador.com/judicial/asi-funciona-watson-la-inteligencia-artificial-de-la-fiscalia-article-809463/ [Consulta: 24/10/2022]

GALVIS VEGA, G.A.; ALFONSO ACOSTA, G; RODRÍGUEZ PEÑALOZA, A.; CABEZA SAMBRANO, C.F.; OLARTE MOJICA, L.C.; GARZÓN FIERRO, V.; CHÁVEZ RODRÍGUEZ, P.E.; TRESPALACIOS ROJAS, I.C, "Inteligencia artificial en el proceso de predicción de decisiones judiciales como modelo asistencialista mixto: entre la codificación y la justicia equitativa", UNA Revista de Derecho, (En línea). Vol. 7 (1). Julio 2022.

GODOY VIERA, A,F, "Técnicas de aprendizaje de máquinas utilizadas para la minería de texto", *Bibliotecología,* vol. 31, núm. 71, enero/abril 2017, México

HAO, K. (Traducción de MILUTINOVIC, A.) Caso práctico: probamos por qué un algoritmo judicial justo es imposible. MIT Technology Review. [en línea] (2021) https://www.technologyreview.es//s/13800/caso-practico-probamos-por-que-un-algoritmo-judicial-justo-es-imposible [Consulta 25/10/2022]

IALAB, *PRETORIA, Sistema auxiliar de la justicia Constitucional. Basado en la experiencia PROMETEA.* [en línea] https://ialab.com.ar/wp-content/uploads/2020/08/UBA-e-IALAB-presentan-a-PretorIA.-Infografia.pdf [Consulta: 23/10/2022]

JORDÁN MOSQUERA, D.: "El Decreto 806 de 2020 y su adopción como legislación permanente mediante la Ley 2213 de 2022." [en línea], 2022, https://procesal.uexternado.edu.co/el-decreto-806-de-2020-y-su-adopcion-como-legislacion-permanente-mediante-la-ley-2213-de-2022/ [Consulta: 29/10/2022.]

LEON GIL, M. "Aspectos controversiales de las medidas cautelares innominadas en el Código General del Proceso", En: *Memorias XXXVII Congreso Colombiano de Derecho Procesal,* Instituto Colombiano de Derecho Procesal, Bogotá D.C, 2017.

MCKENNA, T., *Three notable examples of AI bias.* AI BUSINESS, [en línea], (2019) https://aibusiness.com/document.asp?doc_id=761095 [Consulta: 19/10/2022].

MORALES HIGUITA, L.; AGUDELO LONDOÑO, S.; MONTOYA RAIGOSA, M., y MONTOYA VIDALES, A.M., "Inteligencia artificial en el proceso penal: análisis a la luz del Fiscal Watson", *Pensamiento Jurídico* 1 (54), [en línea], (2021) https://revistas.unal.edu.co/index.php/peju/article/view/96091/82615 [Consulta: 24/10/2022]

NIEVA FENOLL, J. *Inteligencia artificial y proceso judicial.* Marcial Pons, 2018.

ONTSI, *Informe Tecnología + Sociedad en España 2021*, Madrid: Ministerio de Asuntos Económicos y Transformación Digital, Secretaría General Técnica. p.16 [en línea] (2021) https://www.ontsi.es/sites/ontsi/files/2022-01/tecnologiasociedadespa%C3%B1a2021_0.pdf [Consulta 24/10/2022]

OSWALD, M., GRACE, J., URWIN, S., y BARNES, G.C., "Algorithmic risk assessment policing models: lessons from the Durhman HART model and 'Experimental' proportionality", *Information & Communications Technology Law*, 27:2, [en línea] (2018) https://www.tandfonline.com/doi/pdf/10.1080/13600834.2018.1458455?needAccess=true [Consulta: 20/10/2022], p. 225. Traducción propia.

OTERO, C., *China utiliza jueces robot para dictar sentencias en varios tipos de delitos menores. Betech [en línea] (2022) https://as.com/meristation/2022/03/19/betech/1647672219_333452.html [Consulta: 23/10/2022]* [Consulta 23/10/2022] PÉREZ RAGONE, A: "Justicia civil en la era digital y artificial: ¿hacia una nueva realidad?", en Revista Chilena de Derecho, vol. 48 Nº 2, pp. 203 - 229 [2021]

RINCÓN CÁRDENAS, E., y MARTÍNEZ MOLANO, V., "Un estudio sobre la posibilidad de aplicar la inteligencia artificial en las decisiones judiciales. A study on the possibility of applying intelligence in judicial decisions", *Revista Direito GV*, Sao Paulo, V. 17 N.1 [en línea] (2021) http://dx.doi.org/10.1590/2317-6172202101, [Consulta 23/10/2022]

ROA AVELLA, M.; SANABRIA-MOYANO, J.E., y DINAS-HURTADO, K. "Uso del algoritmo COMPAS en el proceso penal y los riesgos a los derechos humanos", Revista. Direito Processual Penal 8 (1), Jan- Apr. 2022, Brasil, https://doi.org/10.22197/rbdpp.v8i1.615 [en línea] https://www.scielo.br/j/rbdpp/a/6W9b8CHYbXcsc6qczDxCSfr/ [Consulta: 19/10/2022]

UNIVERSITY OF CAMBRIDGE, *Helping police make custody decisions using artificial intelligence.* [en línea] (2018) https://www.cam.ac.uk/research/features/helping-police-make-custody-decisions-using-artificial-intelligence [Consulta: 20/10/2022]

EL PERICULUM IN MORA DE LAS MEDIDAS CAUTELARES REALES. LA ¿UTILIDAD? DE LA INTELIGENCIA ARTIFICIAL EN SU DETECCIÓN

Dra. Ana Isabel Blanco García[1]
Contratada Doctor de Derecho Procesal
Universitat de València

I. INTRODUCCIÓN

La llamada Justicia algorítmica y predictiva ha supuesto un paso adelante en el proceso de digitalización de la Justicia. Estamos ante una de las claves de la transformación de nuestro paradigma de Justicia. En efecto, la Inteligencia Artificial (en adelante, IA) en el sistema judicial (a nivel mundial) se ha convertido en la gran protagonista, superando incluso la relevancia que en su día adquirió el uso de las nuevas tecnologías en el ámbito de la Justicia[2], en etapas como la prueba o las diligencias de investigación.

Aunque no contemos con un único concepto de IA, podemos entender que ésta es la simulación o imitación de inteligencia humana por parte de las máquinas. Dicho de otro modo, engloba "sistemas con la capacidad de realizar funciones asociadas a la inteligencia humana como percibir, aprender, entender, adaptarse, razonar e interactuar imitando un comportamiento

[1] Estudio redactado en el marco del Proyecto de Investigación "Aplicación de los sistemas predictivos en la tutela cautelar civil" financiado por la Fundación Manuel Serra Domínguez y del Proyecto de I+D+i "Claves para una Justicia digital y algorítmica con perspectiva de género", PID2021-123170OB-I00, financiado por MCIN/AEI/10.13039/501100011033/

[2] Estamos ante lo que BARONA llama cuarta revolución industrial. BARONA VILAR, S., "Cuarta revolución industrial (4.0) o ciberindustria en el proceso penal: revolución digital, inteligencia artificial y el camino hacia la robotización de la justicia", *Revista Jurídica Digital UANDES,* vol. 3, núm. 1, 2019, p. 2.

humano inteligente»[3]. En otras palabras, la IA se concibe como la "ciencia de construir sistemas computacionales que realicen tareas que requerirían inteligencia si las hicieran los humanos"[4]. Como acertadamente señalan RUSSELL y NORVIG, "[L]a IA sintetiza y automatiza tareas intelectuales y es, por lo tanto, potencialmente relevante para cualquier ámbito de la actividad intelectual humana. En este sentido, es un campo genuinamente universal"[5].

El Libro Blanco sobre la Inteligencia Artificial trata de ofrecer una definición completa contenida en su Comunicación sobre una IA para Europa, según la cual: "[L]os sistemas de inteligencia artificial (IA) son elementos de software (y en su caso, también de hardware), diseñados por seres humanos y que, dado un objetivo complejo, actúan en la dimensión física o digital, perciben su entorno mediante la adquisición e interpretación de datos estructurados o no estructurados recogidos, razonan sobre el conocimiento o el procesamiento de la información derivada de estos datos e identifican y adoptan la(s) mejor(es) medida(s) a tomar para lograr el objetivo determinado"[6].

---

3 OLIVER, N., *Inteligencia Artificial, naturalmente. Un manual de convivencia entre humanos y máquinas para que la tecnología nos beneficie a todos,* ONTSI, disponible en: https://www.unav.edu/documents/26661763/0/InteligenciaArtificialNuriaOliver.pdf/b527ddf6-b04a-025b-2000-8ba3d157d1ae?t=1625572030005, p. 28.

4 DENNIS, M. A., "Marvin Minsky", *Encyclopedia Britannica.* Disponible en: https://www.britannica.com/biography/Marvin-Lee-Minsky

5 RUSSELL, S. J. y NORVIG, P., *Artificial Intelligence: A Modern Approach,* 2ª ed., Pearson Education, Reino Unido 2004, p. 1.

6 Libro Blanco de la Comisión Europea sobre Inteligencia Artificial titulado "Una aproximación europea a la excelencia y a la confianza", de 19 de febrero de 2020. COM (2020) 65 final.

Con el propósito de elaborar un marco jurídico que desarrolle la IA, se han publicado numerosas directrices, estudios, normativas y Reglamentos, entre otros documentos, de los que podemos destacar, a nivel europeo, los siguientes: el Reglamento (UE) 2016/679 del Parlamento Europeo y del Consejo, de 27 de abril de 2016, relativo a la protección de las personas físicas en lo que respecta al tratamiento de datos personales y a la libre circulación de estos datos y por el que se deroga la Directiva 95/46/CE (Reglamento general de protección de datos) (OJ L 119, de 4 de mayo de 2016); la Resolución del Parlamento Europeo, de 16 de febrero de 2017, con Recomendaciones destinadas a la Comisión sobre Normas de Derecho civil sobre robótica [2015/2103(INL)]; la Declaración del Grupo Europeo sobre Ética de la Ciencia y las Nuevas Tecnologías de la Comisión Europea sobre "Inteligencia artificial, robótica y «sistemas autónomos»", de 9 de marzo de 2018; el Estudio del Consejo de Europa "Algorithms and Human Rights", de marzo de 2018 [DGI(2017)12] (Documento disponible en: https://rm.coe.int/algorithms-and-human-rights-en-rev/16807956b5); la Comunicación de la Comisión al Parlamento Europeo, al Consejo Europeo, al Consejo, al Comité Económico y Social

Centrándonos en el objeto de este estudio, los sistemas predictivos, son explicados por DE HOYOS como instrumentos que "se basan en la utilización de un gran número de datos, de carácter personal y de otros tipos, los cuales, convenientemente procesados a través de algoritmos ad hoc, proporcionan unos resultados que pueden servir para predecir o vaticinar el posible comportamiento futuro de una persona en distintos contextos"[7].

Esta automatización de algunas tareas jurídicas es solo una de las aportaciones de la introducción de la IA en el ámbito del Derecho, con una gran proyección y con las implicaciones que ello conlleva y los retos y desafíos de la algoritmización de la Justicia para analizar las posibilidades de desarrollar y, en su caso, articular, nuevos procedimientos automatizados, métodos para asistir a los jueces en la toma de decisiones o, incluso, herramientas capaces de emitir decisiones jurídicas prescindiendo del factor humano.

Europeo y al Comité de las Regiones sobre un "Plan coordinado sobre la inteligencia artificial", de 7 de diciembre de 2018 [COM(2018) 795 final]; la Comunicación de la Comisión Europea al Parlamento, al Consejo, al Comité Económico y Social y al Comité de las regiones titulada "Generar confianza en la inteligencia artificial centrada en el ser humano", de 8 de abril de 2019 [COM(2019) 168 final]; las Directrices éticas para una IA fiable, publicadas por la Comisión Europea, Dirección General de Redes de Comunicación, Contenido y Tecnologías, en abril de 2019 (Documento disponible en: https://digital-strategy.ec.europa.eu/en/library/ethics-guidelines-trustworthy-ai); la Resolución del Parlamento Europeo, de 20 de octubre de 2020, con recomendaciones destinadas a la Comisión sobre un marco de los aspectos éticos de la inteligencia artificial, la robótica y las tecnologías conexas [2020/2012(INL)]; la Resolución del Parlamento Europeo, de 20 de octubre de 2020, sobre los derechos de propiedad intelectual para el desarrollo de las tecnologías relativas a la inteligencia artificial [2020/2015(INI)]; la Resolución del Parlamento Europeo, de 20 de octubre de 2020, con recomendaciones destinadas a la Comisión sobre un régimen de responsabilidad civil en materia de inteligencia artificial [2020/2014(INL)]; la Resolución del Parlamento Europeo, de 6 de octubre de 2021, sobre la inteligencia artificial en el Derecho penal y su utilización por las autoridades policiales y judiciales en asuntos penales [2020/2016(INI)]; la Resolución del Parlamento Europeo, de 3 de mayo de 2022, sobre la inteligencia artificial en la era digital [2020/2266(INI)] y la Propuesta de Directiva del Parlamento Europeo y del Consejo, de 28 de septiembre de 2022, relativa a la adaptación de las normas sobre responsabilidad civil extracontractual a la inteligencia artificial [COM(2022) 496 final].

7 DE HOYOS SANCHO, M., "El uso jurisdiccional de los sistemas de inteligencia artificial y la necesidad de su armonización en el contexto de la Unión Europea", *Revista General de Derecho Procesal*, núm. 55, 2021, p. 3.

El análisis predictivo es una rama de la minería de datos que busca analizar la información disponible relativa a situaciones ya acaecidas, pero también detectar, con ello, una serie de patrones de conducta que permitan predecir comportamientos y resultados en contextos similares o análogos. Resulta cuanto menos obvio el papel y la oportunidad que puede brindar la utilización de sistemas de IA en la determinación de probabilidades, riesgos o decisiones en el marco de un proceso judicial a través de las correlaciones establecidas entre los indicadores marcados y las variables extraídas de la información analizada.

Resulta obvio que la relación entre el Derecho y la IA es posible, ahora bien, siempre y cuando se respeten los derechos y garantías propios de un Estado de Derecho[8]. Las implicaciones en la utilización de herramientas de IA y la transformación digital del proceso obligan a investigar cómo hacerlo realidad, especialmente cuando hablamos de la analítica de datos y de la Justicia predictiva. Entendemos oportuno abordar los desafíos que la algoritmización de las decisiones[9], el reconocimiento de patrones y la interpretación de las correlaciones entre variables e indicadores conllevan en la administración de justicia, esto es, en la tutela de los derechos de la ciudadanía.

Precisamente, nuestra Constitución identifica, en su artículo 5, los tres tipos de tutela jurisdiccional de nuestro ordenamiento: declarativa, ejecutiva y cautelar, siendo ésta última el instrumento para garantizar las dos primeras. Una tutela cuya regulación se halla recogida en el Título VI del Libro III de la Ley 1, de 7 de enero, de Enjuiciamiento Civil[10] (en adelante, LEC), donde el artículo 721.1 *in fine* señala la razón de su existencia, que no es otra que "asegurar la efectividad de la tutela judicial que pudiera otorgarse en la sentencia estimatoria que se dictare".

Las medidas cautelares, protagonistas de este Capítulo, se han configurado como el instrumento puesto a disposición de jueces y tribunales para garantizar la eficacia de un proceso y la ejecución de la resolución judicial.

---

[8] En el mismo sentido se pronuncia SIMÓN CASTELLANO, P., "Inteligencia Artificial y Administración de Justicia: ¿Quo vadis, Justitia?", *Revista de Internet, Derecho y Política*, núm. 33, 2021, p. 8.

[9] Para un estudio completo sobre el empleo de sistemas de IA en el proceso civil, véase, por todos, MONTESINOS GARCÍA, A., "Empleo de la inteligencia artificial en algunas fases del proceso judicial civil: prueba, medidas cautelares y sentencia", *Actualidad civil*, núm. 11, 2022, pp. 1-31.

[10] BOE núm. 7, de 8 de enero del 2000.

En los Capítulos precedentes de esta Obra se ha identificado el poder de actuación e influencia de la IA en el seno de un proceso judicial, no solo en términos de digitalización del propio proceso, sino también de su utilidad en las distintas fases procesales, desde la prueba a la sentencia, destacándose su versatilidad en la etapa cautelar. Una etapa, la cautelar, que deviene esencial para la satisfacción de la tutela principal solicitada y sobre cuya configuración y naturaleza jurídica se ha abordado también en el Capítulo precedente, razón por la cual no vamos a detenernos en profundizar ni reiterar lo asentado, sino que buscamos visualizar un escenario donde la tecnología pudiera ser, de alguna manera, útil en la toma de decisiones respecto de la adopción de una u otra medida cautelar.

Hablamos de un escenario que puede estar más próximo de lo que pensamos y cuyas coordenadas servirían para delimitar el alcance de este tipo de sistemas tecnológicos y de IA en el seno de un proceso -judicial o extrajudicial-. En particular, cabe preguntarse si en algún momento la IA podrá llegar a sustituir al juzgador o, aun siendo posible en términos de viabilidad, esta opción debiera permitirse, en esta ocasión, en términos garantistas.

A tal fin, se torna indispensable valorar la utilidad de los sistemas y herramientas de predicción del nivel de riesgos a considerar para decretar la aplicación de medidas cautelares reales. Hemos sido testigos, en los últimos tiempos, de un desarrollo de estos sistemas predictivos en el orden penal, con herramientas como el programa Compas (*Correctional Offender Management Profiling for Alternative Sanctions*)[11] o HART (*Harm Assessment Risk Tool*)[12]. Ambas herramientas de *machine learning* que se sirven de un algoritmo para determinar el riesgo de reincidencia de una persona que ha cometido un delito.

En el orden civil, sin embargo, no podemos decir que ha habido un desarrollo de este tipo de sistemas, más bien al contrario. Precisamente, en lo

---

11 BRENNAN, T., DIETERICH, W., "Correctional Offender Management Profiles for Alternative Sanctions (COMPAS)" en SINGH, J. P., KRONER, D. G., WORMITH, J. S., DESMARAIS, S. L., HAMILTON, Z. (eds.), *Handbook of Recidivism Risk/Needs Assessment Tools*, John Wiley & Sons Ltdh, Reino Unido, 2018, pp. 49-75. Documento disponible en: https://doi.org/10.1002/9781119184256.ch3

12 OSWALD, M., GRACE, J., URWIN, S., BARNES, G. C., "Algorithmic risk assessment policing models: lessons from the Durham HART model and 'Experimental' proportionality", *Information & Communications Technology Law*, vol. 27, núm. 2, 2018, pp. 223-250. Documento disponible en: https://doi.org/10.1080/13600834.2018.1458455

concerniente a la tutela cautelar civil este progreso es más bien inexistente siendo, además, escasos los aportes doctrinales sobre la viabilidad del uso de la IA para evaluar y determinar los riesgos para adoptar medidas de naturaleza real o patrimonial.

Nuestro interés aquí es ahondar en la tipología de riesgos que deben conjurarse para proceder a la adopción de una medida cautelar y de qué forma podrían los sistemas predictivos auxiliar al juzgador.

II. PRESUPUESTOS PROCESALES DE LAS MEDIDAS CAUTELARES EN EL PROCESO CIVIL

Nuestro sistema legal ha sido configurado de tal forma que el juzgador que está conociendo de un asunto podrá dictar las medidas que considere necesarias para asegurar el resultado del proceso, siempre que se cumpla una doble exigencia. Por un lado, que sirva para posibilitar la efectividad de la tutela judicial que sería otorgada en una eventual sentencia absolutoria. Por otro lado, que se cumpla el principio de proporcionalidad, esto es, que la medida adoptada sea la menos gravosa o perjudicial para el demandado.

Del artículo 728 de la LEC se infiere que la adopción de toda medida cautelar exige la concurrencia de tres requisitos, a saber: primero, que el actor acredite la inicial solidez del derecho material que deduce en juicio, llamado *fumus boni iuris*; segundo, que exista un riesgo derivado de la dilación en el tiempo propia de todo proceso de declaración, conocido como *periculum in mora*; y, tercero, que el actor garantice que está en situación de resarcir los daños y perjuicios con ocasión de la medida cautelar (caución)[13].

Centrándonos en los dos primeros presupuestos, es importante saber que el *fumus boni iuris*, o la apariencia de buen derecho, se infiere del mandato establecido en el propio apartado segundo del citado precepto legal, donde se señala que "[E]l solicitante de medidas cautelares también habrá de presentar con su solicitud los datos, argumentos y justificaciones docu-

---

[13] Sobre la caución exigida por la LEC para solicitar una medida cautelar, véanse, por todos, ARMENGOT VILAPLANA, A.: "Las medidas cautelares con la Ley 1/2000 de Enjuiciamiento Civil", *Práctica de Tribunales: Revista de derecho procesal civil y mercantil*, núm. 10, 2004, pp. 49-56 y ARMENGOT VILAPLANA, A.: "La caución. Presupuesto para la adopción de medidas cautelares", *Práctica de Tribunales: revista de derecho procesal civil y mercantil (ejemplar dedicado a: la caución en la Ley de Enjuiciamiento Civil)*, núm. 30, 2006, pp. 18-38.

mentales que conduzcan a fundar, por parte del Tribunal, sin prejuzgar el fondo del asunto, un juicio provisional e indiciario favorable al fundamento de su pretensión. En defecto de justificación documental, el solicitante podrá ofrecerla por otros medios de prueba, que deberá proponer en forma en el mismo escrito». Estamos ante lo que BARONA llama "juicio de verosimilitud o de probabilidad, provisional e indiciario, a favor del demandante de la medida cautelar sobre el derecho que viene afirmando en el proceso principal"[14].

De igual forma, el Tribunal Supremo define el presupuesto de *fumus boni iuris* como la exigencia al solicitante para que presente "datos, argumentos y justificaciones documentales, o por otros medios, que permitan fundar un juicio provisional e indiciario favorable al fundamento de su pretensión; y aun cuando la apreciación no debe equipararse a un prejuicio del asunto, como explícitamente señala el art. 728.2, sí es preciso que tenga la entidad de un juicio de probabilidad cualificada"[15].

Por tanto, la apariencia de buen derecho consiste en la valoración judicial de los indicios y circunstancias que rodean la solicitud de la medida cautelar cuya existencia, en la práctica, se acredita con la aportación de documentación, que podrá ser considerada como prueba documental o pericial llegado el momento. Una documentación que, a la postre, sirve para acreditar el derecho pretendido por la parte demandante, de fundamento de la medida pretendida, pero también de la pretensión principal, pues normalmente ambas comparten su razón de ser. En este sentido, partiendo de que este presupuesto no requiere de predicción alguna, sino más bien del análisis de la situación actual y circunstancias que sustentan la demanda, entendemos que la trayectoria de la IA es muy reducida[16], a diferencia de lo que puede aportar para el análisis predictivo de los riesgos del análisis predictivo de los riesgos del *periculum in mora*.

---

14 BARONA VILAR, S., "Lección 28ª. La tutela cautelar, Elementos personales y medidas cautelares", en BARONA VILAR, S. y GÓMEZ COLOMER, J.L. (coords.), *Proceso Civil. Derecho Procesal II,* Tirant lo Blanch, Valencia, 2022, p. 546.

15 Entre otros, Autos del Tribunal Supremo, Sala de lo Social, de 23 de enero de 2019 (rec. 2217/2018) (Roj: ATS 1376/2019 - ECLI:ES:TS:2019:1376A) y de 26 de abril de 2018 (rec. 3760/2017) (Roj: ATS 5121/2018 - ECLI:ES:TS:2018:5121A).

16 En el mismo sentido se pronuncia NEIRA PENA, A. M., "Inteligencia artificial y tutela cautelar. Especial referencia a la prisión provisional", *Revista Brasileira de Direito Processual Penal,* Porto Alegre, v. 7, núm. 3, 2021, p. 1906.

En cuanto al segundo presupuesto, resulta obvio que el *periculum in mora* o peligro en la mora procesal constituye el requisito esencial e imprescindible para que el juez o tribunal ordene decretar una concreta medida cautelar[17], de forma que se prevea y garantice el cumplimiento futuro de las obligaciones en caso de prosperar y estimar las pretensiones solicitadas en el proceso[18]. La protección que conlleva la aplicación de cualquier medida se dirige a la efectividad de la sentencia, no solo a su ejecución propiamente dicha[19], lo que supondría una amenaza a la tutela procesal solicitada[20].

Se trata de un presupuesto que tiene su razón de ser en el "riesgo de daño que recae sobre el actor por la dilación en el tiempo de las actuaciones, del que puede derivar la inefectividad de la resolución que se dicte en

---

17 "Respecto a la concurrencia del segundo de los requisitos exigidos para la adopción de la medida cautelar esto es el Peligro en la demora (periculum in mora), el mismo supone valorar la necesidad de adoptar las medidas que se solicitan al objeto de determinar si, de no tomarse las medidas solicitadas, la eventual sentencia estimatoria que se dictase carecería de efecto práctico por ser ineficaz, ilusoria o carente de contenido material sobre el que hacerla efectiva". Auto de la Audiencia Provincial de Tarragona, Sección 1ª, núm. 56/2007, de 7 de junio de 2007, F.D. 2º (Roj: AAP T 784/2007 - ECLI:ES:APT:2007:784A).

18 Así lo establece expresamente el artículo 726.1.1ª, donde indica que la exigencia de cualquier medida cautelar debe "[S]er exclusivamente conducente a hacer posible la efectividad de la tutela judicial que pudiere otorgarse en una eventual sentencia estimatoria, de modo que no pueda verse impedida o dificultada por situaciones producidas durante la pendencia del proceso correspondiente".

19 "El peligro por la mora procesal tiende no sólo a impedir la desaparición de los medios necesarios para la ejecución forzosa (finalidad asegurativa), sino también a proteger contra la prolongación de un juicio que puede producir un grado de insatisfacción continuada y que, en ocasiones, cuando llega a la fase ejecutiva, ya no puede ser amparada en condiciones de plena efectividad". Autos de la Audiencia Provincial de Madrid, Sección 14ª, núm. 313/2018, de 27 de diciembre de 2018, R.J. 2º (Roj: AAP M 6014/2018 - ECLI:ES:APM:2018:6014A) y de la Audiencia Provincial de Tarragona, Sección 3ª, núm. 21/2011, de 11 de febrero de 2011, F.J. 1º (Roj: AAP T 301/2011 - ECLI:ES:APT:2011:301A).

20 Esta finalidad ha sido ampliamente asentada en la jurisprudencia. A título de ejemplo, véanse los Autos de la Audiencia Provincial de Madrid, Sección 28ª, núm. 210/2015, de 23 de octubre de 2015, R.J. II (Roj: AAP M 955/2015 - ECLI:ES:APM:2015:955A) y Sección 19ª, núm. 136/2004, de 27 de abril de 2004, R.J. 2º (Roj: AAP M 3429/2004 - ECLI:ES:APM:2004:3429A) y Auto de la Audiencia Provincial de Valencia, Sección 6ª, núm. 28/2002, de 11 de febrero de 2002, F.D. 1º (Roj: AAP V 108/2002 - ECLI:ES:APV:2002:108A) y más recientemente, el Auto de la Audiencia Provincial de Valencia, Sección 9ª, núm. 154/2022, de 4 de octubre de 2022, R.J. 3º (Roj: AAP V 1630/2022 - ECLI:ES:APV:2022:1630A).

el procedimiento. Esta eventualidad se plasma de manera flexible en la Ley de Enjuiciamiento Civil, ya que, a diferencia del Anteproyecto en el que se requería que la sentencia condenatoria que en su día se dictase fuera «de imposible o muy difícil ejecución», el artículo 728 de la Ley únicamente requiere que puedan producirse situaciones que «impidieren o dificultaren» la efectividad de la tutela"[21].

A pesar de contar con una definición concreta de este peligro, carecemos de un análisis profuso y detallado de los riesgos que deben aparecer para que el juez considere aplicar una u otra medida cautelar. La ausencia de mayor detalle de los riesgos y circunstancias que deben concurrir para acreditar el *periculum in mora* ha sido suplida por la jurisprudencia. En este sentido, entendemos que la IA resultaría útil para valorar y predecir los riesgos específicos que la tutela cautelar trata de evitar. Precisamente, en este punto la IA no solo puede servir para la elaboración de patrones de comportamiento sobre la base casuística anterior, sino también entendemos que podría devenir un instrumento interesante para la identificación y clasificación de los riesgos y factores que deben ser analizados por nuestros jueces y magistrado, no recogida por nuestra LEC a diferencia de la Ley de Enjuiciamiento Criminal (en adelante, LECrim)[22] en relación con las medidas personales.

De lo que sí tenemos certeza es de la obligación de la parte solicitante de la cautela de justificar "cumplidamente la concurrencia de los presupuestos legalmente exigidos para su adopción" de forma clara y precisa, tal y como establece el artículo 732 de la LEC. Así lo entienden también nuestros tribunales, al afirmar que el *periculum in mora* "no se presume ni se sobreentiende, es obligación de quien pide la medida cautelar afirmar y probar la existencia del mismo"[23].

PÉREZ DAUDÍ advierte de un problema derivado de la configuración de este requisito procesal, pues "plantea la duda de carácter práctico de si debe exigirse un grado mayor de acreditación de este presupuesto en función de si se va a adoptar una medida meramente asegurativa o anticipatoria. Hubiera sido deseable que legislativamente se hubiera regulado

---

21 Auto de la Audiencia Provincial de Madrid, Sección 28ª, núm. 214/2015, de 26 de octubre de 2015, F.J. 4º (Roj: AAP M 957/2015 - ECLI:ES:APM:2015:957A).

22 Real Decreto de 14 de septiembre de 1882 por el que se aprueba la Ley de Enjuiciamiento Criminal (Gaceta de Madrid, núm. 260, de 17 de septiembre de 1882).

23 Auto de la Audiencia Provincial de Barcelona, Sección 11ª, núm. 165/2007, de 9 de mayo de 2007, R.J. 3º (Roj: AAP B 2224/2007 - ECLI:ES:APB:2007:2224A).

una exigencia distinta en función del grado de injerencia que implique la medida solicitada en la esfera jurídica del demandado"[24]. En consecuencia, resulta lógico que se cumpla con este requisito simplemente con "probar sólo que existe la posibilidad de que la duración del proceso ponga en peligro su efectividad, sin tener que acreditar que efectivamente se va a producir dicha actividad"[25].

Al respecto, ORMAZÁBAL ahonda en la diferencia entre justificar y probar en relación con el grado de certeza necesario para adoptar una medida cautelar. Así, entiende que los órganos judiciales estimarán las pretensiones cuando los hechos que las fundan y constituyen hayan sido debidamente probados. Por el contrario, la estimación de la pretensión cautelar tendrá lugar cuando la apariencia de buen derecho y la situación de peligro o riesgo de inefectividad de la resolución queden suficientemente justificadas[26].

En suma, y dado que normalmente nos hallamos en una fase temprana del proceso, no se requiere que la prueba sea plena[27], sino que tenga la solidez y consistencia suficiente[28] como para sustentar la adopción de la cautela[29]. Se exige, a tal fin, la aplicación al supuesto concreto, no bastando

---

24 PÉREZ DAUDÍ, V., "Los criterios jurisprudenciales de adopción de las medidas cautelares", *Justicia, Revista de derecho procesal,* 2007, p. 95.

25 PÉREZ DAUDÍ, V., "Los criterios de admisión y denegación de las medidas cautelares en las recientes resoluciones de la AP de Barcelona", *Justicia, Revista de derecho procesal,* vol. 1-2, 2009, p. 236.

26 ORMAZÁBAL SÁNCHEZ, G., "Comentario al art. 728", en CORDÓN MORENO, F. (coord.), *Comentarios a la Ley de Enjuiciamiento Civil,* Vol. II, Aranzadi, Pamplona, 2011.

27 MARÍN CASTÁN, F., MEDRANO SÁNCHEZ, J. I., *Comentarios a la Ley de Enjuiciamiento Civil,* Tirant lo Blanch, Valencia, 2015, p. 3202 (Versión electrónica).

28 La Audiencia Provincial de Madrid, en su Auto núm. 136/2004, de 27 de abril (Roj: AAP M 3429/2004 - ECLI:ES:APM:2004:3429A), aborda expresamente esta cuestión, estableciendo que "el carácter provisional de la medida cautelar (…) impone la necesidad de que el solicitante aporte un principio de prueba del derecho que reclama".

29 Línea seguida por la Audiencia Provincial de Valladolid, cuando al analizar la concurrencia del riesgo de insolvencia del demandado afirmó que "esa justificación no debe ser entendida en el sentido estricto y riguroso, es decir, como necesidad de que se aporte una prueba cierta y demostrativa de que los demandados son insolventes o van a caer en una insolvencia al finalizar el procedimiento, sino que debe ser interpretada de una forma más flexible y abierta, pues no en vano la Ley emplea el término «justificar, que sin duda es más amplio y comporta un grado de certeza algo menor que el «probar» o «acreditar». Se trata simplemente de que el solicitante evidencie la concurrencia de una situación de riesgo durante la

afirmaciones genéricas o abstractas de este temor alegado, dejando claro que estamos ante un "examen provisional e indiciario, sin poder agotar toda la controversia ni entrar en la profundidad propia del proceso declarativo principal"[30]. Partiendo de la naturaleza y finalidad de este presupuesto procesal, podemos aventurarnos a señalar la utilidad y proyección de los sistemas predictivos, a diferencia de lo que sucede con el requisito del *fumus boni iuris*.

III. LA CONFIGURACIÓN DEL *PERICULUM IN MORA*

Las siguientes páginas abordan el análisis del sistema elegido por nuestro sistema procesal civil para el tratamiento de las medidas cautelares, así como la doctrina jurisprudencial para arrojar algo de luz en lo que concierne a las coordenadas que delimitan la necesidad de aplicar una medida cautelar, centrándonos, por extensión, en tres, a saber: embargo preventivo de bienes, anotación preventiva de demanda y administración judicial de bienes productivos.

1. El sistema in abstracto de la LEC

La razón de ser de la tutela cautelar reside en la necesidad de evitar los peligros que amenazan la inefectividad o inejecución de la eventual sentencia estimatoria a causa de la duración del propio proceso, más aún si tenemos en cuenta el colapso del Poder Judicial.

La configuración normativa de la tutela cautelar es un aspecto clave que determina el alcance y detalle de la regulación del abanico de medidas que pueden ser adoptadas en sede judicial y, por remisión, en sede arbitral cuando estamos ante materia disponible. Dos son los sistemas normativos relativos a las medidas cautelares disponibles para el legislador[31]. Por un lado, el sistema *in abstracto* o general de las distintas medidas que pueden

---

pendencia del proceso, por la que razonablemente pudiera quedar amenazada la efectividad de una eventual sentencia condenatoria». Auto de la Audiencia Provincial de Valladolid, Sección 3ª, núm. 90/2002, de 28 de junio de 2002, F. J. 2º (Roj: AAP VA 13/2002 - ECLI:ES:APVA:2002:13A).

30 Auto de la Audiencia Provincial de Barcelona, sección 15ª, núm. 130/2018, de 16 de octubre de 2018 (Roj: AAP B 6460/2018 - ECLI:ES:APB:2018:6460A).

31 Auto de la Audiencia Provincial de Barcelona, Sección 14ª, núm. 178/2019, de 26 de junio, F.D. 2º (Roj: AAP B 4027/2019 - ECLI:ES:APB:2019:4027A).

ser adoptadas. Por otro lado, la determinación *in concreto* de los riesgos que fundamentan cada una de las medidas cautelares legalmente recogidas.

El legislador español ha diseñado de distinta forma la tutela cautelar civil y la penal. Precisamente, la LECrim se basa en el segundo de los sistemas para configurar y establecer los riesgos que deben confluir para adoptar una determinada medida personal.

A título de ejemplo, el artículo 503 de la LECrim establece los riesgos para la medida de la prisión provisional, a saber: riesgo de fuga; riesgo de ocultación, alteración y destrucción de las fuentes de prueba; riesgo de desprotección de la víctima; y riesgo de reiteración delictiva. Asimismo, indica también cuáles son las circunstancias para valorar tales riesgos. Por ejemplo, para determinar el nivel de riesgo de fuga de una persona se atenderá a la naturaleza del hecho, a la gravedad de la pena que pudiera imponerse al investigado o encausado, a la situación familiar, laboral y económica de éste, así como a la inminencia de la celebración del juicio oral. En consecuencia, observamos un nivel de detalle y profundidad acorde con la necesidad de salvaguardar los derechos del encausado.

Por su parte, el artículo 727 de la LEC se limita a identificar las medidas cautelares que pueden adoptarse en el seno de un proceso civil. Asimismo, el numeral 11 señala expresamente que podrán solicitarse y adoptarse "[A] quellas otras medidas que, para la protección de ciertos derechos, prevean expresamente las leyes, o que se estimen necesarias para asegurar la efectividad de la tutela judicial que pudiere otorgarse en la sentencia estimatoria que recayere en el juicio".

Esta fórmula nos indica el sistema elegido por el legislador para la tutela cautelar civil, que no es otro que el sistema *in abstracto*[32] frente al concreto de la LECrim. Por tanto, estamos ante una lista *numerus apertus*, donde cabe cualquier otra medida adicional a las enunciadas, siempre y cuando cumpla con la finalidad de asegurar la eficacia de la tutela judicial que pudiera otorgarse en una eventual sentencia favorable.

---

32 "La LEC de 2000 ha optado con carácter general por la configuración in abstracto de este presupuesto, atendido el peligro de la duración, que podría aprovecharse por quienes participan en el proceso, haciendo inefectiva la tutela judicial que pudiera otorgarse en la sentencia". Auto de la Audiencia Provincial de Tarragona, Sección 3ª, núm. Recurso 130/2004, de 27 de abril de 2005, F.J. 1º (Roj: AAP T 312/2005 - ECLI:ES:APT:2005:312A).

La elección de este sistema más abierto en la delimitación de los presupuestos procesales de las medidas cautelares reales o patrimoniales obedece a la naturaleza de las mismas. Sin embargo, también ha supuesto, en la práctica, que estemos ante un régimen amplio y abstracto, que la doctrina y los tribunales ordinarios tratan de concretar.

Cuantiosa es la casuística que aborda la naturaleza de los riesgos que confluyen en el marco del peligro de mora procesal, sin que, hoy en día, contemos con una enumeración cerrada y detallada, dado que este peligro es, valga la redundancia, casuístico, dependiendo del contexto del supuesto y del momento temporal[33]. He aquí una de las mayores dificultades para abordar este análisis, debiendo recurrir a la jurisprudencia para, al menos intentar, asentar unas bases comunes y generalizadas.

Nuestros Juzgados y Tribunales, recogiendo la doctrina asentada por ORTELLS, se han pronunciado sobre la configuración de los riesgos que deben tenerse en cuenta para la concesión de la tutela cautelar, siendo que en sus Autos recogen un listado ejemplificativo de tales riesgos[34], a saber:

1.- Riesgos que amenazarían la posibilidad práctica de la efectividad de una sentencia en sentido genérico. El ejemplo más claro es el riesgo de insolvencia del demandado, que obviamente puede frustrar la ejecución de la condena dineraria por la imposibilidad de cumplimiento de la eventual condena dineraria.

2.- Riesgos que amenazarían a la posibilidad práctica de una ejecución en forma específica. Este escenario refiere de la posibilidad de que determinados bienes no puedan ser hallados, de forma que se torne necesario modificar la ejecución específica a entregar un bien por la ejecución dineraria, esto es, ejecutar la condena de entrega del bien por su equivalente dinerario.

---

33 Así lo señalan también nuestros tribunales, al afirmar que a este requisito del peligro de la demora se le atribuye un "carácter que trasciende incluso el de mero presupuesto de las medidas, para erigirse en el fundamento mismo de esta tutela cautelar, de manera que el examen concreto del peligro en cada caso constituiría la esencia de cualquier procedimiento cautelar". Entre otros, Auto del Juzgado de lo Mercantil de Barcelona, Sección 5ª, de 12 de noviembre de 2020 (Rec. 59/2020), R.J. 5º, punto 72 (Roj: AJM B 337/2020 - ECLI:ES:JMB:2020:337A).

34 Entre otros, Auto de la Audiencia Provincial de Cádiz, Sección 7ª, núm. 63/2003, de 14 de julio de 2003 (Roj: AAP CA 545/2003 - ECLI:ES:APCA:2003:545A) y Auto del Juzgado de lo Mercantil de Madrid, Sección 6ª, núm. 241/2012, de 30 de marzo de 2012 (Roj: AJM M 25/2012 - ECLI:ES:JMM:2012:25A).

3.- Riesgos que amenazarían la efectividad de la ejecución específica. Este tipo de riesgos implica que la actuación del demandado, en caso de no adoptarse las medidas cautelares, llevará al actor a encontrarse en una situación irreversible, esto es, que los daños causados por el demandado sean irreparables. La respuesta en este caso sería una indemnización al demandante por tales perjuicios.

4.- Riesgos que amenazarían la utilidad práctica de los efectos no ejecutivos de la sentencia. Bajo el paraguas de este tipo de riesgo tenemos dos supuestos. Por un lado, en caso de una pretensión declarativa de dominio, su estimación y ejecución puede resultar inútil si, durante el proceso, quien posee la titularidad registral ha vendido el inmueble a un tercero de buena fe que ha inscrito a su nombre el derecho adquirido. Por otro lado, en una demanda de incapacitación, la sentencia en la que se busca proteger el patrimonio del incapaz, si no se aseguran los bienes, podrían ser vendidos o malgastados y, en consecuencia, llegado el momento, no habría ningún bien que proteger.

Por su parte, ORTELLS establece un quinto tipo de riesgo, en concreto aquél que "deriva del mero retraso del momento en que pueden producirse los efectos de la sentencia en cuanto por la naturaleza de la situación jurídica a la que la sentencia ha de referirse, ese retraso supone por sí una lesión irreversible de tal situación"[35], como la prestación de alimentos.

Como vemos, la definición que se ha realizado de los distintos riesgos está redactada en términos genéricos, bastante amplios, si bien delimitan la senda sobre la que actuar. El Poder Judicial ha sido quien, a través de sus autos, ha dibujado el paisaje de cada medida cautelar, ofreciendo una interpretación más específica y realista de los peligros y factores a considerar.

2. *Carácter objetivo y delimitación subjetiva*

Los riesgos o peligros deben entenderse cumplidos o manifiestos para la determinación de la existencia del *periculum in mora*, cuestión que nuestros tribunales han abordado y, al menos, han establecido las bases para su definición. Aquí la pregunta que surge es cómo podemos acreditar suficientemente la existencia de este *periculum in mora*, sabiendo que la carga probatoria le

35 ORTELLS RAMOS, M., "Capítulo 36", en ORTELLS RAMOS (dir.), *Derecho Procesal Civil*, 20ª ed., Aranzadi, Cizur Menor (Navarra), 2022, p. 598. Del mismo autor, *Las Medidas Cautelares*, La Ley, Madrid, 2022, pp. 151-152.

corresponde al solicitante de la medida cautelar, alegando y argumentando la existencia del riesgo de pérdida de los bienes que justifique tal solicitud.

De conformidad con el artículo 728.1 de la LEC, "[S]olo podrán acordarse medidas cautelares si quien las solicita justifica, que, en el caso de que se trate, podrían producirse durante la pendencia del proceso, de no adoptarse las medidas solicitadas, situaciones que impidieren o dificultaren la efectividad de la tutela judicial que pudiera otorgarse en una eventual sentencia estimatoria».

A la vista de lo anterior, el *periculum in mora* es, en suma, un presupuesto procesal que presenta una doble característica, que pasamos a concretar y valorar.

Por un lado, exhibe un carácter objetivo, tal y como ha señalado en reiteradas ocasiones el Tribunal Supremo. Hablamos de una naturaleza que deriva, precisamente, de la finalidad de la medida cautelar, que no es otra que la efectividad de la posible condena. En este sentido, se afirma que se trata de "una probabilidad concreta de peligro para la efectividad de la resolución que se dicte, no en términos subjetivistas de creencia o temor del solicitante en la existencia del peligro"[36].

Además, este *periculum in mora* exige que este riesgo sea "racionalmente previsible, con carácter objetivo, de que la parte demandada pudiera aprovecharse de la duración del proceso para hacer inefectiva la tutela judicial que podría otorgarle (al actor) la sentencia resolutoria de la contienda, o bien que se prevea el advenimiento de situaciones concretas susceptibles de ocasionar impedimento o dificultad a la efectividad de lo pretendido en el procedimiento principal"[37].

Por otro lado, requiere una concreción subjetiva, esto es, una apreciación de que el riesgo de inefectividad se producirá y afectará a la persona demandante, de forma que el propio curso del procedimiento dinamite la efectividad de la resolución (de condena) llegado el momento de su ejecución.

---

36 Auto del Tribunal Supremo de 3 de mayo de 2002, F.D. 1° (RJ 2002\7788, siendo ponente el Ponente: Excmo. Sr. Pedro González Poveda). Doctrina que ha servido de guía para el resto de los órganos judiciales. Véase, por ejemplo, el Auto de la Audiencia Provincial de Granada, Sección 4ª, núm. 140/2012, de 2 de noviembre, F.D. 1° (Roj: AAP GR 610/2012 - ECLI:ES:APGR:2012:610A), el Auto de la Audiencia Provincial de Asturias, Sección 6ª, núm. 54/2007, de 7 de mayo, F.D. 3° (Roj: AAP O 475/2007 - ECLI:ES:APO:2007:475A) y el Auto de la Audiencia Provincial de Las Palmas, Sección 5ª, núm. 93/2004, de 19 de abril, R.J. 4° (Roj: AAP GC 606/2004 - ECLI:ES:APGC:2004:606A).

37 Auto del Juzgado de lo Mercantil de Barcelona, Sección 5ª, núm. 6/2021, de 30 de diciembre de 2020, R.J. 2° (Roj: AJM B 310/2020 – ECLI:ES:JMB:2020:310A).

En consecuencia, no resulta suficiente para afirmar la existencia de este peligro en la mora procesal con la simple acreditación de que el riesgo se puede llegar a producir, sino que "[E]xige concretar, ante las específicas circunstancias que concurran en cada caso, cuál sería la situación que, durante el desarrollo del litigio, habría de conjurarse con la medida interesada. No bastará, a este respecto, con recurrir a argumentaciones genéricas"[38]. El riesgo debe ser, por tanto, "real y cierto"[39], así como "efectivo y probado"[40], por cuanto la incertidumbre en lo que respecta a la ejecución de una decisión judicial es común en todos los procesos judiciales[41].

Por tanto, aunando ambos criterios entendemos que el peligro en la demora es la "existencia de un riesgo que amenace la efectividad del proceso y la sentencia" -carácter objetivo-, "pero no un temor abstracto a que el eventual fallo estimatorio pueda en su día resultar inejecutable por circunstancias causales o provocadas derivadas del transcurso del tiempo, sino un peligro concreto *ad causam* por las circunstancias tanto objetivas como subjetivas que rodeen la situación material controvertida"[42] -delimitación subjetiva para la situación personal del solicitante de la medida-.

---

38 Auto de la Audiencia Provincial de Madrid, Sección 28ª, núm. 214/2015, de 26 de octubre de 2015, F.J. 4º (Roj: AAP M 957/2015 - ECLI:ES:APM:2015:957A).

39 Auto de la Audiencia Provincial de Valencia, Sección 9ª, núm. 305/2017, de 9 de marzo de 2017, F.J. 5º (Roj: AAP V 848/2017 - ECLI:ES:APV:2017:848A).

40 Auto del Juzgado de lo Mercantil de Barcelona, Sección 8ª, de 14 de octubre de 2021, F.D. 2º (Roj: AJM B 3472/2021 - ECLI:ES:JMB:2021:3472ª).

41 En consecuencia, "[P]recisamente por ser tal riesgo consustancial y propio a la pendencia de todo litigio, y del tiempo que su trámite conlleva, el periculum in mora necesario para la adopción de la medida cautelar no puede confundirse con aquel riesgo genérico y abstracto de mera potencialidad de alteración de las situaciones de hecho por parte del demandado o de terceros durante ese periodo temporal imprescindible para la tramitación del proceso, porque si fuese así, el juicio de valoración impuesto por el art. 728 LEC en cuanto a la mora procesal sería inútil, ya que ese riesgo sería inseparable de la mera existencia del proceso mismo, y aún de la simple situación de controversia entre las partes, pues desde que ésta se da puede cualquiera de los interesados, como potencial actuación, llevar a cabo actuaciones que perturben los derechos de la parte contraria. De bastar tal riesgo para adoptar una medida cautelar, bastaría exigir del juzgador tan solo el examen del fumus boni iuris, dando el peligro de mora por supuesto, para adoptar medidas cautelares". Auto del Juzgado de lo Mercantil de Barcelona, Sección 8ª, núm. 419/2021, de 14 de octubre de 2021, F.D. 2º (Roj: AJM B 3472/2021 - ECLI:ES:JMB:2021:3472A).

42 Auto de la Audiencia Provincial de Madrid, sección 10ª, núm. 318/2006, de 24 de julio de 2006, R.J. 2º (Roj: AAP M 6413/2006 - ECLI:ES:APM:2006:6413A).

3. El periculum in mora en la jurisprudencia

Dada la ausencia de mayor concreción por parte del legislador quien, recordemos, se decantó por un sistema abstracto en la configuración de la tutela cautelar civil, debemos desgranar la doctrina jurisprudencial para identificar cuáles son los riesgos de cada medida y, con ellos, los factores a considerar por el juzgador para comprobar la "trascendencia real" de la pretensión y la "relevancia jurídico-real" de la medida[43].

Hablamos de una identificación que debería resultar fácilmente extraíble de la motivación de las decisiones judiciales respecto de la adopción de las medidas cautelares, pero como acertadamente señala NIEVA, "lo más habitual es que la parte del *periculum* no esté motivada en estas resoluciones, remitiéndose a una explicación estrictamente teórica y que siempre es la misma de resolución a resolución"[44], lo que dificulta esta labor de concreción. No obstante, una vez se hubieran concretado estos riesgos y criterios a evaluar por el juez, entendemos que sería fácil su objetivación por herramientas de IA.

A la vista de la magnitud del listado de medidas cautelares reales recogido en la LEC, este estudio se limitará a tres de ellas con el objetivo de construir los cimientos de ese futuro escenario donde la IA desempeña un importante papel en la tutela judicial. En concreto, nos focalizaremos en el embargo preventivo, en la anotación preventiva de demanda y en la administración judicial.

3.1. Embargo preventivo

El embargo preventivo es una medida cautelar (nominada) recogida en el artículo 727.1 de la LEC, que cumple una finalidad clara: asegurar la ejecución de sentencias de condena dineraria consistentes en el pago de cantidades o sumas de dinero, de frutos, rentas o cosas fungibles que sean conmutables en metálico. Por tanto, la situación cautelable cuando se decreta el embargo de bienes, por regla general, es el derecho de crédito que se busca hacer valer frente a la parte demandada identificada como deudora en una determinada relación jurídica.

---

43 Auto del Tribunal Supremo, Sala de lo Civil, Sección 1ª, de 26 de mayo de 2020, F.D. 3º (Roj: ATS 2971/2020 – ECLI:ES:TS:2020:2971A).

44 NIEVA FENOLL, J., *Inteligencia artificial y proceso judicial*, Marcial Pons, Barcelona, 2018, p. 64.

Dado el sistema *in abstracto* de la LEC en lo que concierne a la enumeración y concreción de los riesgos, debemos acudir a los autos judiciales para comprobar cuáles serían estos riesgos que justificarían el *periculum in mora* del embargo preventivo.

Precisamente, los órganos jurisdiccionales han abordado esta medida cautelar en reiteradas ocasiones, siendo considerada como una de las medidas más aplicadas y pudiendo desprenderse de los autos judiciales los riesgos que deben concurrir -y ser debidamente acreditados por la parte demandante- para poder ser decretada.

La vigente LEC aborda el *periculum in mora* de la medida del embargo preventivo de forma más generalista, si bien la interpretación práctica sigue un criterio evaluador heredado de la LEC de 1881[45]. Tradicionalmente se entendía que para solicitar el embargo preventivo debía existir un motivo racional para considerar que el deudor tenía una intención de ocultar o malbaratar sus bienes, causando un daño a sus acreedores.

De esta manera, partiendo de la concepción clásica y adentrándonos en el análisis jurisprudencial, podemos identificar una serie de riesgos concretos, que son los que siguen:

En este sentido, el primero y más importante a identificar es el riesgo de insolvencia del demandado[46], esto es, la falta de recursos suficientes para afrontar la deuda[47]. Ahora bien, hablamos de un temor, de forma que no resulte exigible que la parte demandada se encuentre en el momento de solicitud de la medida de embargo preventivo en una situación efectiva de insolvencia -hecho que, *per se*, bastaría para fundamentar la adopción de

---

[45] Sobre la desaparición de los supuestos tipificados de *periculum in mora* para el embargo preventivo, véase, por todos, ORTELLS RAMOS, M., *Las medidas cautelares, op. cit.*, pp. 159-160.

[46] Cuando se trate de sociedades mercantiles, autores como MARÍN y MEDRANO afirman que se debe atender a la "ratio de solvencia", o incluso a la "ratio de tesorería", "pues no se trata solo de hacer una previsión de una hipotética satisfacción del crédito por la solvencia de la sociedad, sino de si la misma puede cumplirse tempestivamente: la liquidez es un parámetro relevante en sede de apreciación de la mora procesal". MARÍN CASTÁN, F., MEDRANO SÁNCHEZ, J. I., *Comentarios a la Ley de Enjuiciamiento Civil, op. cit.*, p. 3188 (Versión electrónica).

[47] Auto de la Audiencia Provincial de Barcelona, Sección 1ª, de 9 de marzo de 2021 (Roj: AAP B 1979/2021 - ECLI:ES:APB:2021:1979A), F.J. Tercero, señala expresamente que "Cuando del cumplimiento de obligaciones dinerarias se trata el «periculum in mora» suele venir referido al riesgo de insolvencia del demandado".

la misma- sino que es suficiente con acreditar que los bienes puedan ser objeto de "ocultación, pérdida o distracción"[48], lo que impediría la eficacia de la tutela del derecho.

En segundo lugar, y consecuencia de este razonamiento, la ocultación patrimonial se considera también un peligro que amenazaría la efectividad del derecho solicitado en la demanda principal.

En tercer lugar, debemos atender a los comportamientos elusivos previos de la parte demandada[49], que podrían verse como factor determinante de la dificultad en la ejecución de la eventual sentencia de condena.

En cuarto lugar, otro de los riesgos a evitar con esa medida y que puede concurrir cuando estamos ante el embargo preventivo de un bien es la transmisión o gravamen del mismo[50], de forma que su restitución se torne imposible en el momento de ejecutar la sentencia, más si cabe cuando se entiende que el adquirente es un tercero de buena fe. Ello se desprende, además, de la exigencia de acompañar la declaración del embargo con la anotación preventiva del mismo en el Registro público correspondiente. Cuestión controvertida en la LEC 1881 pero clarificada en la LEC 2000[51].

Asimismo, nuestros tribunales han ido delimitando cuáles serían las circunstancias que dibujarían el panorama para que un juez considerara decretar el embargo preventivo, que quedarían bajo el paraguas de los riesgos *supra* enunciados. En concreto, serían la demora en el cumplimiento de otras obligaciones con el mismo u otro(s) acreedor(es), la conducta del demandado deudor con respecto a su patrimonio, la realización de actos de

---

48 Auto de la Audiencia Provincial de Barcelona, Sección 1ª, núm. 195/2004, de 18 de octubre de 2004, F.D. 1º (Roj: AAP B 4856/2004 - ECLI:ES:APB:2004:4856A).

49 Auto de la Audiencia Provincial de La Rioja, Sección 1ª, núm. 62/2009, de 5 de junio, F.D. 2º (Roj: AAP LO 71/2009 - ECLI:ES:APLO:2009:71A); Auto de la Audiencia Provincial de Guipúzcoa, Sección 3ª, núm. 11/2005, de 18 de enero de 2005, F.D. 3º (Roj: AAP SS 31/2005 - ECLI:ES:APSS:2005:31A) y Auto de la Audiencia Provincial de Córdoba, Sección 3ª, núm. 15/2002, de 12 de abril de 2002, R.J. 3º (Roj: AAP CO 156/2002 - ECLI:ES:APCO:2002:156A).

50 ORTELLS RAMOS coincide en que la transmisión o gravamen de bienes inmuebles es un motivo para decretar el embargo preventivo, pero indica una excepción, cuando esta actuación constituya el objeto social de la empresa mercantil. ORTELLS RAMOS, M., *Embargo Preventivo. Doctrina y jurisprudencia*, Comares, Granada, 1998, p. 222.

51 Sobre esta modificación, véase, MARÍN CASTÁN, F., MEDRANO SÁNCHEZ, J. I., *Comentarios a la Ley de Enjuiciamiento Civil*, *op. cit.*, p. 3189.

despatrimonialización, un cambio en su nivel de actividad[52] o la rescisión y resolución de contratos[53]. Indicios que, en todo caso, serían un indicativo de la disminución del patrimonio de la parte demandada sobre la que se solicita la aplicación de la medida, lo que supondría una inefectividad de la eventual resolución y tutela del derecho pretendido en el proceso principal.

La observancia del comportamiento de los demandados en su condición de tales[54] adquiere una mayor dimensión cuando estamos ante una persona jurídica, donde la actuación de los administradores sociales[55] puede llegar a convertirse en un parámetro adecuado para valorar cuál podría ser su conducta en relación no solo con la propia persona jurídica, sino también con su patrimonio personal. Una relación que viene justificada por la interpretación lógica de que cuando un administrador hace desaparecer los bienes de la empresa o realiza actos cuya consecuencia sería

---

52 El peligro de mora procesal existe cuando la demandada (empresa jurídica) no "tiene más actividad que la de cobrar lo que se le debe, (...) hay salidas injustificadas (...) se han ejercitado otras acciones contra la misma demandada por gestores que han realizado actividades a favor de la misma empresa". Auto de la Audiencia Provincial de Barcelona, Sección 17ª, núm. 314/2020, de 15 de junio de 2020, R.J. 4º (Roj: AAP B 5813/2020 - ECLI:ES:APB:2020:5813A).

53 Auto de la Audiencia Provincial de Valencia, Sección 6ª, núm. 65/2012, de 3 de abril de 2012 (Roj: AAP V 261/2012 - ECLI:ES:APV:2012:261A) y de la Audiencia Provincial de Barcelona, Sección 1ª, núm. 80/2021, de 9 de marzo de 2021 (Roj AAP B 1979/2021 – ECLI:APB:2021:1979A).

54 Auto de la Audiencia Provincial de Madrid, Sección 28ª, núm. 22/2015, de 30 de enero de 2015 (Roj: AAP M 134/2015 - ECLI:ES:APM:2015:134A).
Señala en su R.J. 5º que "constituye un comportamiento negligente de los administradores el limitarse a eliminar a la sociedad de la vida comercial o industrial sin liquidarla en cualquiera de las formas prevenidas legalmente (...). Tal conducta incurre en una vía de hecho, al realizarse al margen de los intereses de los acreedores, que tienen derecho a que sus créditos sean atendidos en la medida de lo posible y en cualquier caso de modo ordenado, lo que sólo se garantiza bien mediante un procedimiento liquidatorio o bien acudiendo al proceso concursal. Basta con demostrar el daño sufrido por la parte acreedora demandante, inherente al hecho de cercenársele la posibilidad de cobrar su crédito, y el cierre de facto del establecimiento en el que radicaba la empresa deudora, para que pueda concluirse, siquiera de forma presuntiva, la existencia de nexo causal entre uno y otro, salvo prueba en contra que deberían aportar los administradores demandados". En este sentido, "las señales de deficiente gestión por parte de los demandados y la realización por parte de los mismos de conductas que conllevan una afectación a la seguridad del tráfico mercantil derivada de su comportamiento no deben ser ignoradas" (R.J. 4º).

55 Auto del Juzgado de lo Mercantil de Barcelona, Sección 7, núm. 83/2022, de 16 de febrero de 2022, R.J. 3º (Roj: AJM B 519/2022 – ECLI:ES:JMB:2022:519A).

la inefectividad de cualquier derecho crediticio, existe un riesgo racional de que también eludiría cualquier reclamación contra su propio patrimonio[56], buscando así perjudicar los derechos de los acreedores.

En suma, comprobamos que son diversos los riesgos y criterios que el juzgador debería tomar en consideración para decretar el embargo preventivo, si bien son fácilmente identificables y, en la mayoría de los casos, entendemos que también resultan bastante objetivables a la hora de poder codificar un algoritmo predictivo.

3.2. Anotación preventiva de demanda

La anotación preventiva de demanda es una medida cautelar que refiere de los bienes o derechos susceptibles de inscripción en registros públicos -*ex* artículo 727.5 de la LEC-. El análisis del contenido de esta medida y de los peligros que subyacen presenta una mayor complejidad, dado que los riesgos y factores a tener en cuenta variarán en función del objeto principal de la demanda, esto es, de la pretensión.

Sin embargo, por regla general, podríamos señalar que el riesgo más importante a evitar en estos casos es el de enajenación o transmisión de los bienes o derechos susceptibles de inscripción[57]. Un peligro que no desaparece aun cuando las copias de las escrituras obren en autos, pues ello no es obstáculo a la venta o transmisión de la cosa ni a la posible anotación preventiva de un embargo, dado que, en cualquiera de estos dos supuestos, disminuirá la efectividad de una eventual sentencia estimatoria[58].

---

56 Entre otros, Auto de la Audiencia Provincial de Madrid, Sección 28ª, de 26 de octubre de 2015, F.J. 4º (Roj: AAP M 957/2015 - ECLI:ES:APM:2015:957A) y Auto del Juzgado de Primera Instancia de Lleida, Sección 6ª, núm. 65/2022, de 23 de febrero de 2022, F.D. 1º (Roj: AJPI 100/2022 – ECLI:ES:JPI:2022:100A).

57 Algunas Audiencias Provinciales se pronuncian al respecto señalando que concurre este presupuesto del *periculum in mora* cuando "existe la posibilidad más que manifiesta de que los demandados que de forma temeraria pudieran enajenar a terceros alguna de las fincas (...) durante la sustanciación del proceso y de esta forma frustrar el fin del mismo". Auto de la Audiencia Provincial de Cádiz, Sección 3ª, núm. 12/2006, de 5 de abril de 2006, F.D. 1º. (Roj: AAP CA 194/2006 – ECLI:ES:APCA:2006:194A).

58 Auto del Tribunal Superior de Justicia de Cataluña, Sala de lo Civil y Penal, Sección 1ª, núm. recurso 64/2009, de 18 de junio de 2009, R.J. 3º (Roj: ATSJ CAT 152/2009 - ECLI:ES:TSJCAT:2009:152A).

En definitiva, se trata, con esta medida, "de dar publicidad a la existencia de este pleito para evitar situaciones jurídicas irreversibles que imposibilitaran la ejecución de la sentencia en el supuesto de estimarse el recurso ante la necesidad de respetar los derechos de los terceros de buena fe. Es decir, estamos ante una garantía para terceros, ajenos al pleito, de ahí la obligatoriedad del mandato legal"[59].

Precisamente, cuando la demanda versa sobre el derecho de un bien inmueble o, siendo mueble, susceptible de ser hipotecado e inscrito en un Registro público (de la Propiedad, por ejemplo), sobre el dominio o sobre la nulidad y cancelación de la inscripción, la anotación preventiva de la demanda cumple la finalidad de "aprovechar la publicidad del Registro de la Propiedad para advertir a los terceros que existe un litigio sobre el bien registrado"[60]. Por ello no se procederá con la "anotación de demanda declarativa de dominio a favor de quien ya aparece en el Registro como titular de la finca litigiosa"[61], por carecer de sentido y congruencia con respecto de la finalidad publicitaria que con ella se pretende conseguir.

---

59 Sentencia del Tribunal Supremo, Sala de lo Contencioso, Sección 5ª, núm. 1403/2018, de 20 de septiembre de 2018, F.D. 4º (Roj: STS 3401/2018 – ECLI: ES:TS:2018:3401). Criterio que sigue el previamente establecido por el Tribunal constitucional en su Auto núm. 466/2006, de 19 de diciembre de 2006, F.J. 4º (ECLI:ES:TC:2006:466A).

60 Auto de la Audiencia Provincial de Barcelona, Sección 13ª, núm. 14/2009, de 22 de enero de 2009, R.J. 3º (Roj: AAP B 959/2009 - ECLI:ES:APB:2009:959A). Respecto de la finalidad de dar publicidad a la pendencia de un proceso y así asegurar la efectiidad de la eventual sentencia, el Tribunal Supremo señala que esta publicación en el Registro correspondiente imposibilita "cuantas enajenaciones otorgue, con posterioridad a su existencia, el deudor obligado por el derecho personal anotado, dejando sujetos, a todos los adquirentes posteriores a su fecha, a la eventualidad de un fallo estimatorio de la pretensión protegida: efectos propios ciertamente de la publicidad registral y de la consiguiente descalificación como terceros hipotecarios de quienes traigan causa del titular de la inscripción, advertidos de la existencia de la demanda por la anotación adosada a la inscripción a modo de limitación soporte de un rango preferente para el efecto real a que conduzca el derecho personal, anotado, respecto a cuantos actos dispositivos daten de fecha posterior, cuyos asientos deberán ser cancelados, según así los previene el artículo 198 del Reglamento Hipotecario". STS, Sala de lo Civil, Sección 1ª, núm. 1347/2007, de 12 de diciembre de 2007, F.D. 3º (Roj: STS 8142/2007 - ECLI:ES:TS:2007:8142).

61 Sentencia del Tribunal Supremo, Sala de lo Civil, Sección 1ª, núm. 821/2021, de 30 de noviembre de 2021, F.D. 1º. (Roj: STS 4358/2021 - ECLI:ES:TS:2021:4358).

En relación con los terceros adquirentes del bien (inmueble), con el fin de evitar que pudieran ser considerados terceros de buena fe y, con ello, asegurarse en la titularidad de los derechos adquiridos sin poder quedar afectados por la decisión judicial, la cautela de la anotación preventiva en el Registro de la Propiedad "determina anticipadamente los límites dentro de los cuales pueden ser desenvueltos con efectos retroactivos los pronunciamientos de un fallo judicial, amparando el derecho que se ejercita a través de la publicidad de una posible causa de rescisión o resolución, y que, cuando menos, aseguran al demandante la efectividad de la sentencia que en su día se dicte, porque lo contrario equivaldría a hacer ilusoria la acción ejercitada o inútil la garantía adoptada. En este sentido, coadyuvan a la efectividad del derecho tutelado jurisdiccionalmente dando publicidad a la pendencia de un proceso del que aseguran su efectividad, y, sin alterar la existencia y virtualidad de los derechos, hacen imposibles cuantas enajenaciones otorgue, con posterioridad a su existencia, el deudor obligado por el derecho personal anotado, dejando sujetos a todos los adquirentes posteriores a su fecha a la eventualidad de un fallo estimatorio de la pretensión protegida"[62].

Busca, en consecuencia, acreditar que con la medida se "viene a contrarrestar no al daño jurídico -tutelado por lo general con el proceso ordinario- sino al peligro de ulterior daño marginal derivado de la lentitud del proceso. Se trata, pues, de que el elemento tiempo, consustancial con todo proceso, no altere el estado de hecho que debe ser mantenido durante la sustanciación del proceso"[63].

Igualmente, "la importancia económica de los intereses en juego"[64] será tenida en cuenta para determinar si esta medida queda justificada. En este sentido, es posible adoptar la tutela cautelar cuando se considera necesario para evitar que un acuerdo social (impugnado) o una sanción[65] desplieguen sus efectos para evitar perjuicios a los socios[66] y a los sancionados, respectivamente. Lo que busca la anotación preventiva de este tipo de demandas es evitar que la ejecución del acuerdo social o el cumplimiento de

---

62 STS, Sala de lo Civil, Sección 1ª, núm. 542/2008, de 12 de junio de 2008, F.D. 2º, apartado 4º. (Roj: STS 3476/2008 - ECLI:ES:TS:2008:3476).

63 Auto de la Audiencia Provincial de Cádiz, Sección 3ª, núm. 12/2006, de 5 de abril de 2006, F.D. 1º (Roj: AAP CA 194/2006 – ECLI:ES:APCA:2006:194A).

64 Auto de la Audiencia Provincial de La Rioja, Sección 1ª, núm. 62/2009, de 5 de junio de 2009, F.D. 2º (Roj: AAP LO 71/2009 - ECLI:ES:APLO:2009:71A).

65 Auto de la Audiencia Provincial de Barcelona, Sección 17ª, núm. 269/2019, de 2 de octubre de 2019, F.D. 2º (Roj: AAP B 7482/2019 - ECLI:ES:APB:2019:7482A).

66 Auto del Juzgado de lo Mercantil de Barcelona, sección 2ª, núm. 425/2021, de 12 de noviembre de 2021, F.J. 7º (Roj: AJM B 3963/2021 – ECLI:ES:JMB:2021:3963A).

la sanción se lleve a efecto y que, con ello, la eventual sentencia estimatoria carezca entonces de eficacia alguna.

En definitiva, como ha determinado acertadamente el Tribunal Supremo, el criterio clave para determinar la esencialidad de esta medida cautelar es la comprobación de una "trascendencia real" sobre el bien -mueble o inmueble- objeto de registro, pues en caso contrario no será posible ni su decreto ni su inscripción por parte del Registrador[67], dado que lo que se pretende es evitar la irreparabilidad de los eventuales perjuicios en caso de no acceder a la adopción de la medida y, con ello, del registro de la demanda.

3.3. Administración judicial de bienes productivos

La administración judicial es una herramienta para el control y garantía de los derechos patrimoniales, siendo la tutela solicitada y que busca protegerse el reconocimiento del derecho al producto, renta o beneficio que el bien puede producir. Al solicitar esta protección, el demandante busca la designación, por parte del Juzgado que está conociendo de dicha solicitud, de una persona administradora dentro del listado de administradores judiciales, con la finalidad de intervenir en la gestión del bien para asegurar la capacidad productiva de la entidad, pero también de ejercer un control sobre ésta. Se trata, pues, de una intromisión de mayor intensidad que la mera intervención, dado que en este caso se produce la sustitución del órgano de administración y, con ello, de sus funciones.

Esta medida encuentra su marco jurídico en los artículos 630 a 633 de la LEC, dirigida contra personas jurídicas[68] que sean objeto del litigio debido a la situación de insostenibilidad de la empresa o cuando se presuma que la sociedad no podrá dar cumplimiento a sus obligaciones, o, en caso de

---

67 "La anotación preventiva en cuestión, según el tenor de la demanda, se incardina dentro de aquéllas en que se ejercitan acciones personales, siempre que tengan alguna trascendencia real sobre el inmueble registrado". Voto particular emitido por el Magistrado ALMAGRO NOSETE, en la STS, Sala de lo Civil, Sección 1ª, núm. 102/2009, de 2 de marzo de 2009 (Roj: STS 1255/2009 - ECLI:ES:TS:2009:1255).

68 Así lo confirma la jurisprudencia, cuando indica que "no es de aplicación cuando se embarga "a" una empresa, sino cuando se embarga una empresa", marcando la diferencia entre esta medida intervencionista y otras como el embargo preventivo. Auto de la Audiencia Provincial de Tarragona, Sección 1ª, núm. recurso 431/2001, de 28 de enero de 2002, F.D. 2º (Roj: AAP T 18/2002 - ECLI:ES:APT:2002:18A).

cumplimiento, lo sea en perjuicio de socios y acreedores[69]. La jurisprudencia, en este caso, es clara en cuanto a los peligros que deben acechar para solicitar y decretar la administración judicial, identificando al *periculum in mora* con el riesgo de desaparición, transmisión, ocultación o abaratamiento por parte de la gerencia o administración de la entidad, así como con "la molestia que al demandante pueda producir la continuación del estado actual hasta que recae la decisión"[70].

No obstante, en casos donde se alega un perjuicio al demandante, los órganos jurisdiccionales acuden a la regla prevista en el artículo 743 de la LEC, que señala que las medidas "podrán ser modificadas alegando y probando hechos y circunstancias que no pudieron tenerse en cuenta al tiempo de su concesión o dentro del plazo para oponerse a ellas" y, en consecuencia, no podrán ser acordadas cuando la finalidad sea alterar situaciones de hecho que hayan sido consentidas por el solicitante ni tampoco la finalidad primigenia de las mismas.

Por otra parte, también se aplicarán estas disposiciones cuando se solicite la administración judicial en el seno de un proceso penal, siempre y cuando tenga por objeto impedir la continuación de la actividad delictiva de la sociedad o asegurar el patrimonio de la empresa para hacer frente a las posibles responsabilidades pecuniarias. Pero también para "salvaguardar los derechos de los trabajadores, y a proteger los derechos de los in-

---

69 Esto es, precisamente, lo que sucede en una disputa entre socios de una misma entidad, señalando la Audiencia Provincial de Barcelona que el periculum in mora es "consustancial a la dilación ordinaria de tiempo hasta que se resuelva la pretensión principal, y permite advertir un riesgo concreto, derivado de la administración de la sociedad en perjuicio de la propia sociedad y en beneficio de otras en las que tiene interés el administrador. La situación de enfrentamiento entre el demandado y el resto de los socios (…) las denuncias sobre retribuciones indebidas y que las cuentas no reflejan la imagen fiel, además de que puedan servir para la acción social de responsabilidad, ponen en evidencia el riesgo de que durante la pendencia del procedimiento, si se mantiene el administrador en su cargo pueda realizar actos que perjudiquen a la sociedad en beneficio propio o de las sociedades a través de las cuales habría incurrido en la prohibición de competencia". Auto de la Audiencia Provincial de Barcelona, Secc. 15ª, núm. 60/2009, de 13 de marzo de 2009, F.D. 3º. (Roj: AAP B 4308/2009 - ECLI:ES:APB:2009:4308A).

70 Auto de la Audiencia Provincial de Illes Balears, Sección 3, núm. 89/2000, de 12 de abril de 2000, R.J. 2º (Roj: AAP IB 140/2000 - ECLI:ES:APIB:2000:140A).

versores que podían resultar afectados por las prácticas, sujetas a investigación, de los actuales gestores y administradores"[71].

Por último, la administración judicial de bienes productivos es una medida de aseguramiento y, por ende, su adopción dependerá de la necesidad de su aplicación en un contexto determinado[72]. Este criterio deviene clave no solo para justificar la confirmación de la medida, sino también, y más importante, su denegación. Así, no se consideraría necesaria esta administración judicial en caso de que la sociedad afectada hubiera sido disuelta con anterioridad, entrando en juego un doble factor. Por un lado, el criterio de proporcionalidad, que "supone que las medidas cautelares deben ser semejantes u homogéneas, en adecuación e intensidad, a las medidas ejecutivas que en su día debieran adoptarse para la efectividad del título ejecutivo, e idóneas para cumplir con tal finalidad, salvaguardando los intereses en juego"[73]. Por otro lado, la previa transmisión de los bienes –del activo y del pasivo- a otra entidad y existen terceros adquirentes de buena fe de bienes que pertenecían a la sociedad demandada y cuyas ventas no pueden ser objeto de revocación.

Teniendo clara la finalidad de la medida, que no es otra que garantizar la viabilidad de la empresa y su solvencia, y cuáles son los riesgos que deben confluir tanto en el orden civil como en el penal para entender útil y necesaria su aplicación, pasamos directamente a pensar cuáles serían los requisitos que deberían cumplirse para la constitución efectiva de la nueva administración. La respuesta la encontramos en la propia LEC, artículo 631, al indicar que la solicitud de esta medida debe ir acompañada de la identificación y explicación de una serie de aspectos, a saber: la clase concreta de bienes productivos afectados por la administración; la determinación del profesional que, llegado el momento, asumiría el cargo de administrador; el número de administradores a nombrar, en su caso; la forma de su actuación y facultades; el régimen de retribución y el momento de rendición de cuentas.

Como vemos, el legislador ha querido otorgarle una mayor concreción a esta medida cautelar que a otras como el embargo preventivo antes analizado, permitiéndonos llegar a la conclusión de que son, precisamente, es-

---

71 Auto de la Audiencia Nacional. Juzgados Centrales de Instrucción, Sección 5ª, núm. recurso 70/2018, de 19 de octubre de 2018, R.J. 3º (Roj: AAN 1771/2018 - ECLI:ES:AN:2018:1771A).

72 Auto de la Audiencia Provincial de Barcelona, Secc. 15ª, núm. 60/2009, de 13 de marzo de 2009, F.D. 3º. (Roj: AAP B 4308/2009 - ECLI:ES:APB:2009:4308A).

73 Auto del Juzgado de lo Mercantil de Barcelona, Secc. 12ª, núm. 112/2021, de 29 de abril de 2021, F.D. 2º. (Roj: AJM B 1278/2021 – ECLI:ES:JMB:2021:1278A).

tos elementos los que deben ser ponderados por el juez para determinar la "eficacia y la proporcionalidad de la medida propuesta"[74]. Así es, el citado precepto legal "contiene la articulación de los elementos que configurarán la administración judicial"[75], lo que permite una objetivación de los riesgos y criterios que deberá analizar el juzgador para decretar la medida.

IV. BENEFICIOS Y DIFICULTADES DE LA IA EN LA TUTELA CAUTELAR

Una realidad irrefutable es la capacidad de los algoritmos para predecir comportamientos jurídicos y, centrándonos en la etapa cautelar de un proceso civil, entendemos que serían de gran utilidad para delimitar la existencia de riesgos que pudieran hacer peligrar la eficacia de una eventual resolución judicial, esto es, para concretar la concurrencia del periculum in mora.

La utilización de sistemas predictivos en el seno de un proceso despierta sentimientos encontrados, en tanto en cuanto podrían convertirse en una pieza clave en la mejora del funcionamiento del propio proceso, tornándolo más eficaz.. Sin embargo, esa mejora se transformaría en un obstáculo si la configuración del algoritmo no es la correcta ni adecuada o si el manejo de los datos es erróneo.

Los sistemas de IA tienen un gran proyección en la etapa cautelar del proceso. En este sentido, podrían servir para objetivar, delimitar e identificar cuáles son los riesgos de las medidas cautelares reales o patrimoniales, especialmente dada la configuración abstracta del sistema cautelar civil. Asimismo, las herramientas de IA podrían también ser útiles en la predicción de tales riesgos, a semejanza de lo que sucede en el orden penal donde, mediante el uso de algoritmos, se puede llegar a determinar el nivel de riesgo y, con ello, la necesidad de adoptar una concreta medida cautelar. Herramientas que vienen a facilitar la labor analítica del juzgador.

La sustitución del juez por un algoritmo no deja de ser, de momento, una hipótesis en nuestro ordenamiento. Ahora bien, la idea del juez IA o juez robot no es la única manifestación de la automatización de las decisiones judiciales, dado que, en la actualidad, ya han sido desarrollados softwares predictivos del riesgo como COMPAS, utilizado en el proceso penal y cuya

---

74 Auto de la Audiencia Provincial de Madrid, Sección 28ª, núm. 120/2017, de 13 de julio de 2017, Motivo Primero: Medida de nombramiento de nuevo administrador, ap. 19 (Roj: AAP M 3744/2017 - ECLI:ES:APM:2017:3744A).

75 *Ibídem*, ap. 20.

trayectoria no ha estado exenta de polémica. Como en toda innovación, emergen una serie de dificultades en cuanto a su configuración y aplicación, que van desde la opacidad del algoritmo hasta la incorporación de sesgos[76].

En efecto, uno de los retos y desafíos del empleo de sistemas predictivos que se sirven de algoritmos es la eliminación de los posibles sesgos. Estas ecuaciones matemáticas analizan un importante número de datos[77], entre los que encontramos información sobre género, edad, nacionalidad e incluso, en ocasiones, creencias religiosas o ideológicas, extraídas de evidencias empíricas existentes, para poder arrojar un resultado -o una predicción- acerca de la probabilidad de que concurra una situación de riesgo, pero al hacerlo pueden servirse de criterios y soluciones pasadas que podían contener sesgos que ahora estas máquinas replicarán, excepto si se aplica un criterio o factor corrector para evitar esa codificación del pasado[78].

En consecuencia, dada la fiabilidad de estos sistemas predictivos dependerá, en gran medida, de la superación de todos estos obstáculos, especialmente para la salvaguarda de las garantías procesales para asegurar el derecho a la tutela judicial efectiva. La Administración de Justicia debe ser, en todo caso, eficiente, confiable y garante, de forma que estos sistemas deberían ser introducidos, aunque más bien deberíamos hablar de aplicación dado que ya han aterrizado en nuestro sistema legal, en el marco de una detallada regulación legal que impida el menoscabo de principios esenciales como la igualdad o la imparcialidad del tercero.

Igualmente, otro punto de inflexión en la incorporación y utilización de algoritmos o sistemas predictivos en la etapa cautelar -aunque extensible a todo el proceso- es la transparencia (o falta de ella) y, correlativamente, la lógica del algoritmo y la capacidad de justificación de la decisión. Por una parte, la

---

76 Ejemplificativo es el caso *State v. Loomis* (2016 WI 68, 371 Wis. 2d 235, 881 N.W.2d 749), donde se cuestionaba la vulneración del derecho a un proceso con todas las garantías a consecuencia de la opacidad del algoritmo.
Sobre este caso, véase, MARTÍNEZ GARAY, L., "Peligrosidad, Algoritmos y Due Process: El caso State vs. Loomis", *Revista De Derecho Penal Y Criminología*, núm. 20, 2020, pp. 485-502.

77 PÉREZ ESTRADA, J., "La inteligencia artificial como prueba científica en el proceso penal español", *Revista Brasileira de Direito Processual Penal*, vol. 7, núm. 2, 2021, p. 1392.

78 Manifiestan la misma preocupación por la mirada de la técnica al pasado, BATELLI, E., "La decisión robótica: algoritmos, interpretación y justicia predictiva", *Revista de Derecho Privado*, núm. 38, 2020, p. 51. y NIEVA FENOLL, J., "Inteligencia Artificial y Proceso Judicial: perspectivas tras un alto tecnológico en el camino", *Revista General de Derecho Procesal*, núm. 57, 2022, p. 16.

transparencia en el tratamiento de datos, en la configuración y en la técnica empleada por el algoritmo debe ser un principio de actuación de la Administración de Justicia, sin olvidarnos de la búsqueda de un equilibrio entre este principio y el derecho de protección de datos.

Por otro lado, pero aunado a lo anterior, la exigencia de motivación no desaparece con la utilización de una IA, por lo que conocer cuál ha sido el razonamiento e interpretación que se ha dado de las circunstancias para determinar la concurrencia de uno o varios riesgos y, con ello, la adopción de una medida cautelar, se convierten en los pilares para garantizar el derecho a un proceso justo y el derecho de defensa. Desconocer cómo y por qué se ha emitido una probabilidad, un resultado, una decisión, que afecta a los derechos de las personas, entrañaría un grave riesgo para la seguridad jurídica y para los principios procesales.

La exigencia de motivación de cualquier decisión deviene fundamental para garantizar el derecho a la tutela judicial efectiva, esto es, no solo para cumplir con el mandato establecido en el artículo 248.2 de la LOPJ[79] -cuando nos referimos a la tutela cautelar, resuelta en forma de auto judicial-, sino también –y más importante- del artículo 24 de la Constitución. Aquí es donde el factor humano no puede -o no debería- ser reemplazado por una máquina quien, de momento, no es capaz de replicar la función argumentativa del órgano juzgador, por lo que hablaríamos de un escenario donde el juzgador y la máquina de IA pudieran convivir para una mejora del sistema de justicia[80].

No obstante, los algoritmos predictivos del riesgo cumplirían un importante papel en el proceso. Estos sistemas basan su resultado en el puntaje o *score* que arroja la predicción a través de patrones de conducta o escenarios previos, ponderando un conjunto predeterminado de variables. Una serie de *inputs*

---

79 Este artículo reza: "Los autos serán siempre fundados y contendrán en párrafos separados y numerados los hechos y los razonamientos jurídicos y, por último, la parte dispositiva. Serán firmados por el Juez, Magistrado o Magistrados que los dicten".

80 Así lo plantea SIMÓN CASTELLANO al afirmar que "apoyar las decisiones judiciales en base a estos resultados puede contribuir a motivar más y mejores decisiones ahora difíciles, ambivalentes, que en ocasiones se adoptan en el vacío o sin suficiente información fruto de la incapacidad de tener en cuenta ciertas variables o datos relacionados". *Justicia cautelar e Inteligencia Artificial,* Bosch, Madrid, 2021, p. 71. En el mismo sentido se pronuncia PÉREZ RAGONE, A., "Justicia civil en la era digital y artificial: ¿Hacia una nueva identidad?, *Revista Chilena de Derecho,* vol. 48, núm. 2, p. 215. y PLANCHADELL GARGALLO, A., "Inteligencia Artificial y medidas cautelares", en BARONA VILAR, S. (ed.), *Justicia algorítmica y neuroderecho, Una mirada multidisciplinar,* Tirant Lo Blanch, Valencia, 2021, p. 410.

que, al menos *a priori*, entendemos que serían más objetivables para la adopción de medidas cautelares patrimoniales que para las personales. A pesar de ello, el profuso desarrollo de algoritmos de predicción de riesgos se ha producido para la determinación de riesgos como el de reincidencia, pero no para otros como el de insolvencia, a pesar de la compleja tarea de crear un marco, en uno y otro caso, compatible con los Derechos Fundamentales.

Apostar por la introducción de sistemas o herramientas de IA en el proceso es una decisión beneficiosa en términos de celeridad, eficiencia y economía procesal, pero también es arriesgada por los retos que plantea su utilización. Queda, efectivamente, un largo camino para delimitar el uso y finalidad de la IA en el proceso de forma que se salvaguarden todos los derechos y garantías constitucionales.

BIBLIOGRAFÍA

ARMENGOT VILAPLANA, A.: "La caución. Presupuesto para la adopción de medidas cautelares", *Práctica de Tribunales: revista de derecho procesal civil y mercantil (ejemplar dedicado a: la caución en la Ley de Enjuiciamiento Civil)*, núm. 30, 2006, pp. 18-38.

ARMENGOT VILAPLANA, A.: "Las medidas cautelares con la Ley 1/ 2000 de Enjuiciamiento Civil", *Práctica de Tribunales: Revista de derecho procesal civil y mercantil*, núm. 10, 2004, pp. 49-56.

BARONA VILAR, S., "Cuarta revolución industrial (4.0) o ciberindustria en el proceso penal: revolución digital, inteligencia artificial y el camino hacia la robotización de la justicia", *Revista Jurídica Digital UANDES*, vol. 3, núm. 1, 2019, pp. 1-17.

BARONA VILAR, S., "Lección 28ª. La tutela cautelar, Elementos personales y medidas cautelaraes", en BARONA VILAR, S. y GÓMEZ COLOMER, J.L. (coords.), *Proceso Civil. Derecho Procesal II*, Tirant lo Blanch, Valencia, 2022, pp. 539-556.

BATELLI, E., "La decisión robótica: algoritmos, interpretación y justicia predictiva", *Revista de Derecho Privado*, núm. 38, 2020, pp.45-86.

BRENNAN, T., DIETERICH, W., "Correctional Offender Management Profiles for Alternative Sanctions (COMPAS)" en SINGH, J. P., KRONER, D. G., WORMITH, J. S., DESMARAIS, S. L., HAMILTON, Z. (eds.), *Handbook of Recidivism Risk/Needs Assessment Tools*, John Wiley & Sons Ltdh, Reino Unido, 2018, pp. 49-75.

DE HOYOS SANCHO, M., "El uso jurisdiccional de los sistemas de inteligencia artificial y la necesidad de su armonización en el contexto de la Unión Europea", *Revista General de Derecho Procesal*, núm. 55, 2021, pp. 1-29.

DENNIS, M. A., "Marvin Minsky", *Encyclopedia Britannica*. Disponible en: https://www.britannica.com/biography/Marvin-Lee-Minsky

MARÍN CASTÁN, F., MEDRANO SÁNCHEZ, J. I., *Comentarios a la Ley de Enjuiciamiento Civil*, Tirant lo Blanch, Valencia, 2015.

MARTÍNEZ GARAY, L., "Peligrosidad, Algoritmos y Due Process: El caso State vs. Loomis", *Revista De Derecho Penal Y Criminología*, núm. 20, 2020, pp. 485-502.

MONTESINOS GARCÍA, A., "Empleo de la inteligencia artificial en algunas fases del proceso judicial civil: prueba, medidas cautelares y sentencia", *Actualidad civil*, núm. 11, 2022, pp. 1-31.

NEIRA PENA, A. M., "Inteligencia artificial y tutela cautelar. Especial referencia a la prisión provisional", *Revista Brasileira de Direito Processual Penal*, Porto Alegre, v. 7, núm. 3, 2021, pp. 1897-1933.

NIEVA FENOLL, J., "Inteligencia Artificial y Proceso Judicial: perspectivas tras un alto tecnológico en el camino", *Revista General de Derecho Procesal*, núm. 57, 2022, pp. 1-21.

NIEVA FENOLL, J., *Inteligencia artificial y proceso judicial*, Marcial Pons, Barcelona, 2018.

OLIVER, N., *Inteligencia Artificial, naturalmente. Un manual de convivencia entre humanos y máquinas para que la tecnología nos beneficie a todos*, ONTSI, disponible en: https://www.unav.edu/documents/26661763/0/InteligenciaArtificialNuriaOliver.pdf/b527ddf6-b04a-025b-2000-8ba3d157d1ae?t=1625572030005.

ORMAZÁBAL SÁNCHEZ, G., "Comentario al art. 728", en CORDÓN MORENO, F. (coord.), *Comentarios a la Ley de Enjuiciamiento Civil*, Vol. II, Aranzadi, Pamplona, 2011.

ORTELLS RAMOS, M., "Capítulo 36", en ORTELLS RAMOS (dir.), *Derecho Procesal Civil*, 20ª ed., Aranzadi, Cizur Menor (Navarra), 2022, pp. 593-606.

ORTELLS RAMOS, M., *Embargo Preventivo. Doctrina y jurisprudencia*, Comares, Granada, 1998.

ORTELLS RAMOS, M., *Las Medidas Cautelares*, La Ley, Madrid, 2022.

OSWALD, M., GRACE, J., URWIN, S., BARNES, G. C., "Algorithmic risk assessment policing models: lessons from the Durham HART model and 'Experimental' proportionality", *Information & Communications Technology Law*, vol. 27, núm. 2, 2018, pp. 223-250.

PÉREZ DAUDÍ, V., "Los criterios de admisión y denegación de las medidas cautelares en las recientes resoluciones de la AP de Barcelona", *Justicia, Revista de derecho procesal*, vol. 1-2, 2009, pp. 207-238.

PÉREZ DAUDÍ, V., "Los criterios jurisprudenciales de adopción de las medidas cautelares", *Justicia, Revista de derecho procesal*, 2007, pp. 79-100.

PÉREZ ESTRADA, J., "La inteligencia artificial como prueba científica en el proceso penal español", *Revista Brasileira de Direito Processual Penal*, vol. 7, núm. 2, 2021, pp. 1385-1410.

PÉREZ RAGONE, A., "Justicia civil en la era digital y artificial: ¿Hacia una nueva identidad?, *Revista Chilena de Derecho*, vol. 48, núm. 2, pp.203-229.

PLANCHADELL GARGALLO, A., "Inteligencia Artificial y medidas cautelares", en BARONA VILAR, S. (ed.), *Justicia algorítmica y neuroderecho, Una mirada multidisciplinar*, Tirant Lo Blanch, Valencia, 2021, pp. 389-419.

RUSSELL, S. J. y NORVIG, P., *Artificial Intelligence: A Modern Approach*, 2ª ed., Pearson Education, Reino Unido 2004.

SIMÓN CASTELLANO, P., "Inteligencia Artificial y Administración de Justicia: ¿Quo vadis, Justitia?", *Revista de Internet, Derecho y Política*, núm. 33, 2021, pp.1-15.

SIMÓN CASTELLANO, P., *Justicia cautelar e Inteligencia Artificial*, Bosch, Madrid, 2021.

JURISPRUDENCIA CITADA

Auto de la Audiencia Nacional. Juzgados Centrales de Instrucción, Sección 5ª, núm. recurso 70/2018, de 19 de octubre de 2018 (Roj: AAN 1771/2018 - ECLI:ES:AN:2018:1771A).

Auto de la Audiencia Provincial de Asturias, Sección 6ª, núm. 54/2007, de 7 de mayo de 2007 (Roj: AAP O 475/2007 - ECLI:ES:APO:2007:475A).

Auto de la Audiencia Provincial de Barcelona, Sección 11ª, núm. 165/2007, de 9 de mayo de 2007 (Roj: AAP B 2224/2007 - ECLI:ES:APB:2007:2224A).

Auto de la Audiencia Provincial de Barcelona, Sección 13ª, núm. 14/2009, de 22 de enero de 2009 (Roj: AAP B 959/2009 - ECLI:ES:APB:2009:959A).

Auto de la Audiencia Provincial de Barcelona, Sección 14ª, núm. 178/2019, de 26 de junio (Roj: AAP B 4027/2019 - ECLI:ES:APB:2019:4027A).

Auto de la Audiencia Provincial de Barcelona, sección 15ª, núm. 130/2018, de 16 de octubre de 2018 (Roj: AAP B 6460/2018 - ECLI:ES:APB:2018:6460A).

Auto de la Audiencia Provincial de Barcelona, Sección 15ª, núm. 60/2009, de 13 de marzo de 2009 (Roj: AAP B 4308/2009 - ECLI:ES:APB:2009:4308A).

Auto de la Audiencia Provincial de Barcelona, Sección 17ª, núm. 269/2019, de 2 de octubre de 2019 (Roj: AAP B 7482/2019 - ECLI:ES:APB:2019:7482A).

Auto de la Audiencia Provincial de Barcelona, Sección 17ª, núm. 314/2020, de 15 de junio de 2020 (Roj: AAP B 5813/2020 - ECLI:ES:APB:2020:5813A).

Auto de la Audiencia Provincial de Barcelona, Sección 1ª, de 9 de marzo de 2021 (Roj: AAP B 1979/2021 - ECLI:ES:APB:2021:1979A).

Auto de la Audiencia Provincial de Barcelona, Sección 1ª, núm. 195/2004, de 18 de octubre de 2004 (Roj: AAP B 4856/2004 - ECLI:ES:APB:2004:4856A).

Auto de la Audiencia Provincial de Barcelona, Sección 1ª, núm. 80/2021, de 9 de marzo de 2021 (Roj AAP B 1979/2021 – ECLI:APB:2021:1979A).

Auto de la Audiencia Provincial de Barcelona, Sección15ª, núm. 60/2009, de 13 de marzo de 2009 (Roj: AAP B 4308/2009 - ECLI:ES:APB:2009:4308A).

Auto de la Audiencia Provincial de Cádiz, Sección 3ª, núm. 12/2006, de 5 de abril de 2006 (Roj: AAP CA 194/2006 – ECLI:ES:APCA:2006:194A).

Auto de la Audiencia Provincial de Cádiz, Sección 3ª, núm. 12/2006, de 5 de abril de 2006 (Roj: AAP CA 194/2006 – ECLI:ES:APCA:2006:194A).

Auto de la Audiencia Provincial de Cádiz, Sección 7ª, núm. 63/2003, de 14 de julio de 2003 (Roj: AAP CA 545/2003 - ECLI:ES:APCA:2003:545A)

Auto de la Audiencia Provincial de Córdoba, Sección 3ª, núm. 15/2002, de 12 de abril de 2002 (Roj: AAP CO 156/2002 - ECLI:ES:APCO:2002:156A).

Auto de la Audiencia Provincial de Granada, Sección 4ª, núm. 140/2012, de 2 de noviembre de 2012 (Roj: AAP GR 610/2012 - ECLI:ES:APGR:2012:610A).

Auto de la Audiencia Provincial de Guipúzcoa, Sección 3ª, núm. 11/2005, de 18 de enero de 2005 (Roj: AAP SS 31/2005 - ECLI:ES:APSS:2005:31A).

Auto de la Audiencia Provincial de Illes Balears, Sección 3, núm. 89/2000, de 12 de abril de 2000 (Roj: AAP IB 140/2000 - ECLI:ES:APIB:2000:140A).

Auto de la Audiencia Provincial de La Rioja, Sección 1ª, núm. 62/2009, de 5 de junio (Roj: AAP LO 71/2009 - ECLI:ES:APLO:2009:71A).

Auto de la Audiencia Provincial de La Rioja, Sección 1ª, núm. 62/2009, de 5 de junio de 2009 (Roj: AAP LO 71/2009 - ECLI:ES:APLO:2009:71A).

Auto de la Audiencia Provincial de Las Palmas, Sección 5ª, núm. 93/2004, de 19 de abril de 2004 (Roj: AAP GC 606/2004 - ECLI:ES:APGC:2004:606A).

Auto de la Audiencia Provincial de Madrid, sección 10ª, núm. 318/2006, de 24 de julio de 2006 (Roj: AAP M 6413/2006 - ECLI:ES:APM:2006:6413A).

Auto de la Audiencia Provincial de Madrid, Sección 14ª, núm. 313/2018, de 27 de diciembre de 2018 (Roj: AAP M 6014/2018 - ECLI:ES:APM:2018:6014A)

Auto de la Audiencia Provincial de Madrid, Sección 19ª, núm. 136/2004, de 27 de abril de 2004 (Roj: AAP M 3429/2004 - ECLI:ES:APM:2004:3429A).

Auto de la Audiencia Provincial de Madrid, Sección 19ª, núm. 136/2004, de 27 de abril de 2004 (Roj: AAP M 3429/2004 - ECLI:ES:APM:2004:3429A)

Auto de la Audiencia Provincial de Madrid, Sección 28ª, de 26 de octubre de 2015 (Roj: AAP M 957/2015 - ECLI:ES:APM:2015:957A).

Auto de la Audiencia Provincial de Madrid, Sección 28ª, núm. 120/2017, de 13 de julio de 2017 (Roj: AAP M 3744/2017 - ECLI:ES:APM:2017:3744A).

Auto de la Audiencia Provincial de Madrid, Sección 28ª, núm. 210/2015, de 23 de octubre de 2015 (Roj: AAP M 955/2015 - ECLI:ES:APM:2015:955A)

Auto de la Audiencia Provincial de Madrid, Sección 28ª, núm. 214/2015, de 26 de octubre de 2015 (Roj: AAP M 957/2015 - ECLI:ES:APM:2015:957A).

Auto de la Audiencia Provincial de Madrid, Sección 28ª, núm. 214/2015, de 26 de octubre de 2015 (Roj: AAP M 957/2015 - ECLI:ES:APM:2015:957A).

Auto de la Audiencia Provincial de Madrid, Sección 28ª, núm. 22/2015, de 30 de enero de 2015 (Roj: AAP M 134/2015 - ECLI:ES:APM:2015:134A).

Auto de la Audiencia Provincial de Tarragona, Sección 1ª, núm. 56/2007, de 7 de junio de 2007 (Roj: AAP T 784/2007 - ECLI:ES:APT:2007:784A).

Auto de la Audiencia Provincial de Tarragona, Sección 1ª, núm. recurso 431/2001, de 28 de enero de 2002 (Roj: AAP T 18/2002 - ECLI:ES:APT:2002:18A).

Auto de la Audiencia Provincial de Tarragona, Sección 3ª, núm. 21/2011, de 11 de febrero de 2011 (Roj: AAP T 301/2011 - ECLI:ES:APT:2011:301A).

Auto de la Audiencia Provincial de Tarragona, Sección 3ª, núm. recurso 130/2004, de 27 de abril de 2005 (Roj: AAP T 312/2005 - ECLI:ES:APT:2005:312A).

Auto de la Audiencia Provincial de Valencia, Sección 6ª, núm. 28/2002, de 11 de febrero de 2002 (Roj: AAP V 108/2002 - ECLI:ES:APV:2002:108A)

Auto de la Audiencia Provincial de Valencia, Sección 6ª, núm. 65/2012, de 3 de abril de 2012 (Roj: AAP V 261/2012 - ECLI:ES:APV:2012:261A)

Auto de la Audiencia Provincial de Valencia, Sección 9ª, núm. 154/2022, de 4 de octubre de 2022 (Roj: AAP V 1630/2022 - ECLI:ES:APV:2022:1630A).

Auto de la Audiencia Provincial de Valencia, Sección 9ª, núm. 305/2017, de 9 de marzo de 2017 (Roj: AAP V 848/2017 - ECLI:ES:APV:2017:848A).

Auto de la Audiencia Provincial de Valladolid, Sección 3ª, núm. 90/2002, de 28 de junio de 2002 (Roj: AAP VA 13/2002 - ECLI:ES:APVA:2002:13A).

Auto del Juzgado de lo Mercantil de Barcelona, Sección 12ª, núm. 112/2021, de 29 de abril de 2021 (Roj: AJM B 1278/2021 – ECLI:ES:JMB:2021:1278A).

Auto del Juzgado de lo Mercantil de Barcelona, Sección 2ª, núm. 425/2021, de 12 de noviembre de 2021 (Roj: AJM B 3963/2021 – ECLI:ES:JMB:2021:3963A).

Auto del Juzgado de lo Mercantil de Barcelona, Sección 5ª, de 12 de noviembre de 2020 (Rec. 59/2020) (Roj: AJM B 337/2020 - ECLI:ES:JMB:2020:337A).

Auto del Juzgado de lo Mercantil de Barcelona, Sección 5ª, núm. 6/2021, de 30 de diciembre de 2020 (Roj: AJM B 310/2020 – ECLI:ES:JMB:2020:310A).

Auto del Juzgado de lo Mercantil de Barcelona, Sección 7, núm. 83/2022, de 16 de febrero de 2022 (Roj: AJM B 519/2022 – ECLI:ES:JMB:2022:519A).

Auto del Juzgado de lo Mercantil de Barcelona, Sección 8ª, de 14 de octubre de 2021 (Roj: AJM B 3472/2021 - ECLI:ES:JMB:2021:3472ª).

Auto del Juzgado de lo Mercantil de Barcelona, Sección 8ª, núm. 419/2021, de 14 de octubre de 2021 (Roj: AJM B 3472/2021 - ECLI:ES:JMB:2021:3472A).

Auto del Juzgado de lo Mercantil de Madrid, Sección 6ª, núm. 241/2012, de 30 de marzo de 2012 (Roj: AJM M 25/2012 - ECLI:ES:JMM:2012:25A).

Auto del Juzgado de Primera Instancia de Lleida, Sección 6ª, núm. 65/2022, de 23 de febrero de 2022 (Roj: AJPI 100/2022 – ECLI:ES:JPI:2022:100A).

Auto del Tribunal Constitucional núm. 466/2006, de 19 de diciembre de 2006 (ECLI:ES:TC:2006:466A).

Auto del Tribunal Superior de Justicia de Cataluña, Sala de lo Civil y Penal, Sección 1ª, núm. recurso 64/2009, de 18 de junio de 2009 (Roj: ATSJ CAT 152/2009 - ECLI:ES:TSJCAT:2009:152A).

Auto del Tribunal Supremo, Sala de lo Civil, de 3 de mayo de 2002 (RJ 2002\7788).

Auto del Tribunal Supremo, Sala de lo Civil, Sección 1ª, de 26 de mayo de 2020 (Roj: ATS 2971/2020 – ECLI:ES:TS:2020:2971A).

Auto del Tribunal Supremo, Sala de lo Social, de 23 de enero de 2019 (rec. 2217/2018) (Roj: ATS 1376/2019 - ECLI:ES:TS:2019:1376A)

Auto del Tribunal Supremo, Sala de lo Social, de 26 de abril de 2018 (rec. 3760/2017) (Roj: ATS 5121/2018 - ECLI:ES:TS:2018:5121A).

Sentencia del Tribunal Supremo, Sala de lo Civil, Sección 1ª, núm. 1347/2007, de 12 de diciembre de 2007 (Roj: STS 8142/2007 - ECLI:ES:TS:2007:8142).

Sentencia del Tribunal Supremo, Sala de lo Civil, Sección 1ª, núm. 821/2021, de 30 de noviembre de 2021 (Roj: STS 4358/2021 - ECLI:ES:TS:2021:4358).

Sentencia del Tribunal Supremo, Sala de lo Civil, Sección 1ª, núm. 542/2008, de 12 de junio de 2008 (Roj: STS 3476/2008 - ECLI:ES:TS:2008:3476).

Sentencia del Tribunal Supremo, Sala de lo Civil, Sección 1ª, núm. 102/2009, de 2 de marzo de 2009 (Roj: STS 1255/2009 - ECLI:ES:TS:2009:1255).

Sentencia del Tribunal Supremo, Sala de lo Contencioso, Sección 5ª, núm. 1403/2018, de 20 de septiembre de 2018 (Roj: STS 3401/2018 – ECLI: ES:TS:2018:3401).

La aplicación de la Inteligencia Artificial en la fase probatoria del proceso judicial civil

Désiré Sansaloni Blanco

I. INTRODUCCIÓN A LA INTELIGENCIA ARTIFICIAL

Desde hace décadas, el ser humano está siendo testigo de una nueva etapa tecnológica- económica acuñada por el nombre de Cuarta Revolución Industrial o Industria 4.0. Esta etapa, iniciada a finales del siglo XIX, es consecuencia directa del desarrollo tecnológico que se ha estado experimentando con el objetivo de mejorar la productividad, la eficiencia y la calidad de los sistemas económicos, laborales y sociales. No obstante, no podemos hablar de una realidad ya consolidada sino más bien de un nuevo acontecimiento cultural que puede conllevar importantes cambios en la sociedad.

En este contexto, debemos destacar la aparición de nuevas tecnologías como la robótica, la analítica, la nanotecnología, la impresión 3D y 4D... pero en el que sin duda, la Inteligencia Artificial (en adelante, IA) se alza como una de las tecnológicas claves, lo que ha supuesto que la IA pase a estar presente prácticamente en todos los ámbitos de la vida. Así, el campo del Derecho no ha constituido una excepción, pues a pesar de no ser un sistema puntero en cuanto a tecnología se refiere, tras la consolidación de las nuevas tecnologías, son varias las formas en las que la IA puede actuar como herramienta de auxilio tanto en la organización judicial como en el mismo procedimiento[1]. Con ello, se busca un cambio en el *modus operandi* de la Administración de Justicia que se centre en una mayor agilidad y digitalización del sistema, que sirva de sustitución al sistema actual, más lento y escrito[2].

---

1 HERNÁNDEZ GIMÉNEZ, M., "Inteligencia artificial y derecho penal". *Actualidad Jurídica Iberoamericana*, 2019, p. 794.

2 LLÓRENTE SÁNCHEZ-ARJONA, M., "*Prueba e Inteligencia Artificial ¿buen maridaje?" en Justicia poliédrica en periodo de mudanza (nuevos conceptos, nuevos sujetos, nuevos instrumentos y nueva intensidad)* (BARONA VILAR. S. ed), Tirant Lo Blanch, Valencia, 2022, p. 483.

En este complejo escenario al que nos adentramos, el papel que puede pasar a desempeñar la IA en el marco de un proceso civil y, en especial, en la fase probatoria, es fundamental. Así, debemos realizar un análisis del concepto y funcionamiento de la prueba científica para, después, poder estudiar la posibilidad de incorporar en el proceso sistemas o herramientas inteligentes como medios de prueba.

II. INTELIGENCIA ARTIFICIAL COMO PRUEBA CIENTÍFICA

El progreso tecnológico ha fomentado la aparición de un nuevo concepto vinculado a la fase probatoria, la prueba científica, que supone no solo la demostración de unos determinados hechos, sino también la constitución efectiva de un nuevo *modus operandi*. Esto nos hace plantearnos como puede la IA suponer un avance de las técnicas probatorias utilizadas en un procedimiento judicial. Pero, para empezar este análisis, conviene conocer que se entiende realmente por prueba científica, no obstante, aunque este concepto sea cada vez más habitual en el marco jurídico, ni el legislador ni la jurisprudencia ni la doctrina han ofrecido una definición exacta de la que podamos partir. A pesar de ello, es de común entendimiento que la prueba científica es aquella que tiende a la averiguación o demostración de hechos mediante actuaciones profesionales y técnicas muy avanzadas en materia tecnológica, que no forman parte del saber judicial y que requieren de personal altamente cualificado[3].

Respecto a las ciencias en las que se puede basar la prueba científica, también hay diferencia de opiniones en el ámbito doctrinal, pero todos coinciden en que hay determinados hechos delictivos que necesitan de tecnologías de nueva generación para ser probados, o incluso, meramente descubiertos.

En alusión a la naturaleza de la prueba científica, son varias las teorías que podemos encontrar acerca de su naturaleza real. Por un lado, se habla de la posible consideración de la prueba científica como uno de los dos medios de prueba tradicionales, estos son, la prueba documental o la prueba pericial, mientras que, por otro lado, hay determinados autores[4] que pueden llegar a considerar que, al atribuir a la prueba el caracter de

---

[3] PÉREZ ESTRADA, M. J., "La inteligencia artificial como prueba científica en el proceso penal español", *Rev. Bras. de Direito Processual Penal,* 2021, p. 1385.

[4] SÁNCHEZ RUBIO , A., *La prueba científica en la justicia penal,* Tirant lo Blanch, Valencia, 2019.

"científica", estamos ante una nueva categoría probatoria que no puede incardinarse en alguna de las categorías ya existentes, siendo completamente independiente a estas al utilizar una metodología distinta. Por contra, no se descarta la posibilidad de que se creen nuevos conceptos para hacer referencia a la utilización de la IA en la fase probatoria, como puede ser el de prueba algorítmica.

Aclarado el concepto y la naturaleza de la prueba científica, debemos cuestionarnos si los mecanismos algorítmicos pueden considerarse, en consecuencia, prueba científica o si debemos otorgarle un tratamiento diferenciado. No obstante, esta cuestión es difícil de solventar dado que nunca se ha desarrollado en España un procedimiento estandarizado o la estipulación de unos requisitos mínimos que den la posibilidad de conocer si una determinada prueba es o no científica[5], como puede ser el Test de *Daubert,* establecido por la Corte Suprema de Estados Unidos en el caso *Daubert v. Merrell Dow Pharm,* que sigue 5 criterios de valoración para determinar la cientificidad de una prueba pericial[6].

Aún teniendo en cuenta esto, es seguro que en un futuro próximo, la fase probatoria del proceso va a constituir uno de los ámbitos en los que la IA va a tener mayor repercusión, hasta el punto de poder dejar obsoletos los sistemas computacionales que vienen siendo de aplicación hasta la fecha, centrados principalmente en búsqueda de jurisprudencia, análisis jurisprudenciales... de esta manera, los sistemas algorítmicos podrán abarcar estadios muy diversos, desde los más sencillos, como la admisión o denegación de una prueba, hasta los más laboriosos, como la valoración probatoria[7].

Además, puede llevarse a cabo una algoritmización de los medios de prueba, que posibilita el descubrimiento o indagación de los hechos. Esto

---

5 MIGUEL BERIAIN, I., PEREZ ESTRADA, M. J. "La inteligencia artificial en el proceso penal español: un análisis de su admisibilidad sobre la base de los derechos fundamentales implicados", *Revista de Derecho UNED,* 2019, p. 541.

6 SARTORE, J., VAN DOREN, R. "El veredicto Daubert obliga a los jueces a valorar las pruebas científicas", Pediatrics, 2016, p. 748.
Asimismo, el Supreme Court Advisory Committe (SCAC) indicó la clara utilidad de estos factores a la hora de evaluar si se debe admitir el uso de sistemas inteligentes en un proceso judicial concreto. Aunque, para ello, consideran que es necesario autenticar previamente si los resultados que el sistema produce son precisos y válidos. GRIMM, W.P. GROSSMAN, R., CORMACK, G.V., *Northwestern Journal of Technology and Intellectual Property,* 2021, p. 92.

7 LLÓRENTE SÁNCHEZ-ARJONA, M., "*Prueba e Inteligencia Artificial ¿buen maridaje?*", cit., p. 488

significa que los sistemas de IA pueden, en un primer momento, tener la consideración de fuente de prueba en el marco de un proceso, para que luego, sean incorporados como medios de prueba. Se pueden poner una gran variedad de ejemplos de como un sistema inteligente puede recoger y almacenar una cantidad ingente de información sobre una determinada persona (o conjunto de personas), como los relojes inteligentes, los *smartphones* o el correo electrónico[8], pudiendo convertirse en un medio de prueba en el proceso de gran importancia, al proveer información de todo tipo.

Por tanto, es de suma importancia la aceptación de estos mecanismos como medios de prueba y conocer el tratamiento jurídico que se les debe otorgar, así como la presencia de un marco jurídico que regule el uso de dichos datos, en vistas a proteger los derechos y garantías procesales de los usuarios[9]. A su vez, es necesario la verificación de los sistemas algorítmicos o al menos, realizar y cumplir con unos requisitos mínimos para poder ser admisible como prueba. Es por ello, que se considera lógico que, al final, quien deba decidir sobre dicha admisibilidad sea el juez.

Volviendo a la posible cientificidad de los sistemas de IA, es necesario tener en cuenta que cada uno de ellos es un mundo en si mismo. Esto se debe a que, ante un determinado problema, pueden haber miles de algoritmos que funcionen para hallar una determinada solución, sin funcionar como un solo mecanismo. Es por eso, que no se debería hablar de la aceptación o no de la IA como prueba científica, sino más bien de la aceptación de cada algoritmo en particular, debiendo probar en cada proceso su fiabilidad como prueba científica[10].

A pesar de esto, el debate doctrinal actual no es sobre la fiabilidad de cada algoritmo como prueba sino el del sistema de IA en su conjunto, del que

---

8 En la actualidad, los datos copiados procedentes de estos dispositivos electrónicos suelen verificarse mediante un *hash value,* un número producido por un algoritmo basado en los contenidos digitales de una unidad, medio o archivo, y que a menudo se representa como una secuencia de caracteres. Si dicho valor en el original y la copia es el mismo, atestigua el hecho de que son duplicados exactos. HON GRIMM. P.W., "New evidence rules and artificial intelligence", *Litigation,* 2018, p.9.

9 LLÓRENTE SÁNCHEZ-ARJONA, M., "Prueba e Inteligencia Artificial ¿buen maridaje?", cit., p. 489.

10 MIGUEL BERIAIN, I., PEREZ ESTRADA, M. J., "La inteligencia artificial en el proceso penal español: un análisis de su admisibilidad sobre la base de los derechos fundamentales implicados", cit., p. 544.

seguimos sin conocer una respuesta todavía[11]. Para ello, se considera necesario responder primero a cómo se puede garantizar que los algoritmos funcionen de forma adecuada, exacta y sin presencia de sesgos discriminatorios.

III. INTELIGENCIA ARTIFICIAL Y VALORACIÓN DE LA PRUEBA

La valoración de la prueba es la actividad jurisdiccional que, aún sin ser la actividad esencial del proceso, posee suma importancia, al ser aquella en la que el juez determina que hechos deben considerarse probados y cuales no, mediante la aplicación de la normativa legal de valoración (valoración legal) o bien, de las reglas de la sana crítica o máximas de la experiencia (valoración libre)[12]. Partiendo de esta definición y de la importancia creciente de la IA, es inevitable plantearnos si existe la posibilidad de que un sistema de IA valore prueba y dicte resoluciones de fondo.

Se ha de tener en cuenta que, tanto la doctrina como la jurisprudencia, conciben la valoración del juez como una actuación de carácter objetivo en la que se deja, por ende, un margen de actuación a los sistemas inteligentes. Por un lado, en el anterior sistema de valoración legal —que pervivió hasta el siglo XIX— es obvio que la presencia de herramientas de este tipo hubiera sido ciertamente adecuada dado el automatismo con el que se trabajaba. Y, por otro lado, en el actual sistema de valoración libre, aunque sea más difícil la incardinación de la IA dentro de este, todavía sigue siendo posible gracias a la presencia de determinados datos objetivables[13], que los vamos a analizar distinguiendo entre los distintos medios de prueba previstos en el art. 299 de la Ley de Enjuiciamiento Civil.

1. Prueba de declaración de personas

Con «prueba de declaración de personas» hacemos referencia a la declaración de parte y a la prueba testifical, que por motivos históricos se han disociado pero que en realidad constituyen un mismo medio de

---

11 MIGUEL BERIAIN, I., PEREZ ESTRADA, M. J., "La inteligencia artificial en el proceso penal español: un análisis de su admisibilidad sobre la base de los derechos fundamentales implicados", cit., p. 544.

12 LLUCH, X.A Derecho probatorio. J.M., Bosch Editor, Barcelona, 2021, p. 461.

13 LLÓRENTE SÁNCHEZ-ARJONA, M., "Prueba e Inteligencia Artificial ¿buen maridaje?", cit., p. 496.

prueba. En consecuencia, ambos se ven centrados en la disposición del declarante o declarantes en un estado adecuado en el que se consiga información de relevancia para el proceso.

Bien es sabido que la memoria del ser humano no es perfecta, y es el primer aspecto que el algoritmo tiene en cuenta para poder valorar de manera objetiva una declaración que, por determinado factores externos, puede verse comprometida[14]. Así pues, debemos comenzar analizando estos factores que afectan al testimonio y a su fiabilidad.

A. Valoración de los factores situacionales

Teniendo en cuenta que el testimonio es aquella declaración que emite una persona para 'asegurar o demostrar la veracidad de un hecho por haber sido testigo en él»[15], la cuestión principal que nos concierne es evaluar la credibilidad de las declaraciones que se prestan en el ámbito judicial y como puede la IA ayudar en ello. Esta valoración es tarea de la psicología del testimonio[16], en la que se han realizado incontables estudios e investigaciones en los campos de la psicología experimental y social para poder determinar dicha credibilidad[17]. Es por ello que, sin entrar de forma exhaustiva en todos los factores que pueden influir en la capacidad memorística de una persona —ya que de eso se encarga la psicología del testimonio—, si que deberemos ver algunos de ellos de carácter objetivable, pues son los que dejan un margen de actuación a la IA.

Así, los psicólogos del testimonio destacan como una declaración es menos fiable si se contemplaron los hechos desde una distancia lejana, con iluminación escasa o durante un periodo de tiempo muy breve. También se habla de como el estrés o la ansiedad del declarante durante el recuerdo que pretende testificar puede alterar dicho recuerdo o bien, si estaba bajo los efectos de alguna droga o medicamento que lleguen a alterar la capacidad de la persona[18].

---

14 NIEVA FENOLL, N., "Inteligencia artificial y valoración de la prueba", *cit.*, p. 81.

15 Testimonio. En lenguajes.oup.com. Acceso el 19 de abril de 2022 de https://languages.oup.com/google-dictionary-es/

16 *vid* STERN, W., "The psycology of testimony", The journal of Abnormal and Social Psychology, 1939.

17 LLÓRENTE SÁNCHEZ-ARJONA, M., "Prueba e Inteligencia Artificial ¿buen maridaje?", cit., p. 497.

18 NIEVA FENOLL, N., "Inteligencia artificial y valoración de la prueba", *cit.*, p. 81.

No obstante, no se puede negar ni afirmar que una persona bajo estos factores situacionales sea totalmente incapaz de recordar lo que presenció, sino que lo que nos indica la psicología del testimonio es como se podría tener un mejor o mayor recuerdo de lo visto si no se hubiera visto inmerso en estos casos. Esto explica el por qué no podemos tener en cuenta aisladamente estas circunstancias para medir la credibilidad del declarante. Así, si un juez descartara un testimonio otorgándole valor objetivo a estos factores estaría cometiendo un claro error y además, sería una situación injusta si una persona fuera automáticamente rechazada por ello[19].

Asimismo, si estas circunstancias fueran tenidas en cuenta *a priori*, las dilaciones que se dan en el proceso harían que innumerables testimonios no fueran llevados a cabo, ya que, con el tiempo que se da entre la presencia del hecho y la celebración del interrogatorio, se sobreentiende que el declarante no está contando lo que recuerda sino lo que días antes habrá preparado para su declaración. Por ello, la creación de un sistema de IA que tenga en cuenta todos estos datos y sea capaz de combinarlos de forma adecuada para poder sustituir la valoración del juez en fase probatoria, no resulta sencillo.

El principal problema reside en que, a pesar de que los factores circunstanciales son objetivables, no cuentan con una precisión matemática absoluta. Esto hace difícil la sustitución de la experiencia de los jueces por sistemas inteligentes pero si que pueden constituir una ayuda eficaz a la hora de apreciar hechos que afecten a la memoria del testigo. Igualmente, el algoritmo se configura recopilando información de procesos pasados, por lo que se corre el riesgo de que el algoritmo esté mal configurado y se convierta el error en algo estable, ya que si se tienen en cuenta los nuevos procedimientos con parámetros erróneos, se seguirán recopilando datos de forma errónea, sucesivamente[20].

B. Parámetros de valoración

De forma similar a los factores circunstanciales sucede con los parámetros de valoración de un testimonio judicial. Dejando de lado el estudio gestual, que de nada sirve para determinar la veracidad de una persona, la psicológica del testimonio ha realizado unas pautas para determinar dicha credibilidad basadas, no en el declarante, sino en el contenido de la propia declaración[21].

---

19 NIEVA FENOLL, N., "Inteligencia artificial y valoración de la prueba", *cit.*, p. 82.

20 LLÓRENTE SÁNCHEZ-ARJONA, M., "Prueba e Inteligencia Artificial ¿buen maridaje?", *cit.*, p. 498.

21 NIEVA FENOLL, N., "Inteligencia artificial y valoración de la prueba", *cit.*, p. 84

NIEVA FENOLL destaca cuatro parámetros que pueden tenerse en cuenta y que pueden ser introducidos en un algoritmo, con mayor o menor facilidad dependiendo del caso[22]. En primer lugar, se habla de la coherencia de la declaración, es decir, del hecho de que no se encuentren contradicciones en ella. Es un factor complicado en los sistemas inteligentes, pues un algoritmo puede recoger esa incoherencia pero no analizarla, lo que supone un problema pues hay informaciones que, por su manera de formularse, pueden parecer incoherentes, pero que realmente no lo son, lo que daría lugar a incontables errores. Asimismo, que efectivamente haya incoherencias en una declaración tampoco supone su falsedad inmediata puesto que la memoria humana puede fallar, lo que dificulta la actuación de la IA.

En segundo lugar, se habla de que el declarante sea capaz de describir el lugar donde ocurrieron los hechos, al menos a grandes rasgos. Este factor suele ser comprobado mediante el contraste de la declaración con otros medios de prueba, y es por ello por lo que un algoritmo podrá realizar el análisis de la veracidad del testimonio de manera muy objetiva, e incluso, bastante mejor que nosotros. El algoritmo recopilará datos de otros medios de prueba y los comparará con lo expuesto por el declarante.

En tercer lugar, otro parámetro de valoración es que existan otros medios de prueba que avalen la declaración, y, como acabo de explicar, no hay ningún problema para que la IA realice esta tarea. Por último, se atiende a comentarios realizados por el interrogado interesados en reforzar su declaración sin que previamente alguien le hubiese preguntado, que dependerán del tono con el que se hagan y de la conexión que tenga con lo que se le estuviera preguntando. Comúnmente, estos comentarios no pueden ser introducidos en un algoritmo puesto que no se pueden formular estadísticas sobre ellos y, como ya sabemos, el algoritmo funciona de manera estadística o, al menos, comparativa con los datos que ha ido acumulando.

Así, un algoritmo puede incorporar todos estos factores aunque no de manera sencilla, pues será complicado detectar por si mismo que una declaración es falsa y requerirá normalmente de una valoración humana previa. No obstante, aunque se construyan sistemas de IA que puedan valorar estos parámetros, la opinión de expertos indica que no sustituirán plenamente la actividad valorativa del juez, sino que se constituirán más bien con una función asistencial[23].

---

22 Ídem.

23 LLÓRENTE SÁNCHEZ-ARJONA, M., "Prueba e Inteligencia Artificial ¿buen maridaje?", *cit.*, p. 498

C. Formulación de preguntas

Dentro de la prueba de declaración de testigos, un ámbito en el que la IA puede ser muy útil es en el de la admisión de las preguntas realizadas en un interrogatorio. Por un lado, la IA podría detectar fácilmente a las antiguas categorías de preguntas capciosas, sugestivas o impertinentes, en vis de rechazarlas y optar en consecuencia por preguntas neutrales. Pero, por otro lado, lo que nos interesa son aquellas preguntas que, por introducir determinada información en su formulación, inducen al interrogado a contestar en un determinado sentido de manera inconsciente[24].

En este sentido, los sistemas de IA pueden introducir algoritmos que detecten este tipo de preguntas y las denieguen, admitiendo únicamente aquellas con una neutralidad suficiente para no persuadir al declarante. Es una tarea que puede realizar el ser humano generalmente de forma eficaz pero en la que hay determinadas sutilezas que pueden pasar desapercibidas por nosotros, pero no por el algoritmo[25].

2. Prueba documental

Debemos empezar hablando de la importancia del sistema de valoración legal en el proceso civil. Así, en él, los documentos públicos «harán prueba plena del hecho, acto o estado de cosas que documenten de la fecha en que se produce esa documentación y de la identidad de los fedatarios y demás personas que intervengan en ella», siguiendo el artículo 319.1 de la LEC. E igualmente, los documentos privados también harán prueba plena si no son impugnados por la contraparte, siendo valorados únicamente bajo las reglas de la sana critica en caso contrario (art. 326 LEC). Esto significa que el juez deberá simplemente comprobar que los hechos documentados son ciertos con base a las condiciones exigidas legalmente, lo que permite el empleo de

---

24 NIEVA FENOLL, N.,“Inteligencia artificial y valoración de la prueba”, *cit.*, p. 88.

25 En la actualidad, los jueces, a la hora de emitir un juicio, siguen siendo altamente superiores a una herramienta de inteligencia artificial. No obstante, hay evidencias suficientes para demostrar que las máquinas inteligentes pueden compensar esta deficiencia al encontrarse con asuntos que involucran variables o relaciones ocultas que las personas a menudo pasamos por alto. YU, P.K. “*Artificial Intelligence, the law-machine interface, and fair use automation*”, Alabama Law Review, 2020, p. 212.

IA. Por el contrario, su uso no será fácil en el caso de valoración libre de la prueba, esto será, cuando un documento sea impugnado[26].

La IA es una eficiente herramienta de análisis de documentos. Sin embargo, lo que interesa en la prueba documental es no solo detectar los errores e incoherencias en el documento, sino también el ser capaz de interpretarlo. Por lo que no es suficiente la mera lectura del documento sino que el sistema inteligente deberá detectar los errores que el ser humano no ha sido capaz de localizar[27]. Así pues, los parámetros que se deben tener en cuenta a la hora de valorar la prueba documental son, a parte del sentido gramatical, el contexto y el lenguaje utilizado. En lo referente al contexto, que permite situar al documento en un ámbito concreto como el laboral, negocial... usualmente será determinado por otros medios de prueba dejando a la IA un margen de actuación muy limitado. Y respecto al lenguaje, una maquina de IA puede realizar un análisis exhaustivo del mismo y determinar si realmente el documento posee un lenguaje apto o propio del ámbito contextual en el que se enmarca. Generalmente, este análisis lo realizará comparando el vocabulario y expresiones contenidas en el documento con el vocabulario y expresiones propias del contexto al que nos referimos, que habrá estudiado y almacenado de forma previa. De esta manera, podrá descubrir la falsedad del documento, una estafa, vicios del consentimiento...[28]

Asimismo, la IA, para demostrar la veracidad de un documento podrá realizar comparaciones entre la prueba documental y documentos previamente realizados por su presunto autor, analizando aspectos como la letra, expresiones propias, determinadas formas de redacción... y estudiar las posibles coincidencias. O también, en documentos de autor desconocido se podrá averiguar su autor si se somete a comparación con otros documentos de diversos autores sospechosos a fin de encontrar similitudes entre ellos que puedan probar la autoría.

Hasta aquí llega la capacidad valorativa de la IA en un documento, puesto que, para comprender un texto y conocer la intención del autor, es necesaria la intervención de un ser humano. Esto es así porque, hasta el momento, el funcionamiento de la IA es de carácter sistemático mientras que el del ser humano —en este caso, la persona que redacta el docu-

---

26 BONET NAVARRO, L., "Valoración de la prueba y resolución mediante Inteligencia Artificial" en *Derecho procesal: retos y transformaciones* (BUJOSA VADELL, L. M., dir), Atelier, Barcelona, 2021, p. 327.

27 NIEVA FENOLL, N., "Inteligencia artificial y valoración de la prueba", *cit.*, p. 90.

28 NIEVA FENOLL, N., "Inteligencia artificial y valoración de la prueba", *cit.*, p. 91.

mento— no funciona así, sus intenciones no se pueden sistematizar[29]. En definitiva, la inteligencia podrá ayudar en la valoración probatoria documental, pero siempre necesitará de la intervención humana para que su valoración sea completa.

3. Prueba pericial

Como regla general, también la prueba pericial es sometida al sistema de valoración libre. Esta valoración libre ha sido siempre objeto de debate pues supone que el juez estudie y critique las conclusiones de un experto sobre una determinada ciencia, aún sin tener conocimiento de dicha ciencia. Pero se ha dejado claro que, no por ello, es exigible que el juez comprenda las bases científicas que posee el perito, sino que bastará con que este los tenga y se los traslade al juez de manera comprensible[30].

Al ocurrir de esta manera, el problema no es especialmente complicado, siendo solucionado simplemente con la comprobación de las aptitudes del perito y de que no hayan factores que conduzcan a que el informe pericial sea irracional[31]. En este último caso, la IA es capaz de descubrir estos factores y ver si cumplen o no los estándares científicos e incluso, detectar los argumentos incoherentes o ilógicos en el propio informe[32].

El problema se complica cuando aparecen nuevos medios de prueba que contradicen al dictamen realizado por el perito, pues ambos medios de prueba deberán ser evaluados minuciosamente con el fin de averiguar

---

29 NIEVA FENOLL, N., "Inteligencia artificial y valoración de la prueba", *cit.*, p. 92.

30 NIEVA FENOLL, N., "Inteligencia artificial y valoración de la prueba", *cit.*, p. 92.

31 BONET NAVARRO, L., "Valoración de la prueba y resolución mediante Inteligencia Artificial", *cit.*, p. 330.

32 LLÓRENTE SÁNCHEZ-ARJONA, M., "Prueba e Inteligencia Artificial ¿buen maridaje?", *cit.*, p. 498.
Una de las ideas más novedosas en relación a la prueba pericial y la IA la encontramos en el sistema judicial estadounidense. En él, también se da la posibilidad de incorporar testimonios de expertos en el procedimiento que posean una cierta relevancia judicial. No obstante, lo novedoso es que los peritos pueden hacer uso de sistemas inteligentes con el objetivo de defender su testimonio así como para ayudar al juez a comprender los hechos o ideas más complejas. Por ejemplo, las imágenes generadas por ordenador (CGI) ahora son usadas habitualmente como evidencia probatoria en litigios. SALTZ, R. P., "Expert robot: using artificial intelligence to assist judges in admittig scientfic expert testimony", *Albany Law Journal of Science & Technology*, 2014, p. 28.

a cual se le debe otorgar mayor credibilidad. Una manera de demostrar la credibilidad de un informe pericial es mediante la valoración objetiva del *curriculum* del perito, es decir, mediante un estudio o análisis de su trayectoria profesional. Sin embargo, en este aspecto no es tan eficaz la máquina por dos motivos: por un lado, porque no siempre el tener un buen *curriculum* determina la capacidad técnica del perito, a veces, simplemente se ha cuidado de manera externa su trayectoria profesional sin realmente tener los conocimientos necesarios para ello; lo que puede deducir la IA de manera errónea. Y, por otro lado, en el caso de que el perito hubiese publicado artículos sobre la materia, la IA no es competente para realizar un análisis adecuado de los mismos, y se dejará guiar por los números de citas, los índices de impacto... que no son reflejo de la calidad de la publicación ni tampoco influirán en la fiabilidad del dictamen que está siendo sometido a estudio[33].

En definitiva, la valoración del *curriculum* de un perito solo tendrá verdadera importancia cuando se demuestren la calidad de las ideas plasmadas, su adecuación, su originalidad... tarea relativamente sencilla de realizar por un ser humano pero complicada para un sistema inteligente por el momento[34], como se ha demostrado.

4. Prueba de reconocimiento judicial

El reconocimiento judicial es aquel medio de prueba por el cual el tribunal examina «por sí mismo algún lugar, objeto o persona» para el «esclarecimiento y apreciación de los hechos» (art. 353.1 LEC). A pesar de la necesaria coherencia de este medio de prueba con otros o la obligatoria proscripción de la arbitrariedad, el reconocimiento judicial es otro de los medios de pruebas que se ha de valorar libremente, lo que podría dificultar la intervención de IA[35].

Sin importar su valoración libre, es un medio de prueba en el que los sistemas inteligentes pueden desarrollar un papel fundamental, principalmente en dos momentos: por un lado, en la realización del reconocimiento y el acopio de datos, que serán estadísticamente más eficaces que el que realiza un ser humano con menos fallos, olvidos, omisiones...

---

33 NIEVA FENOLL, N., "Inteligencia artificial y valoración de la prueba", *cit.*, p. 94.

34 NIEVA FENOLL, N., "Inteligencia artificial y valoración de la prueba", *cit.*, p. 95.

35 BONET NAVARRO, L., "Valoración de la prueba y resolución mediante Inteligencia Artificial", *cit., p.* 331.

y, por otro lado, una vez almacenado todo lo grabado o filmado, en la selección de aquellos datos que sean de relevancia para el proceso, que nos servirá después para poder fijar los hechos probados en consecuencia. Esa fijación de hechos será realizada por el sistema de una forma mucho más rápida al cotejar este con otros medios de prueba obtenidos y así, quedarse con aquellos que sean coherentes y lógicos[36].

5. Presunción de la prueba

Partiendo de la regulación legal que realiza la LEC, el art. 385.1 establece que «las presunciones que la ley establece dispensan de la prueba del hecho presunto a la parte a la que este hecho favorezca». Esta presunción permite, a partir de un hecho que ya está probado (hecho base o indicio), dar por acreditado otro hecho (hecho presunto), teniendo en cuenta el nexo lógico existente entre ambos hechos[37]. Por tanto, se presupone la prueba del hecho presunto y ya no será necesaria. De esta manera, se parte de un hecho que sea fácil de probar a través de los medios de prueba convencionales como la prueba documental, pericial... para posteriormente, mediante la aplicación de la lógica y la experiencia, dotar a un hecho de difícil prueba la acreditación probatoria[38]. Presunciones que también la IA puede realizar.

En la primera acreditación, será necesario que la IA lleve a cabo las tareas oportunas para demostrar la fiabilidad de un hecho, ya explicadas en los apartados anteriores, sobre todo en los casos donde existan otras pruebas contradictorias. Para esto, lo único que se le exigirá a los sistemas inteligentes es la detección de aquellos aspectos que afecten a la fiabilidad del medio de prueba, para después, poder fijar las consecuencias que se estimen oportunas. Esto permite, a su vez, establecer un umbral de fiabilidad mínimo que deberá ser superado. De esta manera, solo quedará

---

36 BONET NAVARRO, L., "Valoración de la prueba y resolución mediante Inteligencia Artificial", *cit.*, p. 331.

37 VIDAL, Á., «Las presunciones en la LEC» [en línea], (2020), <https://www.vidalabogados.eu/las-presunciones-en-la-lec >. [Consulta: 10/05/2014.]

38 BONET NAVARRO, L., "Valoración de la prueba y resolución mediante Inteligencia Artificial", *cit.*, p. 332.

atribuir las consecuencias probatorias de otro hecho de difícil prueba, siempre y cuando haya un nexo entre ambos[39].

Es una tarea más o menos sencilla según el caso, pero que sin duda permitirá, en los próximos años, detectar de manera automática aspectos relevantes para la fiabilidad de un medio de prueba, y así, fijar hechos cuando se supere el umbral de fiabilidad[40]. Ciertamente, se cometerán errores en su realización —al igual que se cometen errores en la actividad diaria de los tribunales— pero supondrá una mejora sustancial en la actividad valorativa judicial, y ya no solo en el futuro, pues es una herramienta que puede utilizarse ya en ciertos casos, como los de ausencia de prueba o de pruebas no contradictorias[41].

IV. GARANTÍAS PROCESALES EN LA APLICACIÓN DE LA IA

Tras todo lo expuesto, es evidente que la IA es válida científicamente para aplicarse en la fase probatoria de un proceso civil, no obstante, para que esta sea realmente apta debemos cuestionarnos su encaje en el sistema de derechos y garantías procesales consagrado en nuestro país. Esto es debido a que, por muy automático y eficaz que sea el funcionamiento de la IA, no pueden ponerse en un segundo plano los derechos de los usuarios[42]. Dicho sistema de derechos deberá ser actualizado ante la posibilidad de que los ciudadanos —dada la falta de conocimiento de la totalidad de sus derechos— acepten todo tipo de automatismos, sin ser conscientes de que están vulnerando sus garantías más básicas y primordiales, como puede ser el derecho a la intimidad familiar y personal, el derecho a la protección de datos...

Teniendo en cuenta esto, la cuestión principal que nos atañe consiste en averiguar si la aplicación de la IA vulnera los derechos y garantías procesales de las partes, que resolveremos atendiendo individualmente a aquellas garantías que más riesgo tienen de ser transgredidas por la IA.

---

39 BONET NAVARRO, L., "Valoración de la prueba y resolución mediante Inteligencia Artificial", *cit.*, p. 332.

40 Ídem.

41 Ibídem, *cit.*, p. 333.

42 *vid* CATALETA, M.S., CATALETA, A., "Artificial Intelligence and Human Rights: An Unequal Struggle", Cifile Journal of International Law, 2020.

1. Derecho a la tutela judicial efectiva

Debemos empezar analizando si la aplicación de la IA es compatible con el derecho a la tutela judicial efectiva, regulado en el art. 24 de la Constitución Española de la siguiente manera: «todas las personas tienen derecho a obtener la tutela efectiva de los jueces y tribunales en el ejercicio de sus derechos e intereses legítimos, sin que, en ningún caso, pueda producirse indefensión». Pero, como ya se sabe, el derecho no se agota únicamente con el acceso a los tribunales, sino que debe estar presente durante todo el desarrollo del proceso, como ha reiterado en numerosas ocasiones el Tribunal Constitucional (SSTC 47/1983 de 31 de mayo[43]; 101/1984, de 8 de noviembre[44]; 102/1984, de 12 de noviembre[45]...).

En un primer momento, hay un un cierto rechazo jurídico común al tener en cuenta el riesgo que habría de que el condenado denunciara una violación del derecho de defensa, en el que nos centraremos en epígrafes posteriores. La indefensión principalmente ocurriría al no ser capaces de conocer plenamente el modo en que un algoritmo lleva a cabo la valoración probatoria, debido a que es en esta fase donde se fijan los hechos que posteriormente el juez tendrá en cuenta para dictar la resolución. En este caso, nos deberíamos centrar en averiguar como el juez ha llegado a obtener sus conclusiones jurídicas, no desde un punto jurídico, sino partiendo de como la IA ha influido en dichas conclusiones. Sin embargo, como veremos posteriormente, será bastante difícil, al menos en la actualidad, defender que no se encuentra en una posición de indefensión aquella persona que ha sido condenada por las conclusiones realizadas por la IA en auxilio del juez[46].

Siguiendo esta línea, el art. 120.3 de la CE proclama la motivación de las sentencias judiciales[47], es decir, que estas no se dicten incurriendo en arbitrariedad, irrazonabilidad o error aparente[48]. Por tanto, no se consideraría motivada una sentencia que se hubiera fundando en

---

43 *Tol 79214.*

44 *Tol 110814.*

45 *Tol 110815.*

46 CASTELLANOS CLARAMUNT, J., MONTERO CARO, M. D., "Perspectiva constitucional de las garantías de aplicación de la inteligencia artificial: la ineludible protección de los derechos fundamentales", *cit.*, p.75.

47 Cabe destacar que, aunque el artículo solo haga mención de las sentencias, el Tribunal Constitucional ha extendido la obligación de motivación a cualquier resolución propia del poder judicial (FJ°3, STC 36/2006, de 13 de febrero, *Tol 834044*)

48 FJ°3, STC 215/2006, de 3 de julio, *Tol 964396.*

argumentos ilógicos o inexistentes. En este aspecto, el uso de la IA podría suponer una reducción de los casos de arbitrariedad al estar basada en criterios estadísticos que gozan de una amplia exactitud y precisión. Por el mismo motivo, su uso supondría también una reducción de los plazos para dictar sentencia, aspecto que, como ya sabemos, se enmarca dentro del derecho a la tutela judicial efectiva.

Efectivamente, es obvio que la aplicación de sistemas inteligentes debe realizarse siempre en aras de proteger el derecho a un proceso justo y debido. Por ello, es apropiado que el juez sea quien tenga la capacidad de realizar el último pronunciamiento y resolver el caso concreto, para poder decidir en última instancia si servirse o no de los resultados estadísticos a los que haya llegado el algoritmo. No obstante, dada la evolución tecnológica que estamos experimentando en la actualidad, es inevitable que la IA pase a formar parte de nuestro sistema judicial, ya que, como hemos indicado desde el principio, está siendo objeto de un desarrollo constante que la hace estar presente prácticamente en todos los ámbitos de la vida. Así, teniendo en cuenta que la labor de juez es la de conocer, interpretar y aplicar el derecho[49], es natural que tenga que auxiliarse de otras herramientas en aquellos casos que requieran un cierto nivel de conocimiento en otras ciencias. Comúnmente, estas herramientas hacen referencia a los documentos, informes... elaborados por técnicos o peritos que sirven de orientación al juez. Pero, entendiendo la IA desde una perspectiva de auxilio al juez, podríamos equiparar su función técnica a la de un perito, no pareciendo mucho más complicado su encaje en un proceso que la de aquel, y en especial en fase probatoria, ya que gracias a su capacidad de almacenamiento (prácticamente ilimitada) podría ayudar al juez en aquellas materias sobre las que no tiene conocimiento[50].

Desde esta perspectiva, se puede pensar que el juez no queda vinculado por las conclusiones que obtiene la IA sino que este podrá motivar sus decisiones con base a los elementos que él mismo considere, siempre con el objetivo de alcanzar la solución más acertada y justa al caso. Este objetivo no es novedoso en nuestro sistema sino que es el propio de todos los integrantes

---

49 CALVINHO, G., "El brocárdico iura novit curia", Revista de derecho procesal, 2009, p.223.

50 CASTELLANOS CLARAMUNT, J., MONTERO CARO, M. D., "Perspectiva constitucional de las garantías de aplicación de la inteligencia artificial: la ineludible protección de los derechos fundamentales", *cit.*, p.75

del poder judicial, lo que significa que todos deben actuar en aras de proteger los derechos de la persona y, en particular, la tutela judicial efectiva.

2. Derecho a un proceso con todas las garantías, en atención a la igualdad de partes

En segundo lugar, y seguidamente del derecho a la tutela judicial efectiva, debemos analizar la posible afectación del derecho a un proceso con todas las garantías (o debido proceso) que supone la incorporación de los sistemas inteligentes en el marco de un proceso.

A. Contenido del derecho

Este derecho lo encontramos en el art. 24.2 de la CE «Todos tienen derecho...a un proceso...con todas las garantías». A pesar de estar enunciado junto con otros derechos, parte de la doctrina procesal lo ha considerado como un derecho autónomo, siendo el principal problema la determinación de su contenido, al no estar claramente delimitado ni por ley ni por la jurisprudencia.

Sin embargo, es de común entendimiento que nos encontramos, por un lado, ante un derecho de obligatoria aplicación en todos los ordenes jurisdiccionales y, por otro lado, ante un principio procesal, independiente del derecho fundamental a la tutela judicial efectiva[51]. De esta manera, el derecho a un proceso con todas las garantías se ha constituido como una cláusula residual que ha permitido al Alto Tribunal extender el sistema de garantías procesales más allá de lo previsto en el art. 24 de la CE, integrando también, por ejemplo, las garantías previstas en textos internacionales[52]. De lo que se trata, en definitiva, es de constituir una garantía fundamental de la Justicia como valor superior del ordenamiento jurídico, así como de asegurar la confianza de los ciudadanos hacia los órganos jurisdiccionales, propia de un Estado de Derecho[53].

---

51 Al respecto, el FJº2 de la STC 46/1982, de 12 de julio, Tol 79336: «El art. 24 de la Constitución, en sus dos epígrafes, previene dos supuestos íntimamente relacionados entre sí, pero que merecen un tratamiento diferenciado, ya que el segundo de ellos apunta preferentemente a las llamadas «garantías procesales»

52 ORTEGA GUTIERREZ, D., «Sinopsis artículo 24 CE» [en línea], [2003] <https://app.congreso.es/consti/constitucion/indice/sinopsis/sinopsis.jsp?art=24&tipo=2> [Consulta: 15/04/2022.]

53 CASTELLANOS CLARAMUNT, J., MONTERO CARO, M. D., "Perspectiva constitucional de las garantías de aplicación de la inteligencia artificial: la ineludible protección de los derechos fundamentales", *cit.*, p.75.

Así pues, las garantías que se enmarcan dentro de este derecho son: la igualdad de las partes en el proceso, el derecho a la imparcialidad judicial, y el principio de contradicción (materializado en el derecho fundamental de defensa)[54]. No obstante, nos vamos a centrar en la igualdad de las partes en el proceso para, en apartados posteriores, entender de manera completa el alcance del derecho a un juez imparcial y el derecho de defensa.

B. Afectación por la IA del derecho a la igualdad de partes

Una vez hemos comprendido el contenido del derecho a un proceso con todas las garantías, y centrándonos en la vertiente del derecho a la igualdad de partes, es momento de conocer la compatibilidad entre este y las herramientas de IA. Es una cuestión de suma importancia dado que la aplicación de algoritmos en el proceso incide de forma directa en las garantías procesales. Analizar el cómo lo hace o el alcance de afectación será determinante para conocer la admisibilidad o no de la IA.

El principio de igualdad de partes ha sido incluido en el marco del derecho a un proceso con todas las garantías por el Tribunal Constitucional[55], que lo ha venido definiendo como la necesidad de que ambas partes puedan comparecer en el proceso «con igualdad de posibilidades y cargas y empleando la asistencia técnica y los medios de defensa adecuados, sin que una de las partes quede a tal efecto en mejor situación que la otra» (STC 114/1989, de 22 de junio[56]). Es decir, se pretende otorgar a los litigantes las mismas posibilidades procesales en todas las fases del proceso, en especial la fase probatoria.

En lo que nos respecta, la igualdad procesal de las partes se verá vulnerada si el acceso a los sistemas algorítmicos se limita a una sola de las partes o, en su caso, al Ministerio Fiscal, pues su uso colocará a quien la emplee en una posición de superioridad procesal gracias a los numerosos beneficios que puede aportar a la preparación del caso (en el entorno del denominado *legal tech)*[57], como hemos ido exponiendo a lo largo de este trabajo. El uso indiscriminado de la IA por una de las partes conllevará un

---

54 MIGUEL BERIAIN, I., PEREZ ESTRADA, M. J., "La inteligencia artificial en el proceso penal español: un análisis de su admisibilidad sobre la base de los derechos fundamentales implicados", *cit.*, p. 550.

55 Cabe destacar el debate jurisprudencial que ha acaecido sobre la ubicación del derecho a la igualdad de partes, pues en otras ocasiones se ha contemplado como parte del derecho a la tutela judicial efectiva o del derecho de defensa.

56 *Tol 79403.*

57 MARTIN DIZ, F., "Inteligencia Artificial y proceso: garantías frente a eficiencia en el entorno de los derechos procesales fundamentales" en *Justicia: ¿garantías*

grave perjurio a la contraparte, pues no gozará de las mismas oportunidades procesales para hacer valer sus pretensiones. En consecuencia, la IA deberá estar al alcance de ambos extremos procesales para que cada uno pueda efectuar una debida defensa[58]. Para ello, será necesario permitir y regular la utilización de la IA por ambas partes en el proceso, así como el alcance de la misma para garantizar la igualdad de partes[59].

3. Derecho al juez imparcial

Como se acaba de hacer mención, el derecho al juez imparcial o el derecho a la imparcialidad judicial se enmarca dentro del derecho a un proceso con todas las garantías (art. 24.1 CE). No obstante, dadas las dudas que genera este principio en un proceso protagonizado por la IA, es oportuno realizar un análisis independiente que permita conocer las consecuencias directas que puede generar la IA en un proceso regido por la imparcialidad judicial.

A. ¿Qué entendemos por imparcialidad?

Primero, debemos conocer qué se entiende por imparcialidad judicial. Así, la imparcialidad en un proceso judicial supone el derecho a que un juez o tribunal mantenga una posición neutral ante el objeto del proceso y las partes, con el fin de garantizar una resolución objetiva sobre el caso al que se refiera. Es una garantía tan esencial que «sin su concurrencia,

---

versus eficiencia? (JIMÉNEZ CONDE, F., BELLIDO PENADÉS, R., dirs.), Tirant Lo Blanch, Valencia, 2020, p. 826

El término *legal tech* viene haciendo referencia al uso de la tecnología en la prestación de servicios legales o jurídicos. *Vid* BUCHHOLTZ, G., "Artificial intelligence and legal tech: challenges to the rule of law" en *Regulating artificial intelligence* (WISCHMEYER, T. RADEMACHER, T. eds), Springer Cham, Berlín, 2019, pp. 175-198.

58 RUÍZ LÓPEZ, C.E., DEL SOL SALAZAR, V., SIERRA OLIVIERI, H., "Sistemas operados mediante IA y debido proceso penal" en *Disrupción tecnológica, transformación y sociedad* (HENAO, J.C., CASTAÑO, D. eds.), Precolombi EU, Bogotá, 2021, p. 851.

59 VISELLI, L. sugiere que «la IA tendrá un efecto positivo en el acceso a la justicia por todas las personas, pero es probable que los sesgos presentes en los sistemas que utilizan IA, ya sean relacionados con el acceso a los recursos, la capacidad del usuario o los sesgos inherentes a los datos, perpetúen la brecha digital ya presente en la sociedad, en vez de mejorarla. Estos sesgos socavan la capacidad de las personas más vulnerables en vez de beneficiarlas, a pesar de ser quienes más las necesitan». VISELLI, L., "Artificial intelligence and access to justice: a new frontier for law librarians", *Canadian Law Library Review*, 2021, p. 17.

no puede siquiera hablarse de la existencia de un proceso» (FJº3, STC 60/1995, de 17 de marzo[60]).

Ante esta necesidad, se impone a los jueces la obligación de abstenerse en el caso de que se encuentre en una de las causas de parcialidad previstas por ley, concretamente, en el art. 219 Ley Orgánica del Poder Judicial (art. 217 LOPJ). Estas causas de abstención vienen determinadas por poseer alguna vinculación con el objeto del litigio o bien, con las partes litigantes, como por ejemplo, mantener una amistad o un vinculo matrimonial con una de ellas. Esto es así, porque detrás de estas causas de parcialidad lo único que encontraremos son emociones de afecto o de odio[61] que pueden alterar la función jurisdiccional y, en especial, la toma de decisiones del juez.

B. Imparcialidad e inteligencia artificial

En línea con lo anterior, los sistemas algorítmicos pueden llegar a aparentar que sienten emociones, pero no son poseedoras de sentimientos. Por ende, que la imparcialidad se base en emociones de afecto y de odio, puramente humanas, nos hace plantearnos si el derecho a un juez imparcial debe mantenerse en aquellas tareas desarrolladas por la IA.

En este sentido, si la esencia de la imparcialidad está centrada en la existencia de una emoción, y entendemos que la IA no tiene capacidad para sentir u odiar, el significado del derecho a un juez imparcial desaparecería por completo. Se podría pensar, en un primer momento, que la imparcialidad si que sería de aplicación en el momento de construcción del algoritmo, no obstante, esta solo debe ser examinada en el caso concreto, y no de manera apriorística en una generalidad de casos[62].

Es cierto que es probable que los constructores del algoritmo intenten manipularlo para beneficiar a una persona o a un interés concreto, o incluso a ellos mismos respecto a un proceso que puedan tener abierto. Sin embargo, las posibilidades que tienen para alterar un algoritmo son más bien escasas, dada la amplia vigilancia a la que se verán sometidos así como los numerosos parámetros de actuación con los que funciona la IA. Por lo que, será complicado la influencia en la creación del algoritmo, teniendo en cuenta, a su vez, que esto puede conllevar un alteración grave del fun-

---

60 *Tol 82800.*

61 NIEVA FENOLL, J., *Enjuiciamiento prima* facie, Atelier. Barcelona, 2007, p. 99.

62 FENOLL, N. J., "Inteligencia artificial y derechos humanos" en *Inteligencia Artificial y proceso judicial.* Marcial Pons, 2022, p. 130.

cionamiento del algoritmo que será rápidamente detectado como error, y probablemente, como intencionado[63].

En consecuencia, desde esta perspectiva, parece que el uso de un algoritmo no puede suponer la existencia de los riesgos que el derecho a un juez imparcial pretende prever. Lo que nos puede llevar a pensar que, si en el futuro se diera la sustitución total del juez por la máquina[64], este derecho perderá toda su utilidad, comportando su consiguiente desaparición en el proceso.

C. Imparcialidad e independencia

A pesar de lo recién expuesto, la imparcialidad está centrada en "la neutralidad o ausencia de predisposición en favor o en contra de cualquiera de los contendientes en un proceso»[65], lo que si que puede tener encaje en la aplicación de la IA en el proceso. Sin embargo, en el contexto inteligente, la noción de imparcialidad se asimila en muchas ocasiones a la independencia judicial, por lo que, para poder realizar un análisis y la vinculación de estas dos nociones, es conveniente realizar una introducción previa sobre lo que supone la independencia judicial.

Así pues, la independencia judicial consiste en un principio procesal básico recogido en el art. 117.1 CE por el que se declara la soberanía de jueces y magistrados y que obliga al juez a no estar influenciado por ninguna circunstancia distinta de la Ley y el Derecho[66], como puede ser la presión de otro poder público o de algún compañero de profesión[67]. Parece un principio que carece de vinculación con la IA, pero debemos pensar que el algoritmo está elaborado por una persona que posee unos determinados intereses u opiniones respecto a una religión, política... por lo que, de igual manera que el legislador puede beneficiar a algunos colectivos, los

---

63 NIEVA FENOLL, J., "Inteligencia artificial y derechos humanos", *cit.*, p. 131.

64 Ídem.

65 RODRÍGUEZ RAMOS, L., "La imparcialidad judicial". Comentario a la SSTC 145/1998 de 12 de julio, *Tol 81.000* y 164/1998, de 26 de septiembre, *Tol 81.018*. Diario La ley, 1998.

66 AGUIAR DE LUQUE, L., "Las recientes reformas en materia de Poder judicial en su dimensión orgánica" en *Poder Judicial* (SÁNCHEZ, M.R coord). Tirant Lo Blanch, Valencia, 2009, p. 22.

67 NIEVA FENOLL, N., "Inteligencia artificial y sentencia" en *Inteligencia Artificial y proceso judicial,* Marcial Pons, 2022, p. 121.

constructores de algoritmos pueden otorgar los mismos beneficios e influir de manera decisiva en la toma de decisiones[68].

Por ende, se debe observar el algoritmo desde el principio de su construcción para que este no venga configurado a favor de otros sujetos o ideas y garantizar la aplicación del principio de imparcialidad. E incluso, se podría observar su cumplimiento desde antes de empezar su construcción fuera del ámbito judicial, esto es, desde la misma contratación del técnico, haciendo una exhaustiva valoración de los candidatos con el fin de escoger a alguien que esté centrado en la defensa de los valores democráticos pero sin contar con una postura discriminatoria[69].

En lo sucesivo, es cierto que existe un interés doctrinal[70] por diferenciar el concepto de independencia del de imparcialidad, pero, cuando el proceso viene protagonizado por las máquinas, y no por las personas, la distinción se convierte en algo imposible. Al fin y al cabo, lo que van a buscar ambos principios es que los algoritmos implicados en el proceso sean igualitarios, y no discriminatorios[71].

La cuestión que nos preocupa de aquí en adelante es averiguar el cómo podrían ser elaborados los algoritmos para, ya no solo vulnerar el derecho al juez imparcial, sino también para favorecer a otros sujetos o a los valores superiores del ordenamiento jurídico[72]. Es obvio que, siguiendo el ejemplo del legislador, cuando este genera una norma que busca proteger a un grupo de individuos, su objetivo es que dicha protección se aplique en todos los supuestos. Sin embargo, a veces el legislador ha olvidado que su aplicación no solo depende de él, sino también de otros elementos, como pueden ser, por un lado, el transcurso del tiempo, que indice directamente en la configuración del derecho, debiendo esta permanentemente actualizado y reformado... y, por otro lado, el juez, que interpretará la ley conforme ellos consideren en función de las circunstancias del caso concreto.

Es en la función de interpretación del juez cuando los principios de imparcialidad e independencia peligran, dado el margen de aplicación del

---

68 NIEVA FENOLL, N., "Inteligencia artificial y sentencia" en *Inteligencia Artificial y proceso judicial,* Marcial Pons, 2022, p. 121.

69 NIEVA FENOLL, N., "Inteligencia artificial y sentencia" en *Inteligencia Artificial y proceso judicial,* Marcial Pons, 2022, p. 122.

70 *Vid* AGUILÓ REGLA, J., "De nuevo sobre independencia e imparcialidad de los jueces y argumentación jurídica", Jueces para la democracia, 2003, pp. 47-56.

71 NIEVA FENOLL, N., "Inteligencia artificial y derechos humanos", *cit.,* p. 132.

72 Ídem..

que dispone. Por el contrario, si hacemos alusión a la IA, esos peligros no se generarán al no existir o bien, vendrán generados por el diseño del algoritmo[73], como se ha indicado previamente.

En consecuencia, la tarea de la máquina va a ser aplicar de forma severa e inflexible la ley, únicamente en los supuestos que dicha ley conciba, sin existir un margen de apreciación vinculado a las emociones o sensaciones humanas, pues la IA carece de ellas. Esto significa que, ante un caso concreto, la máquina lo clasifica dentro de uno de los supuestos previstos por la norma y la aplicará sin más[74]. No obstante, esto plantea dos cuestiones distintas: por una parte, es difícil —por no decir imposible—, que una mera máquina sea capaz de clasificar todos los casos concretos que puedan generarse en la actualidad. Aunque, si que parece lógico pensar que este límite será superado en un futuro no muy lejano, considerando que es una tarea que ya puede realizar a grandes rasgos. Y, por otra parte, se ha de hablar de la capacidad que poseen los sistemas inteligentes de simular emociones, por lo que, si este posee la información necesaria para detectar en una de las partes algún indicio de, por ejemplo, vulnerabilidad, la máquina podría alterar su percepción del caso tras intuir que no es justa una aplicación rígida de la ley, debiendo adecuarla al caso, similar al ejercicio de empatía que puede realizar el juez[75].

De esta manera, el progreso tecnológico nos permitirá decidir en qué momento queremos que la máquina sea imparcial o no, en atención a las circunstancias personales que se puedan observar en cada caso. Para ello, lo único que es necesario es construir el algoritmo de forma que tenga en cuenta dichas circunstancias o si, por el contrario, preferimos que mantenga una postura imparcial e independiente[76]. Es un estudio que debe dejarse a los doctos y especialistas en la materia, que posteriormente deberán trasladar al constructor del algoritmo.

---

73 NIEVA FENOLL, N., "Inteligencia artificial y derechos humanos", *cit.*, p. 134. En relación, SCHAEFER B. T., propone que el código de conducta a seguir por los jueces estadounidenses (*Code of Conduct for United States Judges*) debería modificarse con el fin de hacer al juez responsable de no utilizar la diligencia debida en aquellos casos en que la tecnología utilizada por el tribunal en la toma de decisiones fuera parcial. SCHAEFER, B.T., "The ethical implications of artificial intelligence in the law", *Gonzaga Law Review*, 2020, p. 233.

74 NIEVA FENOLL, N., "Inteligencia artificial y derechos humanos", *cit.*, p. 134.

75 NIEVA FENOLL, N., "Inteligencia artificial y derechos humanos", *cit.*, p. 135.

76 NIEVA FENOLL, N., "Inteligencia artificial y derechos humanos", *cit.*, p. 135.

Sin embargo, debemos ver como de imparcial queremos que sea la máquina, ya que debemos ser conscientes de que el funcionamiento de la máquina seguirá siendo sistemático, por lo que, el darle una serie de pautas que quiebren el principio de imparcialidad, puede ocasionar una serie de consecuencias negativas en el proceso.

D. Empatía en un contexto de IA

Es usual la afirmación «la inteligencia artificial no es humana», a pesar de ser tan humana como cualquier otra invención del ser humano. No obstante, lo que se refleja con ello es que la máquina carece de sentimientos. Si pensamos así, damos por hecho que la persona si los tiene, y en particular el juez, del que se espera que no realice una aplicación restrictiva de la ley sino una que se adapte a las vicisitudes del caso. Es una cuestión complicada dado que dicho margen de apreciación en el proceso viene determinado también por la ideología u otras circunstancias de carácter social, que comúnmente vienen descritas como «sentimientos»[77].

Si quisiéramos sistematizar las tendencias comunes de los jueces a la hora de disponer de su margen de apreciación, supondría escoger aquellas situaciones con las que empatizan, para después, seleccionar las que consideremos razonables o comprensibles. No es un objetivo novedoso, sino que ya se ha venido intentando en los últimos años, como podemos observar en el establecimiento de presunciones de buena fe (art. 7.1 LEC) o en las inversiones de la carga de la prueba (art. 217 LEC) por el legislador[78], que permiten una aplicación de la ley más flexible. Pero, más allá de la configuración de estos preceptos, no se ha conseguido orientar el trabajo de los jueces[79].

No obstante, esto ahora parece posible con la aparición de la IA, que permitirá observar los patrones de actuación de los jueces mediante el análisis de la jurisprudencia, o incluso, mediante un análisis de conciencia colectiva[80] por medio de encuestas, pues, al formular diversas preguntas acerca de una variedad de situaciones, podremos conocer cómo actuaría la gente ante una determinado problema y así, fijar unos criterios estadísticos.

---

77 NIEVA FENOLL, N., "Inteligencia artificial y derechos humanos", *cit.*, p. 135..

78 *Vid.* ORMAZÁBAL SANCHEZ, G., *Carga de la prueba y sociedad de riesgo,* Madrid, 2005.

79 NIEVA FENOLL, N. J., en "Inteligencia artificial y derechos humanos", *cit.*, p. 137

80 Definido como «el conjunto de creencias, ideas, actitudes morales y conocimientos compartidos que funcionan como una fuerza unificadora dentro de la sociedad». DURKHEIM, E. *División del trabajo social, Akal, Madrid,* 1983.

El siguiente paso sería su posterior introducción en el algoritmo con el fin de que la IA aporte una visión «más humana» en la aplicación de las normas[81].

Esto puede ser útil en muchos aspectos, pero también podría ser inconveniente. Se debe entender que el juez viene diseñado como un reflejo de la conciencia colectiva en la aplicación e interpretación de las normas (función que las mismas normas también intentan). Supone que el juez va a actuar en cada caso atendiendo a los pensamientos colectivos que caracterizan a una sociedad, pero siempre teniendo presente la norma jurídica, lo que es muy distinto a que esos pensamientos le vengan impuesto más allá de lo indicado por la norma[82].

A diferencia de lo que ocurre con el juez, esta ultima idea si que parece compatible con los sistemas algorítmicos, pero, lo que puede parecernos justo en manos de un juez, podría pasar a parecernos injusto si lo sometiéramos a la objetivación con la que trabaja la máquina. Es debido a que el algoritmo no puede llegar a entender y valorar los factores que determinan esa empatía, lo que conllevaría a la aparición de numerosos errores como consecuencia de aplicar el factor empático en todas las ocasiones que el caso presente un elemento registrado por el algoritmo. Además, dicho factor es sumamente cambiante como consecuencia del progreso en las costumbres sociales, lo que supondría estar revisando el algoritmo de forma periódica.

Por todo lo expuesto, la introducción de herramientas de imparcialidad en el algoritmo no parece la idea más adecuada, debiendo estar delegadas únicamente al juez. Ahora bien, en el momento en que la IA sea capaz de detectar de forma íntegra y en tiempo real las ideas y pensamientos que rigen en la sociedad, se deberá abogar por la aplicación de factores empáticos inteligentes, cambiando el sentido de lo expuesto, y derivando en una sustitución plena del factor humano en el sector justicia[83].

4. Derecho de defensa

El derecho de defensa es definido como la facultad que posee toda persona que se ve inmersa en un procedimiento para disponer del tiempo y

---

81 NIEVA FENOLL, N., "Inteligencia artificial y derechos humanos", *cit.*, p. 137.

82 Ídem.

83 Ibídem, *cit.*, p. 138.

medios necesarios para ejercer, con eficiencia, su defensa[84]. Está regulado en el art. 24 CE: «todos tienen derecho a... utilizar los medios de prueba pertinentes para su defensa», y, al igual que el derecho a la igualdad de partes o el derecho al juez imparcial, se encuadra dentro del derecho a un proceso con todas las garantías. Así pues, este derecho puede constituirse como la garantía más importante de todas los que asisten a una persona parte de un procedimiento, pues precisamente esta, permite el ejercicio de otros derechos que están ampliamente ligados a ella como puede ser el derecho a guardar silencio, a no confesarse culpable, entre otros.

Son varios los temas que vinculan la IA con el derecho de defensa. En nuestro caso, vamos a realizar una análisis de la posible lesión del derecho de defensa como consecuencia del desconocimiento del funcionamiento algorítmico por parte de sus litigantes —cuestión que ya hemos introducido previamente—, para seguir con una posible vulneración del principio de publicidad, y finalizar con los cambios jurídicos que pueden llegar a surgir en la motivación de las resoluciones judiciales.

A. Publicidad algorítmica

Sobre lo que nos concierne, no parece aceptable que la utilización de un sistema de IA se convierta en el elemento determinante de una sentencia, sino que lo correcto sería su apreciación como un elemento de convicción. Si esto tuviera lugar, no solo el derecho de defensa se vería vulnerado sino también el derecho al debido proceso[85]. Aunque, parece obvio pensar que en un futuro la IA pueda llegar a adquirir un funcionamiento tan perfecto y exacto que se pueda llegar a valorar la idea de que un reo sea valorado por una máquina. En este caso, todas las alegaciones y pruebas serían presentadas a la máquina para que, una vez recogidas, esta dicte sentencia de manera inmediata[86].

---

[84] BÁEZ, C. F., "Principio de Defensa o Derecho de Defensa". Carlos Felipe Law Firm. Acceso el 12 de mayo de 2022, de https://fc-abogados.com/es/principio-de-defensa-o-derecho-de-defensa/, 2020.

[85] Al respecto, VILLASENOR J. y FOGGO V., consideran que limitar el conocimiento acerca de la naturaleza del análisis realizado, los aspectos inteligentes del sistema en los que se basa un determinado análisis, el resultado de la evaluación de riesgos por el algoritmo... es una violación del debido proceso al impedir que el acusado evalúe el impacto potencial de los posibles defectos presentes en el análisis que podrían conducir a una sobrestimación significativa del riesgo. VILLASENOR J., FOGGO V., "Artificial intelligence, due processs, and criminal sentencing", *Michigan State Law Review*, 2020, p. 327.

[86] NIEVA FENOLL, N., "Inteligencia artificial y derechos humanos", *cit.*, p. 140.

No obstante, aún con un funcionamiento tan idóneo, parece que sigue siendo apropiada la presencia de un jurista con el fin de que el sistema elabore el caso en la forma que más interese al cliente, siempre con una originalidad y creatividad impropia de la maquina. Así, en el caso de que la IA se implante en el proceso de esta manera, el experto en Derecho no solo deberá conocer la ley sino también el funcionamiento de la IA, debiendo acceder a su contenido para poder hacer frente al algoritmo, o al menos, adaptarse a él. En el momento que al jurista se le acaben las ideas o bien, solo proponga las mismas que las de la máquina, su tarea, en un contexto de IA, será totalmente prescindible, obteniendo la máquina el papel del abogado[87].

En la actualidad, hay una tendencia por el término *black box*[88], sin embargo, no debe ser aplicable en el marco de un proceso, pues el dejar espacios en los que ni los juristas ni los ciudadanos puedan acceder supone una vulneración de las garantías del derecho de defensa[89]. Y ello es así, porque si su contenido permaneciera oculto, sería muy sencillo la creación y manipulación por parte del poder público de una herramienta de resolución de procesos. Para que, posteriormente, se intentara convencer a la población de acceder a un sistema de resolución algorítmico evocando las múltiples ventajas que este podría ofrecer como rapidez, eficiencia, posible gratuidad... sin embargo, podríamos estar dando pie a un sistema resolutorio basado en algoritmos manipulados y sin presencia del poder judicial que actualmente conocemos[90]. Este último no podría hacer otra cosa que desaparecer, dado que si el poder público consigue el control del algoritmo, la independencia judicial predicada en el art. 117.1 CE se perdería[91].

---

87 NIEVA FENOLL, N., "Inteligencia artificial y derechos humanos", *cit.*, p. 141.

88 Con la expresión *black box* se alude a algoritmos con contenido ampliamente restringido, cuyo acceso está permitido únicamente a personas autorizadas. Es una metáfora de las cajas negras de los aviones, cuyo contenido es indescifrable salvo para las compañías que los crearon. Al respecto, https://www.appyweb.es/diccionario/algoritmos-caja-negra/

89 NIEVA FENOLL, N., "Inteligencia artificial y derechos humanos", *cit.*, p. 142.

90 GOUDGE A. realiza en *Windsor Review of Legal and Social Issues* un análisis de compatibilidad entre la IA y los derechos procesales en el marco judicial canadiense. En dicho análisis se afirma que es necesario que el poder público indique en que fase del proceso se ha utilizado la IA y explique como esta ha influido esta en la decisión final. Pero, además, debe justificar la aplicación de la IA en el caso concreto así como demostrar un objetivo válido y una conexión racional entre su fin y el medio elegido. GOUDGE, A. "Administrative law, artificial intelligence, and procedural rights", *Windsor Review of Legal and Social Issues*, 2021.

91 NIEVA FENOLL, N., "Inteligencia artificial y derechos humanos", *cit.*, p. 142.

Si esto sucede, el derecho de defensa no tendrá cabida en el proceso al desconocer cómo funciona el algoritmo que dicta sentencia, evaporándose completamente la posibilidad de conformar una estrategia de defensa. Ante tal realidad, será de suma importancia la implantación de medidas que respeten la publicidad del algoritmo y el derecho de defensa.

B. Motivación y recursos

La esencia de la motivación de una resolución jurídica consiste en justificar el porqué se ha tomado esa decisión, en consignar las razones que permitan considerar una resolución como correcta y admisible[92]. Con la llegada de la IA, la motivación jurídica sufrirá una decadencia inevitable, e incluso, en el caso más extremo, su desaparición, lo que supondría la reducción y la modificación de las posibilidades de impugnación de una sentencia.

De esta manera, una gran cantidad de recursos se centrarán en cuestionar la eficacia del funcionamiento del algoritmo mediante la alegación de posibles errores y defectos de construcción. En este caso, será necesario el factor humano, representado en la figura de los altos tribunales, que serán los encargados de comprobar el funcionamiento de dicho algoritmo y de revisar, en especial, la motivación de la resolución. Su función judicial en materia de recursos también se verá alterada, pasando a desarrollar funciones interpretativas[93] con el fin de adaptar la resolución al caso concreto y a las circunstancias sociológicas imperantes del momento. Es consecuencia directa de que la IA, a la hora de dictar una resolución, vaya a analizar pronunciamientos y precedentes pasados pero sin tener en cuenta que el Derecho no se concibe como una foto fija sino que varía al ritmo que va evolucionado la sociedad.

Y de seguro, seguirá quedando la posibilidad de impugnación de toda parte de la resolución en la que haya intervenido el factor humano, como ocurre en la fase de la valoración de la prueba. En ella, la motivación no puede venir dictada mecánicamente por el sistema de IA sino que debe ser resultado de un pensamiento jurídico, que solo lo puede realizar un juez, aun viniendo apoyado por la IA. Así, el juez o tribunal deberá estudiar

---

92 GASCÓN ABELLÁN, M., "Estándares de prueba y motivación" en *Argumentación Jurídica* (GASCÓN ABELLÁN, coord), Tirant Lo Blanch, Valencia, 2014, p. 436.

93 NIEVA FENOLL, N., "Inteligencia artificial y derechos humanos", *cit.*, p. 147.

cada caso de forma individualizada a fin de averiguar cual es el principio o canon más apropiado para justificar la resolución adoptada[94].

V. CONCLUSIONES

Sin duda, un nuevo escenario se ha presentado en la fase probatoria del proceso, que no ha logrado evadirse de los efectos de la IA. Esto supone una oportunidad inigualable para avanzar en los aspectos de fiabilidad y validez de los métodos probatorios, donde la IA detecte con rapidez y un claro automatismo que prueba ha de ser tenida en cuenta para dictar la resolución final.

Cabe remarcar que la principal problemática entorno al uso de herramientas de justicia algorítmica reside en la probabilidad de encontrar sesgos inconscientes en el algoritmo. Así, se deberá extremar la prudencia a la hora de crear el algoritmo, tratando el creador de no introducir en él prejuicios o factores humanos que supongan una discriminación hacia determinados colectivos o grupos minoritarios. Es de suma importancia aceptar la diversidad y posicionarnos en contra de la discriminación, eliminando cualquier tipo de juicio distorsionado o preconstituido en el sistema inteligente.

En definitiva, a pesar de las limitaciones e inconvenientes que puedan resultar de la aplicación de la IA, esta debe concebirse como una herramienta de auxilio y agilización de los órganos judiciales. No está claro lo que nos deparará el futuro, pero sin duda la IA seguirá evolucionando, por lo que no podemos hacer otra cosa sino esperar a que se vayan dando respuesta a todos los problemas e incógnitas que se nos han ido manifestando a lo largo de esta investigación.

BIBLIOGRAFÍA CITADA

AGUILÓ REGLA, J., "De nuevo sobre independencia e imparcialidad de los jueces y argumentación jurídica", Jueces para la democracia, 2003.

BÁEZ, C. F., "Principio de Defensa o Derecho de Defensa", Carlos Felipe Law Firm. Disponible en https://fc-abogados.com/es/principio-de-defensa-o-derecho-de-defensa/, 2020.

BARONA VILAR, S., *Algoritmización del derecho y de la justicia. De la Inteligencia Artificial a la Smart Justice,* Tirant Lo Blanch, Valencia, 2021.

94 BARONA VILAR, S., *Algoritmización del derecho y de la justicia. De la Inteligencia Artificial a la Smart Justice,* Tirant Lo Blanch, Valencia, 2021, p.410.

BARONA VILAR, S., *Justicia poliédrica en periodo de mudanza (nuevos conceptos, nuevos sujetos, nuevos instrumentos y nueva intensidad)*, Tirant Lo Blanch, Valencia, 2022.

BUJOSA VADELL, L.M., *Derecho procesal: retos y transformaciones*, Atelier, Barcelona, 2021.

CALVINHO, G., "El brocárdico iura novit curia", Revista de derecho procesal, 2009.

CASTELLANOS CLARAMUNT, J., MONTERO CARO, M. D., "Perspectiva constitucional de las garantías de aplicación de la inteligencia artificial: la ineludible protección de los derechos fundamentales", Ius et Scientia, 2020.

CATALETA, M.S., CATALETA, A., "Artificial Intelligence and Human Rights: An Unequal Struggle", *Cifile Journal of International Law*, 2020.

DURKHEIM, E., *División del trabajo social*, Akal, Madrid, 1983.

GASCÓN ABELLÁN, M., *Argumentación Jurídica*, Tirant Lo Blanch, Valencia, 2014.

GRIMM, W.P. GROSSMAN, R., CORMACK, G.V., "Artificial intelligence as evidence", *Northwestern Journal of Technology and Intellectual Property*, 2021.

GOUDGE, A., "Administrative law, artificial intelligence, and procedural rights", *Windsor Review of Legal and Social Issues*, 2021.

HENAO, J.C., CASTAÑO, D., *Disrupción tecnológica, transformación y sociedad*, Precolombi EU, Bogotá, 2021.

HERNÁNDEZ GIMÉNEZ, M., "Inteligencia artificial y derecho penal", *Actualidad Jurídica Iberoamericana*, 2019.

HON GRIMM, P.W., "New evidence rules and artificial intelligence", Litigation, 2018.

JIMÉNEZ CONDE, F., BELLIDO PENADÉS, R., *Justicia: ¿garantías versus eficiencia?*, Tirant Lo Blanch, Valencia, 2020.

MANDRI ZÁRATE, J., "El abogado y el derecho de defensa", La justicia, 2020.

MARTÍNEZ GARAY, L., "Peligrosidad, algoritmos y *due* process: el caso STATE v LOOMIS", *Revista de Derecho Penal y Criminología UNED*, 2018.

MIGUEL BERIAIN, I., PEREZ ESTRADA, M. J., "La inteligencia artificial en el proceso penal español: un análisis de su admisibilidad sobre la base de los derechos fundamentales implicados", Revista de Derecho UNED, 2019.

NIEVA FENOLL, J., *Enjuiciamiento prima facie*, Atelier. Barcelona, 2007.

NIEVA FENOLL, J., *Inteligencia artificial y proceso judicial*, Marcial Pons, Madrid, 2019,

ORMAZÁBAL SANCHEZ, G., *Carga de la prueba y sociedad de riesgo*, Madrid, 2005.

ORTEGA GUTIERREZ, D., «Sinopsis artículo 24 CE» [en línea], [2003] <https://app.congreso.es/consti/constitucion/indice/sinopsis/sinopsis.jsp?art=24&tipo=2> [Consulta: 15/04/2022.]

PÉREZ ESTRADA, M. J., "La inteligencia artificial como prueba científica en el proceso penal español", Rev. Bras. de Direito Processual Penal, 2021.

RODRÍGUEZ RAMOS, L., "La imparcialidad judicial", Diario La ley, 1998.

ROMEO CASABONA, C. M., "Riesgo, procedimientos actuariales basados en inteligencia artificial y medidas de seguridad", Revista de Derecho, Empresa y Sociedad, 2018.

SALTZ, R. P., "Expert robot: using artificial intelligence to assist judges in admittig scientfic expert testimony", Albany Law Journal of Science & Technology, 2014.

SARTORE, J., VAN DOREN, R., "El veredicto Daubert obliga a los jueces a valorar las pruebas científicas", Pediatrics, 2016.

SCHAEFER, B.T. "*The ethical implications of artificial intelligence in the law*", Gonzaga Law Review, 2020.

STERN, W., "The psycology of testimony", *The journal of Abnormal and Social Psychology*, 1939.

VIDAL, Á., «Las presunciones en la LEC» [en línea], (2020), <https://www.vidalabogados.eu/las-presunciones-en-la-lec >. [Consulta: 10/05/2014.]

VILLASENOR J., FOGGO V., "Artificial intelligence, due processs, and criminal sentencing", *Michigan State Law Review*, 2020.

VISELLI, L., "Artificial intelligence and access to justice: a new frontier for law librarians", *Canadian Law Library Review*, 2021.

WISCHMEYER, T. RADEMACHER, T., *Regulating artificial intelligence*, Springer Cham, Berlín, 2019.

YU, P.K., "*Artificial Intelligence, the law-machine interface, and fair use automation*", Alabama *Law Review, 2020.*

Sistemas predictivos en los procesos concursales: una mirada al futuro[1]

María José Catalán Chamorro
Profa. Ayudante Doctor de Derecho Procesal
Universidad de Córdoba

I. INTRODUCCIÓN

Los procesos concursales son una pieza clave en la economía del país, más aún en el contexto actual, donde el escenario inflacionista, la subida de los tipos de interés y la recesión económica a la vuelta de la esquina, dibujan la tormenta perfecta para aquellos comerciantes y empresarios que se mueven en los límites máximo de las pérdidas y el mínimo de las ganancias. Con este panorama es fácil advertir que en los próximos meses veremos como un mayor número de empresas solicitan voluntariamente el concurso o acreedores que solicitarán el concurso de su deudor por impagos excesivos o ante el temor de no cobrar nunca sus deudas. Aunque el proceso concursal en nuestro país ha sufrido grandes reformas y actualmente la legislación que lo regula es reciente -Real Decreto Legislativo 1/2020, de 5 de mayo, por el que se aprueba el texto refundido de la Ley Concursal[2]- no ha sido hasta su nueva modificación cuando se han introducido herramientas informáticas relevantes que facilitarán la tramitación de estos procesos. No obstante, no solo la Administración de Justicia es responsable de actualizar y hacer mas eficiente los medios electrónicos para mejorar el procedimiento de liquidación y ejecución de bienes y derechos de los empresarios o personas en situación límite o cercana a la bancarrota. Sino que también los propios administradores concursales deben iniciar un despertar en torno a determinadas herramientas informáticas, en un inicio con posibilidad de implementarlas con inteligencia artificial y posteriormente, para agilizar los procedimientos de liquidación y pago a los acreedores.

---

1 Trabajo realizado en el marco de los proyectos de investigación: Proyectos I+D+i» 2020 Ref. PID2020-117872RB-I00, Proyecto Ref. P20_00002, Proyecto FEDER-UCO (referencia: 1380525-R), Proyecto de I+D+i "Claves para una Justicia digital y algorítmica con perspectiva de género", PID2021-123170OB-I00, financiado por MCIN/AEI/10.13039/501100011033/

2 BOE núm. 127, de 07/05/2020.

Así las cosas, desde el ámbito procedimental se plantea un escenario tremendamente rico en cambios potenciales a través de la tecnología[3]. Y donde, sin duda, la predicción puede hacer un gran trabajo, al tratarse de datos con un mayor tinte económico y donde los aspectos sociológicos y de sesgos quedan fuera de la esfera de lo tratado. Por ello, a través de este trabajo animaremos tanto al sector público como al sector privado a avanzar en esta senda de la digitalización del proceso concursal y del procedimiento de administración, unido a los avances que las herramientas predictivas nos pueden aportar en este ámbito.

II. BREVE PANORAMA ACTUAL DE LA LEY CONCURSAL

La historia del proceso concursal en España es la historia de sus reformas como indica la propia exposición de motivos de la Ley Concursal. Ya que pocas normas han sufrido tantos cambios y modificaciones tan profundas en tan poco tiempo como lo ha hecho esta Ley. En unas ocasiones por impulso legislativo de la Unión Europea a través de sus reglamentos y directivas y en otras ocasiones por la necesidad de armonizar, aclarar y regularizar el texto por las dudas e incoherencias que surgían fruto de su aplicación.

Como resultado de esta acumulación de reformas se incluyó en la disposición final octava de la Ley 9/2015, de 25 de mayo, de medidas urgentes en materia concursal, una habilitación al Gobierno para aprobar un texto refundido de la antigua Ley 22/2003, de 9 de julio. Sin embargo, haciendo gala del actuar usual, el legislativo español apuró hasta la finalización del plazo establecido para la refundición, gracias a ello fue posible introducir en esta refundición a la Ley 1/2019, de 20 de febrero, de Secretos Empresariales, a través de la disposición final tercera[4].

Así las cosas, fruto de la transposición de la Directiva (UE) 2019/1023, del Parlamento Europeo y del Consejo, de 20 de junio de 2019 sobre marcos de reestructuración preventiva, exoneración de deudas e inhabilitaciones, y sobre medidas para aumentar la eficiencia de los procedimientos

---

[3] Ver más en: MONTESINOS GARCÍA, A., "Empleo de la inteligencia artificial en algunas fases del proceso judicial civil: prueba, medidas cautelares y sentencia", *Actualidad civil,* núm. 11, 2022.

[4] SÁNCHEZ BARRIOS, I., "Real Decreto Legislativo 1/2020, de 5 de mayo, por el que se aprueba el texto refundido de la Ley Concursal", *Revista AIS: Ars Iuris Salmanticensis,* Vol. 8, Núm. 2 (2020), Crónica de Legislación, pp. 285-287.

de reestructuración, insolvencia y exoneración de deudas, y por la que se modifica la Directiva (UE) 2017/1132[5] (en adelante Directiva sobre reestructuración e insolvencia), en septiembre de 2022 vio la luz la actual Ley 16/2022, de 5 de septiembre, de reforma del texto refundido de la Ley Concursal[6]. En la citada Directiva el legislador europeo toma conciencia de la necesidad de establecer mecanismos prevengan las situaciones de insolvencia extrema y permitan establecer herramientas de alerta temprana ante las dificultades financieras del empresario o profesional. Además, estos mecanismos permiten el acceso de terceros, que hasta ese momento no tenían acceso a la información del deudor y compartan las suyas propias como pueden ser administraciones públicas tributarias o de la Seguridad Social, coordinándose así el sector público y privado ante deudas empresariales. Así mismo, se centra en la mejora de la legislación vigente en torno a los planes de reestructuración de las deudas, mecanismos para facilitar su negociación, conformación de los mismos por la autoridad judicial competente[7], etc.

Todo ello, ha dado como resultado una nueva y profunda modificación del texto refundido que afecta a más de un tercio de la totalidad de su articulado. Sin embargo, han quedado fuera y por lo tanto han sido centro de las críticas, la necesidad de ampliación del número de juzgados mercantiles en nuestro territorio, así como la insuficiencia de medios humanos y materiales para cumplir con las exigencias para una eficacia plena de su articulado[8]. De nuevo nos encontramos con una Ley de coste cero para la Administración del Estado y de un alto coste para todos los operadores que deben hacerla realidad. No obstante, la reforma cuenta con innumerables mejoras como un enfoque menos judicializado, más transaccional, con mejoras en los mecanismos preconcursales y reservando la fase de liquidación a empresas inviables.

---

5 DOUE núm. 172, de 26 de junio de 2019.

6 BOE núm. 214, de 06/09/2022.

7 MORALEJO MENÉNDEZ, I., "Directiva (UE) 2019/1023, del Parlamento Europeo y del Consejo, de 20 de junio de 2019, sobre marcos de reestructuración preventiva, exoneración de deudas e inhabilitaciones y sobre medidas para aumentar la eficiencia de los procedimientos de reestructura", *Revista AIS: Ars Iuris Salmanticensis*, Vol. 7 Núm. 2 (2019), Crónica de Legislación, pp. 292-297.

8 FERNÁNDEZ SEIJO, J.M., "Diálogos para el futuro judicial L. La reforma de la Ley Concursal", *Diario La Ley*, Nº 10131, Sección Plan de Choque de la Justicia / Encuesta, 15 de Septiembre de 2022.

III. FASES DIGITALIZABLES DEL PROCESO CONCURSAL

Iniciando nuestro análisis por el primer eslabón de un proceso concursal. La reciente introducción de la figura del experto en reestructuración que tiene como función recabar ofertas de terceros para la adquisición, con pago al contado, de una o de varias unidades productivas de que sea titular el solicitante del concurso, aunque estas hubieran cesado en la actividad, en virtud del artículo 224 y siguientes, es una labor en la que la digitalización puede jugar un papel más que determinante. A través de Internet se le puede dar difusión a las ofertas sobre estas unidades productivas, de modo que se puede llegar a un mayor número de personas. Pero, además, la asistencia de la inteligencia artificial en este tipo de transacciones puede darle al experto una predicción de diversos parámetros como puede ser el precio orientativo que puede recibir o el tiempo medio que puede tardar en recibir ofertas sobre estas unidades productivas. Es evidente que hasta llegar a este punto la inteligencia artificial deberá ser alimentada con datos previos de transacciones anteriores.

La mayor disponibilidad de las partes del proceso concursal, extendiendo las posibilidades de mediación y negociación con el solicitante pueden dar lugar a cierta inseguridad jurídica dentro del ámbito jurisdiccional, en el sentido de que pueden percibir que el proceso escapa de su intervención. Sin embargo, a través de los medios digitales dotados con inteligencia artificial que planteamos en este trabajo, se permite que la autoridad judicial pueda tener ese control o fiscalización del proceso concursal en todo momento, teniendo acceso al minuto de la situación del proceso y sin precisar del antiguo llamamiento al administrador concursal para una información sobre el estado del procedimiento. Así mismo, los jueces pueden utilizar estos mismos cauces electrónicos para comunicarse con el administrador y solicitar determinadas aclaraciones o plantear dudas sobre aspectos concretos de la administración del concurso.

1. Los ODR predictivos para la reestructuración de las deudas

Una de las innovaciones más importantes de la nueva Ley 16/2022, de 5 de septiembre es sin duda la sustitución de los antiguos acuerdos de refinanciación por los planes de refinanciación del Libro II. Este cambio, da lugar a una verdadera capacidad negociadora de las partes. No obstante, este cambio no es sencillo, sino que tendrá que venir acompañado de mucha didáctica, formación y sobre todo mentalización respecto de la situación de la empresa en riesgo y del sector, así como un conocimiento transparente de las obligaciones, vencimientos y pagos a los que la compañía en riesgo podrá afrontar en los próximos dos años, en virtud del nuevo artículo 584 LC. De este modo, el consejo u órgano de administración de la empresa deberá tener una previsión de probabilidad de insolvencia a dos años y contando con esa capacidad de diligencia. Así, en esa alerta temprana de dos años podrá iniciar la fase de preconcurso para intentar realizar una reestructuración de sus deudas[9] y por tanto poder iniciar un periodo de negociaciones con sus acreedores que en este momento es de 6 meses y de esta manera proteger los actos en ejecución de los planes de reestructuración y la financiación interna. Eso sí, siempre que el plan sea homologado judicialmente, convirtiéndose en un instrumento para la reestructuración efectiva de las deudas[10]. Es en esta fase donde encajan a la perfección los mecanismos ODR que analizaremos brevemente en el presente apartado como herramientas para la tutela de los créditos de los empresarios y creadas por la propia Administración.

Si bien, la falta de una cultura de la negociación, la conciliación y la mediación principalmente[11], nos ha llevado a tener grandes déficits de justicia restaurativa en nuestro país[12]. No obstante, si han sido métodos desarrollados y explorados por la jurisdicción civil, principalmente en Derecho de familia, en la jurisdicción social e incluso en la jurisdicción penal. Sin embargo, a pesar de ser métodos perfectamente adaptados y adaptables al ámbito mercantil han sido levemente incorporados a la legislación del ámbito comercial y más aún han sido cuasiajenos al proceso concursal, a excepción de la mediación introducida por la actual reforma de la Ley 16/2022. Con esta nueva legislación concursal, donde se le atribuye más poder de decisión y de negociación al acreedor y donde se flexibilizan las encorsetadas normas concursales es el momento de plantear la utilización

---

9 ALBIOL PLANS, J., "Diálogos para el futuro judicial La reforma de la Ley Concursal", *Diario La Ley,* Nº 10131, Sección Plan de Choque de la Justicia / Encuesta, 15 de Septiembre de 2022.

10 ESCALADA LÓPEZ-IBOR, A., "Diálogos para el futuro judicial La reforma de la Ley Concursal", *Diario La Ley,* Nº 10131, Sección Plan de Choque de la Justicia / Encuesta, 15 de Septiembre de 2022.

11 En este caso dejamos fuera el arbitraje por ser un método heterocompositivo donde un tercero impone su voluntad y para ello ya tenemos el sistema judicial planteado en la Ley Concursal.

12 MARCOS FRANCISCO, D., "Reflexiones en torno a los MASC en el Anteproyecto de Ley de medidas de eficiencia procesal", *Meditaciones sobre mediación (MED+),* Ed. BARONA VILAR, S., Tirant Lo Blanch, 2022, pp. 63-66.

de mecanismos extrajudiciales para la insolvencia, hasta ahora solo utilizados como ultima *ratio* para la satisfacción de acreedores en masa[13].

En este sentido, los ADR, es decir, los mecanismos de resolución de conflictos presenciales tradicionales sabemos que en ocasiones son criticados por la lentitud de las sesiones hasta lograr la conveniencia del acuerdo. Si bien, estas sesiones y esta presencialidad es necesaria por tratarse de materias vinculadas a la familia, a los sentimientos de las partes y donde se ahonda en la problemática social de cada conflicto. Por el contrario, en el ámbito de la insolvencia la esfera emocional queda fuera de las discusiones económicas. Por ello, en el presente trabajo proponemos como un medio para la resolución de estos conflictos de deuda los ODR, es decir, mecanismos de resolución de conflictos, pero utilizados únicamente en la esfera online. Si bien, existen unos ODR que son más propicios para estos acuerdos, que otros.

1.1. Blind Bidding

En primer lugar, los sistemas de *blind bidding* o de pujas a ciegas pueden ser un gran acierto. Estos sistemas permiten al acreedor introducir una cantidad que esté dispuesto o que pueda aceptar del deudor, incluyendo un margen porcentual o de rango a partir del cual también aceptaría la oferta. Por otro lado, el deudor hará exactamente lo mismo, una oferta de una cantidad por la cual se podría liberar de su deuda sin continuar con el proceso concursal, además de ofrecer un margen porcentual o rango que también estaría dispuesto a pagar. Si bien, estas ofertas son ciegas, es decir, acreedor y deudor no conocen las cantidades introducidas por sus contrarios, ni los márgenes de aceptación. En caso de que las ofertas coincidan o bien estén dentro de los rangos o márgenes marcados el sistema electrónico notificará a ambas partes la cantidad por la que han llegado a un acuerdo y que deberá ser desembolsada por el deudor. Este sistema denominado de puja a ciegas podría a su vez incluir una predicción del gasto y del endeudamiento final en caso de resolverse favorablemente para que el deudor sea consciente de la necesidad de llegar a un acuerdo. Así mismo, el sistema podría habilitarse para darle una predicción al acreedor, en caso de no llegar a un acuerdo a través de este sistema, del tiempo que

[13] SERRANO SÁNCHEZ, M., "Diálogos para el futuro judicial. La reforma de la Ley Concursal", *Diario La Ley*, Nº 10131, Sección Plan de Choque de la Justicia / Encuesta, 15 de Septiembre de 2022.

tardaría en cobrar si sigue el proceso concursal habitual y conociendo el software el estado actual de las cuentas y patrimonio del deudor. Con toda esta información, los acreedores podrían hacer un mayor esfuerzo por llegar a ese acuerdo, aunque tengan que renunciar a parte de la deuda si esto les asegura percibir antes el dinero y asegurar este cobro. Todo ello, sin necesidad de acudir a ninguna sede física, enfrentarse a terceros, ni tener que ajustarse a un horario concreto. Sino que estas pujas u ofertas las realizará cada parte desde su ordenador personal y en el momento que mejor se adapte a su horario.

Este sistema de *blind bidding* es el más apropiado para llegar a acuerdos puramente económicos cuando aún el conflicto no está muy enquistado. De modo, que se ajusta a la perfección a la etapa de preconcurso, cuando el deudor ya se ve ajustado por las deudas y cuando el acreedor tiene un momento perfecto para poder cobrar antes de verse envuelto en toda la tramitación procesal y judicial que conlleva el concurso de acreedores. No obstante, no es el único ODR que podemos utilizar, aunque si quizás el más inocuo o con menor implicación de terceros.

1.2. Herramientas de diagnóstico

Una vez no es posible llegar a un acuerdo mediante una puja a ciegas electrónica, podemos acudir a herramientas de diagnóstico. Estos sistemas pretenden ser una herramienta de apoyo a las negociaciones y las mediaciones en curso, a través de recomendaciones fruto de algoritmos que combinan por un lado el historial de las partes con las experiencias previamente cargadas o aprendidas por la inteligencia artificial[14]. Las pretensiones de estas herramientas son sin duda muy loables, sin embargo, actualmente el *big data* que tiene que alimentar a estos sistemas con los datos sobre experiencias previas para que la inteligencia artificial sea capaz de aprender los patrones no es suficiente para ofrecer consejos o apoyos certeros a las partes, lo que no quita, para que en un futuro estas herramientas si puedan hacerse realidad. Esta asistencia de la máquina, sin llegar a decidir por el humano que negocia o media con su contraparte pueden ser tremendamente útiles y apropiadas para los procesos concursales, incluso para los propios administradores concursales, si bien, cuando estas puedan hacerse realidad, para lo que habrá que esperar.

---

14 CATALÁN CHAMORRO, M.J., *El Acceso a la Justicia de Consumidores: los Nuevos Instrumentos del ADR y ODR de Consumo,* Tirant Lo Blanch, Valencia, 2019, pp. 279-280.

1.3. Negociación asistida

Otra herramienta que podríamos utilizar para llegar a un acuerdo entre deudor y acreedor concursal pero dentro de unos parámetros vigilados o de un ambiente controlado por el propio administrador concursal es la negociación asistida. Esta negociación asistida, generalmente utilizada en reclamaciones de consumo donde se le limitan las respuestas al consumidor para llegar a un acuerdo con el comerciante sobre cómo van a resolver el conflicto por el bien o servicio recibido, podemos encontrarla en las plataformas de venta más importantes del mundo como Amazon o EBay[15], también puede ser adaptada para el proceso concursal. Así las cosas, a través de un sistema de preguntas sencillas, los deudores podrán dar salida a sus conflictos y llegar a acuerdos sobre cómo y cuándo se obligan a satisfacer su deuda. Y, por otro lado, el acreedor, podrá o no aceptar esos términos que le plantean, así como ofrecer, a través de este mismo sistema de preguntas sencillas otro acuerdo similar al propuesto pero que se ajuste más a sus necesidades. En este software ya no participarán en solitario acreedor y deudor, como en los anteriormente estudiados, sino que en este sistema el administrador concursal podrá actuar como mediador y visar que los acuerdos adoptados sean conformes a Derecho y a la propia Ley Concursal.

1.4. Mediación y conciliación online

Y finalmente, podríamos acudir a la mediación o la conciliación online. No obstante, debemos advertir que estos sistemas de resolución de conflictos si cuentan con unas fórmulas más rígidas, que pueden ralentizar el proceso preconcursal. Por un lado, la mediación online podría ser llevada a cabo por el propio administrador concursal o por el Letrado de la Administración de Justicia, ambos conocedores del estado del concurso y de los límites legales del mismo serían los facilitadores perfectos para guiar el conflicto hacia una resolución adecuada de la deuda para ambos. Y, por otro lado, si nos situásemos en una conciliación online, de nuevo tanto el administrador concursal, como el Letrado de la Administración de Justicia podrían actuar en este caso como conciliadores, dando una propuesta de resolución o aconsejando

---

15 *Ibidem.* pp. 280-286.

a través de diferentes propuestas para que el deudor pueda cumplir con la deuda de una manera más sencilla que con la liquidación de bienes imprescindibles para su patrimonio. Ambas herramientas se pueden desarrollar en el ámbito online, a través del intercambio de correos electrónicos, audiencias o entrevistas a las partes o vistas comunes a través de videoconferencias. De este modo, se evitan desplazamientos innecesarios, aunque si requerirán sesiones síncronas donde deban estar conectadas a la vez todas las partes con las que se esté intentando llegar a un acuerdo para garantizar la voluntad con conocimiento emitida por las partes en los acuerdos.

1.5. Eficacia de los ODR

Los acuerdos de los ODR vistos en este apartado tienen fuerza de contrato entre las partes y por lo tanto pueden despertar cierta intranquilidad o dudas sobre el cumplimento voluntario del pacto por parte del deudor. Por ello, una vez adoptado el pacto o acuerdo podrán elevarlo al juez encargado del concurso para que mediante auto lo eleve a la categoría de título ejecutivo. Así, en caso de incumplimiento, la parte podría llevarlo directamente a un procedimiento de ejecución forzosa judicial.

Debemos apuntar que dejamos fuera de esta clasificación al arbitraje online, ya que esta figura cuenta con una normativa más estricta para su desarrollo, las tasas de los árbitros suelen ser altas y está indicada para resolver problemáticas más conflictivas jurídicamente que una simple reclamación de cantidad sin implicaciones legales o contraposición de posturas. Por ello, el arbitraje quizá no es una figura apropiada para la rapidez y la sencillez que precisan este tipo de acuerdos concursales.

En definitiva, en este apartado proponemos una salida diferente, más adaptada y adaptable a las necesidades de las partes, siempre que la reestructuración o el pacto quepa y no vaya en contra de la legislación vigente y por supuesto, tampoco afecte negativamente al resto de concursados. Estas son, por tanto, destinadas a situaciones de Derecho preconcursal previas a la insolvencia donde aún queda cierto margen de maniobra para los deudores.

2. Las posibilidades digitales del procedimiento especial para microempresas

La nueva Ley 16/2022 que reforma la Ley Concursal abre la puerta a un nuevo procedimiento especial para que aquellas empresas que contando con una media de diez trabajadores y cuyo volumen de negocio sea inferior a setecientos mil euros o su pasivo sea inferior a trescientos cincuenta mil euros, en virtud de las últimas cuentas cerradas del ejercicio anterior, pueda optar a solicitar este procedimiento. Para su solicitud no es necesario estar en insolvencia en ese momento, sino que puede estar en una situación probable de insolvencia o insolvencia inminente, lo que nos lleva de nuevo a estas medidas de prevención de la insolvencia. Si bien, este procedimiento no viene excluido de la polémica ya que en él se prescinde de la figura del administrador concursal y además no será preceptivo el nombramiento de experto. Por ello, fundamentalmente en la esfera de los despachos de abogados dedicados a los concursos de acreedores se alegan peligros de inseguridad jurídica, mermas en las garantías del proceso y hasta la vulneración de la tutela judicial efectiva de los interesados[16].

Por otro lado, el ámbito judicial es más optimista con la reforma, aunque para hablar del éxito de este procedimiento debemos esperar a su desarrollo reglamentario y ver cómo se ejecuta en el tiempo[17]. Seguramente con el tiempo se precisarán reglamentos de desarrollo sobre todo para la planteada plataforma telemática de liquidación que como veremos, consiste en un portal público electrónico para la venta de los activos de las empresas en liquidación, que incluirá un catálogo integrado por los bienes que vayan siendo añadidos a través de comunicación por los deudores o por los administradores concursales tras la apertura de un procedimiento especial de liquidación. Esta plataforma será utilizada para la comunicación de actuaciones entre deudor, acreedores y oficina judicial. Así mismo, esta plataforma de venta telemática de activos permitirá la introducción de formularios que empleen el uso de inteligencia artificial para de esta manera mejorar el propio procedimiento a futuros, tras conocer la utilización y las mermas de la plataforma a través de las estadísticas concursales y datos obtenidos por la inteligencia artificial. También se prevé el volcado de estos datos en el nuevo Registro Concursal cuando este sea puesto en marcha.

---

16 SERRANO SÁNCHEZ, M., "Diálogos para el futuro judicial. La reforma de la Ley Concursal", *Diario La Ley, op. cit.*

17 FERNÁNDEZ SEIJO, J.M., "Diálogos para el futuro judicial L. La reforma de la Ley Concursal", *Diario La Ley, op. cit.*

Sin duda, un escenario cuanto menos atractivo y excitante desde el punto de vista doctrinal y académico, del que tenemos muchas ganas de conocer sus primeros datos tras su puesta en marcha, que, aunque está prevista para inicios de 2023, la creación de esta plataforma y su software puede hacer que se ralentice su estreno. No obstante, echamos en falta, a pesar de que estos procedimientos a través de la plataforma ofrecerán una mayor transparencia a los mismos respecto de las partes del proceso, no existe ninguna previsión en la que el ejecutivo se obligue a presentar una memoria o informe sobre la marcha de esta plataforma, que nos haga conscientes a la ciudadanía de la importancia y del éxito que este procedimiento puede llegar a tener para la vida económica de nuestro país, donde las microempresas o micropymes ocupan un altísimo porcentaje de los concursos de acreedores.

2.1. Ventajas, riesgos y límites de la plataforma de liquidación

La digitalización de los procesos concursales de microempresas conlleva diversos beneficios. Entre los más destacables podemos señalar, por un lado, el ahorro de costes y, por otro lado, la transparencia y la publicidad de lo que hasta ahora había sido una especie de coto cerrado en cuanto a la compra y venta de activos.

A través de la plataforma telemática ahorraremos entre otros los gastos que ocasionan la externalización de las ventas de activos y cuyos gastos de externalización no quedan cubiertos por el procedimiento, aumentando el coste para el comprador final, ya que generalmente los administradores concursales no quieren asumir esos gastos restándolos de sus honorarios. Además, la publicidad y la transparencia de los concursos de acreedores han sido siempre el talón de Aquiles. Esta cuestión viene a ser solventada por esta plataforma pública, gratuita y telemática que estará respaldada por el ámbito institucional y la veracidad de sus informaciones.

No obstante, preocupa mucho al sector de los administradores concursales el hecho de que la plataforma sea alimentada por el propio deudor en concurso, ya que apuntan que este no tendrá interés en liquidar de forma ordenada sus activos, sino que intentará rehacer su patrimonio alargando el proceso concursal[18]. En la misma línea se pronuncian sobre

18 CAICOYA CECCHINI, C., "Diálogos para el futuro judicial. La reforma de la Ley Concursal", *Diario La Ley*, N° 10131, Sección Plan de Choque de la Justicia / Encuesta, 15 de Septiembre de 2022.

otras labores que deberá realizar el propio concursado como guarda y custodia de los activos, redacción de los contratos de compraventa, alzamiento de las cargas sobre los activos, redacción de los contratos, altas y bajas de vehículos en tráfico, cambios de titularidades en los registros de la propiedad o mercantiles, emisión de facturas, liquidación de impuestos fruto de las trasmisiones, etc. Tareas que en muchas ocasiones conllevan la necesidad de contar con conocimientos jurídicos o de gestión de empresas de un nivel al que el deudor gestor de la plataforma le pueden ser difícilmente alcanzables sin el asesoramiento de un administrador concursal o bien de un jurista especializado en estos trámites.

En definitiva, esta plataforma parte con muchas ventajas, muy buenas y beneficiosas no solo para el propio deudor sino para todas las personas que potencialmente van a poder acceder a la misma para adquirir activos que les puedan ser de interés. Pero también con riesgos que no debemos olvidar, puesto que dejamos un proceso judicial, administrado en un ambiente controlado, donde hasta ahora los administradores concursales que los han gestionado contaban con una formación especial para este tipo de procedimientos y que pasa a estar en manos de deudores que van a gestionar su propio patrimonio, pero que además tendrán que hacer frente a un sinfín de tareas con múltiples casuísticas, en las que como veremos, la inteligencia artificial no siempre tiene respuesta.

2.2. El futuro de la plataforma de liquidación concursal

Hasta ahora hemos descrito como la Ley plantea someramente el funcionamiento de esta plataforma, pero sin duda le hará falta una buena dosis de desarrollo reglamentario o como prevé la propia Ley a través de orden ministerial que establezca e introduzca aplicaciones dentro de la plataforma. Posiblemente, se inicie como una plataforma telemática y de mero trámite, pero en la que se instalarán softwares básicos de inteligencia artificial, que sean capaces de comenzar a captar los datos derivados de los procesos que se van solventando, de las fórmulas para la liquidación y la problemática adyacente a cada una de las fases de la liquidación. De esta manera, a través de la tecnología del *machine learning*, la propia plataforma irá aprendiendo y sugiriendo mejoras para implementar las funcionalidades dentro de la misma, lo que nos llevaría a una nueva dimensión de la gestión concursal, más allá de lo que el legislador ha previsto.

2.2.1. *La veracidad de los datos introducidos*

Aunque el legislador ha planteado la plataforma de liquidación de una forma similar al actual tablón edictal único[19] y al portal de subastas del BOE[20], existe una diferencia inicial que diverge radicalmente de la plataforma. Mientras el portal de subastas y el tablón edictal[21] único son alimentados solamente por funcionarios encargados de su mantenimiento y los datos son proporcionados por fedatarios públicos, la plataforma de liquidación será alimentada por cada uno de los deudores que inicien sus procedimientos concursales. No obstante, la propia legislación prevé responsabilidades para aquellos deudores que introduzcan datos falsos u omitan información relevante sobre los activos -artículo 688 LC.-.

Sin embargo, no es difícil adivinar que, si esta plataforma es alimentada con inteligencia artificial, será capaz de cruzar datos con los registros públicos, con el estado de cuentas bancarias, con previsiones para activos similares y podrá alertar de posibles incoherencias entre lo que estima la máquina y los datos introducidos por el deudor concursal. Así, el gestor deudor deberá ser advertido de que serán comunicadas al órgano judicial competente aquellas incoherencias detectadas entre lo declarado por este en la plataforma y la información que obre en poder de la Administración del Estado, pudiendo ser llamado a declarar con la finalidad de que aclare esas dudas, a priori surgidas en la plataforma, pero a las que el órgano jurisdiccional tampoco encuentre explicación lógica según su leal saber y entender.

La inteligencia artificial de la plataforma no solo podrá alertar de incoherencia o incorrecciones en los datos aportados por el deudor concursal, sino también de lentitud en las liquidaciones o dilaciones indebidas en los procesos. Como veíamos anteriormente, uno de los riesgos a los que apuntaban los administradores concursales era esa demora en la liquidación por los propios concursados con la finalidad de intentar buscar una mejor salida para su situación económica. A través de la inteligencia artificial se podrá demostrar la dilación de un proceso respecto a otros con características similares, momento en el que la autoridad judicial podría sancionar al concursado o incluso quitarle la potestad de autogestión del mismo.

---

19 Disponible en: https://www.boe.es/notificaciones [Consultado el día 7 de octubre de 2022].

20 Disponible en: https://subastas.boe.es/ [Consultado el día 7 de octubre de 2022].

21 MARCOS FRANCISCO, D., ¡Se acabó la dispersión! El Tablón Edictal Judicial Único, *Actualidad jurídica Aranzadi*, Nº 975, 2021.

2.2.2. Formularios e itinerarios inteligentes

La Ley prevé la existencia de formularios normalizados electrónicos, predeterminados, accesibles en línea, sin coste, donde poder cumplimentar y enviar la información necesaria en cada fase del procedimiento. En un primer momento, estos formularios han sido duramente cuestionados por la doctrina y la práctica, ya que no confían en que los concursados, sin formación especializada en el ámbito mercantil puedan hacer uso de estos formularios con suficiente acierto.

Estos formularios serán utilizados desde para solicitar la apertura del proceso o impugnar el auto de apertura, hasta para realizar los actos de comunicación necesarios con el juzgado o con las partes o solicitar la homologación judicial del plan de liquidación. A su vez los terceros y acreedores podrán utilizar estos formularios normalizados para solicitar el inicio del concurso o su inclusión en el mismo como acreedor, para realizar alegaciones a la cuantía, características o naturaleza de su crédito o del inventario de la masa activa, denunciar el incumplimiento del plan de liquidación o para votar. Estos formularios también deberán ser usados por los interesados para mostrar interés por adquirir la empresa o la unidad productiva, así como para comunicar inexactitudes en los datos proporcionados por el concursado.

Así mismo cualquiera de las partes podrá, a través de estos formularios, solicitar la suspensión de la ejecución o impugnar la suspensión, así como requerir la limitación de las facultades de administración y disposición del deudor o pedir el nombramiento de un experto en la reestructuración.

El concursado -o el administrador concursal en caso de que exista- deberá realizar un informe de liquidación mensual mediante formulario normalizado a los acreedores y al Letrado de la Administración de Justicia, así como el informe final de liquidación solicitando la conclusión del procedimiento.

Si bien la Ley 16/2022 incluye la salvaguarda de que todos los formularios emitidos se albergarán en repositorios gestionados por el órgano judicial competente y pueda almacenarse en el Registro Mercantil[22].

Hasta aquí, lo que prevé la *lege lata* no son más que documentos con formato pdf. normalizados, descargables, rellenables y que posteriormente deberán ser subidos a la plataforma por los concursados. Como podemos ob-

---

22 RUBIO VICENTE, P.J., "Aspectos controvertidos de la tramitación del procedimiento especial de liquidación de microempresas", *Diario La Ley*, Nº 10135, Sección Tribuna, 21 de Septiembre de 2022.

servar, un sistema bastante rudimentario desde el punto de vista digital, que si no se moderniza y se actualiza puede ser el punto débil por el que todo este sistema caiga como un castillo de naipes. Por ello, lo que aquí proponemos es dar un paso más en la digitalización de la plataforma de liquidación.

La plataforma de liquidación, y el procedimiento especial para microempresas que se establece en la misma, debe ofrecer un itinerario virtual inteligente e intuitivo donde el empresario o profesional vea la hoja de ruta marcada por la Ley de manera interactiva y donde se le notifiquen alertas en caso de no haber cumplimentado parte de esos formularios, de no haber completado alguna información necesaria o si el formulario adjuntado no cabe en esa fase del procedimiento. En la actualidad, estamos capacitados para realizar programas informáticos atractivos e intuitivos para el ciudadano que den poco margen de error a los mismos. De esta manera, no solo minimizamos los riesgos que apuntaban los administradores concursales, sino que también mejoramos la confianza de los propios concursados autoadministrados. Además de limitar la capacidad del propio concursado de dilatar fraudulentamente el concurso o de ordenar las deudas de manera inexacta, ya que la propia inteligencia artificial le impedirá continuar con el trámite y para continuar con el mismo necesitará un visado o autorización especial por parte del Letrado de la Administración de Justicia una vez comprobada la inexistencia de fraude o inexactitud en el procedimiento.

El diseño de un itinerario para el procedimiento, para cada parte activa o pasiva del mismo que aporte o necesite alegar algún dato es esencial para que no se pierdan en la amalgama de documentación prevista. Como sabemos, procesalmente no solo es importante plantear las cuestiones en tiempo sino también en forma, debiéndose tener en cuenta tantos pormenores que salvo que la plataforma no les vaya indicando el camino o bifurcaciones probables en el mismo, el riesgo a que las partes se pierdan en el mismo es muy alto.

Así las cosas, si podremos jactarnos de la creación un proceso concursal autogestionado por microempresas de manera telemática con supervisión judicial. Sin embargo, sin la suficiente inversión en una plataforma segura, interactiva, intuitiva y sobre todo bien planteada desde un inicio difícilmente podremos asegurar un éxito de este procedimiento. Y a pesar de que esta plataforma que planteamos puede ser una realidad, la escasez de tiempo para la entrada en vigor y puesta en funcionamiento de la misma, hace presagiar que esta plataforma se iniciará con unos medios rudimentarios y poco intuitivos para los primeros valientes que se atrevan a hacer uso de este recurso legal tan ventajoso.

2.2.3. *Chatboots*

Aunque no está prevista en la Ley 16/2022 la inclusión de robots o de asistencia remota telemática, si conocemos otras plataformas creadas por el actual ejecutivo que cuentan con este tipo de herramientas que facilitan al ciudadano la realización de sus trámites y la resolución de las dudas que les pueden surgir cuando se enfrentan a la Administración electrónica. En este caso, a pesar de que estemos tratando un proceso judicializado y con cierta especialización, se trata de una autogestión de parte del proceso. Este procedimiento, además de las dudas que acarrea por el simple hecho de ser algo nuevo para los concursados, se le unen las incertidumbres de ser un procedimiento recientemente legislado, con pocas experiencias previas y del que difícilmente se encontrarán respuestas a las preguntas realizando una búsqueda breve a través de Internet.

Si bien, posiblemente el ejecutivo, en la web del Ministerio de Justica que albergará la plataforma establecerá una serie de documentos con preguntas frecuentes tanto del ámbito informático, como de la propia tramitación del procedimiento. No obstante, sería más útil contar con un chatboot, siempre presente en una esquina de la pantalla, al que se le puedan formular preguntas sobre la fase del procedimiento en la que se encuentre el ciudadano. Así, de una manera más ágil el intuitiva se aportará más confianza a las partes que participen en el procedimiento a través de la plataforma.

En ocasiones también a los ciudadanos les cuesta encontrar respuestas a través de documentos oficiales interminables, incluso porque su formación no es tan especializada y les cuesta comprender determinados términos, por ello, los chatboots que utilizan lenguaje sencillo pueden ser una salida para las dudas planteadas. Con todo, seguro que en multitud de ocasiones nos hemos enfrentado a un chatboot, posiblemente poco entrenado, que no se ha acercado a la respuesta que buscábamos y que por más repreguntas que le planteábamos no nos han sacado de nuestras incertidumbres. Por ello, creemos que es necesario, no solo implementar la plataforma con chatboots que deben contar con un entrenamiento previo y estar alimentado con suficientes datos para ofrecer un servicio de calidad, sino que además es importante que como último responsable siempre esté al mando un humano. De modo, que a pesar de que todas estas innovaciones tecnológicas pueden venir a mejorar la puesta en marcha de la plataforma y de los usuarios de la misma, siempre debe existir la posibilidad para estos usuarios de conectarse o hablar telefónicamente con un humano al que le puedan plantear su duda si estos cauces previos no le han solventado su problemática.

IV. HERRAMIENTAS DE JUSTICIA PREDICTIVA PUESTAS EN MARCHA Y SUS MEJORAS

Hemos visto como existen sistemas que nos pueden ayudar en un futuro inmediato con los procesos concursales. Sin embargo, en el presente apartado analizaremos las herramientas puestas en marcha por la nueva Ley 16/2022 y cómo estas pueden ser implementadas con una mayor carga de inteligencia artificial para que puedan darnos unos mejores resultados de los que a priori señala el legislador.

1. Web para el autodiagnóstico empresarial

El legislador europeo a través de la Directivas (UE) 2019/1023 ha puesto el acento en la importancia de la prevención de las situaciones ruinosas en las empresas y sociedades del espacio europeo. En la transposición española esta prevención ha tenido su traducción -entre otras herramientas- en la Disposición adicional quinta de la Ley 16/2022, dedicada a la creación de una web para el autodiagnóstico de salud empresarial. Para ello, el Ministerio de Industria, Comercio y Turismo ha habilitado una dirección web[23]. Esta herramienta realmente predictiva ofrece un servicio de autodiagnóstico que permite a las pequeñas y medianas empresas evaluar su situación de solvencia.

No obstante, si vamos a la herramienta concreta podemos advertir, que aunque utiliza inteligencia artificial, es bastante sencilla en su uso. Actúa de una forma similar a la ya explicada negociación asistida, es decir, a través de un diagrama de árbol, el sistema va indicando la probabilidad de llegar a un resultado u otro. De esta manera, al empresario que se adentre en esta herramienta se le realizarán una serie de preguntas encadenadas en función de las respuestas emitidas previamente. El cuestionario se centra en seis bloques básicos en los que fija la viabilidad o el riesgo de encontrarse en situación ruinosa en los próximos tiempos o en el momento actual para un negocio concreto. El primer bloque se centra en la planificación y control donde se le pregunta al empresario por ejemplo si tiene claro cómo va a evolucionar su negocio en el próximo año, es decir a corto plazo, si la contabilidad de su negocio está al día y es fiable, si las cuentas de la empresa han sido auditadas -imaginamos que por un experto- en los

---

23 Disponible en: https://saludempresarial.ipyme.org/Home, visitada el día 13 de octubre de 2022.

últimos 12 meses, si se realizan previsiones de flujo de caja regularmente, si conoce las deudas de su negocio, así como el vencimiento de las mismas y los deudores. Además, el programa pregunta en este primer bloque si existe un seguimiento regular de los objetivos o si el negocio tiene seguros de incendios u otras contingencias.

En el segundo bloque dedicado a las relaciones comerciales con sus clientes y proveedores se pregunta sobre si considera que tiene alguna ventaja comparativa única frente a sus competidores directos, si el negocio está perdiendo ventas, si depende de pocos clientes o si tiene pocos proveedores y si estos son de poca duración, así como si tiene conocimiento de que las opiniones de sus clientes han empeorado en los últimos meses.

En el tercer bloque que versa sobre recursos humanos, familia y vida personal se enfoca en conocer si la disponibilidad del personal por bajas o ausencias del mismo afectan negativamente al negocio, si este absentismo ha crecido últimamente o si el empresario suele pagar el sueldo tarde e incluso si el propio empresario coge vacaciones para desconectar. En cuanto al empresario también se le pregunta sobre si considera que su formación y conocimientos están al día o si ha planificado el impacto ante una eventualidad como un accidente o una incapacidad del empresario e incluso de una ruptura sentimental o un acontecimiento familiar desafortunado.

En el cuarto bloque, basado en analizar la situación de las finanzas y la gestión económica, posiblemente el bloque más importante de todo el cuestionario se basa tanto en problemáticas sobre el stock en cuanto a si el motivo de su aumento es por descenso de ventas o si es porque los costes han subido. En cuanto a sus proveedores pregunta si le han negado servirle a crédito, si se ha buscado financiación de capital y se le ha denegado el crédito, si puede cumplir con los acuerdos de préstamo ya firmados o si está aumentando las cantidades de préstamo. En cuanto a la liquidez del negocio se interpela sobre si la falta de liquidez obliga a retrasar las compras planificadas o a retrasarlas, si se están vendiendo activos para mantener el negocio o si existen descubiertos en las cuentas bancarias, así mismo se cuestiona si ante las situaciones de falta de dinero se han solicitado aplazamientos o fraccionamiento de pagos a la administración tributaria. Finalmente pregunta sobre si los efectos negativos del negocio se derivan de sus gastos personales, si el empresario tiene un salario mensual para gastos privados o si coge directamente el dinero que necesita del negocio.

Y por último el quinto bloque se centra en conocer el grado de apoyo y asesoramiento legal que tiene el empresario y los conocimientos sobre este asesoramiento del mismo. Así pregunta ante problemas financieros en el negocio con quien consulta, pudiendo en este punto marcar todas las variables que considere y entre las opciones se encuentran acreedores públicos como la seguridad social o la administración tributaria y acreedores privados como el cónyuge o los socios, otros empresarios, asesoramientos gratuitos, asesores privados, otros o sencillamente que no consulta con nadie porque puede hacer frente a esos problemas por sí mismo. Y en el mismo sentido, si recibe asesoramiento profesional de forma regular sobre temáticas como contabilidad, impuestos, medio ambiente, seguridad social, prevención de riesgos laborales, auditoría u otros asuntos legales. En el ámbito más procesal se le pregunta si tiene algún litigio abierto, alguna amenaza de acción legal por impago de deudas o si ha perdido la confianza en la propia gestión de su negocio.

Tras finalizar el test se le reporta al empresario un informe con porcentajes derivados de cada bloque y una serie de recomendaciones genéricas generadas a partir de cada una de las respuestas que haya ido marcando a lo largo del cuestionario. Si bien, no indica una hoja de ruta concreta para el empresario o unas recomendaciones específicas para el caso que hemos planteado. Ya que un simple recuerda que, crees que, tienes una idea de, mantén, es necesario que, sigue buenos principios de... no creo que sean medidas suficientes para la vacunación del negocio como se autodenomina esta propia herramienta.

Si bien se indica que esta herramienta está dirigida únicamente a propietarios de pequeñas y medianas empresas (pymes) y empresarios individuales (autónomos). Evidentemente no le será de utilidad esta previsión a aquellas grandes empresas que quieran visar la salud de sus finanzas. La finalidad es claramente prestar una ayuda para realizar una evaluación del negocio y prevenir posibles dificultades que puedan surgir. Sin embargo, si se advierte de que esta herramienta no proporciona la solución definitiva a los problemas que pudieran existir ni sustituye el análisis que pueda realizar un profesional especializado, es decir, es solo una aproximación. Lo que no podemos llegar a discernir es el grado de acierto o el margen de error de esta herramienta predictiva, ya que simplemente respondiendo a preguntas que según la propia web precisan solamente 15 minutos para contestarlas tampoco podemos hacernos grandes expectativas. Así mismo, sería necesario para la academia que se publicasen los datos sobre las empresas que han consultado esta herramienta durante su primer año de actuación, así como estimaciones de lo que ha podido suponer para la economía española.

Por lo tanto, una herramienta de predictibilidad real, que se plantea dentro del proceso concursal como mecanismo preventivo para las situaciones de riesgo pero que no parece tal o al menos no parece que realmente prediga y sea capaz de "salvar" a un empresario en una situación de riesgo. Máxime cuando el uso de esta aplicación es totalmente autónoma, es decir, sin un apoyo humano ni tan siquiera remoto a través de chat, videoconferencia o teléfono que pueda asesorar en cada una de las preguntas y además se realiza de manera totalmente anónima por lo que tampoco podremos utilizar esos datos para dilucidar la utilidad real de esta herramienta y la repercusión de sus resultados en el tejido empresarial español.

2. *Reglamento de estadística concursal*

Para el despegue definitivo de los sistemas predictivos precisamos como hemos visto a lo largo del trabajo un gran volumen de datos. Estos datos deberán ser procesados e interpretados a través de la estadística. Conscientes de ello, el artículo 29 de la Directiva (UE) 2019/1023, con la finalidad de analizar la eficacia y eficiencia de los mecanismos preconcursales y concursales que hemos visto en este trabajo, compele a los Estados Miembros a la creación de herramientas para poder recopilar y agregar los datos sobre los procedimientos de reestructuración, insolvencia y exoneración de deudas, desglosados por tipo de procedimiento y para ello, hemos previsto en la Ley 16/2022 un Reglamento de estadística concursal.

Sin embargo, hasta que entre en vigor el Reglamento de estadística concursal previsto en la Disposición final decimosexta, se establece que será el letrado de la Administración de Justicia el encargado de remitir al Registro público concursal las resoluciones judiciales que concedan la exoneración provisional con plan de pagos y aquellas que concedan la exoneración tras la liquidación de la masa activa, indicando además si esta persona es o no empresaria.

Una vez más el legislador español empieza la casa por el tejado, y en lugar de poner unos buenos cimientos estadísticos para interpretar las líneas concursales de nuestro país, que permitan poder mejorar las herramientas de predictibilidad y mejorar los procesos tanto preconcursales como concursales autogestionados, dejamos la estadística para un tiempo que aunque determinado para seis meses después de la entrada en vigor de la Ley, sabemos que este tiempo se puede ver ampliado.

3. *Programa de cálculo*

Finalmente, como prácticamente un deseo se plantea en la Disposición adicional tercera la promoción y puesta a disposición de los empresarios y profesionales de programa de cálculo automático del plan de pagos. Esta aplicación pretende incluir distintas posibilidades de planes de continuación para la empresa a través de simulaciones. Además, será accesible en línea y sin coste para el usuario. Posiblemente esta sea la herramienta predictiva más importante junto con la web de autodiagnóstico. Sin embargo, tenemos que apuntar como mermas la falta de una fecha específica o al menos aproximada en el texto legislativo sobre la puesta en marcha de esta aplicación, así como la dificultad para valorarla puesto que no tenemos ni siquiera una versión demostrativa. Por ello, como indicábamos al inicio este programa de cálculo constituye hoy un deseo, en el que podemos tener más o menos esperanzas, pero del que poco podemos comentar o analizar debido a su falta de desarrollo.

4. La importancia de la coordinación

Después de analizar estas nuevas herramientas puestas en marcha en torno al nuevo proceso concursal en el que se le permite al concursado una mayor autogestión y decisión sobre sus bienes y ser conscientes del amplio abanico de posibilidades que la Administración ha puesto en marcha para prevenir las situaciones ruinosas de las empresas de nuestro país, así como las instituciones que aún pueden seguir avanzando en esta senda como el ODR, quizás echamos en falta una mirada integrativa. Vivimos en una sociedad tecnológica y donde el ser humano tiende a ser cada vez menos gregario y más independiente. No obstante, el ser humano y en este caso particular los empresarios y autónomos de nuestro país, en muchas ocasiones no son conscientes de sus propias limitaciones, o más bien de lo limitado de sus conocimientos para enfrentarse según a que retos. Por ello, cuando un empresario o profesional de una micropyme se adentre en las posibilidades que le ofrece esta nueva Ley 16/2022, esperará entrar en un portal web intuitivo, sencillo, accesible, amigable y adaptado a sus conocimientos medios de informática, contabilidad o recursos humanos. Sencillamente porque es lo que está acostumbrado a encontrar en las herramientas privadas que se ofertan para este tipo de servicios. Sin embargo, como hemos apreciado en este trabajo encontramos herramientas muy útiles, que pueden estar más o menos perfeccionadas pero que cada una se sitúa en una web diferente, con una tramitación diferente sin indicar el *journey* o el ciclo que debe seguir el administrado cuando se acerca a estos sistemas.

En definitiva, lo que le proponemos al legislador español que se ha visto presionado por los tiempos de entrada en vigor y por el encaje dentro del proceso concursal de esta nueva directiva y sus aspectos concretos, es que realice una estrategia integrativa y coordinada del proceso concursal. Para ello, se debería poner un especial acento en aquellos puntos en los que se permite esta autogestión o la autotutela para que el empresario decida con conocimientos suficientes el camino a seguir dentro de las distintas posibilidades con las que cuenta para la gestión de sus pagos.

V. LA GESTIÓN DEL CONCURSO POR EL ADMINISTRADOR CONCURSAL

Hasta este momento hemos estudiado las posibilidades que puede proporcionar la Administración de Justicia con sus herramientas predictivas alimentadas con inteligencia artificial a los empresarios de microempresas y autónomos para conocer el riesgo de posibles insolvencias y ofrecerles distintas posibilidades para la reestructuración de sus deudas o para asistirle en caso de que estos decidan gestionar su procedimiento concursal a través de la plataforma de liquidación telemática. Sin embargo, la tecnología y sobre todo la inteligencia artificial también nos ofrece una infinidad de herramientas y aplicaciones que pueden mejorar notablemente esta gestión y en definitiva la vida de los administradores concursales.

Por ello, en el presente apartado nos centramos en futuras herramientas que se pueden implementar por parte de los grandes despachos de abogados que gestionan concursos de acreedores o bien dentro de la plataforma de liquidación o en un aplicativo integral, como señalábamos en el apartado precedente. De manera que permita la gestión de todo el proceso concursal en el mismo y al que puedan acceder todos los agentes que tienen participación en el. Esto es, desde acreedores, deudor o administrador concursal, hasta Letrado de la Administración de Justicia o el propio juez mercantil encargado del concurso.

1. Inventario de los activos y pasivos del deudor

En parte esta función está contemplada en la nueva Ley 16/2022, cuando se indica en el preámbulo de la misma que se volcarán los activos de todos los procedimientos especiales de microempresas en liquidación. Esto hará que se forme un catálogo de bienes que serán organizados y sistematizados por categorías en virtud de criterios comerciales, y enajenables de manera individual o por lotes, dependiendo de la naturaleza de estos. Pero no se vuelve a incidir en este catálogo de bienes a lo largo del articulado por lo que no sabemos cómo será su futuro desarrollo legislativo a pesar de que debería estar también a disposición de los acreedores para conocer el estado del concurso en un momento determinado e incluso donde, a través de la inteligencia artificial, se podría realizar una predicción sobre la fecha aproximada de la resolución de su crédito. Esta inteligencia artificial se puede alimentar de estadísticas por liquidaciones previas de bienes similares y de esta manera sacar la predicción del tiempo restante aproximado hasta su cobro.

Este inventario de activos y pasivos del deudor podrá ser alimentado por diferentes fuentes oficiales verificables como pueden ser la Agencia Tributaria, la Tesorería General de la Seguridad Social o incluso por los bancos donde este deudor tenga cuentas, a través de un volcado de datos. No obstante, además se deberían poder introducir datos sobre otros activos y pasivos de manera manual por los acreedores, por el propio deudor o los administradores concursales, con el consecuente conocimiento de las mismas por las autoridades y por lo tanto protegiendo también la evasión de capitales o el afloramiento de deudas procedentes de la economía sumergida.

Una vez realizado este inventario será mucho más sencillo de gestionar a posteriori un inventario de activos y pasivos público para los interesados, ordenado e informatizado junto con la ayuda de la inteligencia artificial asistencial que asesorará a los participantes durante el proceso.

2. Publicidad del concurso y listado de acreedores

Hasta ahora, la publicidad de los concursos es realizada a través del edicto relativo a la declaración de concurso que se publica en tanto tablón judicial edictal único, como en el Registro público concursal. Somos conscientes de que, aunque estas dos instituciones han realizado un gran esfuerzo en los últimos tiempos para lograr su informatización y de ese modo facilitar el acceso a la ciudadanía, lo cierto es que no todo ciudadano medio tiene conocimiento de su existencia. Por ello, creemos que el legislador debería buscar nuevos cauces, más cercanos al ciudadano, que les permita notificar la existencia de un concurso en el que pueda tener algún interés. La publicidad debe acercarse a los nuevos periódicos de hoy, las redes sociales y por qué no, informar de la publicidad de un concurso a través de las redes sociales de la empresa donde se encontrarán la mayoría de las personas que se relacionan o se han relacionado con la misma durante sus años de actividad o a través de los contactos del correo electrónico de la empresa.

Así mismo, es importante facilitar el registro como interesado en un proceso concursal concreto de un ciudadano en calidad de acreedor o de tercero a través de una plataforma con un procedimiento seguro con la protección de datos y de manera telemática. De esta manera se permitiría una comunicación directa a través de una plataforma certificada por el propio Ministerio de Justicia y no dejar esta comunicación a través de un correo electrónico que en la mayoría de las ocasiones crea el administrador concursal con un proveedor privado sin ningún tipo de certificación oficial para la prestación de este servicio.

3. Propuestas y mejoras de transparencia en la administración del concurso

A través de la plataforma telemática pública, también se podría hacer partícipes a un mayor número de acreedores de las propuestas de convenios, incluso crear documentos colaborativos, donde los acreedores puedan interactuar digitalmente con el documento. De esta manera, el administrador concursal se podría hacer eco de las necesidades e inquietudes de los acreedores, pudiendo negociar parte de estos convenios y adaptarlos en un menor tiempo y con mayor facilidad. Así, no solo mejoramos el procedimiento de acuerdo, sino que además damos un plus de transparencia a estos pactos entre acreedores y administrador del concurso, que hasta ahora han estado permanentemente lastrados por ese halo de secretismo.

En este sentido, también hemos encontrado ciertas críticas a la labor de los administradores en cuanto a los contratos suscritos, modificados o anulados durante la administración del concurso. Estos contratos cuentan con una naturaleza muy diversa y van desde la suscripción de contratos mercantiles de venta y liquidación de bienes, a contratos de nuevos empleados, despidos o modificación de contratos de trabajo y hasta las obligaciones contables, declaraciones de impuestos y cotizaciones de la seguridad social. La publicación en la plataforma de estas suscripciones, modificaciones o extinciones de contratos o satisfacciones de obligaciones contables darían al proceso concursal y a la gestión del propio administrador la transparencia necesaria, ya que tanto el concursado como los acreedores deben tener constancia de la forma en la que se está gestionando dicho patrimonio y poder advertir al juez de cualquier sospecha o presunta irregularidad.

Y finalmente también podemos aprovechar la plataforma telemática para convocar juntas de accionistas y que estos puedan participar en ellas vía videoconferencia tras la autenticación de cada uno de ellos. A veces la comunicación con los accionistas no es sencilla, pero si incluimos a obligatoriedad para los accionistas de suscribirse a dicha plataforma donde se está desarrollando el concurso nos permitirá convocar fácilmente las juntas de accionistas e incluso desarrollarlas a distancia y de forma segura.

BIBLIOGRAFÍA

ALBIOL PLANS, J., "Diálogos para el futuro judicial La reforma de la Ley Concursal", *Diario La Ley,* Nº 10131, Sección Plan de Choque de la Justicia / Encuesta, 15 de Septiembre de 2022.

CAICOYA CECCHINI, C., "Diálogos para el futuro judicial. La reforma de la Ley Concursal", *Diario La Ley,* Nº 10131, Sección Plan de Choque de la Justicia / Encuesta, 15 de Septiembre de 2022.

CATALÁN CHAMORRO, M.J., *El Acceso a la Justicia de Consumidores: los Nuevos Instrumentos del ADR y ODR de Consumo,* Tirant Lo Blanch, Valencia, 2019, pp. 279-280.

ESCALADA LÓPEZ-IBOR, A., "Diálogos para el futuro judicial La reforma de la Ley Concursal", *Diario La Ley,* Nº 10131, Sección Plan de Choque de la Justicia / Encuesta, 15 de Septiembre de 2022.

FERNÁNDEZ SEIJO, J.M., "Diálogos para el futuro judicial L. La reforma de la Ley Concursal", *Diario La Ley,* Nº 10131, Sección Plan de Choque de la Justicia / Encuesta, 15 de Septiembre de 2022..

MARCOS FRANCISCO, D., "Reflexiones en torno a los MASC en el Anteproyecto de Ley de medidas de eficiencia procesal", *Meditaciones sobre mediación (MED+)*, Ed. BARONA VILAR, S., Tirant Lo Blanch, 2022.

MARCOS FRANCISCO, D., ¡Se acabó la dispersión! El Tablón Edictal Judicial Único, *Actualidad jurídica Aranzadi,* Nº 975, 2021.

MONTESINOS GARCÍA, A., "Empleo de la inteligencia artificial en algunas fases del proceso judicial civil: prueba, medidas cautelares y sentencia", *Actualidad civil,* núm. 11, 2022.

MORALEJO MENÉNDEZ, I., "Directiva (UE) 2019/1023, del Parlamento Europeo y del Consejo, de 20 de junio de 2019, sobre marcos de reestructuración preventiva, exoneración de deudas e inhabilitaciones y sobre medidas para aumentar la eficiencia de los procedimientos de reestructura", *Revista AIS: Ars Iuris Salmanticensis,* Vol. 7 Núm. 2 (2019), Crónica de Legislación, pp. 292-297.

RUBIO VICENTE, P.J., "Aspectos controvertidos de la tramitación del procedimiento especial de liquidación de microempresas", *Diario La Ley,* Nº 10135, Sección Tribuna, 21 de Septiembre de 2022, LA LEY

SÁNCHEZ BARRIOS, I., "Real Decreto Legislativo 1/2020, de 5 de mayo, por el que se aprueba el texto refundido de la Ley Concursal", *Revista AIS: Ars Iuris Salmanticensis,* Vol. 8, Núm. 2 (2020), Crónica de Legislación, pp. 285-287.

SERRANO SÁNCHEZ, M., "Diálogos para el futuro judicial. La reforma de la Ley Concursal", *Diario La Ley,* Nº 10131, Sección Plan de Choque de la Justicia / Encuesta, 15 de Septiembre de 2022.

METAVERSO Y NEURODATOS EN LA ERA DE LOS NEURODERECHOS: DESAFÍOS PARA LA JUSTICIA PREDICTIVA CIVIL

María Isabel Cornejo Plaza[1]

I. INTRODUCCIÓN

Esta era ha alcanzado los máximos desarrollos de la ciencia en el conocimiento del cerebro humano y de su comportamiento a través de las neurociencias. A su vez, las neurotecnologías con ayuda de la Inteligencia Artificial, en adelante IA, atizan tendencias en su utilización en todos los ámbitos de la vida humana y social posible. Uno de estos usos se produce en el marco de la justicia predictiva especialmente penal donde IA y neurociencias confluyen para determinar la reincidencia de un delito, o bien la posibilidad de su ocurrencia. En tanto, en materia de justicia predictiva, primariamente podría ser conflictivo utilizar la voz "predicción".

Por su parte el Metaverso, constituye un escenario propicio para el análisis de todo este entramado de neurociencias, IA y derecho, aunque en el ámbito de aplicación a la justicia todavía es terreno fértil para pensar en cómo utilizarlo con eficacia, más bien estamos recién familiarizándonos con las experiencias en educación, salud, divertimento etc.

La ubicuidad y la inmediatez de la experiencia inmersiva del metaverso constituye un claro desafío para el derecho y en específico para la justicia predictiva, toda vez que la recolección de datos cerebrales, –los denominados neurodatos–, se caracterizan por un gran flujo en el metaverso, debido a que ellos son recolectados sin las herramientas clásicas del derecho, como el consentimiento informado, y sin una protección de datos personales debida.

---

[1] María Isabel Cornejo- Plaza. Directora de Neurometa, grupo de investigación abocado a la investigación interdisciplinaria en "Neuroderechos, Neuroética, Metaverso, Behavioral Economics e Inteligencia Artificial y miembro del grupo de investigación IA y Derecho del Instituto de Investigaciones en Derecho, Universidad Autónoma de Chile.

En lo que sigue, analizaremos el metaverso, sus oportunidades y riesgos, para luego imaginarnos en un ejercicio prospectivo los principales desafíos en el marco de la justicia predictiva civil, para lo cual se hará especial mención a la legislación chilena de neuroderechos, a la protección de los neurodatos.

II. METAVERSO

El o los metaversos o multiversos pueden ser concebidos como la conjunción entre realidad virtual, realidad aumentada, tecnología blockchain e inteligencia artificial, en virtud del cual un avatar es quien interactúa en diversos mundos virtuales, adoptando incluso una identidad virtual diversa a la de su titular real[2].

La diferencia entre la realidad aumentada con la inteligencia artificial es que estas tecnologías se complementan y aumentan la experiencia sensorial del usuario para sentir que realmente su vivencia es más satisfactoria utilizando ambas tecnologías que solo una de ellas (hipersensorialidad).

El término "Metaverso" es una combinación del prefijo "meta" (que significa "más allá") y el sufijo "verso" (abreviatura de "universo"). De lo cual se infiere un universo más allá del mundo físico "conformado por medio de un ordenador en lugar de nociones metafísicas o místicas de dominios más allá de la realidad física"[3].

La palabra metaverso fue introducida por el novelista Neal Stephenson, en 1992 en su novela Snow crash[4]. Podríamos señalar, además que el metaverso

---

2 Para la relación entre blockchain y Metaverso véase MA, WINSTON, & KEN HUANG. *Blockchain and Web3: Building the Cryptocurrency, Privacy, and Security Foundations of the Metaverse,* John Wiley & Sons, Incorporated, 2022. *ProQuest Ebook Central,* https://www.proquest.com/legacydocview/EBC/7077279?accountid=130964.

3 ZAWISH, M., FAYAZ, A. D., SUNDER, A. K., DEV, K., DAVY, S., NAWAB MUHAMMAD, F. Q., & BELLAVISTA, P. (2022). AI and 6G into the metaverse: Fundamentals, challenges and future research trends. Ithaca: Cornell University Library, arXiv.org. Retrieved from https://www.proquest.com/working-papers/ai-6g-into-metaverse-fundamentals-challenges/docview/2705922700/se-2

4 SPARKES, M. (2022, Oct). An open metaverse. *New Scientist, 256,* 15. Retrieved from https://www.proquest.com/magazines/open-metaverse/docview/2728514881/se-2

constituye una forma inmersiva de ciberespacio. Este último término fue introducido por el novelista Williams Gibson en 1984 en la novela Neuromancer[5].

Se calcula que Meta ha vendido casi 15 millones de auriculares habilitados para el metaverso y, sin embargo, las personas continúan siendo escépticas respecto a una Internet inmersiva[6]. Mark Zuckerberg, el director ejecutivo de Meta, anunció el año pasado que planeaba gastar miles de millones de dólares para masificar el metaverso. Metaverso es sin duda una expansión de la internet que parece haber cobrado impulso durante la pandemia de COVID-19 atendiendo a que la mayoría de las actividades se debieron realizar bajo un formato virtual.

Algunos ejemplos de tendencias metaversales están dados por experiencias previas, como los videojuegos en los que los jugadores pueden construir sus propios mundos, al igual que la mayoría de las redes sociales. Si se posee un token no fungible, unos auriculares de realidad virtual o alguna criptomoneda, se podría decir que se forma parte de la experiencia metaversal, aunque sea en ciernes.

Muchos expertos en tecnologías creen que el metaverso anunciará una era en la que nuestras vidas virtuales desempeñarán un papel tan importante como lo es nuestra realidad analógica. El metaverso obliga a los usuarios de Horizon por ejemplo, a diseñar avatares que se parezcan a personas reales y mucha gente opta por tener el mismo aspecto que tienen en la vida real, o bien mejorarlo o modificarlo completamente, incluyendo una identidad autopercibida que comienza por el seudónimo escogido.

1.- El metaverso, sus usos y desafíos

Algunos expertos advierten que aún puede resultar una moda o incluso una peligrosa realidad, aunque también podría ser una instancia de mejoras en salud, educación, democratización del conocimiento etc. Por ejemplo, pensemos en una persona tetrapléjica que pueda vivenciar la experiencia de subir el Everest, o en algún paciente con fobia social que pueda interactuar

---

5 ISLAM, M. S. (2021). Augmented reality and life in the cyberspace in William Gibson's Neuromancer. *Advances in Language and Literary Studies, 12*(4), 30-34. doi: https://doi.org/10.7575/aiac.alls.v.12n.4.p.30

6 This is life in the metaverse. The New York Times. https://www.nytimes.com/2022/10/07/technology/metaverse-facebook-horizon-worlds.html?utm_source=pocket_mylist

con otros avatares, logrando mayor autoestima en su interacción. En educación, mostrar a los alumnos cómo es una célula por dentro, o por ejemplo tener diálogos con personajes del pasado o cualquier conocimiento empírico y teórico puede enriquecerse a través de una experiencia inmersiva, debido a que involucra una experiencia mucho más integral y comprometida sensorialmente. En Arquitectura preservar el patrimonio artístico, cultural e histórico haciéndolo más democrático e intergeneracional. Estas posibilidades, son sin dudas innovaciones que contribuyen a la mejora del bienestar de las personas y de la sociedad. A su vez, el metaverso podría ser un peligro en diversos ámbitos: por ejemplo, en la comisión de ciberdelitos en un espacio sin regulación, donde cualquier persona pueda suplantar la identidad de otro avatar o bien realizar fraudes, acosos, asesinatos o funas, lavado de dinero, pedofilia, trata de personas etc.

"Las graves invasiones a la privacidad y las brechas en seguridad (heredadas de las tecnologías subyacentes o surgidas en la nueva ecología digital) del metaverso pueden impedir su amplia implantación. Al mismo tiempo, pueden surgir una serie de retos fundamentales (por ejemplo, la escalabilidad y la interoperabilidad) en la provisión de seguridad de los metaversos debido a las características intrínsecas de los mismos, como el realismo inmersivo, la hiperespacialidad y la heterogeneidad"[7].

Ante estos escenarios, cabe la pregunta, ¿si todos estos delitos se cometen dentro de una realidad virtual deben tener el mismo tratamiento que los ciberdelitos que regula el derecho dentro del mundo analógico por así decir? ¿podríamos pensar en la solución de la película "The Minority Report"? Película de ciencia ficción, en que tres personas con habilidades precognitivas, denominadas "Precogs", predicen el futuro; específicamente los asesinatos que ocurren en la ciudad de Washington en el año 2054[8]. En base a estas capacidades, en la película se elabora un complejo y "eficaz" sistema de prevención y predicción de los delitos, a cargo de una fuerza policial especial llamada "PreCrime". La película nos recuerda que el Derecho penal, y la sanción penal a través de un modelo predictivo es contrario a la libertad humana, al debido proceso y al principio de inocencia. Otro aspecto distópico que nos muestra la película es la constante vigilancia e

---

7 Y. WANG ET AL., "A Survey on Metaverse: Fundamentals, Security, and Privacy," in *IEEE Communications Surveys & Tutorials,* 2022, doi: 10.1109/COMST.2022.3202047.

8 The Minority Report es una película de 2002 dirigida por Steven Spilberg basada en un libro de ciencia ficción de Philip K. Dick.

intromisión en la vida privada de los ciudadanos. Finalmente, en la película la idea de precrime como solución al control del delito falla porque el autor Steven Spielberg apuesta por la capacidad intrínseca de todo ser humano a tener libre albedrío. Después de todo, frente la posibilidad de delinquir se encuentra la posibilidad de no hacerlo.

Es cierto que parte de lo que se ha denominado neurolaw, es decir la intersección entre neurociencia y derecho, ha problematizado el libre albedrío y por tanto el derecho penal[9]. Asimismo, más que utilizar herramientas como la IA en la predicción del delito, es decir neuropredicción, esto es utilizar neuromarcadores biológicos para predecir la reincidencia en la comisión de un delito[10] –lo cual conculca con el principio de inocencia, el debido proceso de ley, la privacidad y más bien se asemejan a los reduccionismos del determinismo fatalista– son prácticas que hoy en día se encuentran cuestionadas y más bien están evolucionando hacia otro concepto más acorde con estos principios, se trata de la neuroprevención[11].

2.- *Desafíos del metaverso en el ámbito de los Derechos Humanos y fundamentales*

El metaverso nos invita a reflexionar acerca de una serie de problemáticas en el ejercicio y respeto de los DDHH y fundamentales, pues si entramos a un mundo virtual sin reglas del juego claras, simplemente gana el más inescrupuloso y el más fuerte. Y esto es precisamente lo que intenta evitar el Estado de Derecho a fin de asegurar una convivencia lo más pacífica posible que permita a las personas desarrollar sus proyectos de vida. La ausencia de un poder político común que establezca las reglas del juego que el pacto social supone, en opinión de Thomas Hobbes, la destrucción de la sociedad pues, para él "lo social" es resultado de "lo político".

Con la imagen del Leviatán enfrente, Hobbes no titubea cuando asegura que "los pactos que no descansan en la espada no son más que palabras"[12].

---

9 GREENE, J., AND COHEN, J. (2004). *For the law, neuroscience changes nothing and everything.* Philos. Trans. R. Soc. Lond. B Biol. Sci. 359, 1775–1785.

10 Véase RUIZ, A. & MUÑOZ. JM. "Neuroprevention: Developing Legal Policies in Risk Assessment Without Aspiring to Predict Crime", *The Journal of Science & Law,* Mar 2021

11 Ibid.

12 HOBBES, T. (2003). *Leviatán: o la materia, forma y poder de una república eclesiástica y civil.* Universidad de Valencia, España.

He aquí la importancia del imperio del derecho, que es ni más ni menos que un intento de asegurar la preservación de nuestra especie.

Así el metaverso, necesita de un marco jurídico claro para no convertirse en una especie de leviatán o acelerador de la decadencia del ser humano, manteniéndolo en una vorágine de pérdida de tiempo, adicciones, violencia, vicios, crimen y enfermedades que le resten energía vital para desarrollar los proyectos de vida en pro de continuar construyendo una sociedad de cara al futuro de la humanidad.

III. NEURODERECHOS

La irrupción de los neuroderechos como nueva categoría jurídica que indica una emergencia de derechos humanos reconfigurados por el especial desarrollo de las neurotecnologías, la inteligencia artificial y el metaverso, se topa no solo con las delimitaciones conceptuales, sino con la metodología interdisciplinaria, pero primeramente con un escollo semántico[13]. En efecto, en el derecho anglosajón podemos vislumbrar dos voces: *neurolaw* y *neurights*, que obedecen a una relación de género a especie respectivamente, significando dos conceptos conexos, pero que obedecen a realidades epistémicas distintas.

Neurolaw constituye el género, pues es más amplio que *neurorights*, porque aquel interpela a todas las disciplinas cuyo objeto de estudio son las neurociencias y su relación con la disciplina jurídica, y su intersección con el derecho da origen al vocablo *neurolaw*, verdaderas culturas epistémicas y comunidades de práctica[14].

Por su parte, los llamados neuroderechos como *neurorights* poseen una data más reciente atribuyéndose como hito de su fundación a dos artículos científicos publicados en el mismo año, 2017. En efecto, en ese año aparecen dos publicaciones fundacionales que abren la discusión académica sobre los

---

13 CORNEJO PLAZA, M. I. (2021). *Neuroderecho(s): propuesta normativa de protección a la persona del uso inadecuado de neurotecnologías disruptivas, Revista Jurisprudencia Argentina,* Thomson Reuters, Buenos Aires II, n XXI, Número especial de Bioética, Directores Pedro F. Hooft. - Lynette Hooft.

14 LOLAS STEPKE, F. y CORNEJO PLAZA, M. I. (2017). *Neuroética, Neurociencias y Derecho: Culturas epistémicas y comunidades de práctica. Revista Jurisprudencia Argentina,* Thomson Reuters, Buenos Aires II, n XIX, Número especial de Bioética, fascículo VII (J.A. 2017-II pp. 62-74). Directores Pedro F. Hooft. - Lynette Hooft.

neuroderechos como neurorights. "Four ethical priorities for neurotechnologies and AI" fue publicado en la revista *Nature* por el neurobiólogo Rafael Yuste, la filósofa Sara Goering en conjunto con el grupo Morningside Group donde proponen nuevos derechos humanos emergentes como consecuencia del avance de las neurotecnologías: el derecho a la privacidad mental; el derecho a la identidad y autonomía personal; el derecho al libre albedrío y a la autodeterminación y el derecho a la protección de sesgos de algoritmos o procesos automatizados de toma de decisiones[15].

Por su parte, Ienca y Andorno publican el artículo denominado "Towards new human rights in the age of neuroscience and neurotechnology" donde tratan cuatro neuroderechos: libertad cognitiva; privacidad mental; integridad mental y continuidad psicológica. Tal como es posible apreciar, esta última propuesta no contempla el derecho al acceso equitativo a la aumentación cognitiva ni la protección de decisiones libre de sesgos algorítmicos[16].

Ambos grupos de estudio coinciden en señalar la importancia de llegar a consensos regulatorios, incluso más allá de recular en que los neuroderechos son más bien una reconfiguración de derechos humanos ya conocidos.[17] El grupo de Yuste et al., destaca la emergencia de derechos humanos denominados neuroderechos, uno de los cuales es el derecho a "una neurotecnología de mejora, que permite a las personas ampliar radicalmente su resistencia o sus capacidades sensoriales o mentales"[18]. El metaverso podría configurarse como un crisol de nuevas tecnologías que aumentan la sensorialidad, produciendo desde ese punto de vista una "mejora" terapéutica en el ámbito de personas con depresión o fobia social, incluso constituirse en un medio para alcanzar altos niveles de concentración beneficioso para determinadas personas con trastornos en la atención.

Por lo anterior, es que la propuesta reciente y en construcción de los neuroderechos, es una coincidencia teórica muy propicia para abordar los desafíos de los DDHH y fundamentales en escenarios como el metaverso, toda vez

---

15 *Ibíd.*

16 IENCA, M., y ANDORNO, R. "Towards new human rights in the age of neuroscience and neurotechnology", *Life Sciences, Society and Policy*, 13(1), 2017, pp. 1-27.

17 IENCA, M. (2021). On Neurorights. Frontiers in human neuroscience, 15, 701258. doi: 10.3389/fnhum.2021.701258.

18 YUSTE, R., GOERING, S., ARCAS, B. et al. Four ethical priorities for neurotechnologies and AI. *Nature* [en línea]. 2017, 551, 159–163[fecha de consulta 20 de noviembre de 2021]. Disponible en https://www.nature.com/articles/551159a.pdf

que son conceptos teóricos elaborados bajo un paradigma constituido por la cuarta revolución digital, donde la IA, la neurociencia y la neuroética son el plexo que mejor comprende la naturaleza del ser humano y su impacto en los entornos digitales. Así, por ejemplo el derecho a la privacidad requiere una construcción teórica mucho más interdisciplinaria en conexión con las neurociencias afín de entender las posibilidades del perfilamiento realizado por algoritmos sin regulación, dando paso a una verdadera "algoritimización de la vida… con distintas consecuencias que como en todos procesos de revolución son imprevisibles, pero no incontrolables"[19].

Los algoritmos predicen sin consentimiento nuestras preferencias más inconfesables, destruyendo las bases conceptuales donde se supone descansan las ideas que originaron el Estado de Derecho, como son dignidad, igualdad, identidad, libertad, privacidad y agencia (autonomía y responsabilidad).

Un gran desafío que presenta el metaverso en el orden de los derechos fundamentales será sin duda el enorme flujo de datos adquiridos sin consentimiento y probablemente de mala calidad, es decir sin control de sesgos, lo cual augura discriminación y estigmatización hacia personas y grupos vulnerables sumidas en una especie de indefensión o bien de preferencias adaptativas.

Si el Estado no toma seriamente el poder de los algoritmos y establece su regulación[20], la libertad de las personas peligra no solo frente a la escasa posibilidad de elección, sino también al reforzamientos dado por los sesgos de confirmación los cuales nos relega a verdaderos "guetos virtuales", donde se suprime la diversidad, se empobrece la posibilidad de elegir y de intervenir el mundo real, dando paso a una distopía que comienza con promesas utópicas de inmortalidad; porque dentro del metaverso nadie muere, nadie envejece, nadie se enferma, nadie padece hambre ni es asolado por calamidades, la pedofilia y la trata de personas no son delitos, no existe reproche moral para la usura, el acaparamiento o la colusión.

¿A quién conviene un mundo así?

---

19 BARONA VILAR, S. "Inteligencia artificial o algoritimización de la vida y de la justicia: ¿solución o problema?". *Revista Boliviana de Derecho.* N. 28, julio-2019, p. 19-49.

20 DECLARACIÓN DEUSTO DERECHOS HUMANOS EN ENTORNOS DIGITALES disponible en: https://www.deusto.es/es/inicio/privacidad/declaracion-deusto-derechos-humanos-en-entornos-digitales.

Pareciera ser que el panóptico que pensó Jeremy Bentham en 1791 como un dispositivo de control de las personas en espacios físicos encuentra en el metaverso una realización tecnológicamente más global, donde la transparencia puede ser total, de lo que se sigue que la privacidad finalmente necesitará nuevos acuerdos sociales para su evaluación, evolución y eventual protección.

A corto plazo es muy fácil advertir que la IA, el metaverso y otros dispositivos neurotecnológicos podrían ser mal utilizados por quienes deseen instaurar un régimen de control desmedido incluso desde las mentes de los otros, despojándolos de dignidad, instrumentalizando a quienes no pueden ser parte de una verdadera elección, presos de una psicopolítica subyacentes a las neurotecnologías de uso disruptivo, lo cual nos representa un desafío regulatorio en orden a evitar un escenario de esclavitud con nuevos ropajes.

IV. JUSTICIA PREDICTIVA CIVIL

Pareciera que la justicia predictiva civil va más atrás en las investigaciones sobre justicia predictiva frente al derecho penal, lo cual podría deberse a que gran parte de las aportaciones desde las neurociencias y el derecho se han realizado en esta última disciplina, quedando el derecho privado relegado a un segundo plano. Sin embargo, en materia de comportamiento del consumidor, este escenario comienza a cambiar debido a la influencia de la intromisión de técnicas de neuromarketing y regulaciones como los neuroderechos los cuales han levantado el problema acerca de la ética en la utilización de disciplinas neurocientíficas para influir en la toma de decisiones del consumidor[21] o bien el resguardo de la privacidad frente a la gran vulnerabilidad a la que se exponen los consumidores en la recogida de neurodatos en las plataformas electrónicas o bien en investigaciones dirigidas, aunque en este ámbito la regulación neuroética está mucho más avanzada[22]. Sobre este punto, debemos recordar que el uso de neurociencias en investigaciones acerca del comportamiento predictivo del consumidor puede trasladarse a la justicia civil, en el sentido de predecir su comportamiento relacionado con el nivel de satisfacción de un producto incluyendo la postventa. ¿Sería posible trasladar a un software el comporta-

---

21 CASADO ARANDA, L. (2021). *Neurociencia del consumidor*, ed. Pirámide.

22 MATTEWS, S. (2015). "*Neuromarketing: What is It and Is It a Threat to Privacy?*" In (ed.) Clausen, N., Levy, N. Handbook of Neuroethics, Springer pp 1628-1644.

miento focalizado de un grupo de consumidores para predecir una insatisfacción tal que termine en una resolución alternativa de conflictos o bien ante la justicia civil? Técnicamente el uso de ciertas neurotecnologías como la resonancia nuclear magnética funcional han abordado la predictibilidad del comportamiento consumidor[23].

La utilización de algoritmos predictivos en la justicia civil es muy amplia de abordar, por eso seguiremos una didáctica clasificación de Paulo Ramón Suárez, quien alude a Beatson y a Desmoulin-Canselier[24], la cual nos permite realizar descripciones previas clarificatorias:

I. IA aplicable al sistema de administración de justicia.

Se puede subdividir a su vez en:

a.- Algoritmos de soporte jurisdiccional.

b.- Algoritmos de soporte para la tramitación administrativa y procesal.

II. IA aplicable a usos periféricos o del entorno judicial, utilizados por abogados, peritos, trabajadores sociales, procuradores.

Se disecciona a su vez en:

a.- Algoritmos que se valen de datos conformados por sentencias judiciales.

b.- Algoritmos que se valen de datos con la finalidad de apoyar las actividades profesionales, los cuales pueden denominarse sistemas de apoyo de expertos legales.

Esta clasificación es útil para diferenciar el sistema de responsabilidad aplicable a uno y otro, pues el sistema de administración de justicia se rige por el estatuto administrativo, en cambio los trabajadores periféricos como abogados y peritos pueden además estar sujetos a normas propias del estatuto del *legaltech*.

En ambos casos es necesario contar con un sistema de digitalización previa a la automatización, lo cual supone una condición previa para su materialización. Esta digitalización es distinta de la utilización de plataformas de comunicación como Zoom, Teams, Meet etc. los cuales son soportes

---

23 Ibid.

24 SUÁREZ XAVIER, P. R. *Gobernanza, Inteligencia Artificial y Justicia predictiva: los retos de la administración de justicia ante la sociedad en red.* Tesis doctoral, 2020. Universidad de Málaga. P.353.

electrónicos utilizados masivamente en la telematización en las audiencias, práctica que comenzó a ser habitual durante la pandemia de COVID-19. La digitalización implica contener en soportes electrónicos una gran cantidad de datos que sean de una calidad adecuada a fin de utilizarlos con la finalidad de predecir el comportamiento las partes en un juicio[25].

En el caso de Chile, existen focos y esfuerzos de digitalización de la justicia civil a través del "expediente digital", lo cual comienza en 2016 bajo la supervisión de la Corte Suprema de Justicia de Chile. En el caso del derecho del consumo en Chile esta digitalización del expediente es nula, debido a que la justicia del consumidor se radica en los Tribunales de Policía Local, que dependen de las Municipalidades de Chile.

1.- Objeto de la justicia predictiva civil.

Existen un sin número de materias que pueden ser objeto de predicción algorítmica funcionales a la justicia civil, como hemos señalado, solo bastan buenos datos. Sin embargo, el problema más acuciante es determinar la finalidad de su utilización; ya sea para un uso de soporte de expertos o bien para decidir una controversia judicial. En caso de apoyo para la elaboración de algún *iter* dentro del proceso de administración de justicia, es completamente admisible señalar que existe justificación inclusive filosófica para admitir que los procesos automatizados pueden reemplazar o coadyuvar en el ejercicio de la administración de justicia[26]. En efecto, muchas de las actuaciones procesales pertenecen a lo que Cáceres y Montemayor han denominado "agencia implícita", es decir acciones mediadas por pensamientos carentes de verdadera autonomía (a la Kant), la cual basta para actuar en la cotidianeidad de la vida jurídica. Entendiendo, incluso que en muchas ocasiones "es deseable un pensamiento autómata o sin reflexión, precisamente para que prospere[27]. En este sentido no parece reprochable valerse de la automatización para dar mayor eficacia y dismi-

---

25 BEATSON, J. "AI-supported adjudicators: Should artificial intelligence have a role in tribunal adjudication." *Canadian Journal of Administrative Law & Practice; Scarborough* 31, no. 3 (2018), p. 309.

26 CORNEJO PLAZA, M. I., (2022). "Perspectiva neurocientífica de la agencia: ¿es problemática para el derecho?" Problema. *Anuario de Filosofía y Teoría del Derecho UNAM,* Núm. 16, enero-diciembre de 2022.

27 CÁCERES y MONTEMAYOR, "Agency and legal responsibility: epistemic and moral considerations " (2019) 10 *Problema* 99-127.

nuir los errores en la tramitación administrativa y procesal. Sin embargo, la utilización de datos parciales contenidos en un expediente, por ejemplo, medios de prueba o bien la sentencia completa y su motivación con fines de predicción algorítmica posee varios reparos éticos y jurídicos; puede dar lugar a errores garrafales o replicarlos por ser obtenida de datos que contengan sesgos o errores, además de argumentos de índole más teóricos como que los datos de otros no deberían servir para juzgar la culpabilidad de un individuo porque debilita el principio de inocencia.

2.- Elaboración de perfiles judiciales

Para alimentar una base de datos consistente con fines de predictibilidad debemos distinguir qué datos son pertinentes y permitidos de utilización sin vulneración a los derechos fundamentales de los agentes involucrados.

En el caso de Chile podemos señalar que los perfiles de quienes son llamados a actuar en la justicia, los miembros del poder judicial poseen una doble protección, la propia como ciudadano titular de derechos fundamentales protegidos por la Constitución Política de la República, así como por los Tratados Internacionales de DDHH protegidos por Chile y que se encuentran vigentes. Además, en el caso chileno los Tribunales Superiores del Poder Judicial se rigen por la actual Constitución Política de la República, la cual en su Capítulo IV: Poder Judicial, establece en sus artículos 76, 77, 78, 79, 80, 81 y 82 los lineamientos de sus actuaciones, nombramiento, responsabilidades, además la Ley N° 7.421 Orgánica Constitucional que aprueba el Código Orgánico de Tribunales, y una serie de Auto acordados y leyes especiales[28].

Existen una serie de información de carácter público de alguno de estos Auto acordados que aluden por ejemplo al Auto acordado que crea la comisión de transparencia y acceso a la información del poder judicial. ACTA N° 205-2008 - Sobre publicidad de información estadística de la Corte Suprema. ACTA N° 221-2008 - Modificacion de acuerdo relativo a la publicidad de la información estadística de la Corte Suprema y de las cortes de apelaciones del país.

En tanto en Europa se suscitó una controversia, debido a que a raíz de una norma que se dictó en el país galo, se pensó que se trataba de una especie de prohibición del *legaltech*, lo cual no es una interpretación correcta. En efecto, en Francia el artículo 33 de la Ley n.° 222 de 2019, estableció que: "los datos de identidad de los magistrados y miembros del

---

28 Véase https://www.pjud.cl/post/marco-normativo-aplicable

Registro no pueden ser reutilizados con el propósito o el efecto de evaluar, analizar, comparar o predecir sus prácticas profesionales reales o presuntas. La violación de esta prohibición se castiga con las sanciones previstas en los artículos 226-18,226-24 y 226-31 del Código Penal, sin perjuicio de las medidas y sanciones previstas en la Ley N° 78-17, de 6 de enero de 1978, en relación con el procesamiento de datos, archivos y libertades" [29].

Obviamente los miembros del poder judicial en tanto personas poseen las garantías de protección de los datos personales, más allá de la potestad reglamentaria que le concede la posibilidad de reutilizar las sentencias que dictan, siempre y cuando no se vulnere los derechos a la privacidad e identidad personal digital de ninguno de los intervinientes del proceso.

Por su parte, se debe hacer mención que los métodos algorítmicos son opacos, de modo que es imprescindible recalcar que las bases de los hechos sobre los cuales se fundan muchas sentencias sean transparentes e interpretables. Puede ocurrir que pruebas o sentencias erradas sean replicadas como datos de los cuales los algoritmos aprenden reforzando los errores que arrastran[30].

V. NEURODATOS

Los neurodatos son datos biométricos extraídos de neurotecnologías. La neuropredicción supone que se puedan utilizar dichos neurodatos con fines de predicción de la conducta delictiva. En materia civil se podría utilizar para elaborar el cuántum del dolor a fin de determinar el daño moral[31].

Existen tensiones en materia de utilización de neurotecnologías de uso predictivo tanto en materia penal como civil.

Los neurodatos son datos biométricos, al igual que los datos genéticos y genómicos, constituyen información sensible acerca de nuestras características biológicas, de las cuales se pueden inferir e interpretar aspectos que conforman nuestra identidad, e incluso van más allá de una información personal, entregando información acerca de la etnia a la cual se pertenece.

---

29 Publicada en el JORF n ° 0071 de 24 de marzo de 2019, disponible en: https://cutt.ly/Cgjn7fY. Acceso en 16/10/2020.

30 RYDELL, L. (2022). "Predictive algorithms, data visualization tools, and artificial neural networks in the retail metaverse". *Linguistic and Philosophical Investigations, 21*, 25-40. doi:https://doi.org/10.22381/lpi2120222

31 Ob.Cit. LOLAS STEPKE, F. y CORNEJO PLAZA, M. I. (2017).

Por cierto, mucha de esta información puede ser solo relevante para su titular y si se divulga sin consentimiento puede atentar contra derechos humanos y fundamentales como el derecho a la privacidad y/o integridad e intimidad mentales, así como el derecho a la identidad.

En el caso específico de los neurodatos, estos pueden ser recolectados además en contextos muy distintos a los anteriores datos biométricos genético y/ o genómicos. Es por esta razón que la reforma constitucional chilena sobre neuroderechos sitúa en su centro la protección de los neurodatos. El objeto de esta legislación es consagrar la inclusión de la protección de la actividad cerebral, lo cual puede ser interpretada como una verdadera consagración de los neuroderechos como *neurorights,* la cual supone que los datos extraídos por neurotecnologías determinadas pueden ocasionar daños a los derechos fundamentales de la privacidad e integridad mentales, además de la identidad de las personas.

La moción de reforma constitucional modificó el inciso final del artículo 19, número 1°, de la Carta Fundamental de Chile, para proteger la integridad y la indemnidad mental con relación al avance de las neurotecnologías. Ley vigente dede el 25 de octubre de 2021.

La Ley N° 21.383 establece que: “Modifica la Carta Fundamental, para establecer el desarrollo científico y tecnológico al servicio de las personas”.

“El desarrollo científico y tecnológico estará al servicio de las personas y se llevará a cabo con respeto a la vida y a la integridad física y psíquica. La ley regulará los requisitos, condiciones y restricciones para su utilización en las personas, debiendo resguardar especialmente la actividad cerebral, así como la información proveniente de ella”...

Aquella información obtenida, directa o indirectamente, a través de los patrones de actividades de las neuronas, cuyo acceso está dado por neurotecnología avanzada, incluyendo sistemas de registro cerebrales tanto invasivos como no invasivos. Estos datos contienen una representación de la actividad psíquica, tanto consciente como subconsciente, y que corresponden al más íntimo aspecto de la privacidad humana[32].

La actividad cerebral produce numerosa información sobre la persona, de modo que una de las preocupaciones esenciales de esta legislación fue establecer una categoría específica de datos, denominados neurodatos, los cuales, si bien

[32] Proyecto de ley, en primer trámite constitucional, sobre protección de los neuroderechos y la integridad mental, y el desarrollo de la investigación y las neurotecnologías. (boletín nº 13.828-19). texto aprobado en general por el senado (7-oct.2021). Actualmente se encuentra en segundo trámite constitucional. Ante la Cámara de Diputados de Chile.

antes podríamos sostener que eran contemplados implícitamente dentro de la ley de protección de datos chilena, Ley N°19.628, que habla de datos sensibles, hoy producto de los avances en neurotecnologías podría ser necesario o coherente relevar a los neurodatos como una categoría específica dentro de los datos biométricos. Sin embargo, un sistema normativo construido en base a la complejidad de los neuroderechos pareciera ser una propuesta que necesita mayor desarrollo y consenso entre los distintos involucrados: academia, mercado, sociedad civil, legisladores, prácticas disciplinares etc. o bien una construcción de mayor envergadura a fin de establecer los bordes conceptuales de su aplicación.

El uso hipotético de IA y neurotecnologías que recabe neurodatos con aplicación en instancias de justicia predictiva, es posible porque existe el soporte tecnológico y además existe una tendencia de apoyarse en tecnologías para hacer más eficiente la administración de justicia, especialmente para el tratamiento de la justicia administrativa y procesal por ser adjetiva y no sustancial. En tanto el fenómeno de la justicia predictiva sustancial lo hemos observado con fuerza en la justicia predictiva penal[33]. La aplicación de IA y neurotecnologías en la justicia predictiva civil es compleja además porque la predicción de delitos civiles no puede focalizarse en una sentencia, o en cómo falla un juez, o cómo se generan las pruebas, las cuales pueden contener sesgos o errores. Las resoluciones judiciales deben mostrar una calidad epistemológica y demostrar que los datos sobre los cuales se fundamentan los informes periciales o las demás pruebas son capaces de replicarse bajo un umbral de error aceptable.

Otro problema propio de la justicia predictiva penal que podría trasladarse a la civil es que se considera culpable al reo antes que inocente. Se disuelve la presunción de inocencia y la responsabilidad penal por el ser. El pronóstico de inocencia futura queda descartado o disminuido por datos constitutivos del propio ser diluyéndose la responsabilidad en datos colectivos.

La introducción de los resultados de estudios empíricos no debe dar lugar a una responsabilidad por culpa ajena o bien colectiva, porque las conclusiones empíricas son promedios grupales, que dan lugar a probabilidades de ocu-

---

33 Véase a manera de ejemplos HAARSAMA, S., DAVENPORT, D.C., WHITE, P. A. at. Al. (2020). Assessing risk among correctional community probation populations: predicting reoffense with mobile neurocognitive assessment software, Frontiers in Psychology 10: (2020) 2926. http://doi.org/10.3389/fpsyg.2019.02926 y TOTORA,L., MAYNEN, J. BIJLSMA, E. et al. Neuroprediction and A.I. in forensic psychiatry and criminal justice: a neurolaw perspective, Frontiers in Psychology 11 (2020): 220.https://doi.org/10.3389/fpsyg.2020.00220

rrencia del hecho y no a certezas, o sino estaríamos avalando una concepción de determinismo fatalista y no de libre albedrío o bien de compatibilismo.

Los datos cerebrales, por su parte -si se validan adecuadamente y son administrados con respeto al consentimiento informado y dentro de una práctica judicial de observancia de los derechos fundamentales y de las garantías procesales prometerían una mayor precisión y eficiencia en relación con el *statu quo* cargado de conjeturas[34].

Por ejemplo, en la elaboración de baremos para la cuantificación del daño moral los estudiosos del derecho y la neurociencia podrían identificar métodos de detección del dolor con usos probatorios, utilizando imágenes de resonancia nuclear magnética funcional, lo que les permitiría garantizar una aplicación más justa y administrable de estas tecnologías en la práctica jurídica. En términos más sencillos, podemos ayudar a que la detección del dolor sea más objetivable para la justicia. Si bien la modalidad de recopilación de datos cerebrales más discutida en relación con la determinación del dolor es la resonancia nuclear magnética funcional, otras modalidades pueden incluir la electroencefalografía o magneto encefalografía[35].

La literatura también distingue entre biomarcadores diagnósticos, predictivos y pronósticos[36]. Es importante destacar que los artículos de revisión científica y el imaginario del neuroderecho son unánimes en una característica de la determinación del dolor en particular: el papel crucial de las potentes técnicas de procesamiento de datos algorítmicos

---

[34] Véase GOLDBERG, "The History of Scientific and Clinical Images in Mid-to-Late Nineteenth-Century American Legal Culture: Implications for Contemporary Law and Neuroscience" in Michael Freeman, ed., Law and Neuroscience: Volume 13: Current Legal Issues (Oxford: OUP, 2011); GOLDBERG, "Pain, Stigma, & Neuroimaging: History, Ethics, & Policy" in Daniel Z BUCHMAN & KAREN D DAVIS, eds., Developments in Neuroethics & Bioethics: Volume 1: Pain Neuroethics & Bioethics (Elsevier, 2018). DANIEL S GOLDBERG, "Functional Magnetic Resonance Imaging and Chronic Pain: a Path to or Away From Human Dignity?" in Jan C Joerden et al., eds, *Menschenwürde und moderne Medizintechnik* (Baden-Baden: Nomos, 2011) 409.

[35] SAGE CHEN, "Decoding Pain from Brain Activity" (2021) 18 J Neural Engineering 051002 at 3-4

[36] MAITE M VAN DER MIESEN, MARTIN A LINDQUIST, & TOR D WAGER, "Neuroimaging-based Biomarkers for Pain: State of the Field and Current Directions (2019) 4 Pain Reports e751 at 2-3.

para descodificar los datos cerebrales y detectar los neurobiomarcadores del dolor. En muchos casos, la técnica específica identificada es el análisis de patrones multivariados (MVPA)[37]. Lo importante de todas estas técnicas de decodificación es que procesan datos de todo el cerebro para desarrollar un clasificador algorítmico para un biomarcador que no es suficientemente granular, pero sí es mucho menos ambiguo que las conjeturas de un juez en base a pruebas, más allá de la correcta observancia de las reglas de derecho.

VI. CONCLUSIONES

Los colaboradores de la interdisciplinariedad entre derecho, neurociencias e IA saben que las mejoras de las tecnologías predictivas no son per se mejoras en la justicia sustantiva. De modo que más que hablar de predictibilidad en la justicia civil se debería instalar la voz "justicia preventiva civil", debido a que los sistemas de justicia y el derecho en particular descansan sobre postulados de libre albedrío, responsabilidad y dignidad que suponen una contradicción con la idea de predecir o vaticinar el futuro. La predictibilidad alude a un determinismo fatalista y no da espacio a la prevención. Es por estas razones que no se puede pretender dejar a la IA las decisiones propias de un juez, las cuales requieren un criterio que va más allá del algoritmo y sus posibilidades. Así los métodos de decodificación que sustenta (hasta donde sabemos) todas las formas plausibles de determinación más objetiva del dolor son muy importante para su idoneidad como evidencia en un sistema legal que normalmente se basa en la expectativa de que los buscadores de hechos no expertos puedan desarrollar una comprensión funcional de evidencia científica técnica, a menudo con la ayuda de un analista que entiende y puede explicar la evidencia en profundidad, lo suficientemente apto para informar un juicio razonado e independiente.

La tecnología de los algoritmos debe más bien servir de ayuda y no de reemplazo a la labor del juez. En la era de los neuroderechos, los datos cerebrales o neurodatos poseen una espacial información que nos pueden dar luces acerca del dolor sufrido por una persona. Además, constituyen un claro ejemplo de tendencia y de real ayuda en la elucidación de mayores garantías de justicia, siempre que estas técnicas se desarrollen en conformidad con las garantías del debido proceso, los tratados internacionales de derechos humanos y la ley.

---

37 MASSIEH MOAYEDI, TIM V SALOMONS, & LAUREN Y ATLAS, "*Pain Neuroimaging in Humans: A Primer for Beginners and Non-Imagers*" (2018) 19:9

Respecto de la utilización de los neurodatos en el metaverso, el desafío está en lograr resguardar la privacidad de los usuarios, y mantener estándares de seguridad e información idónea. En esta línea la propuesta de regulación de neuroderechos como *neurorights* se condice con la protección de los neurodatos, resguardando los derechos fundamentales involucrados como son indemnidad mental, identidad, libertad cognitiva de manera más directa y de forma más laxa el neuroderecho a la toma de decisiones libre de sesgos algorítmicos y el acceso equitativo a la aumentación cognitiva.

BIBLIOGRAFÍA

BARONA VILAR, S. "Inteligencia artificial o algoritimización de la vida y de la justicia: ¿solución o problema?". *Revista Boliviana de Derecho.* N. 28, julio-2019, p. 19-49. ISSN 2070-8157.

BEATSON, J. "AI-supported adjudicators: Should artificial intelligence have a role in tribunal adjudication." *Canadian Journal of Administrative Law & Practice; Scarborough 31,* no. 3 (2018), p. 309.

CASADO ARANDA, L. (2021). *Neurociencia del consumidor,* ed. Pirámide.

CÁCERES y MONTEMAYOR, "Agency and legal responsibility: epistemic and moral considerations" (2019) 10 *Problema* 99-127.

CORNEJO PLAZA, M. I. (2021). Neuroderecho(s): propuesta normativa de protección a la persona del uso inadecuado de neurotecnologías disruptivas, *Revista Jurisprudencia Argentina,* Thomson Reuters, Buenos Aires II, n XXI, Número especial de Bioética, Directores Pedro F. Hooft. - Lynette Hooft.

CORNEJO PLAZA, MARÍA ISABEL, (2022). Perspectiva neurocientífica de la agencia: ¿es problemática para el derecho?" *Problema. Anuario de Filosofía y Teoría del Derecho UNAM,* Núm. 16, enero-diciembre de 2022.

DECLARACIÓN DEUSTO DERECHOS HUMANOS EN ENTORNOS DIGITALES con relación a la IA, disponible en: https://www.deusto.es/es/inicio/privacidad/declaracion-deusto-derechos-humanos-en-entornos-digitales.

GREENE, J., AND COHEN, J. (2004). "*For the law, neuroscience changes nothing and everything.*" Philos. Trans. R. Soc. Lond. B Biol. Sci. 359, 1775–1785.

GOLDBERG, "The History of Scientific and Clinical Images in Mid-to-Late Nineteenth-Century American Legal Culture: Implications for Contemporary Law and Neuroscience" in Michael Freeman, ed., *Law and Neuroscience: Volume 13: Current Legal Issues* (Oxford: OUP, 2011).

GOLDBERG, "Pain, Stigma, & Neuroimaging: History, Ethics, & Policy" in Daniel Z BUCHMAN & KAREN D DAVIS, eds., *Developments in Neuroethics & Bioethics: Volume 1: Pain Neuroethics & Bioethics* (Elsevier, 2018).

GOLDBERG, "Functional Magnetic Resonance Imaging and Chronic Pain: a Path to or Away From Human Dignity?" in Jan C Joerden et al., eds, *Menschenwürde und moderne Medizintechnik* (Baden-Baden: Nomos, 2011) 409.

HAARSAMA, S., DAVENPORT, D.C., WHITE, P. A. at. Al. (2020). Assessing risk among correctional community probation populations: predicting reoffense with mobile neurocognitive assessment software, *Frontiers in Psychology 10:* (2020) 2926. http://doi.org/10.3389/fpsyg.2019.02926

HOBBES, T. (2003). Leviatán: o la materia, forma y poder de una república eclesiástica y civil. *Universidad de Valencia, España.*

IENCA, M., y ANDORNO, R. "Towards new human rights in the age of neuroscience and neurotechnology", *Life Sciences, Society and Policy, 13*(1), 2017, pp. 1-27. https://doi.org/10.1186/s40504-017-0050-1.

IENCA, M. (2021). *On Neurorights. Frontiers in human neuroscience, 15,* 701258. doi: 10.3389/fnhum.2021.701258.

ISLAM, M. S. (2021). Augmented reality and life in the cyberspace in William Gibson's Neuromancer. *Advances in Language and Literary Studies, 12*(4), 30-34. doi: https://doi.org/10.7575/aiac.alls.v.12n.4.p.30

LOLAS STEPKE, F. y CORNEJO PLAZA, M. I. (2017). Neuroética, Neurociencias y Derecho: Culturas epistémicas y comunidades de práctica. *Revista Jurisprudencia Argentina, Thomson Reuters,* Buenos Aires II, n XIX, Número especial de Bioética, fascículo VII (J.A. 2017-II pp. 62-74). Directores Pedro F. Hooft. - Lynette Hooft.

MAITE M VAN DER MIESEN, MARTIN A LINDQUIST, & TOR D WAGER, *"Neuroimaging-based Biomarkers for Pain: State of the Field and Current Directions* (2019) 4 Pain Reports e751 at 2-3.

MASSIEH MOAYEDI, TIM V SALOMONS, & LAUREN Y ATLAS, "Pain Neuroimaging in Humans: A Primer for Beginners and Non-Imagers" (2018) 19:9.

MATTEWS, S. (2015). "Neuromarketing: What is It and Is It a Threat to Privacy?" In (ed.) Clausen, N., Levy, N. *Handbook of Neuroethics, Springer* pp 1628-1644.

WANG, Y. et al., "*A Survey on Metaverse: Fundamentals, Security, and Privacy*" in IEEE Communications Surveys & Tutorials, 2022, doi: 10.1109/COMST.2022.3202047.

WINSTON, & HUANG. *Blockchain and Web3: Building the Cryptocurrency, Privacy, and Security Foundations of the Metaverse,* John Wiley & Sons, Incorporated, 2022. *ProQuest Ebook Central,* https://www.proquest.com/legacydocview/EBC/7077279?accountid=130964.

YUSTE, R., GOERING, S., ARCAS, B. et al. Four ethical priorities for neurotechnologies and AI. *Nature* [en línea]. 2017, 551, 159–163[fecha de consulta 20 de noviembre de 2021]. Disponible en https://www.nature.com/articles/551159a.pdf

RYDELL, L. (2022). Predictive algorithms, data visualization tools, and artificial neural networks in the retail metaverse. *Linguistic and Philosophical Investigations, 21,* 25-40. doi:https://doi.org/10.22381/lpi2120222.

RUIZ, A. & MUÑOZ. JM. "*Neuroprevention: Developing Legal Policies in Risk Assessment Without Aspiring to Predict Crime*", The Journal of Science & Law, Mar 2021

SAGE CHEN, "*Decoding Pain from Brain Activity*" (2021) 18 J Neural Engineering 051002 at 3-4.

SPARKES, M. (2022, Oct). An open metaverse. *New Scientist, 256,* 15. Retrieved from https://www.proquest.com/magazines/open-metaverse/docview/2728514881/se-2

SUÁREZ XAVIER, P. R. *Gobernanza, Inteligencia Artificial y Justicia predictiva: los retos de la administración de justicia ante la sociedad en red.* Tesis doctoral, 2020. Universidad de Málaga, p.353.

The New York Times. This is life in the metaverse. https://www.nytimes.com/2022/10/07/technology/metaverse-facebook-horizon-worlds.html?utm_source=pocket_mylist.

TOTORA,L., MAYNEN, J. BIJLSMA, E. et al. "*Neuroprediction and A.I. in forensic psychiatry and criminal justice: a neurolaw perspective*", Frontiers in Psychology 11 (2020): 220. https://doi.org/10.3389/fpsyg.2020.00220.

ZAWISH, M., FAYAZ, A. D., SUNDER, A. K., DEV, K., DAVY, S., NAWAB MUHAMMAD, F. Q., & BELLAVISTA, P. (2022). AI and 6G into the metaverse: Fundamentals, challenges and future research trends. Ithaca: Cornell University Library, arXiv.org. Retrieved from https://www.proquest.com/working-papers/ai-6g-into-metaverse-fundamentals-challenges/docview/2705922700/se-2

LA PROTECCIÓN DE LOS DATOS PERSONALES EN EL PROCESO JUDICIAL DIGITAL Y SU REPERCUSIÓN EN LAS GARANTIAS PROCESALES

Miren Josune Pérez Estrada
Profesora agregada (acred. Titular) de Derecho Procesal
Universidad del País Vasco. UPV/EHU
mirenjosune.perez@ehu.eus

1. PLANTEAMIENTO DE LA CUESTIÓN[1]

Se pretende en este trabajo estudiar el modo en que se garantiza el derecho fundamental a la protección de los datos personales dentro del proceso judicial digital. Sin duda, es una cuestión que tendrá gran relevancia en un futuro próximo con la digitalización del proceso judicial, por lo que se adelantan alguno de los problemas procesales que se pueden llegar a presentar.

Para proceder a este análisis se parte del estudio del régimen jurídico del proceso judicial digital, marco jurídico en el que se desenvuelve la actuación judicial automatizada, que, precisamente, es la presenta los mayores riesgos para protección de los datos personales que acceden al proceso judicial, analizándose su nueva regulación en el proyecto de Ley de Medidas de Eficiencia Digital del Servicio Público de Justicia. Se continúa con un examen del régimen jurídico aplicable al tratamiento de los datos personales en el ámbito judicial al objeto de poner de manifiesto la necesidad de una regulación procesal más específica que contemple con mayor detalle la protección a otorgar a este derecho fundamental. Y se finaliza con un análisis de la posible afectación del derecho a la tutela judicial efectiva y el principio

[1] Este trabajo se ha realizado en el contexto de las actividades que realiza el Grupo de Investigación en Ciencias sociales y jurídicas aplicadas a las nuevas tecnociencias (GI-CISJANT IT 1541-22), así como dentro del Proyecto de I+D+i "Claves para una Justicia digital y algorítmica con perspectiva de género", PID2021-123170OB-I00, financiado por MCIN/AEI/10.13039/501100011033/

de publicidad de las actuaciones judiciales, precisamente o con motivo de la protección los datos personales en el proceso judicial digital.

II. EL PROCESO JUDICIAL DIGITAL

1. Régimen jurídico actual

La configuración del proceso judicial digital surge con la promulgación de la Ley 18/2011, de 5 de julio, reguladora del uso de las tecnologías de la información y la comunicación en la Administración de Justicia (en adelante, Ley 18/2011); precisamente, son los Capítulos II, III y IV del Título IV, arts. 26 a 43, los que se ocupan de regular el expediente judicial electrónico, el registro de escritos, comunicaciones y notificaciones electrónicas, y la tramitación electrónica. La finalidad de la Ley 18/2011 nos la señala la propia Exposición de Motivos cuando recoge que se generaliza el uso de las tecnologías de la información y comunicación (en adelante, TIC) en el proceso judicial, para lo cual, establece su uso obligatorio tanto a operadores jurídicos como al personal integrante de los órganos judiciales y, también, a los órganos fiscales. Se persigue con esa obligación de uso de la tecnología en el ámbito de la Administración de Justicia establecer un proceso, netamente, digital.

La constitución de ese nuevo proceso judicial digital que preconiza la Ley 18/2011 se materializa en una de las reformas procesales significativas que se lleva a cabo mediante la Ley 42/2015, de 5 de octubre, de reforma de la Ley 1/2000, de 7 de enero, de Enjuiciamiento Civil (en adelante, LEC)[2]. La reforma afecta a las actuaciones procesales con la misma finalidad que adelantaba la Ley 18/2011, que es la de generalizar el uso de las tecnologías de la comunicación en el proceso, relegando, así, la utilización del papel. Es llamativo, por novedosa en la regulación procesal, la terminología que utiliza la Ley 42/2015 que, en el apartado primero, del Preámbulo, se refiere a un "nuevo concepto de Administración de Justicia" e introduce los términos de eficacia y eficiencia en la tramitación de los procedimientos judiciales[3].

---

2 BOE núm. 239, de 6 de octubre de 2015.

3 Sobre esta terminología aplicada al proceso, BARONA VILAR, S., "Mutación de la justicia en el siglo XXI. Elementos para una mirada poliédrica de la tutela de la ciudadanía", AAVV (edit. BARONA VILAR, S.), *Justicia poliédrica en período de mudanza (Nuevos conceptos, nuevos sujetos, nuevos instrumentos, nueva intensidad)*", Tirant lo Blanch, 2022, pp. 31-62.

Si bien, tanto la Ley 18/2001 como la reforma procesal civil, mediante la Ley 42/2015, resultan un avance para lograr la efectiva implantación de nuevas tecnologías en el proceso judicial, resultan insuficientes para hacer compatible el uso de nueva tecnología en el proceso con la garantía del derecho procesal fundamental a la tutela judicial efectiva. Me refiero a que uno de los ejes centrales del uso de la tecnología en el proceso judicial lo constituye la implantación del expediente judicial electrónico, pero, a la vez, resulta ser uno de los grandes inconvenientes porque estamos aún lejos de un verdadero o pleno expediente judicial electrónico. Además, los pasos que se estaban dando de una aplicación igualitaria en todo el territorio judicial son insuficientes porque existen grandes diferencias entre los distintos partidos judiciales de las diferentes Comunidades Autónomas con competencias transferidas en materia de justicia y aquellas Comunidades Autónomas que dependen del Ministerio de Justicia y no tienen las competencias transferidas. Esta situación de implantación desigual provoca cierto grado de inseguridad jurídica no sólo entre los operadores jurídicos sino, también, en la ciudadanía que, incluso, podría interpretarse como un diferente tratamiento en el ejercicio del derecho de acceso a la Justicia[4]. Esta situación es la que se pretende paliar con el Proyecto de Ley de Medidas de Eficiencia Digital del Servicio Público de Justicia aprobado por el Gobierno el 19 de julio de 2022 y al que nos referimos a continuación.

---

4 GASCÓN INCHAUSTI, F., "La e-Justicia en la Unión Europea: Balance de situación y planes para el futuro (en diciembre de 2009)", *Presente y futuro de la E-Justicia en España y la Unión Europea,* op. cit. pp. 83-125, "…es habitual decir que se entiende por e-Justicia la utilización de las «nuevas tecnologías» por la Administración de Justicia o, tal vez con mayor propiedad, en el ejercicio de la actividad de los órganos jurisdiccionales. Dado el carácter relativo e impreciso de la noción «nuevas tecnologías» –pues están sujetas a constante cambio y evolución–, se debe acotar algo más y señalar que lo propio de la e-Justicia es el recurso en el ámbito de la actividad jurisdiccional a las tecnologías de la información y la comunicación (TIC): se trata, por definición, de tecnologías de carácter electrónico, que descansan en la utilización de herramientas informáticas y, muy especialmente, en internet". BUENO DE MATA, F., "Protección de datos, investigación de infracciones penales e inteligencia artificial. Novedades y desafíos a nivel nacional y europeo en la era postcovid", *La ley penal: revista de derecho penal, procesal y penitenciario,* nº 150, 2021, plantea una nueva forma de entender la Justicia partiendo de su digitalización e informatización.

2. El proyecto de Ley de Medidas de Eficiencia Digital del Servicio Público de Justicia

En efecto y con el ánimo de acometer todas estas necesidades se aprueba el Proyecto de Ley de Medidas de Eficiencia Digital del Servicio Público de Justicia[5] cuya finalidad es la de regular de manera más amplia el proceso judicial digital. Se trata de una extensa norma que afecta a la práctica totalidad del ordenamiento procesal español, ya que su finalidad básica es la de ser "una herramienta normativa completa, útil, transversal para dotar a la Administración de Justicia de un marco legal, coherente y lógico" para establecer la relación digital como su relación ordinaria y habitual, siempre bajo la consideración de que la tutela judicial efectiva es, en cualquier caso, la prioridad absoluta.[6]

Para acometer esta reforma la norma regula aspectos como los derechos y deberes digitales en el ámbito de la Administración de Justicia, el acceso digital a la Administración de Justicia; la tramitación electrónica de los procedimientos judiciales, los actos y servicios no presenciales ante la Administración de Justicia, los registros de la Administración de Justicia y archivos electrónicos, la transparencia y los datos abiertos, en especial del Portal de datos de la Administración de Justicia y la cooperación entre Administraciones en materia de Justicia y el Esquema Judicial de interoperabilidad y seguridad.[7] Introduce, también, un amplio conjunto de reformas de las leyes procesales, para armonizar la regulación procesal civil, penal, contencioso-administrativa y social con el contexto de tramitación electrónica.

Su definitiva aprobación conllevará la derogación de la Ley 18/2011, lo que traerá la mejora de la regulación del proceso judicial digital e introducirá disposiciones de gran importancia, como la reforma del artículo 129 de la LEC y la introducción de un artículo, 258 bis, en la Ley de Enjuiciamiento Criminal (en adelante, LECr). Ambos artículos establecen una regla de preferencia para la realización de actos procesales mediante presencia

---

5 Publicado en el BOCG el 12 de septiembre de 2022.

6 Exposición de Motivos, punto II, del proyecto de Ley de Medidas de Eficiencia Digital del Servicio Público de Justicia. Y punto I de la Exposición de Motivos del Proyecto de Ley de Medidas de Eficiencia Digital del Servicio Público de Justicia.

7 La regulación del primer título de la Ley, dedicada a los Derechos y deberes digitales en el ámbito de la Administración de justicia" ha tenido como guía el conjunto de principios y derechos recogidos en la recientemente adoptada Carta de Derechos Digitales, que tiene como objetivo principal la protección de los derechos de la ciudadanía en la nueva era de Internet y la Inteligencia Artificial". De esta manera se señala en el punto VI de la Exposición de Motivos.

telemática, de la que se exceptúan expresamente las actuaciones de naturaleza personal, como los interrogatorios de partes o testigos, la exploración de la persona menor de edad o la entrevista a la persona con discapacidad, además de las excepciones propias contenidas en el Derecho Penal, preservándose además la facultad del órgano judicial para determinar la posible realización de cualquier acto procesal mediante presencia física.

III. LA TRAMITACIÓN DEL PROCESO JUDICIAL DIGITAL

1. De la tramitación procesal guiada a la Actuación Judicial Automatizada

La implantación efectiva del proceso judicial digital facilitará, sin duda, el paso a una actuación judicial automatizada. Pero, en la actualidad, no está aún implantada sino que rige el sistema de tramitación guiada del proceso que se ofrece por el sistema de gestión procesal, tal y como se recoge en el Protocolo Marco de Actuación de la Oficina Judicial[8] y está configurado sobre la base de unos esquemas de tramitación procesal que identifican, claramente, las fases o trámites del procedimiento que se asignan a las distintas unidades de la oficina judicial en base a la distribución de competencias entre las mismas[9]. La Oficina Judicial está obligada a seguir el sistema guiado de tramitación, según lo establece el mismo apartado II del Protocolo Marco de Actuación de la Oficina Judicial y "los directores de los servicios comunes procesales, así como los secretarios judiciales destinados en las distintas unidades de la oficina judicial, al ejercer su función como directores técnico-procesales, velarán por que dicha obligatoriedad sea efectiva."[10] Por lo tanto, la tramitación procesal guiada de los procesos es un instrumento que se utiliza en las Oficinas Judiciales con la finalidad

---

8 Protocolo Marco de Actuación de la Oficina Judicial, versión 3.0, julio 2014, emitido por la Secretaría General de la Administración de Justicia, Ministerio de Justicia. Disponible:https://www.mjusticia.gob.es/cs/Satellite/Portal/1292428297063?blobheader=application%2Fpdf&blobheadername1=Content-Disposition&blobheadervalue1=attachment%3B+filename%3DMarco_de_actuacion.PDF Fecha acceso: 04/11/2022.

9 Apartado II del punto 5, Protocolo Marco de Actuación de la Oficina Judicial, dedicado a las "Normas de actuación para estandarizar tareas procesales".

10 Protocolo Marco de Actuación de la Oficina Judicial, versión 3.0, julio 2014, emitido por la Secretaría General de la Administración de Justicia, Ministerio de Justicia, anteriormente citado.

de agilizar la tramitación procesal. Se trata, no obstante, de una obligación impuesta a la Oficina Judicial que debe vigilarse por los Letrados de la Administración de Justicia.

Sin duda, el uso normalizado de la tramitación guiada del proceso constituye el paso previo para lograr la implantación de la actuación judicial automatizada, entendiendo por ésta la que se produce sin intervención de persona alguna. Los intentos legislativos por conseguir que las nuevas tecnologías se utilicen de manera habitual en los órganos jurisdiccionales tienen como punto de partida la actual redacción del art. 230 de la LOPJ efectuada tras la intensa reforma del 2015, por LO 7/2015, de 21 de julio[11], que cambia el régimen de uso potestativo de las TIC por su uso obligatorio. Esta reforma junto con su adaptación normativa de 2018, por LO 4/2018, de 28 de diciembre,[12] se ocupó de dos cuestiones básicas en la implantación de tecnología en el ámbito jurisdiccional: por una parte, otorga validez a los documentos electrónicos; y, por otra, estable el marco jurídico para posibilitar la utilización de las TICs en el ámbito jurisdiccional, garantizándolo con la intervención reglamentaria del CGPJ. Previsión en base a la que se aprobó la Instrucción 1/2018, que no ha dado los frutos esperados.

Si bien, como ya se ha puesto de manifiesto la Ley 18/2011, de naturaleza complementaria de la legislación procesal, es la que, realmente, estableció un verdadero marco tecnológico de uso en el ámbito jurisdiccional, aunque es una norma que ha pasado inadvertida en el ámbito jurisdiccional. La situación de cierta sensación de escasa importancia práctica ha derivado en el incumplimiento de muchos de sus artículos, lo que ha sido uno de los motivos que ha imposibilitado el funcionamiento o puesta en marcha de una verdadera Justicia Digital.

Precisamente, la Ley 18/2011 define, en su Anexo, la actuación judicial automatizada como la realización de actos o actuaciones judiciales en los que prevalece la característica de inexistencia de una persona que los realice; de esta manera, se contiene que la actuación judicial automatizada es una "actuación judicial producida por un sistema de información adecuadamente programado sin necesidad de intervención de una persona física en cada caso singular. Incluye la producción de actos de trámite o resolutorios de procedimientos, así como de meros actos de comunicación".

---

11 BOE núm. 174, 22/07/2015.

12 BOE núm. 314, 29/12/2018.

El artículo 42 de la Ley 18/2011 regula la actuación judicial automatizada, pero llama la atención la forma que lo hace: una especie de desiderátum, al señalar que "en caso de actuación automatizada", el Comité técnico estatal de la Administración judicial electrónica deberá establecer, previamente, la definición de las especificaciones, programación, mantenimiento, supervisión y control de calidad y, en su caso la auditoría del sistema de información y de su código fuente. Parece una remisión a un futuro desarrollo de la actuación judicial automatizada que debe dirigir el Comité Técnico Estatal de la Administración Judicial Electrónica (CTEAJE)[13]. De un primer examen de las funciones encomendadas a este órgano técnico resulta evidente que el CTEAJE va a resultar crucial en la futura implantación de la actuación judicial automatizada, destacándose las funciones de auditoría del sistema de información y de su código fuente que resultarán relevantes en el cumplimiento de las garantías procesales fundamentales.[14]

---

13 La Ley 18/2011, en el Título IV, dedicado a la "Tramitación Electrónica", art. 42, atribuye al organismo denominado Comité Técnico Estatal una serie de competencias que deben realizarse siguiendo las instrucciones que dicte el CGPJ : "En caso de actuación automatizada, deberá establecerse, previamente, por el Comité técnico estatal de la Administración judicial electrónica la definición de las especificaciones, programación, mantenimiento, supervisión y control de calidad y, en su caso la auditoría del sistema de información y de su código fuente.
Los sistemas incluirán los indicadores de gestión que se establezcan por la Comisión Nacional de Estadística Judicial y el Comité técnico estatal de la Administración judicial electrónica, cada uno en el ámbito de sus competencias."

14 Se pone de manifiesto la oportunidad perdida en la elaboración de la Guía de Interoperabilidad del documento judicial electrónico elaborada por el Comité Técnico Estatal de la Administración Judicial Electrónica (CTEAJE), para incluir en el punto 2 "...las especificaciones, programación, mantenimiento, supervisión y control de calidad y, en su caso la auditoría del sistema de información y de su código fuente" de la actuación automatizada, de conformidad con lo que establece art. 42 Ley 18/2011 y, en su defecto, aparece una previsión puntual de la actuación automatizada para el uso de redes en casos de intercambio de documentos. Guía de Interoperabilidad y Seguridad del documento judicial electrónico. Grupo de trabajo de Bases de interoperabilidad del CTEAJE, aparece en el apartado 8 dedicado al "Intercambio de documentos judiciales electrónicos", un apartado, el 5, sobre actuación judicial automatizada: "Para el intercambio de documentos electrónicos, entre Administraciones públicas, en procesos de actuación automatizada se utilizará preferentemente la Red de comunicaciones de las Administraciones Públicas españolas como medio para la transmisión." Disponible: https://www.cteaje.gob.es/cteaje/PA_WebAppSGNTJCTEAJE/descarga/CTEAJE-GIS-701-Documento%20Judicial%20electr%C3%B3nico-1.pdf?idFile=7d4afe2d-341c-4107-a17b-e21f709ba489

Llama la atención que la Ley 18/2011 no establece límite alguno a la automatización de los trámites o actuaciones procesales por lo que hemos de entender que se puede utilizar tanto para la realización de actos de ordenación del procedimiento o actos de comunicación como para actos de tramitación, que no requieren motivación, e, incluso, de finalización del procedimiento, que puedan incluir motivación de la resolución que lo resuelve. Este último supuesto es el que puede generar mayores controversias pues parece que se abre la puerta a la sustitución de la decisión judicial por un futuro sistema de inteligencia artificial.[15] Para evitar una interpretación extensiva el legislador debería limitar o fijar con precisión qué actos resolutorios de procedimientos y en qué procesos puede aplicarse la actuación judicial automatizada con el fin de evitar que se puedan producir intromisiones en la función jurisdiccional.[16]

Fecha acceso: 05/11/2022.
Véase, AGUILERA MORALES, M., "Hacia la puesta en funcionamiento del esquema judicial de interoperatividad y seguridad: EJIS", *Presente y futuro de la e-Justicia en España y la Unión Europea,* SENÉS MOTILLA, M. C. (coord.), Thomson Reuters Aranzadi, 2010.

15 Sobre los riesgos de la aplicación de inteligencia artificial en el proceso penal, GÓMEZ COLOMER, J. L., *La contracción del Derecho Procesal Penal,* Tirant lo Blanch, 2020, pp. 421-437. También trata la problemática BARONA VILAR, S., "Inteligencia artificial o la algoritmización de la vida y de la justicia: ¿solución o problema?", *Revista Boliviana de Derecho,* núm. 28, 2019, pp. 18-49. BUJOSA VADELL, L. M. (dir.), *Derecho procesal: retos y transformaciones,* Atelier, 2021. CALAZA LÓPEZ, S., "Ejes esenciales de la justicia post-COVID", *Diario La Ley,* núm. 9639, 2020. CASTILLEJO MANZANARES, R., "Las nuevas tecnologías y la inteligencia artificial como retos post-COVID19", *Revista General de Derecho Procesal,* núm. 56, 2022. GUZMAN FLUJA, V. C., "Proceso penal y justicia automatizada", *Revista General de Derecho Procesal,* nº 53, 2021. MARTÍN DIZ, F., "Herramientas de inteligencia artificial y adecuación en el ámbito del proceso judicial", AAVV, BUJOSA VADELL, L. M. (dir.), *Derecho procesal: retos y transformaciones,* Atelier, 2021.

16 ERCILLA GARCÍA, J., "Automatización de la justicia: un ejemplo práctico", *Diario La Ley,* nº 9754, sección Tribuna, 15 de diciembre de 2020. PEREZ ESTRADA, M. J., "La tramitación automatizada del proceso", AAVV, BARONA VILAR, S. (dir.), *Justicia algorítmica y neuroderecho: una mirada multidisciplinar,* Tirant lo Blanch, 2021, pp. 1397-2015.

2. La automatización del proceso en el proyecto de Ley de Medidas de Eficiencia Digital del Servicio Público de Justicia: Las actuaciones automatizadas, el subtipo de las proactivas y las actuaciones asistidas

Precisamente, el proyecto de Ley de Medidas de Eficiencia Digital del Servicio Público de Justicia pretende un avance cualitativo en la adecuación tecnológica de la Administración de Justicia. Va a recoger una regulación más amplia del Proceso Judicial Digital para lo cual derogará, previa se aprobación, la Ley 18/2011. Como, expresamente, reconoce en el punto II y III de la Exposición de Motivos su finalidad última es establecer la relación digital como la relación ordinaria y habitual entre la ciudadanía y los órganos jurisdiccionales. Así, pretende un amplio conjunto de reformas de las leyes procesales, para armonizar la regulación procesal civil, penal, contencioso-administrativa y social. Por su parte y en lo que ahora nos atañe la regulación de la automatización del proceso es uno de los capítulos transcendentales en el anteproyecto y, como vemos, a continuación, va mucho más allá de lo que se recogía en la Ley 18/2011, estableciendo, incluso, diferentes tipos de actuaciones automatizadas.

La automatización del proceso judicial se regula en el Capítulo VII de la Ley de Medidas de Eficiencia Digital del Servicio Público de Justicia, en los arts. 56 a 58, distinguiendo entre actuaciones automatizadas, el subtipo de las proactivas y las actuaciones asistidas.

Las actuaciones automatizadas se regulan haciendo previsiones específicas para su uso en tareas repetitivas y automatizables, por ej., en el paginado de expedientes, el archivo o la declaración de firmeza. Estas actuaciones permiten que algunas cuestiones que, en la actualidad, se realizan de forma manual pasen a realizarse de manera automática, utilizando técnicas de tratamiento de textos y procesamiento de documentación. Y, en base a los datos obtenidos, efectuar, por ejemplo, cálculo de plazos procesales, comprobaciones automáticas de situación concursal de una empresa, tipo de proceso judicial, etc.

En cuanto a las actuaciones automatizadas de tipo proactivas, éstas aprovechan la información incorporada al procedimiento con un fin determinado, como lo es generar efectos o avisos sin necesidad de intervención manual; por ejemplo, notificaciones o avisos automáticos.

Finalmente, como tipo diferenciado de las anteriores, se definen las actuaciones asistidas, que son aquellas que generan un borrador total o parcial de texto, que puede servir de apoyo a la tarea de los jueces, fiscales y letrados de la Administración de Justicia. Estableciendo, eso sí, que éstos siempre mantendrán pleno control sobre el texto y sin que el borrador se constituya en resolución sin su intervención. Son estas últimas actuaciones, las actuaciones asistidas, las que entiendo más problemáticas, porque esta regulación tan amplia que, incluso, permite la aplicación de inteligencia artificial para la generación, como dice la Exposición de Motivos del anteproyecto, "de borradores de resoluciones judiciales y procesales de calidad"[17], no responde, como debería ser exigido, a un escenario posible desde el punto de vista de la tecnología actual ni que haya sido lo suficientemente estudiado ni contextualizado como para que pueda compatibilizarse plenamente con los principios y garantías procesales, en concreto con el derecho fundamental a la tutela judicial efectiva otorgada hasta ahora mediante resoluciones motivadas dictadas por un juez no por una máquina.

IV. EL ÁMBITO DE APLICACIÓN DEL DERECHO A LA PROTECCIÓN DE LOS DATOS PERSONALES EN LOS ÓRGANOS JUDICIALES

1. Régimen jurídico

A.1. Regulación general de la protección de los datos personales

La existencia de un régimen jurídico específico en materia de protección de los datos personales que se tratan en los órganos judiciales ya sea con motivo de la tramitación de los procesos, ya sea el realizado dentro de la gestión de la Oficina judicial, encuentra su justificación en la necesidad de satisfacer otros fines superiores. De esta manera lo justifica el propio Reglamento (UE) 2016/679, previamente en el Considerando 20[18] y luego en su art. 23.1

---

17 Art. 57.1 del Anteproyecto de Ley de Medidas de Eficiencia Digital: "Se considera actuación asistida aquella para la que el sistema de información de la Administración de Justicia genera un borrador total o parcial de documento complejo en base a datos, que puede ser producido por algoritmos, y puede constituir fundamento o apoyo de una resolución judicial o procesal."

18 Considerando 20 del Reglamento (UE) 2016/679: "Aunque el presente Reglamento se aplica, entre otras, a las actividades de los tribunales y otras autoridades judiciales, en virtud del Derecho de la Unión o de los Estados miembros pueden especificarse las operaciones de tratamiento y los procedimientos de tratamiento en relación con el tratamiento de datos personales por los tribunales y otras autoridades judiciales. A fin de preservar la independencia del poder judicial en el desempeño de sus funciones,

f), cuando lo justifica en la necesidad de la salvaguarda o la "protección de la independencia judicial y de los procedimientos judiciales".[19]

El Reglamento (UE) 2016/679 prevé ciertas especialidades en el tratamiento de determinados datos de cuya aplicación se excepciona a los juzgados y tribunales con motivo del ejercicio de la función jurisdiccional. Estas especialidades vienen referidas a la admisión del tratamiento de datos especialmente sensibles (art. 9.2. f)[20], en relación al art. 9.1 Reglamento (UE) 2016/679, la exención del nombramiento obligatorio de un delegado de protección de datos (art. 37.1. a) Reglamento (UE)

---

incluida la toma de decisiones, la competencia de las autoridades de control no debe abarcar el tratamiento de datos personales cuando los tribunales actúen en ejercicio de su función judicial. El control de esas operaciones de tratamiento de datos ha de poder encomendarse a organismos específicos establecidos dentro del sistema judicial del Estado miembro, los cuales deben, en particular, garantizar el cumplimiento de las normas del presente Reglamento, concienciar más a los miembros del poder judicial acerca de sus obligaciones en virtud de este y atender las reclamaciones en relación con tales operaciones de tratamiento de datos."

19 El Reglamento (UE) 2016/679 dispone en el art. 23.1 f): "El Derecho de la Unión o de los Estados miembros que se aplique al responsable o el encargado del tratamiento podrá limitar, a través de medidas legislativas, el alcance de las obligaciones y de los derechos establecidos en los artículos 12 a 22 y el artículo 34, así como en el artículo 5 en la medida en que sus disposiciones se correspondan con los derechos y obligaciones contemplados en los artículos 12 a 22, cuando tal limitación respete en lo esencial los derechos y libertades fundamentales y sea una medida necesaria y proporcionada en una sociedad democrática para salvaguardar: la protección de la independencia judicial y de los procedimientos judiciales."

20 Art. 9.1 Reglamento (UE) 2016/679:
"1. Quedan prohibidos el tratamiento de datos personales que revelen el origen étnico o racial, las opiniones políticas, las convicciones religiosas o filosóficas, o la afiliación sindical, y el tratamiento de datos genéticos, datos biométricos dirigidos a identificar de manera unívoca a una persona física, datos relativos a la salud o datos relativos a la vida sexual o las orientación sexual de una persona física.
2. El apartado 1 no será de aplicación cuando concurra una de las circunstancias siguientes:
f) el tratamiento es necesario para la formulación, el ejercicio o la defensa de reclamaciones o cuando los tribunales actúen en ejercicio de su función judicial".

2016/679[21]) y exclusión del ámbito de actuación de las autoridades de control (art. 55.3 Reglamento (UE) 2016/679[22]).

Del mismo modo ocurre en el ámbito del proceso penal en el que la Directiva 2016/680 contempla especialidades para el caso en el que el tratamiento de datos de carácter personal se efectúa en el desarrollo de la función jurisdiccional, cuya base la encontramos en el principio de independencia judicial. Se trata de las especialidades consistentes en la posibilidad de exención de la designación de delegado de protección de datos (art. 32.1 Directiva 2016/680[23]) y delimitación del ámbito de actuación de la autoridad de control (art. 45.2 Directiva 2016/680[24]). Del mismo modo se dispone en la Ley Orgánica 7/2021, de 26 de mayo, de protección de datos personales tratados para fines de prevención, detección, investigación y enjuiciamiento de infracciones penales y de ejecución de sanciones penales[25], que traspone a nuestro ordenamiento jurídico la Directiva (UE) 2016/680 del Parlamento Europeo y del Consejo, de 27 de abril de 2016.

La nueva Ley contempla un marco regulatorio con exigencias similares a las establecidas en el RGPD, tales como el deber de informar a los interesados, la limitación de la conservación de los datos, la designación de un Delegado de Protección de Datos, la regulación de los encargados de tratamiento, la necesidad de analizar los riesgos derivados del tratamiento y establecer medidas que los mitiguen o la notificación de brechas de seguridad en el plazo de 72 horas.

---

21 Art. 37.1 a) RGPD:
"1. El responsable y el encargado del tratamiento designarán un delegado de protección de datos siempre que:
a) el tratamiento lo lleve a cabo una autoridad u organismo público, excepto los tribunales que actúen en ejercicio de su función judicial."

22 Art. 55.3 RGPD: "Las autoridades de control no serán competentes para controlar las operaciones de tratamiento efectuadas por los tribunales en el ejercicio de su función judicial."

23 Art. 32.1 Directiva 2016/680: "Los Estados miembros dispondrán que el responsable del tratamiento designe un delegado de protección de datos. Los Estados miembros podrán eximir de esa obligación a los tribunales y demás autoridades judiciales independientes cuando actúen en ejercicio de sus competencias judiciales."

24 Art. 45.2 Directiva 2016/680: "Los Estados miembros dispondrán que cada autoridad de control no sea competente para controlar las operaciones de tratamiento efectuadas por los órganos jurisdiccionales en el ejercicio de su función judicial. Los Estados miembros podrán disponer que su autoridad de control no sea competente para controlar las operaciones de tratamiento efectuadas por otras autoridades judiciales independientes en el ejercicio de su función judicial."

25 BOE núm. 126, de 27/05/2021.

También recoge algunas cuestiones novedosas, como la definición de "autoridades competentes" que puedan realizar tratamiento de datos amparados por la norma, la determinación de los plazos de conservación y un régimen específico para el tratamiento de categorías especiales de datos.

Del mismo modo, se incluye una sección relativa al tratamiento de datos personales en el ámbito de la videovigilancia por Fuerzas y Cuerpos de Seguridad, que define los sistemas de grabación, regula el tratamiento y conservación, e introduce un régimen disciplinario.

1.2. Tratamiento procesal de la protección de los datos personales en los órganos judiciales

En la legislación nacional la regulación específica de la materia de protección de datos en el ámbito judicial se contiene, básicamente, en la LOPJ, en su único art. 236 bis al decies. Y rige, como legislación supletoria la general de protección de datos personales, ie., Reglamento (UE) 2016/679 y la LOPDGDD, de acuerdo con lo dispuesto en el art. 236 bis LOPJ[26]. En relación con el art. 236 bis LOPJ, el art. 230.4 LOPJ, que hace referencia al expediente judicial electrónico, remite, también, a la legislación de protección de datos de carácter personal (tanto a la normativa general como a la específica procesal), el tratamiento de los datos personales que se lleve a cabo mediante el proceso judicial electrónico[27]. Es significativo y está en la línea de las previsiones de la normativa europea de protección de datos de carácter personal la integración en los procedimientos de trabajo de la aplicación de políticas o protocolos que sigan la normativa en protección de datos personales; acierta, así, el art. 230.4

---

26 Art. 236 bis: "El tratamiento de datos llevado a cabo con ocasión de la tramitación por los Tribunales de los procesos de los que sean competentes, así como el realizado dentro de la gestión de la Oficina judicial se someterán a lo dispuesto en la Ley Orgánica 15/1999, de 13 de diciembre, de Protección de Datos de Carácter Personal y su normativa de desarrollo, sin perjuicio de las especialidades establecidas en el presente Capítulo." La referencia a la LO 15/1999 debe entenderse referida a la actual LOPDGDD con ocasión de la tramitación por los Tribunales de los procesos de los que sean competentes, así como el realizado dentro de la gestión de la Oficina judicial.

27 Dispone el art. 230, apartado 4, LOPJ: "Los procesos que se tramiten con soporte informático garantizarán la identificación y el ejercicio de la función jurisdiccional por el órgano que la ejerce, así como la confidencialidad, privacidad y seguridad de los datos de carácter personal que contengan en los términos que establezca la ley."

LOPJ cuando contempla garantizar en la tramitación en soporte informático de los procesos la protección de los datos de carácter personal[28].

El ámbito de aplicación de la normativa procesal en materia de protección de datos personales abarca, de conformidad con el art. 236 bis LOPJ: "El tratamiento de datos llevado a cabo con ocasión de la tramitación por los Tribunales de los procesos de los que sean competentes, así como el realizado dentro de la gestión de la Oficina judicial se someterán a lo dispuesto en la Ley Orgánica 15/1999, de 13 de diciembre, de Protección de Datos de Carácter Personal y su normativa de desarrollo, sin perjuicio de las especialidades establecidas en el presente Capítulo"[29].

De su lectura parece indicarse que la protección de los datos personales se extiende a todo tratamiento de los datos personales que se realiza por los juzgados y tribunales, tanto el que se desarrolla con motivo de la tramitación de los procesos como el que se realiza en el ámbito de la gestión de la oficina judicial. Si bien, su redacción no es clara y para su mejor comprensión, en

---

28 Como, acertadamente, recuerda MARCOS AYJÓN, M., "La protección de datos de carácter personal en la Oficina Judicial", *LA LEY Penal,* nº 135, noviembre-diciembre 2018, p.1, "[…] la normativa europea pone especial énfasis en que la protección de datos debe integrarse en los procedimientos de trabajo y no situarse como una cuestión accesoria o al margen del sistema productivo".

29 La referencia a la LO 15/1999, de 13 de diciembre debe de entenderse efectuada a la nueva normativa de protección de datos de carácter personal LOPDGDD.

aras a establecer el ámbito de aplicación, se debe poner en relación con los siguientes artículos, art. 236 ter LOPJ[30] y art. 236 quáter LOPJ[31].

El legislador diferencia, en el art. 236 ter LOPJ, diferentes ficheros judiciales, los que realizan tratamiento de datos personales con fines jurisdiccionales y los que el tratamiento de datos personales se realiza con fines no jurisdiccionales. Pero la distinción entre ambos no es del todo clara, se debería haber hecho un esfuerzo por diferenciarlos con mayor precisión para evitar, en lo posible, ambigüedades[32]. Además, esta clasificación ha devenido obsoleta con motivo de la nueva normativa europea sobre protección de datos de carácter personal, en vigor desde el 25 de mayo de 2018, del Reglamento (UE) 2016/679, en el que desaparece la tipología de los ficheros de datos; en el nuevo modelo se tiene en cuenta el proceso que

---

30 Art. 236 ter LOPJ: "1. Los Tribunales podrán tratar datos de carácter personal con fines jurisdiccionales o no jurisdiccionales. En el primer caso, el tratamiento se limitará a los datos en tanto se encuentren incorporados a los procesos de que conozcan y su finalidad se relacione directamente con el ejercicio de la potestad jurisdiccional.
2. Los Tribunales mantendrán, con pleno respeto a las garantías y derechos establecidos en la normativa de protección de datos de carácter personal, los ficheros que resulten necesarios para la tramitación de los procesos que en ellos se siguen, así como los que se precisen para su adecuada gestión.
Dichos ficheros se clasificarán en jurisdiccionales y no jurisdiccionales atendiendo a la naturaleza del tratamiento de los datos que los integran."
Llama la atención, en el apartado primero la alusión "En el primer caso [...]" para referirse al tratamiento de datos personales con fines jurisdiccionales, sin que aparezca referencia a un "segundo caso" pero que debe entenderse de la dicción del apartado segundo que se corresponde al tratamiento de los datos personales con fines no jurisdiccionales.

31 Art. 236 quáter LOPJ: "De conformidad con lo dispuesto en el artículo 11.2 de la Ley Orgánica 15/1999, de 13 de diciembre, no será necesario el consentimiento del interesado para que los Tribunales procedan al tratamiento de los datos en el ejercicio de la potestad jurisdiccional, ya sean éstos facilitados por las partes o recabados a solicitud del propio Tribunal, sin perjuicio de lo dispuesto en las normas procesales para la validez de la prueba". La referencia al precepto 11.2 de la derogada LO 15/1999 debe entender efectuada al art. 8 de la actual LO 3/2018. Cuando se trate de datos tratados con fines no jurisdiccionales se estará a lo dispuesto en la Ley Orgánica 15/1999, de 13 de diciembre."

32 Esta problemática se trata en PÉREZ ESTRADA, M. J., Efectos de la vulneración de la protección de los datos personales en el proceso penal", *LA LEY* Penal, nº 135, noviembre-diciembre de 2018, pp. 3-4.

se utiliza para el tratamiento de los datos personales y el control que del mismo debe efectuarse.[33]

Precisamente, y en aras a aclarar la aplicación en el ámbito jurisdiccional de la normativa de protección de datos personales el prelegislador ha introducido en el proyecto de Ley de medidas de eficiencia digital en el servicio público de Justicia el Capítulo IV dedicado a la "Protección de datos de carácter personal", que consta de dos artículos, art. 102, sobre "Protección de datos en el uso de los medios tecnológicos e informáticos" y art. 103 relativo a "Protección de datos en los documentos judiciales electrónicos".[34]

La problemática que se contempla en el presente trabajo viene referida al tratamiento de los datos personales que se realiza por los órganos judiciales ya sea con motivo de la tramitación del proceso o bien como consecuencias de la gestión que desarrolla la oficina judicial; no se abordará la dimensión de este tema relativa a los efectos procesales en la valoración de la prueba de la obtención o aportación de datos personales al proceso[35].

---

[33] En los Considerandos del Reglamento (UE) 2016/679 encontramos la alusión a las novedades respecto a la normativa anterior y el cambio de sistema de ficheros.

[34] Artículo 102. Protección de datos en el uso de los medios tecnológicos e informáticos. "Los sistemas que se utilicen en la Administración de Justicia y que traten datos personales que vayan a ser incorporados a un proceso judicial o expediente fiscal para fines jurisdiccionales se ajustarán a la normativa prevista en los artículos 236 bis a 236 decies de la Ley Orgánica 6/1985, de 1 de julio, del Poder Judicial, en el artículo 2, párrafos 4 y 5, de la Ley Orgánica 3/2018, de 5 de diciembre, de Protección de Datos Personales y garantía de los derechos digitales y en el artículo 2.2 de la Ley Orgánica 7/2021, de 26 de mayo, de protección de datos personales tratados para fines de prevención, detección, investigación y enjuiciamiento de infracciones penales y de ejecución de sanciones penales."
Artículo 103. Protección de datos en los documentos judiciales electrónicos.
"Las oficinas judiciales y fiscales dispondrán de los medios tecnológicos adecuados para la realización automatizada de la anonimización, seudonimización y disociación de los datos de carácter personal.
Con la finalidad de posibilitar lo dispuesto en el párrafo anterior, las resoluciones procesales y judiciales deberán adecuarse a un formato normalizado acordado en el seno del Comité técnico estatal de la Administración judicial electrónica."

[35] Aspecto estudiado en PÉREZ ESTRADA, M. J., "Efectos de la vulneración de la protección de los datos personales en el proceso penal", op. cit. También, COLOMER HERNÁNDEZ. I., (dir.), CATALINA BENAVENTE. M. A., (coord.), OUBIÑA BARBOLLA, S., (coord.), *Uso de la información y de los datos personales en los procesos. Los cambios en la era digital,* Aranzadi Thomson Reuters, 2022.

3. La relación del derecho a la protección de los datos personales con otros principios o derechos fundamentales

Analizaremos de manera breve, debido a la extensión limitada de este trabajo, las implicaciones que tiene el derecho a la protección de los datos personales en los órganos judiciales con el principio de publicidad en el proceso y con el derecho fundamental a la judicial efectiva. Entiendo que el grado de protección que se otorga a los datos de carácter personal en los órganos jurisdiccionales está en íntima relación con el nivel de automatización que se ha logrado en los procedimientos judiciales. Me refiero a que la automatización de la tramitación procesal supone el tratamiento de una ingente cantidad de datos de carácter personal lo que, sin duda, afecta de manera directa al derecho a la protección de los datos de carácter personal.

Además, a su vez, el masivo tratamiento de datos personales en el proceso origina la evidente necesidad de garantizar su protección, lo que, sin duda, tiene implicaciones o conlleva la afectación del principio de publicidad de las actuaciones judiciales. Es evidente que la protección de los datos de carácter personal en el proceso va a suponer un retroceso en el desarrollo del principio de publicidad de las actuaciones judiciales; lo que, a su vez, conlleva una afección del derecho de los ciudadanos a la transparencia sobre la información judicial.

Desde el punto de vista de la tutela judicial efectiva, la plena garantía de este derecho pasaría por lograr que desde la incoación del proceso sólo accedan al mismo los datos personales estrictamente necesarios sin que, en ningún caso, se afecte la tutela judicial efectiva ni se produzca indefensión.

3.1 La relación con el principio de publicidad de las actuaciones judiciales

La conservación y digitalización de la información judicial, primero y la tramitación automatizada[36], que se aplica en la actualidad, incide, directamente, en la protección de los datos de carácter personal que acceden al proceso. Habrá que estudiar en qué medida afecta el derecho a la protección de los datos personales en el proceso al principio de publicidad de las actuaciones judiciales.

---

36 Protocolo marco de actuación de la oficina judicial, Versión 3.0, julio 2014, p. 8, define los sistemas de gestión procesal como sistemas de tramitación guiada. Disponible en: *https://www.mjusticia.gob.es/cs/Satellite/Portal/1292428297063?blobheader=application%2Fpdf&blobheadername1=Content-Disposition&blobheadervalue1=attachment%3B+filename%3DMarco_de_actuacion.PDF* Fecha acceso: 17/11/2022.

El legislador se ocupa de esta cuestión en el art. 235 bis LOPJ, introducido en la reciente reforma introducida por LO 7/2015, que establece:

"Sin perjuicio de lo establecido en el párrafo segundo del apartado 1 del artículo 236 quinquies y de las restricciones que, en su caso, pudieran establecerse en las leyes procesales, el acceso al texto de las sentencias, o a determinados extremos de las mismas, o a otras resoluciones dictadas en el seno del proceso, sólo podrá llevarse a cabo previa disociación de los datos de carácter personal que los mismos contuvieran y con pleno respeto al derecho a la intimidad, a los derechos de las personas que requieran un especial deber de tutela o a la garantía del anonimato de las víctimas o perjudicados, cuando proceda.

En todo caso se adoptarán las medidas necesarias para evitar que las sentencias y el resto de resoluciones dictadas en el seno del proceso puedan ser usadas con fines contrarios a las leyes."

Ya adelantaba, y no se equivocaba, MIRA ROS [37] que el grado de desarrollo que había alcanzado el derecho de protección de los datos personales iba en perjuicio del principio de publicidad de las actuaciones procesales y del derecho de acceso a la información judicial.

Pese a lo reciente de este cambio normativo en la legislación procesal, recordemos con motivo de la reforma de la LOPJ del 2015, lo cierto es que ha quedado obsoleto en cuanto a la terminología utilizada. Conviene destacar que en el Reglamento (UE) 2016/679 ha desaparecido el término "disociación", de la anterior normativa, que se sustituye por el de

37 MIRA ROS, C., "Algunas reflexiones sobre la protección de datos personales en el ámbito judicial", disponible en https://ruc.udc.es/dspace/bitstream/handle/2183/9188/comunicacions_19_Mira_Ros_581-594.pdf. , acceso el 18/11/2022, p. 586, apunta que "esta política conllevaba una protección elefantiásica del derecho a la intimidad y un anquilosamiento del derecho de acceso a la información judicial". Explica la autora que la transparencia que se proclama del sector público, no puede resultar excluída a la información procedente del Poder Judicial. Así lo expresa: "Y tal y como se han desarrollado los acontecimientos posteriores parece que se va a mantener vigente, pues pese a que nuestro legislador se ha percatado, por fin, como lo demuestra el Anteproyecto de Ley sobre acceso de los ciudadanos a la información que provenga del sector público, de que la transparencia de la información se ha convertido en un presupuesto de la confianza de los ciudadanos en la Administración y en un elemento irrenunciable para su control, lo cierto es que se proclama de manera limitada, excluyendo de su ámbito de aplicación a la información que proviene del Poder Judicial. Desconociendo los postulados del Convenio sobre acceso a los documentos públicos y las indicaciones de la Coalición pro-acceso."Disponible en:

"seudonimización" y que se define como "el tratamiento de datos personales de manera tal que ya no puedan atribuirse a un interesado sin utilizar información adicional, siempre que dicha información adicional figure por separado y esté sujeta a medidas técnicas y organizativas destinadas a garantizar que los datos personales no se atribuyan a una persona física identificada o identificable."

Este tipo de técnica que garantiza que los datos personales no se atribuyan a una concreta persona es casi inexistente en los órganos judiciales o se realiza de forma muy precaria. En los expedientes judiciales que se llevan en formato papel consiste en no incluir en la carátula del expediente judicial los datos personales de las partes; y en lo que respecta a las copias de las resoluciones se suprimen, manualmente, los datos personales innecesarios que no deban ser conocidos por terceras personas. En el expediente judicial electrónico no existe en el programa informático la opción de ocultar datos personales de las partes o de los intervinientes en el proceso lo que ocasiona que no se puedan proteger, adecuadamente, los datos de carácter personal. Vemos que la aplicación de la normativa de protección de datos en los órganos judiciales resulta muy difícil de realizar al carecer de medios materiales para poder implementarla de manera efectiva; lo que, a su vez, repercute directamente en el efectivo acceso al texto de las sentencias u otras resoluciones del proceso si no se ha procedido a la protección de los datos personales que contengan. No obstante, entiendo que la efectiva digitalización del proceso judicial va a suponer un gran avance en esta materia.

3.2 La relación con el derecho a la tutela judicial efectiva

Como hemos puesto de relieve en el anterior apartado, la protección efectiva de los datos personales en los órganos judiciales es aún incipiente. Pero debe superarse esta situación de insuficiencia y convertirse en una realidad a medio plazo en la práctica judicial.

En este concreto apartado analizamos la problemática que este derecho a la protección de los datos personales presenta respecto al derecho a la tutela judicial efectiva. La plena garantía de este derecho pasaría por lograr que desde la incoación del proceso sólo accedan al mismo los datos personales estrictamente necesarios sin que, en ningún caso, se afecte la tutela judicial efectiva ni se produzca indefensión.

Quizá esa situación sea la más exigente y se tendrá que alcanzar en un futuro, pero, al menos, se deberá cumplir con lo establecido en el art. 236 quinquies LOPJ: "1. Los Jueces y Tribunales, y los Letrados de la Administración de Justicia conforme a sus competencias procesales, podrán adoptar las medidas que sean necesarias para la supresión de los datos personales de los documentos a los que puedan acceder las partes durante la tramitación del proceso siempre que no sean necesarios para garantizar su derecho a la tutela judicial efectiva.

Del mismo modo procederán respecto del acceso por las partes a los datos personales que pudieran contener las sentencias y demás resoluciones dictadas en el seno del proceso, sin perjuicio de la aplicación en los demás supuestos de lo establecido en el artículo 235 bis."

A tenor del precepto, importa saber ahora en qué consisten las medidas que se pueden adoptar para la supresión de los datos personales de los documentos judiciales a los que puedan acceder las partes procesales, sin que, en ningún caso se produzca merma del derecho a la tutela judicial efectiva; pero también hay que fijarse cómo se han implementado, en la práctica, esas medidas de protección o cómo se están llevando a cabo esas medidas de protección de los datos personales en los procedimientos judiciales.

Se está intenta proteger todo tipo de dato de carácter personal sin distinguir a quién pertenece, ie., si a las partes procesales o a testigos o peritos. La finalidad es proteger los datos personales suprimiendo de la tramitación del proceso los que no sean fundamentales para la resolución del litigio. La valoración judicial sobre qué datos pueden estar en el proceso y cuáles no es una tarea compleja pues en ningún caso puede existir merma alguna del derecho a la tutela judicial efectiva ni del derecho de defensa. Precisamente, para proteger este derecho fundamental deberá garantizarse el acceso al contenido esencial del documento judicial al objeto de que no se produzca indefensión.

No es una cuestión sencilla. Se hace necesario una práctica judicial eficaz para proteger los datos personales, pero a la vez se debe garantizar la tutela judicial efectiva. Debe existir conciencia de la protección de los datos personales en el ámbito judicial pues resulta habitual ver en la práctica judicial diaria expedientes con ingente cantidad de datos personales, que las partes o terceros han aportado, que no son necesarios incorporar para la resolución del pleito.

La formación en este ámbito resulta fundamental, tanto para las partes como para el órgano judicial, a fin de que se tome conciencia de la importancia de proteger los datos personales en el ámbito judicial, evitando que se aporten al proceso los carentes de relevancia procesal a efectos de la resolución efectiva del pleito, siempre y cuando se garantice la tutela judicial efectiva y no se produzca indefensión. Lógicamente se deberá realizar una ponderación de los derechos en conflicto por parte del juez o del letrado de la administración de justicia, que son los órganos competentes para determinar las medidas necesarias a adoptar para suprimir los datos personales de los documentos a los que accedan las partes durante la tramitación del proceso. Realizarlo de manera manual, expediente por expediente, no parece que sea la mejor forma; convendría la implantación de la alguna herramienta informática en los sistemas de gestión que ayude en los casos más sencillos, como supresión del DNI, teléfonos, direcciones postales o del correo electrónico, etc. Mayor problemática supondrá la supresión de otro tipo de datos personales más sensibles, pensemos, por ejemplo, en el tipo de datos salud pero que no sean necesarios en la resolución del litigio; en este caso; será el juez quien deba valorar su inclusión o no en el proceso.

Se advierte que, en la actualidad, no es una tarea fácil conjugar el derecho a la protección de los datos personales con la tutela judicial efectiva, sin merma del derecho de defensa, a la vez que procurar un funcionamiento eficaz de los órganos judiciales. Se necesitará para lograrlo no sólo una adecuación normativa sino una cooperación multidisciplinar.

BIBLIOGRAFÍA

AGUILERA MORALES, E., "Hacia la puesta en funcionamiento del esquema judicial de interoperatividad y seguridad: EJIS", *Presente y futuro de la e-Justicia en España y la Unión Europea, SENÉS MOTILLA, M. Carmen (coord.),* Thomson Reuters Aranzadi, Madrid, 2010.

ARMENTA DEU, T., *Derivas de la justicia. Tutela de los derechos y solución de controversias en tiempos de crisis, Marcial Pons, 2021.*

BARONA VILAR, S., "Mutación de la justicia en el siglo XXI. Elementos para una mirada poliédrica de la tutela de la ciudadanía", AAVV (edit. BARONA VILAR, S.), Justicia poliédrica en período de mudanza (Nuevos conceptos, nuevos sujetos, nuevos instrumentos, nueva intensidad), Tirant lo Blanch, 2022.

BARONA VILAR, S., "Inteligencia artificial o la algoritmización de la vida y de la justicia: ¿solución o problema?", Revista Boliviana de Derecho, núm. 28, 2019.

BUENO DE MATA, F., "Protección de datos, investigación de infracciones penales e inteligencia artificial. Novedades y desafíos a nivel nacional y europeo en la era postcovid", La ley penal: revista de derecho penal, procesal y penitenciario, nº 150, 2021.

BUJOSA VADELL, L. M. (dir.), Derecho procesal: retos y transformaciones, Atelier, 2021.

CALAZA LÓPEZ, S., "Ejes esenciales de la justicia post-COVID", Diario La Ley, núm. 9639, 2020.

CASTILLEJO MANZANARES, R., "Las nuevas tecnologías y la inteligencia artificial como retos post-COVID19", Revista General de Derecho Procesal, núm. 56, 2022.

COLOMER HERNÁNDEZ. I., (dir.), CATALINA BENAVENTE. M. A., (coord.), OUBIÑA BARBOLLA, S., (coord.), Uso de la información y de los datos personales en los procesos. Los cambios en la era digital, Aranzadi Thomson Reuters, 2022.

ERCILLA GARCÍA, J., "Automatización de la justicia: un ejemplo práctico", Diario La Ley, nº 9754, sección Tribuna, 15 de diciembre de 2020.

GASCÓN INCHAUSTI, F., "La e-justicia en la Unión Europea: balance de situación y planes para el futuro", *Presente y futuro de la E-Justicia en España y la Unión Europea* (dir. SENÉS MOTILLA, Carmen), Ed. Aranzadi, Cizur Menor, 2010.

GÓMEZ COLOMER, J. L., *La contracción del Derecho Procesal Penal,* Tirant lo Blanch, Valencia, 2020.

GUZMAN FLUJA, V. C., "Proceso penal y justicia automatizada", *Revista General de Derecho Procesal,* nº 53, 2021.

MARCOS AYJÓN, M., "La protección de datos de carácter personal en la Oficina Judicial", *LA LEY Penal,* nº 135, noviembre-diciembre 2018, p.1, "[...] la normativa europea pone especial énfasis en que la protección de datos debe integrarse en los procedimientos de trabajo y no situarse como una cuestión accesoria o al margen del sistema productivo".

MARTÍN DIZ, F., "Herramientas de inteligencia artificial y adecuación en el ámbito del proceso judicial", AAVV, BUJOSA VADELL, L. M. (dir.), *Derecho procesal: retos y transformaciones,* Atelier, 2021.

MIRA ROS, C., "Algunas reflexiones sobre la protección de datos personales en el ámbito judicial", p. 586. Disponible en: https://ruc.udc.es/dspace/bitstream/handle/2183/9188/comunicacions_19_Mira_Ros_581-594.pdf.

PEREZ ESTRADA, M. J., "La tramitación automatizada del proceso", AAVV, BARONA VILAR, S. (dir.), *Justicia algorítmica y neuroderecho: una mirada multidisciplinar,* Tirant lo Blanch, 2021.

PEREZ ESTRADA, M. J., *El proceso judicial digital. Los efectos en la protección de los datos personales,* Tirant lo Blanch, 2021.

El Convenio para la protección de las personas con respecto al tratamiento automatizado de datos de carácter personal de 1981 y su modernización

María Torres Pérez*

I. INTRODUCCIÓN

La preocupación por el tratamiento de datos personales de forma automatizada es una constante desde que dicho tratamiento ha sido posible[1]. Para el Consejo de Europa[2], el tratamiento de datos personales tiene una especial relevancia, ya que, según ha afirmado a través de su jurisprudencia el Tribunal Europeo de Derechos Humanos[3], aunque el derecho a ver protegidos los datos personales no es un derecho autónomo de los previstos en el Convenio Europeo para la protección de los Derechos Humanos y Libertades Fundamentales de 1950, sí que su protección es necesaria para

* Profesora Contratada Doctora del Departamento de Derecho Internacional "Adolfo Miaja de la Muela", Universitat de València. maria.torres@uv.es (ORCID ID. https://orcid.org/0000-0003-4829-1380). El presente trabajo se ha realizado en el marco del ERASMUS-JMO-2022-MODULE, 101085406-EU GLOBAL, financiado por la Agencia Europea de Educación y Cultura (EACEA), Programa Erasmus+.

1 Los primeros trabajos del Consejo de Europa en este ámbito datan de 1968, colaborando con la Organización para la Cooperación y el Desarrollo Económicos en el desarrollo de orientaciones comunes. Junto con estas orientaciones comunes, el Comité de Ministros del Consejo de Europa adoptó en 1973 y 1974 sendas resoluciones sobre protección de datos (Resolución (73) 22 dedicada al sector privado y Resolución (74) 29 al sector público). Sobre la historia de este desarrollo, véase: BENNETT, C.J., *Regulating Privacy: Data Protection and Public Policy in Europe and the United States.* Cornell University Press, 1992.

2 En adelante, CdE.

3 En adelante, TEDH. La primera sentencia del TEDH en la que se discutió la relación entre los derechos fundamentales protegidos en el Convenio y el almacenamiento de datos personales por las autoridades data de 1987, en el asunto *Leander v. Sweden (sentencia nº 9248/81, de 26 de marzo de 1987, Series A no. 116.*

el disfrute de otros derechos como el derecho al respeto a la vida privada y familiar, reconocido en el artículo 8 del Convenio[4].

La importancia de salvaguardar los datos de los ciudadanos ha sido puesta de relevancia por el propio Tribunal Constitucional Español afirmando no solo la especialidad de su ámbito sino su mejor idoneidad para proteger los derechos en riesgo[5]. Resumiendo la jurisprudencia en la materia, afirmaba el Tribunal Supremo que:

> "el art. 18.4 CE garantiza no sólo un ámbito de protección específico sino también más idóneo que el que podían ofrecer, por sí mismos, los derechos fundamentales mencionados en el apartado 1 del precepto, añadiendo que la peculiaridad de este derecho fundamental a la protección de datos respecto de aquel derecho fundamental, tan afín como es el de la intimidad, radica en su distinta función, lo que conlleva que también su objeto y contenido difieran. La función del derecho fundamental a la intimidad del art. 18.1 CE es la de proteger frente a cualquier invasión que pueda realizarse en aquel ámbito de la vida personal y familiar que la persona desea excluir del conocimiento ajeno y de las intromisiones de terceros en contra de su voluntad (por todas STC 144/1999). En cambio, el derecho fundamental a la protección de datos persigue garantizar a esa persona un poder de control sobre sus datos personales, sobre su uso y destino, con el propósito de impedir su tráfico ilícito y lesivo para la dignidad y derecho del afectado. Por lo tanto, es complemento indispensable del derecho fundamental del art. 18.4 CE la facultad de saber en todo momento quién dispone de esos datos personales y a qué uso los está sometiendo. En consecuencia, constituye elemento caracterizador de la definición constitucional del art. 18.4 CE, de su núcleo esencial, el derecho del afectado a ser informado de quién posee

[4] Según establece el artículo 8 de la Convención de 1950, "1. Toda persona tiene derecho al respeto de su vida privada y familiar, de su domicilio y de su correspondencia. 2. No podrá haber injerencia de la autoridad pública en el ejercicio de este derecho sino en tanto en cuanto esta injerencia esté prevista por la ley y constituya una medida que, en una sociedad democrática, sea necesaria para la seguridad nacional, la seguridad pública, el bienestar económico del país, la defensa del orden y la prevención de las infracciones penales, la protección de la salud o de la moral, o la protección de los derechos y las libertades de los demás". Sobre los derechos afectados por el tratamiento de datos, véase: ROUVROY, A., "Of data and Men". Fundamental Rights and Freedoms in a World of Big Data", [en línea], (2016), https://rm.coe.int/CoERMPublicCommonSearchServices/DisplayDCTMContent?documentId=09000016806a6020. [consulta: 12/12/2022.].

[5] Sentencia 292/2000 del Tribunal Constitucional, de 30 de noviembre (BOE núm. 4, de 04 de enero de 2001). ECLI:ES:TC:2000:292. En España, la Constitución Española reconoce el derecho a la protección de los datos personales en el artículo 18.4., especificando que "(l)a ley limitará el uso de la informática para garantizar el honor y la intimidad personal y familiar de los ciudadanos y el pleno ejercicio de sus derechos."

los datos personales y, especialmente por lo que a los presentes efectos interesa, con qué fin son utilizados" [6].

Hasta este momento, únicamente un convenio internacional se encuentra vigente en relación con la necesaria protección de los individuos en el tratamiento automatizado de sus datos personales, entendiéndose como tal "toda aquella información relacionada con una persona física identificada o identificable"[7]. Este es el Convenio para la Protección de las Personas con respecto al tratamiento automatizado de datos de carácter personal, adoptado en el marco del CdE el 28 de enero de 1981 y abierto a la firma de Estados miembros del Consejo y a terceros Estados, tanto europeos como no europeos, por accesión. Conocido como Convenio 108, cuenta en la actualidad con 55 Estados parte[8].

El interés por una regulación internacional global es evidente, ya que, tal y como afirmaba el Comité de Ministros del CdE en 2001, "(...) una protección eficaz requiere la armonización internacional no sólo de los principios básicos de la protección de datos, sino también, en cierta medida, de los medios para aplicarlos en un ámbito tan cambiante y altamente técnico, así como de las condiciones en las que pueden realizarse las transferencias

---

6 Sentencia del Tribunal Supremo, 194/2022, de 8 de marzo de 2022. Roj: STS 889/2022 - ECLI:ES:TS:2022:889.

7 Esta definición, que se deriva del artículo 2 del Convenio para la protección de las Personas con respecto al tratamiento automatizado de datos de carácter personal de 1981, se ha visto completada a través de la jurisprudencia del TEDH sobre el ámbito de aplicación del artículo 8 del Convenio de 1950, entendiéndose, hoy en día, que no solo incluye datos tales como el nombre y apellido de las personas, sino también su perfil de ADN, sus datos bancarios, datos sobre IPs dinámica, datos de mensajería online, datos de empleo, etc. A este respecto, puede consultarse: EUROPEAN COURT OF HUMAN RIGHTS, «Guide on Article 8 of the European Convention on Human Rights, Right to respect for private and family life, home and correspondence», [en línea], (2018), <https://rm.coe.int/guide-on-article-8-of-the-european-convention-on-human-rights/16808e67cb>. [consulta: 05/12/2022.]; EUROPEAN COURT OF HUMAN RIGHTS, «Guide to the Case-law of the European Court of Human Rights. Data protection», [en línea], (2022), <https://www.echr.coe.int/Documents/Guide_Data_protection_ENG.pdf>. [consulta: 05/12/2022.].

8 Hoy en día, el Convenio 108 cuenta con 9 Estados no europeos entre los Estados parte, siendo el último en ratificarlo el Reino de Marruecos. En el caso de España, esta lo ratificó el 27 de enero de 1984, publicándose en el «BOE» núm. 274, de 15 de noviembre de 1985. Disponible en <www.boe.es/eli/es/ai/1981/01/28/(1)>. El estado de ratificaciones y accesiones al Convenio puede consultarse en <https://www.coe.int/en/web/conventions/full-list?module=signatures-by-treaty&treatynum=108>. [Consulta: 01/12/2022.]

de datos personales a través de las fronteras nacionales"[9]. Y tal afirmación sigue siendo plenamente válida más de veinte años después, en los que el CdE se ha planteado la modificación de este Tratado insignia[10] de la protección de datos a través de un nuevo protocolo de modernización cuya entrada en vigor es una incógnita en el momento actual[11].

A continuación, plantearemos una visión del contenido del Convenio de 1981 y de su Protocolo Adicional de 2001, centrándonos de forma posterior en el Protocolo de Enmienda abierto a la firma y ratificación en octubre de 2018 y en las mejoras planteadas al régimen original, dando con ello una visión global del sistema de protección del individuo respecto al tratamiento automatizado de sus datos personales en el CdE.

II. EL CONVENIO PARA LA PROTECCIÓN DE LAS PERSONAS CON RESPECTO AL TRATAMIENTO AUTOMATIZADO DE DATOS DE CARÁCTER PERSONAL

El Convenio 108 nace en 1981 con una intención proteccionista básica, al considerar el CdE que la protección de los derechos y de las libertades fundamentales de las personas y, en concreto el derecho al respeto de la vida privada, podía verse afectado a través de la "intensificación de la circulación a través de las fronteras de los datos de carácter personal que son objeto de tratamientos automatizados"[12] y que la necesaria conciliación entre los valores fundamentales del respeto a la vida privada y de la libre

---

9 Explanatory Report to the Additional Protocol to the Convention for the Protection of Individuals with regard to Automatic Processing of Personal Data, regarding supervisory authorities and transborder data flows, Estrasburgo, 8/11/2001, pár. 4. Disponible en <https://rm.coe.int/16800cce56> [consulta: 01/12/2022.]. La traducción es propia.

10 La importancia del Convenio 108 ha sido puesta de manifiesto por múltiples autores y sentencias de tribunales nacionales. Al respecto, véase: GREENLEAF, G., "The influence of European Data Privacy standards outside Europe: implications for globalization of Convention 108", *International Data Privacy Law, 2/2*, 2012, 68-92; JIMENA QUESADA, L., "La protección de datos y las personas vulnerables en el Consejo de Europa", en El Reglamento General de Protección de Datos un Enfoque Nacional y Comparado. Especial Referencia a la LO 3/2018 De Protección de Datos y Garantía de los Derechos Digitales, Tirant Lo Blanch, Valencia, 2019, p. 589.

11 Ello a pesar de que las propias Naciones Unidas se han involucrado activamente en su ratificación por parte de los Estados miembros de la organización.

12 Preámbulo al Convenio 108.

circulación de la información exigían una labor de coordinación y límite, sin restricción de nacionalidad o residencia[13].

Las partes del Convenio se comprometieron a aplicar el régimen jurídico del mismo no solo al tratamiento de datos llevado a cabo desde los poderes públicos, sino también en el sector privado, siendo conscientes que cada uno de estos sectores podía llegar a violentar los derechos a la privacidad de los individuos en distintos niveles y accesos. Y no sólo de los individuos, sino que el Convenio incluso prevé la posibilidad en su artículo 3.2 apartado b) de aplicarse a las informaciones relativas a "agrupaciones, asociaciones, fundaciones, sociedades, compañías", si así lo considera el Estado parte, extendiéndose hacia el aspecto social-societario de los individuos como una extensión de su personalidad.

Una de sus características principales del Convenio es la generalidad de sus previsiones y su neutralidad tecnológica[14], es decir, es fácilmente adaptable a través de otros instrumentos de soft law, ya se trata de un ámbito tremendamente maleable, en el que los intercambios de información crecen exponencialmente y el desarrollo tecnológico es constante siendo necesario un continuo esfuerzo para proteger aquellos derechos que se ven involucrados cuando hablamos de tratamiento automatizado de datos.

Y al igual que el concepto de "datos personales" es un concepto dinámico que viene definido por la propia voluntad del Estado[15], también lo es el concepto de "tratamiento automatizado", ya que la evolución tecnológica permite realizar nuevas actividades sobre los mismos; así, se considera como tal no sólo "las operaciones (...) efectuadas en su totalidad o en parte con ayuda de procedimientos automatizados (tales como) registro de datos, aplicación a esos datos de operaciones lógicas aritméticas, su modificación, borrado, extracción o difusión"[16], sino también el uso de sistemas

---

13 Artículo 1 del Convenio 108.

14 Dada la generalidad de sus previsiones, el CdE fue desarrollando recomendaciones aplicables a sectores específicos, tales como datos médicos (adoptados en 1981), registros policiales (adoptados en 1987), protección de la intimidad en Internet (adoptada en 1999), elaboración de perfiles (adoptada en 2010) y los servicios de redes sociales (adoptada en 2012).

15 Esta flexibilidad se embebe en el texto del propio Convenio que prevé que el Estado parte podrá, según el artículo 3.2.a) y c), no aplicar el Convenio a determinadas categorías de ficheros automáticos de datos personales (para el caso de que cuenten ya con protección nacional) o incluso aplicarlo a ficheros de datos no automatizados, pero siempre bajo la regla de la reciprocidad entre los Estados.

16 Artículo 2 c) del Convenio 108.

secretos de vigilancia creados por las autoridades para la lucha antiterrorista; el uso judicial de datos personales recogidos por las autoridades como prueba; la recogida de datos en los puestos de trabajo; y, por último, la transmisión de datos entre autoridades en aras de la protección del interés público general.

Es más, no solo es un concepto en sí mismo dinámico y expandible, sino que, como señalaba el Comité de Expertos sobre Protección de Datos del CdE, su tratamiento jurídico es transversal, ya que se produce en casi todas las actividades en las que se ve involucrado el ser humano, con el consecuente conflicto de regímenes y la necesidad de arbitrar soluciones ágiles que permitan concretar la norma para mayor seguridad jurídica[17].

El Convenio se estructura en tres partes principales: (I) principios básicos. Obligaciones del Estado y derechos de los particulares; (II) normas especiales sobre los flujos transfronterizos de datos; (III) y mecanismos de asistencia mutua y consulta entre las Partes. Las obligaciones asumidas por los Estados parte se configuran como un estándar mínimo de comportamiento, que podrá ser sujeto a una regulación nacional más proteccionista cuando así lo considere cada Estado parte[18].

---

17 "Data Protection and Media". *Study prepared by the Committee of experts on data protection (CJ-PD) under the authority of the European Committee on Legal Co-operation (CDCJ)*, Strasbourg 1990.

18 Así lo afirma el artículo 11 del Convenio y así, por ejemplo, lo ha llevado a cabo la Unión Europea que protagoniza su propio desarrollo legislativo en materia de protección de datos, el cual partiendo del Convenio, se concreta para todos los Estados miembros principalmente en el Reglamento (UE) 2016/679 del Parlamento Europeo y del Consejo, de 27 de abril de 2016 (en vigor desde 2018), en la Directiva (UE) 2016/680 del Parlamento Europeo y del Consejo, de 27 de abril de 2016, relativa a la protección de las personas físicas en lo que respecta al tratamiento de datos personales por parte de las autoridades competentes para fines de prevención, investigación, detección o enjuiciamiento de infracciones penales o de ejecución de sanciones penales, y la libre circulación de dichos datos (en vigor desde 2018), en el Reglamento (UE) 2018/1725 del Parlamento Europeo y del Consejo, de 23 de octubre de 2018, relativo a la protección de las personas físicas en lo que respecta al tratamiento de datos personales por las instituciones, órganos y organismos de la Unión, y a la libre circulación de esos datos, y en la Directiva 2002/58/CE del Parlamento Europeo y del Consejo, de 12 de julio de 2002, relativa al tratamiento de los datos personales y a la protección de la intimidad en el sector de las comunicaciones electrónicas, modificada mediante la Directiva 2009/136/CE, de 25 de noviembre de 2009.

En cualquier caso, tal estándar mínimo se ancla sobre cinco principios recogidos en el artículo 5 del Convenio que pretenden cubrir todo el "proceso de vida" -si así pudiéramos denominarlo- de un dato personal automatizado[19] y que se refieren a la legalidad y la equidad de la recogida y el tratamiento automático de los datos, a la calidad de los datos, su adecuación, pertinencia y carácter no excesivo (proporcionalidad) o exactitud, a la confidencialidad de los datos sensibles, a la información del interesado y a su derecho de acceso y rectificación; principios que deberán reflejarse a través de medidas adoptadas mediante regulación nacional de forma previa a la fecha de entrada en vigor del Convenio[20].

El primero de estos principios exige la obtención y tratamiento de cualquier dato de forma leal y legítima. La legitimidad en la obtención y tratamiento se refiere, obviamente, al sistema jurídico nacional de cada Estado parte, mientras que la "lealtad" de tal obtención y procesamiento podrá ser valorada de forma global a través de una referencia a la "buena fe" como principio jurídico básico y común a los Estados que conforman la Comunidad Internacional.

El segundo principio exige que la obtención (o registro) se realice no solo para finalidades legítimas, sino determinadas, siendo necesario respetar tal finalidad en el uso de los datos; y no solo será necesario respetar tal compatibilidad, sino que el tercero de los principios exige adecuación, pertinencia y proporcionalidad a tal fin.

El cuarto principio alude a la exactitud del dato, no sólo cuando se recoge sino durante todo el tiempo que se mantiene automatizado, obligando a su actualización siempre que sea necesario. Y, por último, el quinto principio exige que tal período de tiempo nunca exceda del necesario para la finalidad que se haya precisado, procediéndose a su borrado pasado el mismo.

Aplicados estos principios básicos mediante medidas nacionales, el Convenio subraya la necesidad de un especial tratamiento a través de "garantías adecuadas" de ciertos datos que define como "categorías particulares" y que hoy podríamos calificar como sensibles; a saber, aquellos que "revelen el origen racial, las opiniones políticas, las convicciones religiosas u otras convicciones, así como los datos de carácter personal relativos a la salud[21] o

---

19 A saber, obtención, registro, uso, mantenimiento, actualización y borrado del dato.

20 Artículo 4.2 del Convenio 108.

21 Para el CdE, dentro de esta categoría se incluyen cualquier tipo de informaciones relativas a la salud, tanto mental como física, "pasada, presente y futura" de una

a la vida sexual" y aquellos "referentes a condenas penales", quedando, en caso contrario, excluidos del tratamiento automatizado[22]. El listado no es exhaustivo y se deja en manos de cada Estado miembro el determinar qué datos, según su contexto social y cultural, revisten tal sensibilidad que les hace merecedores de protección.

El control de la adecuación de las garantías puestas en marcha por el Estado no se concreta en este momento, pero sí que se exige medidas de seguridad "apropiadas" en contra de la destrucción, pérdida, o abuso de los datos registrados, cualquiera que sea su categorización[23]. Tampoco se concretan las sanciones para las infracciones de derecho interno, quedando a disposición de cada Estado su determinación concreta.

Los particulares (o los titulares de los datos determinados por cada Estado como beneficiados de la protección) tienen a su disposición los siguientes derechos respecto a los datos contenidos en ficheros automatizados, referidos en el Convenio como "garantías complementarias" en el artículo 8. Estos derechos serán:

- Conocer la existencia de los ficheros, su finalidad, identidad y domicilio de la autoridad controladora.
- Obtener de tal autoridad confirmación de la existencia o no del fichero en cuestión, en plazo razonable y de forma económica.
- Recibir la comunicación de los datos solicitados a la autoridad controladora de forma inteligible.
- Obtener la rectificación o borrado de los datos, si estos se han tratado de forma contrario al derecho interno puesto en funcionamiento para dar cumplimiento a los principios del Convenio.
- Recurrir las decisiones denegatorias emitidas por la autoridad controladora en los casos de solicitudes de confirmación, acceso a los datos, rectificación y/o borrado de los mismos.

La posibilidad de excepcionar el régimen básico queda limitada a la protección de la seguridad del Estado, la seguridad pública, sus intereses monetarios, y la represión de las infracciones penales; junto con estos cri-

---

persona enferma, sana o fallecida, y aquella sobre adicciones o tratamientos farmacéuticos. Op. cite. nota 7, p. 9.

22 Todo ello, artículo 6 del Convenio 108.

23 Todo ello, artículo 7 del Convenio 108.

terios, se añaden también la protección de los derechos fundamentales no solo de la persona cuyos datos sean objeto de tratamiento, sino también de otras si pudieran verse afectadas.

Una vez concretados los principios del régimen y las obligaciones del Estado parte que deben hacerse efectivas en su régimen interno, el Convenio se centra en regular la transmisión entre Estados de los datos que figuren en ficheros automatizados en lo que se conoce como "flujos transfronterizos". Tres son los regímenes que se extraen del artículo 12 del Convenio: (i) régimen de libre flujo absoluto sin posibilidad de excepción alguna entre Estados parte del Convenio; (ii) régimen de limitación de flujo de algunas categorías siempre que exista regulación nacional a este respecto y en reciprocidad entre los Estados parte del Convenio; y (iii) régimen limitador cuando el Estado receptor no sea Estado Parte del Convenio.

La cooperación entre los Estados parte venía subrayada por la obligación de asistencia mutua a través de la designación de autoridades en los territorios nacionales encargadas de prestar dicha asistencia, facilitar la información jurídica y la práctica administrativa, y adoptar todas las medidas apropiadas de protección, junto con el apoyo a los residentes en el extranjero para solicitar la asistencia en cada Estado en relación con los derechos del artículo 8.

Junto con las autoridades nacionales designadas, el Convenio preveía la creación de un Comité Consultivo[24] compuesto por un representante de cada Estado parte y al que se le otorgaba, entre sus funciones principales, no sólo la presentación de propuestas de enmienda, sino también propuestas que facilitaran o mejoraran la aplicación del Convenio, y la expresión de opiniones sobre cualquier propuesta o cuestión relativa a la aplicación de este, sirviendo de foro de cooperación, consulta y negociación, ampliándose incluso a los Estados no miembros del CdE y no parte del Convenio a los que el Comité Consultivo podía, mediante una decisión tomada por unanimidad, invitar a hacerse representar por un observador en una de las reuniones[25].

Como puede concluirse, se trata de un régimen básico, accesible para todos los Estados que desearan formar parte de este, y en el que el sistema

---

24 Artículos 18 y 19 del Convenio 108.

25 Esta posibilidad se reconoce en el artículo 18 también para los Estados del CdE que no ratifiquen el Convenio, pero en su caso sin necesidad de decisión del Comité Consultivo, sino como derecho de tales Estados.

de control no quedaba definido de forma clara, al igual que tampoco se armoniza el sistema sancionador, dependiendo de la voluntad de cada Estado parte. Aunque es cierto que la aplicación de sanciones y el establecimiento de recursos apropiados son métodos necesarios para limitar las infracciones cometidas en cualquier ámbito social, no es menos cierto que tal construcción parece partir del "tejado" sin preocuparse primero por "los cimientos". En este caso, el establecimiento de un organismo dedicado de forma especializada al control que pueda determinar qué recursos son necesario y apropiados, y qué sanciones cumplirán la función de limitar las infracciones.

2.1. El Protocolo Adicional relativo a las autoridades de control y a los flujos transfronterizos de datos

El Convenio 108 no se vio reformado hasta pasados 30 años de su firma, a pesar de que el Comité Consultivo venía preparando su modificación desde 1999[26]. Este Protocolo Adicional de 2011, relativo a las autoridades de control y a los flujos transfronterizos de datos[27], tiene como objetivo fundamental "mejorar la aplicación de los principios contenidos en el Convenio añadiendo dos nuevas disposiciones sustantivas, una sobre el establecimiento de una o más autoridades de control por cada Parte y otra sobre los flujos transfronterizos de datos personales hacia países u organizaciones que no son partes del Convenio"[28].

La primera disposición se dedica a la mejorar el sistema de control del cumplimiento del Convenio, que únicamente se basaba en la previsión contenida en el artículo 10 del Convenio 108 según la cual todos los Estados parte "se compromete(n) a establecer sanciones y recursos convenientes contra las infracciones de las disposiciones de derecho interno que hagan efectivos los principios básicos para la protección de datos (...)".

---

26 En 1999, el Comité Consultivo presentó un proyecto de Protocolo en su 15ª reunión, celebrada del 16 al 18 de junio de 1999. Tras su aprobación, fue presentado al Comité de Ministros, para su transmisión a la Asamblea Parlamentaria del CdE. Tras el correspondiente dictamen de esta, el Comité Consultivo reexaminó el proyecto, adoptándolo en su 16ª reunión, del 6 al 8 de junio de 2000. Sin embargo, el Protocolo Adicional no se presentó hasta el 23 de mayo de 2011.

27 *Additional Protocol to the Convention for the Protection of Individuals with regard to Automatic Processing of Personal Data, regarding supervisory authorities and transborder data flows,* (ETS nº 181), cuya entrada en vigor se produjo el 1 de julio de 2004.

28 Op. cit. Nota 9, pár. 1.

Como señalábamos en el apartado anterior, uno de los problemas del Convenio en relación con el régimen de control era la falta de una autoridad especializada en la materia. El artículo 1 del Protocolo Adicional viene a cubrir tal laguna, estableciendo que "cada Parte dispondrá (...) una o más autoridades (...) responsables de garantizar el cumplimiento de las medidas previstas por su derecho interno que hacen efectivos los principios enunciados en los Capítulos II y III del Convenio, así como en el presente Protocolo". La responsabilidad se concreta a través de una serie de competencias, que vienen enumeradas de forma no taxativa en los apartados siguientes y que se refieren a la investigación, la posibilidad de intervención en actuaciones judiciales o remisión a las autoridades judiciales competentes de las violaciones de las disposiciones del derecho interno que dan efecto a los principios del Convenio 108 de las que tengan conocimiento.

Junto con las capacidades de "vigilancia", las autoridades de control también atenderán las reclamaciones formuladas por particulares en relación con la protección de sus derechos y libertades fundamentales respecto de los tratamientos de datos de carácter personal dentro de su competencia, disponiendo los administrados de los recursos necesarios para poder recurrir tales decisiones.

Estas autoridades de control quedaban también obligadas a la asistencia mutua prevista en el Convenio 108.

Mejorada la capacidad de control, el Protocolo pasa a ocuparse de los flujos transfronterizos de datos, mejorando la previsión del antiguo artículo 12 del Convenio al permitir el flujo de datos hacia aquellos destinatarios sometidos a la jurisdicción de un Estado no parte o provenientes de una organización que tampoco sea parte. En estos casos se permite siempre que los destinatarios garanticen un nivel de protección adecuado o cuando la legislación interna del Estado parte prevea tal transferencia como método de atender a los intereses del destinatario u otros intereses prevalecientes. Tales garantías se juzgarán por parte de la autoridad competente interna, dotando a aquellas jurisdicciones nacionales de la posibilidad de flexibilizar la transferencia datos adaptándola al caso concreto de cada interesado.

III. LA PRETENDIDA MODERNIZACIÓN DEL CONVENIO. EL CONVENIO 108+

El proceso de renovación iniciado a través del Protocolo Adicional convenció a los Estados miembros del CdE de la necesidad de llevar a cabo una modernización del Convenio adaptándolo a los nuevos retos que habían ido surgido en esos años de vigencia[29]. Según expresaba el CdE durante su redacción[30], los nuevos retos nacían de los riesgos a los derechos fundamentales reconocidos en el marco del CdE a la privacidad (individual y familiar) por el aumento en el uso de nuevas tecnologías, la globalización de las operaciones de tratamiento automatizado y los intercambios cada vez más intensos de datos personales. Junto con esta nueva realidad, los miembros del CdE pretendían el fortalecimiento del sistema de control previsto en el Convenio 108, incorporando las novedades del Protocolo Adicional y añadiendo nuevos aspectos.

Con tal fin, el nuevo texto consolidado se divide en ocho capítulos:

- El Capítulo I (artículos 1 a 3, "Disposiciones generales"), contiene el objeto y finalidad del Convenio, las definiciones básicas, y el alcance material y territorial de sus previsiones;
- El Capítulo II (artículos 4 a 12, "Principios básicos para la protección de los datos personales") se dedica a concretar las obligaciones de las Partes, las bases jurídicas y principios que habilitarían la legitimación del tratamiento, las categorías especiales de datos personales, los derechos del interesado del tratamiento, ciertas obligaciones adicionales, las excepciones y restricciones de las garantías bajo el margen de apreciación nacional y por motivos de interés público, las sanciones y vías de recurso, y la cláusula de protección adicional;
- El Capítulo III (compuesto únicamente del artículo 14 titulado "Flujos transfronterizos de datos personales"), diseña el régimen de la transferencia internacional de datos de carácter personal;

---

29 Este Protocolo de Enmienda conocido como Convenio 108+ no es la primera modificación que recibe el Convenio de 1981, ya que el mismo fue sometido una serie de modificaciones aprobadas en 1999 por el Consejo de Ministros. Sin embargo, sí que es el que pretende una actualización de mayor profundidad. Sobre el proceso conducente a la publicación del Protocolo de Enmienda, véase: GREENLEAF, G., " 'Modernising' data protection Convention 108: A safe basis for a global privacy treaty?", *Computer Law & Security Review*, 29, 2013, 430-436.

30 Sobre las necesidades que dieron lugar a la reforma, puede consultarse los comentarios preparados por la Computer Law & Security Review, la Asociación Internacional de Abogados especializados en cuestiones informáticas y el Instituto para el Derecho y la Web (ILAWS), a consultas del Comité de Expertos del Convenio 108 en 2011, publicado en KIERKEGAARD, S.; WATERS, N.; GREENLEAF, G.; BYGRAVE, L.A.; LLOYD, I.; and SAXBY, S., "30 years on- The review of the Council of Europe Data Protection Convention 108", *Computer Law & Security Review*, 27, 2011, 223-231.

- El Capítulo IV (artículo 15 titulado "autoridades de control") establece los requisitos y finalidades de las garantías de control y supervisión del cumplimiento de la normativa de protección de datos en cada Estado parte;
- El Capítulo V (artículos 16 a 21, "cooperación y asistencia mutua") establece la exigencia de cooperación, los medios y procedimientos de ayuda mutua, y las salvaguardas para los interesados afectados;
- El Capítulo VI (artículos 22 a 24, "Comité del Convenio"), se dedica a la creación del Comité, su composición y procedimientos para la celebración de sus reuniones, y la definición de sus funciones[31];
- El Capítulo VII (artículo 25 de "Modificación") establece el procedimiento de enmiendas parciales del Convenio;
- El Capítulo VIII (artículos 26-31. "Cláusulas finales") contiene disposiciones relativas a la entrada en vigor, al procedimiento de adhesión de un Estado no miembro del CdE o de una organización internacional, la cláusula territorial, la prohibición de reservas, y las disposiciones relativas a denuncias y notificaciones entre las partes;

El Convenio 108+ se abrió a la firma y ratificación de los Estados el 10 de octubre de 2018[32], continuando con la pretensión de universalidad de su predecesor y suponiendo, para autoras como MARTÍNEZ LÓPEZ-SÁEZ, un "modelo refinado y más compresible" que la normativa elaborada por parte de la Unión Europea que se ha convertido en el estándard más reconocido en este ámbito[33].

---

31 Como Anexo al Convenio 108+, se contienen sus reglas procedimentales.

32 El Comité de Ministros del CdE, reunido en su 128° sesión, adoptó el Protocolo de enmienda, el 18 de mayo de 2018, abriéndolo a la firma el 25 de junio de 2018, fecha que se pospuso a la señalada en el texto.

33 MARTÍNEZ LÓPEZ-SÁEZ, M. "La ratificación española del Convenio 108+: consideraciones jurídicas básicas del nuevo marco Paneuropeo de protección de datos", *Revista General de Derecho Europeo, 54 (2021), [en línea]*, <https://www.iustel.com//v2/revistas/detalle_revista.asp?id_noticia=423637#nota31>, [consulta: 16/12/2022.].

3.1. Principales novedades del marco jurídico previsto por el Convenio 108+ [34]

Para el CdE, este Convenio pretende incorporar no solo requisitos más estrictos que se aplican a los principios establecidos en el convenio original para el tratamiento de datos, sino una mayor transparencia, y un mayor control y responsabilidad exigible a las autoridades nacionales, que redunda en mayores derechos de las personas frente a los abusos injustificados de su información personal.

Algunas de las novedades que contiene el Protocolo, de forma resumida, son:

1. Extensión del principio de proporcionalidad del antiguo artículo 5 a todas las instancias de "tratamiento de datos". No sólo su obtención deberá estar limitada a la "mínima necesaria", sino también su acceso, cesión, etc.
2. Ampliación de los tipos de datos sensibles, que ahora incluirán los datos genéticos y biométricos, la afiliación sindical y el origen étnico; Todos ellos deberán protegerse mediante medidas "apropiadas", definidas a nivel nacional.
3. Obligación de informar de cualquier violación de estas medidas o abusos de los datos sensibles a la autoridad competente, en el menor tiempo posible.
4. Mayor transparencia en el tratamiento de datos exigiendo la debida notificación al particular, excepto que sea imposible o suponga un esfuerzo desproporcionado.
5. Inclusión de nuevos derechos para los particulares sobre sus datos, como la objeción al tratamiento, la motivación de su tratamiento, y la asistencia de cualquier autoridad de control pese a su lugar de residencia.
6. Ampliación de las competencias de las autoridades nacionales de protección de datos, mejorando sus atribuciones.

---

34 Sobre la modernización del régimen propuesta por el Convenio 108+, véase; DE TERWANGNE, C., "Council of Europe convention 108+: A modernised international treaty for the protection of data", *Computer Law & Security Review,* 40 (2021), [en línea], <https://doi.org/10.1016/j.clsr.2020.105497>, [consulta: 07/12/2022.]; el Informe preparado por el propio CdE, "The modernised Convention 108: novelties in a nutshell" [en línea], <https://rm.coe.int/16808accf8>, [consulta: 12/12/2022.]; o el excelente trabajo de MARTÍNEZ LÓPEZ-SÁEZ, M, op. cite, nota 33.

7. Clarificación del régimen de flujos transfronterizos.
8. Modificación del Comité Consultivo y sus funciones.

Visto el objetivo general de la revisión del Convenio afirmado en su Preámbulo, nos centraremos en el fortalecimiento del mecanismo de control en el análisis del próximo punto, subrayando las mejoras realizadas en este Protocolo y la ampliación de sus competencias.

3.2. El mecanismo de control reforzado por el Convenio 108+

Como pone de manifiesto el último informe preparado por la Relatora Especial sobre el derecho a la privacidad de Naciones Unidas *"(n)o habrá protección de datos ni respeto a la privacidad sin seguridad. Garantizar la integridad, disponibilidad y confidencialidad de los datos personales es una tarea primordial y una gran responsabilidad. La diversidad de las tecnologías, así como su dinámica transformación, deben ser tomadas en cuenta para evaluar con responsabilidad y ética, los riesgos y las medidas de seguridad adecuadas"*[35].

El Convenio 108+ parte de la mejora llevada a cabo por el Protocolo Adicional, incorporándolo en su texto, pero incluyendo nuevas competencias para las autoridades de control. Así, el texto del Convenio no sólo incluye las competencias de vigilancia ya citadas en el apartado 2.1. anterior (garantizar el cumplimiento de las medidas de derecho interno, investigación, intervención en actuaciones judiciales, y remisión de violaciones) sino otras como la aprobación de garantías estandarizadas; emitir decisiones en caso de violaciones e imponer sanciones administrativas; el inicio de procesos judiciales, y la gestión de cualquier reclamación que presenten los titulares de datos respecto a sus derechos a la protección de datos, manteniéndolos informados sobre el progreso de tales reclamaciones.

A las actividades de vigilancia se le añaden las de promoción de la conciencia pública no sólo sobre sus funciones y actividades, sino también sobre los derechos y su ejercicio, y las obligaciones que recaen en los que se ocupan del tratamiento de datos, y las funciones consultivas, debiendo

---

35 Documento A/77/196, de 20 de julio de 2022, Informe preparado por la Relatora Especial sobre el derecho a la privacidad, Ana Brian Nougrères, presentado de conformidad con la resolución 28/16 del Consejo, "Principios que informan la privacidad y la protección de datos personales", párr. 147, p. 35 [en línea], <https://documents-dds-ny.un.org/doc/UNDOC/GEN/N22/594/45/PDF/N2259445.pdf?OpenElement> [consulta: 16/12/2022.].

emitir su opinión sobre las propuestas de medidas legislativas o administrativas sobre el tratamiento de datos personales que se vayan discutiendo a nivel interno.

En cumplimiento de tal labor y para mejorar la transparencia, las autoridades de control deberán emitir un informe anual con el resumen de sus actuaciones realizadas en el marco de sus atribuciones.

3.3. El nuevo Comité del Convenio 108+

Otra de las novedades del Convenio 108+ es la reforma del Comité Consultivo que queda sustituido por un nuevo órgano que se denomina "Comité del Convenio".

Su composición es similar a la del anterior Comité Consultivo, pero aclarándose que los Estados no miembro del CdE deberán también contribuir a la financiación de sus actividades del Comité del Convenio, conforme a las modalidades establecidas por el Comité de Ministros de común acuerdo con dicha Parte.

El Comité del Convenio mantiene las funciones originales del Comité Consultivo (presentar propuestas que mejoren o faciliten la aplicación del Convenio, presentar propuestas de enmienda, formular su opinión sobre cualquier propuesta de enmienda que se le someta y expresar su opinión acerca de cualquier cuestión relativa a la aplicación del Convenio) e incorpora otras que pretenden mejorar el control, la transparencia y la cooperación entre los Estados, convirtiéndose en un organismo de control de la aplicación del propio Convenio, con capacidad para participar en la solución de sus controversias.

En concreto, se le encarga:

- Preparar, antes de cualquier adhesión, una opinión para el Comité de Ministros relacionada con el nivel de protección de datos personales del candidato a la adhesión. Se constituye en un garante de la situación del Estado "candidato", recomendando, cuando fuere necesario, qué medidas se deberán tomar para lograr cumplir con las disposiciones del Convenio;

- Evaluar a petición del Estado u Organización interesada el nivel de protección de datos personales que estos últimos proporcionan y su adecuación a las disposiciones del Convenio, recomendando, cuando fuere necesario, qué medidas se deberán tomar para lograr cumplir con las disposiciones del Convenio;

- Desarrollar o aprobar los modelos de las garantías estandarizadas
- Examinar la implementación del Convenio por las Partes y recomendar medidas a tomar.
- Facilitar una solución amistosa a todas las dificultades relacionadas con la aplicación del Convenio.

IV. CONCLUSIÓN: LA ENTRADA EN VIGOR Y LA APLICACIÓN PROVISIONAL DEL CONVENIO 108+

No son pocos los Estados parte quienes están optando por la aplicación provisional del Convenio 108+, ante la falta de cumplimiento de los requisitos para su entrada en vigor.

Según establece el artículo 37 en su primer párrafo, el Protocolo entrará en vigor el primer día del mes siguiente a la expiración de un plazo de tres meses a partir de la fecha en que todas las Partes en el Convenio hayan expresado su consentimiento en obligarse por el Protocolo.

Para el caso que tal plazo no se vea cumplido, continúa el párrafo segundo, tras la expiración de un período de cinco años a partir de la fecha de apertura para la firma (el 10 de octubre de 2018), el Protocolo entrará en vigor respecto de los Estados que hayan expresado su consentimiento en quedar vinculados, siempre que el Protocolo cuente con al menos treinta y ocho Estados Parte. Así pues, este Protocolo entrará en vigor o cuando lo ratifiquen todos los Estados parte del Convenio 108, o a partir del 11 de octubre de 2023 si al menos 38 de los Estados parte del Convenio han ratificado el Protocolo, circunstancia que a finales de 2022 no parece cercana.

En cualquier caso, esta reforma adapta perfectamente el régimen a los nuevos tiempos y permite, sin lugar a duda, un mejor control en el tratamiento y una transparencia que favorece al titular original de los datos.

BIBLIOGRAFÍA

BENNETT, C.J., *Regulating Privacy: Data Protection and Public Policy in Europe and the United States.* Cornell University Press, 1992.

Committee of experts on data protection (CJ-PD) under the authority of the European Committee on Legal Co-operation (CDCJ), "Data Protection and Media". Strasbourg 1990.

COUNCIL OF EUROPE, "The modernised Convention 108: novelties in a nutshell" [en línea], <https://rm.coe.int/16808accf8>.

COUNCIL OF EUROPE, Explanatory Report to the Additional Protocol to the Convention for the Protection of Individuals with regard to Automatic Processing of Personal Data, regarding supervisory authorities and transborder data flows, Estrasburgo, 8/11/2001.

DE TERWANGNE, C., "Council of Europe convention 108+: A modernised international treaty for the protection of data", *Computer Law & Security Review,* 40 (2021), [en línea], <https://doi.org/10.1016/j.clsr.2020.105497>.

EUROPEAN COURT OF HUMAN RIGHTS, «Guide on Article 8 of the European Convention on Human Rights, Right to respect for private and family life, home and correspondence», [en línea], (2018), <https://rm.coe.int/guide-on-article-8-of-the-european-convention-on-human-rights/16808e67cb>.

EUROPEAN COURT OF HUMAN RIGHTS, «Guide to the Case-law of the European Court of Human Rights. Data protection», [en línea], (2022), <https://www.echr.coe.int/Documents/Guide_Data_protection_ENG.pdf>.

GREENLEAF, G., " 'Modernising' data protection Convention 108: A safe basis for a global privacy treaty?", *Computer Law & Security Review,* 29, 2013, 430-436.

GREENLEAF, G., "The influence of European Data Privacy standards outside Europe: implications for globalization of Convention 108", International Data Privacy Law, 2/2, 2012, 68-92.

Informe preparado por la Relatora Especial sobre el derecho a la privacidad, Ana Brian Nougrères, presentado de conformidad con la resolución 28/16 del Consejo, "Principios que informan la privacidad y la protección de datos personales", [en línea], <https://documents-dds-ny.un.org/doc/UNDOC/GEN/N22/594/45/PDF/N2259445.pdf?OpenElement>.

JIMENA QUESADA, L., "La protección de datos y las personas vulnerables en el Consejo de Europa", en *El Reglamento General de Protección de Datos un Enfoque Nacional y Comparado. Especial Referencia a la LO 3/2018 De Protección de Datos y Garantía de los Derechos Digitales, Tirant Lo Blanch, Valencia, 2019, p. 589.*

KIERKEGAARD, S.; WATERS, N.; GREENLEAF, G.; BYGRAVE, L.A.; LLOYD, I.; and SAXBY, S., "30 years on- The review of the Council of Europe Data Protection Convention 108", *Computer Law & Security Review,* 27, 2011, 223-231.

MARTÍNEZ LÓPEZ-SÁEZ, M. "La ratificación española del Convenio 108+: consideraciones jurídicas básicas del nuevo marco Paneuropeo de protección de datos", *Revista General de Derecho Europeo, 54 (2021), [en línea],* <https://www.iustel.com//v2/revistas/detalle_revista.asp?id_noticia=423637#nota31>.

ROUVROY, A., "Of data and Men". Fundamental Rights and Freedoms in a World of Big Data", [en línea], (2016), https://rm.coe.int/CoERMPublicCommonSearchServices/DisplayDCTMContent?documentId=09000016806a6020.

SISTEMAS PREDICTIVOS Y TUTELA CIVIL: IMPACTO SOBRE LOS DERECHOS Y GARANTÍAS PROCESALES[1]

Elena de Luis García
Prof. ayudante doctora, Universitat de València

I. CUESTIONES PREVIAS

La irrupción de la inteligencia artificial en el proceso judicial supone un paso más allá en el proceso de digitalización de la justicia que lleva años produciéndose. Si primero llegaron los medios tecnológicos como las notificaciones electrónicas, la prueba digital o las videoconferencias para la práctica de declaraciones, ahora estos medios tecnológicos "tradicionales" han dejado de ser los protagonistas para dejar paso a la inteligencia artificial (en adelante, IA) y, con ella, la denominada justicia algorítmica y predictiva[2]. Así pues, aparecen los sistemas predictivos, los cuales, conforme los define DE HOYOS SANCHO, "se basan en la utilización de un gran número de datos, de carácter personal y de otros tipos, los cuales, convenientemente procesados a través de algoritmos *ad hoc*, proporcionan unos resultados que pueden servir para predecir o vaticinar el posible comportamiento futuro de una persona en distintos contextos"[3].

---

1 Trabajo elaborado en el marco del Proyecto de I+D+i "Claves para una Justicia digital y algorítmica con perspectiva de género", PID2021-123170OB-I00, financiado por MCIN/AEI/10.13039/501100011033/ y del Proyecto "Aplicación de los sistemas predictivos en la tutela cautelar civil" financiado por la Fundación Manuel Serra Domínguez.

2 Para un estudio en profundidad puede verse la obra: BARONA VILAR, S., *Algoritmización del derecho y de la justicia. De la Inteligencia Artificial a la Smart Justice*, Valencia, Tirant lo Blanch, 2021.

3 DE HOYOS SANCHO, M., "El uso jurisdiccional de los sistemas de inteligencia artificial y la necesidad de su armonización en el contexto de la Unión Europea", *Revista General de Derecho Procesal*, núm. 55, 2021, p. 3.

En términos generales, son infinitas las aplicaciones de la IA en el sistema judicial[4], además de indudables las ventajas de su empleo, fundamentalmente en términos de reducción de tiempo y coste. En el campo del derecho penal tiene un amplio campo de aplicación la justicia predictiva, con múltiples sistemas en funcionamiento en diversos países con la finalidad de prevenir delitos o valorar el riesgo de reincidencia. De igual forma, en el campo del derecho privado existen instrumentos que permiten predecir el fallo de la sentencia, mediante el examen de precedentes jurisprudenciales y la realización de análisis estadísticos[5]. Estas y otras contribuyen a una mejora de la justicia al permitir a las partes alcanzar una solución más rápida y con un menor coste[6].

Si en un ámbito puede la justicia predictiva desarrollar todo su potencial, es en el proceso cautelar, ya que puede ser de enorme utilidad a la hora de calcular la concurrencia del riesgo de mora procesal, tanto en el proceso civil como en el penal, sea para calcular riesgos de naturaleza económica o el riesgo de reincidencia delictiva de una persona. Esto implicaría que mediante el uso de sistemas algorítmicos podrían objetivarse los riesgos que integran el *periculum in mora*, adaptados según la clase de proceso y la naturaleza de la medida cautelar solicitada, y arrojar un resultado respecto de la probabilidad que se produzcan, que permita al juez acordar o rechazar la adopción de una medida cautelar[7].

En este estado de la cuestión, surge inevitablemente la pregunta de si en un futuro podrá la IA sustituir plenamente al ser humano. Sobre este respecto la doctrina es unánime al considerar que la IA debe tener un papel asistencial, pero nunca podrá sustituir la función jurisdiccional, que deberá

---

4 Para una exposición resumida de las aplicaciones de la inteligencia artificial en la justicia puede verse: PLANCHADELL GARGALLO, A., "Inteligencia Artificial y medidas cautelares", en la obra *Justicia algorítmica y neuroderecho: una mirada multidisciplinar* (ed. Silvia Barona Vilar), Valencia, Tirant lo Blanch, 2021, 389-419, pp. 399-402.

5 BARONA VILAR, S., "Inteligencia artificial o la algoritmización de la vida y de la justicia: ¿solución o problema?", *Revista Boliviana de Derecho*, 28, 2019, 18-49, pp. 41-42. En palabras de la autora, estas herramientas "tienen un componente economicista evidente, menos esfuerzo, menos gasto, mayor efectivismo".

6 *Idem.*

7 MONTESINOS GARCÍA, A., "Empleo de la inteligencia artificial en algunas fases del proceso judicial civil: prueba, medidas cautelares y sentencia", *Actualidad civil*, núm. 11, 2022, p. 13. Véase de esta misma autora, "Los algoritmos que valoran el riesgo de reincidencia. En especial, VioGen", *Revista de derecho y proceso penal*, núm. 63, 2021, pp.19-56.

ser, en todo caso, humana[8]. En este sentido, afirma GUZMÁN FLUJA que en un futuro será técnicamente posible que se pueda prescindir del elemento humano en la toma de decisiones, debido al "desarrollo de la IA general y el continuo avance y perfeccionamiento en la programación de los algoritmos, así como la depuración en cantidad y calidad de los datos a manejar, y la mejora del autoaprendizaje de las IA"[9]. Sin embargo, como reconoce "esta posibilidad no debería tomar carta de naturaleza legal general, podría estudiarse para tareas específicas o para tipos de casos penales de menor complejidad, y desde el punto de vista ético o moral tampoco debe admitirse como posibilidad general"[10], opinión que compartimos plenamente.

En definitiva, aun cuando en la actualidad la utilización de algoritmos predictivos en la justicia es todavía muy limitada, es innegable que sus posibilidades son amplísimas. Ahora bien, tan amplias son sus posibilidades de actuación en el proceso, como los riesgos que se derivan de su utilización, por lo que según en qué proceso estemos y qué utilización le demos, deberán adoptarse unas u otras cautelas. Así pues, en este contexto de expansión y desarrollo de aplicaciones de IA para la justicia, se hace necesario estudiar los potenciales riesgos de su empleo desde el punto de vista del derecho procesal, así como desarrollar una legislación adecuada que garantice el respeto de los derechos de todas las partes que puedan verse afectadas de un modo u otro.

II. TUTELA JUDICIAL EFECTIVA E INTELIGENCIA ARTIFICIAL

El derecho fundamental a la tutela judicial efectiva, protegido en el artículo 24.1 de la Constitución Española, constituye una garantía esencial para la salvaguarda de los derechos e intereses de las personas, pues precisamente nos otorga la posibilidad de defenderlos ante los juzgados y tribunales con las máximas garantías. En palabras del Tribunal Constitucional:

> "El art. 24.1 de la Constitución reconoce a todas las personas el derecho a obtener la tutela efectiva de los Jueces y Tribunales en el ejercicio de sus derechos e intereses legítimos, derecho cuyo primer contenido, en un orden lógico y cronológico, es el

---

8 Puede verse: MARTÍN DIZ, F., "Modelos de aplicación de Inteligencia Artificial en justicia: asistencial o predictiva versus decisoria", en la obra *Justicia algorítmica y neuroderecho: una mirada multidisciplinar* (ed. Silvia Barona Vilar), Valencia, Tirant lo Blanch, 2021, 65-85.

9 GUZMÁN FLUJA, V. C., "Proceso penal y justicia automatizada", *Revista General de Derecho Procesal*, 53, 2021, p. 33.

10 *Idem.*

> acceso a la jurisdicción, que se concreta en el derecho a ser parte en un proceso y, como ha declarado este Tribunal Constitucional, poder promover la actividad jurisdiccional que desemboque en una decisión judicial sobre las pretensiones deducidas."[11]

A la vista de ello, tenemos que la cúspide del derecho a la tutela judicial efectiva lo sería el acceso a la justicia para la defensa de los intereses legítimos[12]. Sin embargo, su protección no se agota en el mero acceso a la jurisdicción, sino que comprende un conjunto de garantías que regula el modo en que dicha tutela deba concederse. Siguiendo a GÓMEZ COLOMER, las garantías que completarían el derecho a la tutela judicial efectiva serían: obtener una resolución de motivada sobre el fondo, prohibición de indefensión, cosa juzgada, ejecución de lo juzgado, acceso a los recursos y asistencia jurídica gratuita[13].

Íntimamente ligado al derecho a la tutela judicial efectiva se consagra en la Constitución Española el derecho fundamental a un proceso con todas las garantías, llamado también el "debido proceso" o "juicio justo". Este derecho se halla recogido en el párrafo segundo del artículo 24, configurándose como una especie de "cajón de sastre", bajo el amparo del cual quedarían protegidos una serie de principios cuya función es la legitimación del proceso: publicidad, oralidad, inmediación, concentración, contradicción, valoración de la prueba, acusatorio y presunción de inocencia[14], pero en el cual también tendrían cabida algunos de los derechos autónomos recogidos en el artículo 24.2 CE.

Cabe recordar que el respeto de las anteriores garantías no se agota en el mero acceso a la jurisdicción y la forma en que este acceso debe producirse, sino que debe alcanzar a todas las fases del proceso o, en otras palabras, a todas las clases de tutela solicitadas, sea esta declarativa, ejecutiva o cautelar. Ello implica que cuando en un proceso civil se solicita una medida cautelar debe velarse por el respeto del derecho de defensa de las partes, la igualdad

---

11 Por todas: STC, Sala Primera, núm. 115/1984, de 3 de diciembre, FJ 1 (ECLI:ES:TC:1984:115).

12 En palabras de FAIRÉN GUILLÉN: "es principio fundamental, de lógica aplastante, el del libre acceso a la Justicia, esto es, la posibilidad de cualquier hombre, de llegar hasta la o las personas en que se encarne –o a quienes se encargue– la administración de justicia". Véase: FAIRÉN GUILLÉN, V., *Doctrina general del derecho procesal: hacia una teoría y ley procesal generales*, Barcelona, Bosch, 1990, p. 35.

13 GÓMEZ COLOMER, J.L., "El derecho de la persona a acceder ante un tribunal", en la obra *Introducción al Derecho Procesal. Derecho Procesal I*, (coords. Juan Luis Gómez Colomer y Silvia Barona Vilar), Valencia, Tirant lo Blanch, 2021, 203-220, p. 212.

14 BACIGALUPO ZAPATER, E., "La noción de un proceso penal con todas las garantías", *Manuales de Formación Continuada*, núm. 22, 2004, 461-546, p. 472.

procesal, el deber de motivación de la resolución que las adopte y, una vez tomada la decisión, la posibilidad de atacarla por la vía de recurso.

Son muchos los riesgos que se derivan de la aplicación de la inteligencia artificial al proceso judicial, los cuales no se limitan a la afectación al derecho fundamental a la tutela judicial efectiva o el derecho a un proceso con todas las garantías, sino que alcanzan también a otros principios esenciales que rigen la actividad judicial como el principio de imparcialidad. En particular, se podrá ver afectada la imparcialidad en la medida en que el resultado arrojado por los algoritmos puede suponer que el juzgador tenga una idea preconcebida del asunto influida por la "máquina", lo que se agrava si añadimos el riesgo de que existan sesgos en los algoritmos que inclinen el resultado hacia uno u otro sentido[15].

Pero tampoco aquí terminarían los riesgos, sino que, yendo más allá, como señala GÓMEZ COLOMER, en un contexto de toma integral de decisiones por una máquina, carecería de sentido hablar de competencia territorial, audiencias y, a su vez, inmediación y oralidad, entre otras muchas instituciones procesales que, como afirma, devendrían "superfluas o irrelevantes"[16].

La preocupación por el respeto de los derechos fundamentales en la utilización de IA se puso de manifiesto en la "Carta Ética Europea sobre el uso de la inteligencia artificial en los sistemas judiciales y su entorno" adoptada en el seno del Consejo de Europa en el año 2018[17]. En concreto, la Carta recoge cinco principios que deben regir en la utilización de IA en la justicia, estos son:

1. Principio de respeto por los derechos fundamentales;
2. Principio de no discriminación;
3. Principio de calidad y seguridad;

---

15 Como señala MARTÍNEZ GARAY, "los algoritmos son un mero reflejo de los datos con los que se los alimenta, de modo que si esos datos incorporan sesgos el algoritmo los reproducirá, o peor aún, los exacerbará". *Vid.* MARTÍNEZ GARAY, L., "Peligrosidad, algoritmos y *due process*: el caso State v Loomis", *Revista de Derecho Penal y Criminología*, núm. 20, 2018, 485-502, p. 496.

16 GÓMEZ COLOMER, J.L., "Derechos fundamentales, proceso e inteligencia artificial: una reflexión", en la obra *Inteligencia artificial legal y Administración de Justicia* (dirs. Sonia Calaza López y Mercedes Llorente Sánchez-Arjona), Cizur Menor, Aranzadi, 2022, 257-287, p. 263.

17 Carta Ética Europea sobre el uso de la inteligencia artificial en los sistemas judiciales y su entorno, adoptada el 3 de diciembre de 2018 por la Comisión europea para la eficiencia de la Justicia (CEPEJ), del Consejo de Europa.

4. Principio de transparencia, imparcialidad y justicia;
5. Principio "bajo control del usuario".

Por lo que respecta al primero de los principios, se refiere precisamente a garantizar que el diseño y la implementación de herramientas y servicios de inteligencia artificial sean compatibles con los derechos fundamentales. En concreto, señala el texto que "cuando se utilizan herramientas de inteligencia artificial para resolver una disputa o como una herramienta para ayudar en la toma de decisiones judiciales o para brindar orientación al público, es esencial asegurarse de que no socaven las garantías del derecho de acceso al juez y el derecho a un juicio justo (igualdad de armas y respeto por el proceso de confrontación)".

Es decir, deben identificarse adecuadamente los aspectos más problemáticos de la utilización de sistemas de inteligencia artificial, determinar de qué forma pueden afectar a los derechos y garantías en el proceso y, finalmente, diseñar una regulación que permita disfrutar de los beneficios que estas tecnologías ofrecen, sin que se produzca una merma en los principios esenciales del proceso. Y es que, en términos generales, la preservación y salvaguarda de las garantías procesales "presenta visos extremadamente complejos relacionados con el derecho a un juicio justo, la imparcialidad judicial, la presunción de inocencia y el derecho de defensa"[18]. En síntesis, las garantías deben primar sobre la eficiencia, pues esta se presume de su propia naturaleza y perspectivas de desarrollo y aplicación[19].

---

18 SAN MIGUEL CASO, C., "La aplicación de la Inteligencia Artificial en el proceso: ¿un nuevo reto para las garantías procesales?", *Ius et scientia*, vol. 7, núm. 1, 2021, 286-303, p. 294.

19 MARTÍN DIZ, F., "Inteligencia artificial y proceso: Garantías frente a eficiencia en el entorno de los derechos procesales fundamentales", en la obra *Justicia: ¿garantías versus eficiencia?* (dirs. Fernando Jiménez Conde y Rafael Bellido Penadés), Valencia, Tirant lo Blanch, 2019, 815-827, p. 819. En palabras del autor: "Ante el escenario que se describe, nos planteamos cuál es el elemento que, en la actualidad y con mayor urgencia, demanda el acomodo de la inteligencia artificial en el ámbito del Derecho Procesal: garantías o eficiencia. Sin ninguna duda, personalmente y a día de hoy, por su afectación a derechos humanos y a derechos procesales fundamentales, consideramos absolutamente prioritario el asentamiento de la inteligencia artificial y su aplicación al ámbito del derecho procesal con garantías por delante de su eficiencia, más aún cuando por su innegable grado de avance tecnológico, y por lo que pudiera servir en futuras décadas como elemento de asistencia a abogados y de predictibilidad a jueces, la eficiencia se le presume".

De igual forma, no podemos dejar de referirnos a las Directrices éticas para una IA fiable[20], elaboradas por un grupo de expertos de alto nivel en IA. En este documento, publicado en el año 2019, se hace referencia a la necesidad de que el enfoque de la ética en la IA esté basado en el respeto de los derechos fundamentales reconocidos tanto en la legislación de la Unión Europea, como en el derecho internacional de los derechos humanos. En concreto, se afirma que "El respeto de los derechos fundamentales, dentro de un marco de democracia y estado de Derecho, proporciona la base más prometedora para identificar los principios y valores éticos abstractos que se pueden poner en práctica en el contexto de la IA". En otras palabras, el respeto de los derechos fundamentales debe ser el límite último de la IA. En el mismo sentido y relacionado directamente con el ámbito de la Justicia, en el documento se hace referencia a la necesidad de que los sistemas de IA incluyan el compromiso "de asegurar el respeto de las garantías procesales y la igualdad ante la ley".

Esta vulnerabilidad de los derechos frente a la utilización de IA también se recoge en el Libro Blanco de la Unión Europea sobre Inteligencia Artificial[21], cuando señala que las características particulares de la IA -tales como la opacidad, la complejidad, la imprevisibilidad y la autonomía- pueden impedir el cumplimiento efectivo de la normativa comunitaria sobre la protección de derechos fundamentales, así como limitar el acceso a la justicia[22].

Finalmente, la Propuesta de Reglamento de la Unión Europea sobre inteligencia artificial[23], recoge en su Anexo III los denominados "sistemas

---

20 Comisión Europea, Dirección General de Redes de Comunicación, Contenido y Tecnologías, *Directrices éticas para una IA fiable*, Oficina de Publicaciones, 2019.

21 Libro Blanco sobre la inteligencia artificial: un enfoque europeo orientado a la excelencia y la confianza, adoptado el 19 de febrero de 2020 (COM (2020) 65 final).

22 Textualmente dice: "Las características particulares de numerosas tecnologías de IA, como la opacidad («efecto caja negra»), la complejidad, la imprevisibilidad y un comportamiento parcialmente autónomo, pueden hacer difícil comprobar el cumplimiento de la legislación vigente de la UE sobre la protección de los derechos fundamentales e impedir su cumplimiento efectivo. Puede ser que las fuerzas y cuerpos de seguridad y las personas afectadas carezcan de los medios para comprobar cómo se ha tomado una decisión determinada con ayuda de la IA y, por consiguiente, si se han respetado las normas pertinentes. Las personas físicas y las personas jurídicas pueden enfrentarse a dificultades en el acceso efectivo a la justicia en situaciones en las que estas decisiones les afecten negativamente" (pp. 14-15).

23 Propuesta de Reglamento del Parlamento Europeo y del Consejo por el que se establecen normas armonizadas en materia de inteligencia artificial (ley de inteligencia artificial) y se modifican determinados actos legislativos de la Unión (COM/2021/206 final).

de IA de alto riesgo", entre los cuales incluye diversos relacionados con la aplicación de la Ley y la Administración de Justicia. En concreto, los sistemas con las siguientes finalidades:

a. Realizar evaluaciones del riesgo de comisión o reiteración delictiva, así como el riesgo para las potenciales víctimas.
b. Detectar el estado emocional de una persona física;
c. Detectar las falsificaciones a que se refiere el artículo 52, apartado 3;
d. Evaluar la fiabilidad de las pruebas durante la investigación o el enjuiciamiento de infracciones penales.
e. Predecir la frecuencia o reiteración de una infracción penal real o potencial con base en la elaboración de perfiles de personas físicas o grupos.
f. Elaborar perfiles de personas físicas durante la detección, la investigación o el enjuiciamiento de infracciones penales;
g. Llevar a cabo análisis sobre infracciones penales que permitan a las autoridades examinar grandes conjuntos de datos complejos vinculados y no vinculados, disponibles en diferentes fuentes o formatos, para detectar modelos desconocidos o descubrir relaciones ocultas en los datos.
h. Ayudar a una autoridad judicial en la investigación e interpretación de hechos y de la ley, así como en la aplicación de la ley a un conjunto concreto de hechos.

En síntesis, podríamos afirmar que se considera de alto riesgo cualquier modalidad de justicia predictiva y, aunque la mayoría vienen referidas al proceso penal, es fácil imaginar su extrapolación al proceso civil, por lo que respecta fundamentalmente a la evaluación de riesgos y la valoración de pruebas.

Es cierto que la doctrina se ha ocupado principalmente de los riesgos de la inteligencia artificial en el proceso penal, pues es indudable que su afectación en términos de derechos fundamentales será más grave, dado que pueden estar en juego derechos como la libertad personal o la integridad física. Además, es el terreno del derecho penal donde mayor desarrollo tendrá por las infinitas posibilidades que ofrece, especialmente en lo referido a la prevención de delitos y el cálculo de riesgos en general, como ya se ha adelantado. Sin embargo, ello no significa que en otra clase de procesos no vaya a existir una afectación de los derechos y garantías procesales, pues qué duda cabe que estos se protegen en todo proceso judicial, con independencia de la naturaleza de la controversia.

Ante esta situación, como ya avanzábamos al inicio, deviene esencial examinar de qué modo pueden verse afectados los derechos y garantías del proceso, con la finalidad de que el desarrollo y utilización de herramientas de IA en el proceso lo sean en el marco de respeto de estos derechos fundamentales procesales, conforme lo exigen los textos internacionales antes referidos.

III. RIESGOS SOBRE LOS DERECHOS Y GARANTÍAS PROCESALES DE LA UTILIZACIÓN DE SISTEMAS PREDICTIVOS

Sentado lo anterior, a continuación, se expondrán algunos de los principales riesgos que la utilización de sistemas predictivos puede conllevar en el proceso judicial, en general, y civil, en particular. En concreto, nos centraremos en la afectación sobre el principio de contradicción y el derecho de defensa, la igualdad de las partes o igualdad procesal y, finalmente, el deber de motivación de las resoluciones judiciales.

Contradicción y defensa

El derecho de defensa sea posiblemente el derecho que más gravemente puede verse afectado por el uso de herramientas de inteligencia artificial. Este derecho viene doblemente protegido en el artículo 24 CE, por un lado, en el párrafo primero cuando prohíbe la indefensión y, por otro lado, en el párrafo segundo, al regular una serie de derechos procesales cuya finalidad es asegurar que las partes dispongan de la posibilidad de alegar, probar y contradecir en el proceso. De igual forma, el derecho a un proceso con todas las garantías incluye la contracción como una de ellas, lo que sería el mandato dirigido al legislador para que regule el proceso respetando el derecho de defensa[24].

Todo lo antedicho cumple una función esencial, permitir que ambas partes conozcan todos los elementos de hecho y/o de Derecho que puedan influir en la resolución del proceso a fin de poder rebatirlos y argumentar en su contra[25]. En palabras del Tribunal Constitucional, significa

---

24 La contradicción se configura como un principio informador, es decir, un mandato dirigido al legislador para que regule el proceso a partir de dicha premisa. Entre otros: SÁNCHEZ RUBIO, M.A., "Derecho a la tutela judicial efectiva: prohibición de sufrir indefensión y su tratamiento por el Tribunal Constitucional", en *Anuario de la Facultad de Derecho*, vol. XXI, 2003, 601-616, p. 613.

25 MONTERO AROCA, J., *Principios del proceso penal: una explicación basada en la razón*, Valencia, Tirant lo Blanch, 1997, pp. 141-142.

"(...) la oportunidad de alegar y probar procesalmente sus derechos e intereses, sin que pueda justificarse una resolución judicial inaudita parte, más que en el caso de incomparecencia por voluntad expresa o tácita o por negligencia imputable a la parte"[26].

A tenor de ello, resulta fácil adivinar el efecto negativo que puede tener sobre esta garantía el uso de inteligencia artificial, pues la opacidad en los algoritmos puede conllevar un desconocimiento de cómo se ha obtenido el resultado y, en consecuencia, una privación de la posibilidad de defenderse. Esto es así en tanto que nadie puede defenderse de aquello que desconoce. En otras palabras, el justiciable debe conocer la existencia del proceso y el funcionamiento de este, para poder preparar su defensa y conocer cómo se resolverán las pretensiones interpuestas en su contra[27]. Si no es posible acceder al código fuente del algoritmo, es imposible poder impugnar los resultados que arroje el sistema y que puedan dar lugar a la adopción de una u otra decisión por parte del órgano judicial[28]. Es por ello, conforme señala BARONA VILAR, por lo que es necesario "dotar de los debidos mecanismos de valoración e impugnación de los datos que se incorporan al sistema informático (lo que no es sino cuestionar la posición de quien alimenta el modelo computacional), pudiendo discutir además los resultados que se alcancen"[29].

Por ello, no deberían admitirse cálculos de riesgo basados en algoritmos cuyo funcionamiento se nieguen las empresas a revelar, amparándose en secretos de empresa. Pues, como señala MARTÍNEZ GARAY al referirse a la valoración del riesgo en el proceso penal "no debe permitirse que se haga negocio a costa de las garantías procesales de los acusados"[30], afirmación

---

26 STC, Sala Segunda, núm. 72/1996, de 24 de abril, FJ 2 (ECLI:ES:TC:1996:72).

27 REIFARTH MUÑOZ, W., "El uso de la inteligencia artificial en el proceso judicial y los derechos fundamentales", en la obra *El impacto de las tecnologías disruptivas en el derecho procesal* (dir. Federico Bueno de Mata), Valencia, Tirant lo Blanch, 2022, 199-216, p. 208.

28 DE HOYOS SANCHO, M., "El uso jurisdiccional de los sistemas de inteligencia artificial y la necesidad de su armonización en el contexto de la Unión Europea", *op. cit.*, p. 8.

29 BARONA VILAR, S., "Cuarta revolución industrial (4.0) o ciberindustria en el proceso penal: revolución digital, inteligencia artificial y el camino hacia la robotización de la justicia", *Revista Jurídica Digital UANDES*, vol. 3, núm. 1, 2019, 1-17, p. 14.

30 MARTÍNEZ GARAY, L., "Peligrosidad, algoritmos y *due process*: el caso State v Loomis", *op. cit.*, p. 499. Como señala la autora en relación con la valoración del riesgo en el proceso penal: "si la valoración de riesgo influye en alguna medida en la

que podemos perfectamente extrapolar al proceso civil. Por ello, deviene imprescindible que el algoritmo sea público y, dadas las ventajas que para la Administración de Justicia tienen estos sistemas en términos de coste y tiempo, pueden ser los poderes públicos los primeros interesados en desarrollar estas herramientas[31].

Junto a los problemas inherentes al secretismo del algoritmo, como indica MARTÍN DIZ, podrá verse también vulnerado el derecho de defensa si un despacho profesional, con base en los resultados arrojados por un algoritmo, decidiese no aceptar la defensa de una persona por su escasa probabilidad de éxito[32]. Sin embargo, aun cuando las posibilidades de defensa se vean mermadas, lo cierto es que surge la duda de si podríamos hablar de indefensión constitucionalmente prohibida, al menos de acuerdo con la doctrina jurisprudencial actual, pues esta indefensión deberá ser imputable al órgano judicial, es decir, debe haberla causado con su actuación u omisión[33].

Igualdad de las partes

Estrechamente relacionado con el derecho de defensa aparece el derecho de igualdad de armas o igualdad procesal, derivado directamente del principio de igualdad de los ciudadanos ante la ley que la Constitución Española consagra en sus artículos 1.1 y 14[34]. Esta igualdad en el proceso se traduce en la necesidad de que ambas partes gocen de los mismos derechos y deberes en el proceso, de modo que la contienda se produzca en condiciones de igualdad sin la atribución de privilegios para ninguna de

---

gravedad de la condena, los derechos reconocidos en el art. 24.2 CE implican a mi juicio que el acusado tiene que poder cuestionar siempre no sólo sus resultados, sino también su diseño y funcionamiento".

31 En este sentido: REIFARTH MUÑOZ, W., "El uso de la inteligencia artificial en el proceso judicial y los derechos fundamentales", *op. cit.*, p. 209.

32 MARTÍN DIZ, F., "Inteligencia artificial y derecho procesal: luces, sombras y cábalas en clave de derechos fundamentales", en la obra *Nuevos postulados de la cooperación judicial en la Unión Europea: libro homenaje a la Prof.ª Isabel González Cano* (dirs. Víctor Manuel Moreno Catena y María Isabel Romero Pradas), Valencia, Tirant lo Blanch, 2021, 969-1006, pp. 999-1000.

33 MARTÍ MINGARRO, L., *Crisis del derecho de defensa*, Madrid, Marcial Pons, 2010, p. 36.

34 MONTERO AROCA, J., "Los principios generales del proceso", en la obra *Derecho Jurisdiccional I Parte General* (VV.AA.), 27ª edición, Valencia, Tirant lo Blanch, 2019, 243-257, p. 253.

ellas[35]. En definitiva, que ambas partes "dispongan de las mismas posibilidades y cargas de alegación, prueba e impugnación"[36].

La igualdad de armas podrá verse afectada cuando se utilicen en el proceso datos que hayan sido generados y tratados automáticamente mediante algoritmos, hayan sido creados o no para su uso en un proceso judicial[37]. Y es que el acceso a herramientas de IA, salvo que se provean desde las instituciones públicas, va a requerir un importante desembolso económico[38]. Sobre este respecto, como se ha apuntado *supra*, existen diversas herramientas de IA que pueden ser empleadas por los despachos profesionales con la finalidad de contribuir a una mejor valoración de las posibilidades de éxito, mediante la predicción del fallo, y, asimismo, preparar mejor la defensa procesal. Ahora bien, no todos los despachos y, por ende, todas las partes, podrán acceder a dichos recursos tecnológicos, sino que en ocasiones el gasto que conlleven será inasumible.

Debido a ello, podrá producirse una desigualdad entre las partes en función de su capacidad económica y de la del despacho contratado, lo que equivaldrá "a una desigualdad manifiesta entre las partes o, formulado de otra forma, supondrá la ventaja de una parte sobre la otra al contar con mayores recursos para elaborar una estrategia porcentualmente más adecuada y efectiva"[39]. La única solución real para esta desigualdad sería, como se ha apuntado, la puesta a disposición de estas herramientas por parte de las instituciones públicas, lo cual a corto plazo no parece factible.

Deber de motivación de las resoluciones judiciales

El deber de motivación de las resoluciones judiciales, aunque cuando se regula de forma autónoma en el artículo 120 CE, es un verdadero derecho, integrado dentro del contenido esencial de la tutela judicial efectiva, tal y como

35 GÓMEZ COLOMER, J.L., "Cuestiones Generales", en la obra *Introducción al Derecho Procesal. Derecho Procesal I* (coords. Juan Luis Gómez Colomer y Silvia Barona Vilar), Valencia, Tirant lo Blanch, 2021, 239-254, p. 248.

36 STC, Sala Primera, núm. 66/1989, de 17 de abril, FJ 12 (ECLI:ES:TC:1989:66).

37 DE HOYOS SANCHO, M., "El uso jurisdiccional de los sistemas de inteligencia artificial y la necesidad de su armonización en el contexto de la Unión Europea", *op. cit.*, p. 8.

38 MARTÍN DIZ, F., "Inteligencia artificial y derecho procesal: luces, sombras y cábalas en clave de derechos fundamentales", *op. cit.*, p. 999.

39 SAN MIGUEL CASO, C., "La aplicación de la Inteligencia Artificial en el proceso: ¿un nuevo reto para las garantías procesales?", *op. cit.*, p. 292.

hemos visto[40]. Siguiendo a FERNÁNDEZ ENTRALGO, "motivar significa justificar la decisión tomada, proporcionando una argumentación convincente e indicando los fundamentos de las operaciones que el Juez efectúa", de manera que no quepa apreciar arbitrariedad en la decisión judicial adoptada[41].

Tal y como lo ha interpretado el Tribunal Constitucional, no se exige un razonamiento pormenorizado, pero sí aquel que permita conocer los criterios que han conducido al órgano judicial a la decisión adoptada[42]. En síntesis, el deber de motivación cumple tres funciones esenciales: obtener una resolución razonada y fundada en derecho, dar a conocer las razones de la decisión tanto a las partes como a terceras personas y, por último, facilitar al propio órgano judicial la revisión de la corrección de su propia fundamentación[43].

En relación con la motivación, la IA puede operar como asistente en la decisión judicial de diversas formas. Por un lado, podemos referirnos a su utilización como instrumento predictivo a la hora de adoptar decisiones relacionadas con medidas cautelares. Y, por otro lado, podrá también emplearse como una herramienta de valoración de la prueba que le asista en la motivación de la sentencia[44]. Surgen además una serie de interrogantes referidos a la necesidad de establecer el grado de vinculación del órgano judicial con el resultado arrojado por la herramienta de IA y si, apoyada la

---

40 GÓMEZ COLOMER, J.L., "El derecho de la persona a acceder ante un tribunal", *op. cit.*, p. 212.

41 FERNÁNDEZ ENTRALGO, J., "La motivación de las resoluciones judiciales en la doctrina del Tribunal Constitucional", en *Poder Judicial*, núm. 6, 1989, 57-94, p. 57.

42 STC, Sala Primera, núm. 9/2015, de 2 de febrero, FJ 3 (ECLI:ES:TC:2015:9). En palabras del TC, el deber de motivación no exige "un razonamiento exhaustivo y pormenorizado de todos los aspectos y perspectivas que las partes puedan tener de la cuestión que se debate, sino que deben considerarse suficientemente motivadas aquellas resoluciones judiciales que vengan apoyadas en razones que permitan conocer cuáles han sido los criterios jurídicos esenciales fundamentadores de la decisión".

43 LEAL MEDINA, J., "La motivación de las resoluciones penales: parámetros de validez formal y material", en *Diario La Ley*, núm. 8576, 2015, p. 3.

44 NIEVA FENOLL, J., "Inteligencia artificial y proceso judicial: perspectivas ante un alto tecnológico en el camino", en la obra *Inteligencia artificial legal y Administración de Justicia* (dirs. Sonia Calaza López y Mercedes Llorente Sánchez-Arjona), Cizur Menor, Aranzadi, 2022, 417-437, p. 427.

decisión en tal sistema, sería suficiente con señalar en la resolución que se decide con base en la decisión de la máquina[45].

En este sentido, como apunta BARONA VILAR al tratar la valoración de la prueba por medios algorítmicos, la motivación de la resolución no puede ser el resultado arrojado por la máquina, sino "el resultado del pensar jurídicamente", aun cuando haya alcanzado tal pensar con el apoyo de un algoritmo[46]. Si dejásemos residir en la máquina la decisión de forma exclusiva, podríamos incluso caer en un "estadio de pensamiento único judicial", con un estancamiento de la doctrina jurisprudencial[47], que se alejaría de la naturaleza adaptativa y dinámica propia del derecho.

Además de ello, y retomando lo expuesto *supra*, entendemos que deviene esencial conocer el funcionamiento del algoritmo a partir del cual el juez ha adoptado la decisión. Ello es así en tanto que, de querer atacarse la resolución, no se rebatirían únicamente los razonamientos del juzgador, sino que el objeto de impugnación debería ser también el funcionamiento del algoritmo[48]. Por ello, si no se conoce tal funcionamiento, no se daría

---

45 ARIZA COLMENAREJO, M.J., "Impugnación de las decisiones judiciales dictadas con auxilio de Inteligencia Artificial", en la obra *Inteligencia artificial legal y Administración de Justicia* (dirs. Sonia Calaza López y Mercedes Llorente Sánchez-Arjona), Cizur Menor, Aranzadi, 2022, 29-54, p. 45.

46 BARONA VILAR, S., *Algoritmización del derecho y de la justicia. De la Inteligencia Artificial a la Smart Justice, op. cit.*, pp. 602-603. En palabras de la autora: "La tarea subjetiva del juez es de tal envergadura que el peso esencial en la motivación es judicial humano, todo y que -reiteramos- esta tarea puede simplificarse, agilizarse, facilitarse, etc., con los sistemas computacionales".

47 BUENO DE MATA, F., "Macrodatos, inteligencia artificial y proceso: luces y sombras", *Revista General de Derecho Procesal,* núm. 51, 2020, 1-31, p. 28. Tal y como afirma el autor: "No debemos olvidar de que la ciencia jurídica es nuclearmente una ciencia social y que por tanto no estamos hablando de matemáticas ni de ciencias puras. No estamos en un terreno de blancos y negros, sino en un escenario en el que se pueden plantear una serie de escala de grises o de "diferentes verdades" que se deben argumentar y defender a través de una postulación o de una serie de decisiones basadas en la aplicación material del derecho que pueden ser recurridas por entender que la aplicación del derecho puede ser otra. Así, si aplicamos la IA como sustituto estaríamos dinamitando nuestro propio servicio de justicia tal y como lo conocemos hoy en día" (p. 28).

48 NIEVA FENOLL, J., "Tecnología y derechos fundamentales en el proceso judicial", en la obra *Nuevos postulados de la cooperación judicial en la Unión Europea: libro homenaje a la Prof.ª Isabel González Cano* (dirs. Víctor Manuel Moreno Catena y María Isabel Romero Pradas), Valencia, Tirant lo Blanch, 2021, 1007-1033, p. 1028. Señala el autor que un contexto de dominio total de la IA sobre las decisiones

cumplimiento al deber de motivación de las resoluciones judiciales, además de quedar vacío de contenido el derecho al recurso.

Por lo expuesto, podemos concluir que el derecho a obtener una resolución motivada, como integrante del derecho a la tutela judicial efectiva, exigirá no solamente conocer cómo ha alcanzado el algoritmo la conclusión aplicada, sino que, en todo caso, el juez humano deberá razonar adecuada y jurídicamente porque ha decidido en un sentido u otro con apoyo del resultado de la máquina. Todo lo cual nos lleva, además, a la necesidad de formar a los jueces en la herramienta, tanto para saber cómo utilizarla, como para comprenderla y razonar adecuadamente las decisiones que se adopten[49].

IV. REFLEXIONES FINALES

A partir de lo antedicho la primera conclusión que cabe extraer es que la IA, en general, y las herramientas predictivas, en particular, son una realidad de la que el derecho procesal no puede escapar. En este sentido, llevamos ya algunos años viendo como diversos sistemas se ponen en marcha en sistemas de justicia alrededor del mundo, con mayor o menor éxito, y más o menos críticas, pero, en funcionamiento, al fin y al cabo. Y lejos de vislumbrarse su fin, se adivina su futuro desarrollo y expansión.

Como hemos tenido oportunidad de exponer a lo largo de este trabajo, si bien muy sucintamente dadas las limitaciones del mismo, no son pocos los riesgos que desde el punto de vista de los derechos fundamentales y las garantías procesales plantea la introducción de sistemas predictivos en el proceso. Aquí hemos hecho referencia a algunos, centrados especialmente en el proceso civil, pero si nos trasladamos al ámbito del derecho penal, estos riesgos se amplían a otros derechos fundamentales como la presunción de inocencia. Es más, habrá riesgos todavía desconocidos que el propio desarrollo y evolución de los sistemas algorítmicos irá revelando y a los cuales habrá que poner solución.

---

judiciales: "el algoritmo deberá ser desclasificado en todo caso, o la Justicia será un arcano aún más inextricable de lo que ya lo es hoy en día. Y es que la única posibilidad de poner en cuestión la resolución será discutir el funcionamiento del algoritmo, explicando por qué no ha decidido correctamente un caso concreto".

49 ARIZA COLMENAREJO, M.J., "Impugnación de las decisiones judiciales dictadas con auxilio de Inteligencia Artificial", *op. cit.*, p. 46.

Así las cosas, debemos plantearnos desde el derecho procesal qué futuro queremos, es decir, si la IA es imparable, cómo queremos que se configure en el proceso. En otras palabras, cómo conjugar eficiencia y eficacia, de modo que podamos gozar de las ventajas que nos ofrecen estas nuevas herramientas, sin que se produzca una merma de los derechos y garantías del proceso, pues estos son y, deben ser, el límite irrebasable en la utilización de la Inteligencia Artificial.

BIBLIOGRAFÍA

ARIZA COLMENAREJO, M.J., "Impugnación de las decisiones judiciales dictadas con auxilio de Inteligencia Artificial", en la obra *Inteligencia artificial legal y Administración de Justicia* (dirs. Sonia Calaza López y Mercedes Llorente Sánchez-Arjona), Cizur Menor, Aranzadi, 2022, 29-54.

BACIGALUPO ZAPATER, E., "La noción de un proceso penal con todas las garantías", *Manuales de Formación Continuada*, núm. 22, 2004, 461-546.

BARONA VILAR, S., *Algoritmización del derecho y de la justicia. De la Inteligencia Artificial a la Smart Justice*, Valencia, Tirant lo Blanch, 2021.

BARONA VILAR, S., "Inteligencia artificial o la algoritmización de la vida y de la justicia: ¿solución o problema?", *Revista Boliviana de Derecho*, 28, 2019, 18-49.

BARONA VILAR, S., "Cuarta revolución industrial (4.0) o ciberindustria en el proceso penal: revolución digital, inteligencia artificial y el camino hacia la robotización de la justicia", *Revista Jurídica Digital UANDES*, vol. 3, núm. 1, 2019, 1-17, p. 14.

BUENO DE MATA, F., "Macrodatos, inteligencia artificial y proceso: luces y sombras", *Revista General de Derecho Procesal*, núm. 51, 2020, 1-31.

DE HOYOS SANCHO, M., "El uso jurisdiccional de los sistemas de inteligencia artificial y la necesidad de su armonización en el contexto de la Unión Europea", *Revista General de Derecho Procesal*, núm. 55, 2021.

FAIRÉN GUILLÉN, V., *Doctrina general del derecho procesal: hacia una teoría y ley procesal generales*, Barcelona, Bosch, 1990.

FERNÁNDEZ ENTRALGO, J., "La motivación de las resoluciones judiciales en la doctrina del Tribunal Constitucional", *Poder Judicial*, núm. 6, 1989, 57-94.

GÓMEZ COLOMER, J.L., "Derechos fundamentales, proceso e inteligencia artificial: una reflexión", en la obra *Inteligencia artificial legal y Administración de Justicia* (dirs. Sonia Calaza López y Mercedes Llorente Sánchez-Arjona), Cizur Menor, Aranzadi, 2022, 257-287.

GÓMEZ COLOMER, J.L., "El derecho de la persona a acceder ante un tribunal", en la obra *Introducción al Derecho Procesal. Derecho Procesal I* (coords. Juan Luis Gómez Colomer y Silvia Barona Vilar), Valencia, Tirant lo Blanch, 2021, 203-220.

GÓMEZ COLOMER, J.L., "Cuestiones Generales", en la obra *Introducción al Derecho Procesal. Derecho Procesal I* (coords. Juan Luis Gómez Colomer y Silvia Barona Vilar), Valencia, Tirant lo Blanch, 2021, 239-254.

GUZMÁN FLUJA, V. C., "Proceso penal y justicia automatizada", *Revista General de Derecho Procesal*, 53, 2021.

LEAL MEDINA, J., "La motivación de las resoluciones penales: parámetros de validez formal y material", *Diario La Ley*, núm. 8576, 2015.

MARTÍ MINGARRO, L., Crisis del derecho de defensa, Madrid, Marcial Pons, 2010.

MARTÍN DIZ, F., "Inteligencia artificial y derecho procesal: luces, sombras y cábalas en clave de derechos fundamentales", en la obra *Nuevos postulados de la cooperación judicial en la Unión Europea: libro homenaje a la Prof.ª Isabel González Cano* (dirs. Víctor Manuel Moreno Catena y María Isabel Romero Pradas), Valencia, Tirant lo Blanch, 2021, 969-1006.

MARTÍN DIZ, F., "Modelos de aplicación de Inteligencia Artificial en justicia: asistencial o predictiva versus decisoria", en la obra *Justicia algorítmica y neuroderecho: una mirada multidisciplinar* (ed. Silvia Barona Vilar), Valencia, Tirant lo Blanch, 2021, 65-85.

MARTÍN DIZ, F., "*Inteligencia artificial y proceso: Garantías frente a eficiencia en el entorno de los derechos procesales fundamentales*", en la obra *Justicia: ¿garantías versus eficiencia?* (dirs. Fernando Jiménez Conde y Rafael Bellido Penadés), Valencia, Tirant lo Blanch, 2019, 815-827.

MARTÍNEZ GARAY, L., "Peligrosidad, algoritmos y *due process*: el caso State v Loomis", *Revista de Derecho Penal y Criminología*, 20, 2018, 485-502.

MONTERO AROCA, J., "Los principios generales del proceso", en la obra *Derecho Jurisdiccional I Parte General* (VV.AA.), 27ª edición, Valencia, Tirant lo Blanch, 2019, 243-257.

MONTERO AROCA, J., *Principios del proceso penal: una explicación basada en la razón*, Valencia, Tirant lo Blanch, 1997.

MONTESINOS GARCÍA, A., "*Empleo de la inteligencia artificial en algunas fases del proceso judicial civil: prueba, medidas cautelares y sentencia*", *Actualidad civil*, núm. 11, 2022.

MONTESINOS GARCÍA, A., "Los algoritmos que valoran el riesgo de reincidencia. En especial, VioGen", Revista de derecho y proceso penal, núm. 63, 2021.

NIEVA FENOLL, J., "Inteligencia artificial y proceso judicial: perspectivas ante un alto tecnológico en el camino", en la obra *Inteligencia artificial legal y Administración de Justicia* (dirs. Sonia Calaza López y Mercedes Llorente Sánchez-Arjona), Cizur Menor, Aranzadi, 2022, 417-437.

NIEVA FENOLL, J., "Tecnología y derechos fundamentales en el proceso judicial", en la obra *Nuevos postulados de la cooperación judicial en la Unión Europea: libro homenaje a la Prof.ª Isabel González Cano* (dirs. Víctor Manuel Moreno Catena y María Isabel Romero Pradas), Valencia, Tirant lo Blanch, 2021, 1007-1033.

PLANCHADELL GARGALLO, A., "Inteligencia Artificial y medidas cautelares", en la obra *Justicia algorítmica y neuroderecho: una mirada multidisciplinar* (ed. Silvia Barona Vilar), Valencia, Tirant lo Blanch, 2021, 389-419.

REIFARTH MUÑOZ, W., "El uso de la inteligencia artificial en el proceso judicial y los derechos fundamentales", en la obra *El impacto de las tecnologías disruptivas en el derecho procesal* (dir. Federico Bueno de Mata), Valencia, Tirant lo Blanch, 2022, 199-216.

SÁNCHEZ RUBIO, M.A., "Derecho a la tutela judicial efectiva: prohibición de sufrir indefensión y su tratamiento por el Tribunal Constitucional", en *Anuario de la Facultad de Derecho,* vol. XXI, 2003, 601-616.

SAN MIGUEL CASO, C., "La aplicación de la Inteligencia Artificial en el proceso: ¿un nuevo reto para las garantías procesales?", *Ius et scientia,* vol. 7, núm. 1, 2021, 286-303.

ONLINE DISPUTE RESOLUTION Y JUSTICIA PREDICTIVA[1]

Betty Martínez-Cárdenas
Profesora Universidad Autónoma de Chile
ORCID ID: https://orcid.org/0000-0001-6460-8953

I. INTRODUCCIÓN

> *« L'inégalité est fatale et il est juste que les qualités manifestées dans le commerce juridique soient source d'avantages. Mais, si chacun se présente avec ses qualités naturelles ou acquises, il ne faut pas que la lutte contractuelle soit déloyale et elle le devient dès que l'un des contractants abuse de la supériorité. Consacrer la liberté de contracter sous le prétexte que ni l'objet, ni la cause de l'obligation ne sont illicites, ce serait en réalité permettre l'exploitation de l'homme par l'homme que la morale réprouve. Pour l'empêcher, la loi civile s'est efforcée d'assurer, par différents moyens, la loyauté du contrat. »*[2]

Los Sistemas Predictivos en la Justicia Civil son una muestra de cómo una cuestión que otrora estuviera reservada al derecho procesal puede abarcar una visión no sólo de derecho fundamental, sino también multidisciplinaria y transversal. Al lado de los mecanismos tradicionalmente previstos por los Estados para organizar el aparato jurisdiccional, del derecho fundamental a la justicia, del derecho civil, del derecho comercial, del derecho penal, del derecho de consumo, las plataformas de resolución de conflictos en línea, conocidas también como *Online Dispute Resolution* (en adelante ODR), a su manera, nos llevan al mundo de la programación informática y de los algoritmos.

Los ODR son una pestaña de los sistemas predictivos de justicia civil, particularmente relevantes debido a que constituyen el origen de los

---

[1] Este es un trabajo resultado del proyecto de investigación denominado "Estudio y propuesta sobre la mediación online en derecho de consumo como forma de acceso a la justicia en Chile", FONDECYT Iniciación No. 11220494, en el que la autora tiene el rol de Investigadora Responsable.

[2] RIPERT,G. *De la règle morale dans les obligations civiles,* 4ème éd, L.G.D.J, 1949, no. 40, p. 74

mismos. En efecto, "existen muchas experiencias de ODR... destinadas a la creación de una nueva relación juez-partes y a la maximización del objetivo de adelantar conciliaciones, en las que la composición de los intereses se realiza por medio de algoritmos creados para la asignación de bienes más que de derechos"[3].

Recordemos que los ODR surgieron como una respuesta a la urgente necesidad de proveer a los proveedores de bienes y servicios a través de internet los medios para responder al creciente número de reclamos por parte de los usuarios, como una iniciativa del *National Center for Automated Information Research* (NCAIR) durante la primera conferencia en online dispute resolution en 1996[4]. De tres proyectos formulados, en 1997 la *Hewlett Fondation* proveyó los fondos para establecer el *Center for Information Technology and Dispute Resolution* en la Universidad de Massachusetts y, dos años más tarde, la plataforma eBay solicitó a este Centro la creación de un proyecto piloto destinado a la resolución de disputas en línea. Hoy, es bien conocido, que este proyecto fue un éxito y que, para el año 2016, el centro de resolución de litigios en línea de eBay había resuelto 60 millones de disputas[5].

De acuerdo con *el National Center for Technology & Dispute Resolution*, existen más de 133 proveedores de ODR en el mundo (http://odr.info/provider-list/). Sin embargo, solo algunos de estos proveedores brindan el servicio de manera extrajudicial. La gran mayoría han sido adaptados para apoyar la función judicial. Ahora bien, por la expresión "proveedor ODR", en inglés, "*ODR provider*", se denomina tanto al proveedor de la tecnología como a quien ofrece el servicio. Los que proveen la tecnología buscan desarrollar la tecnología ODR y los diseños del sistema para vender licencias, ofrecer suscripciones, u ofrecer ellos mismos el servicio[6].

Los ODR funcionan a través de dos modalidades, los "*Service providers*" únicamente operan el sistema a través de una plataforma desarrollada por

---

3 BATTELLI, E. "La decisión robótica: algoritmos, interpretación y justicia predictiva". Revista de Derecho Privado, (0123-4366), 40, 2021, p. 50.

4 KATSH , E., & RULE, C."What we know about Online Dispute Resolution". South Carolina Law Review, 67(2), 2016, p.3.

5 *Ibídem*, p. 4.

6 SOMEYA, M. « Resolving Data Breach Dispute: Automated Negotiation », E-Mediation, and Arbitration Assisted by Technology. *Ohio State Journal on Dispute Resolution, and Arbitration Assisted by Technology, 34*(2), 2019, 393–iv

un proveedor de tecnología ODR[7]. Ambos roles los cumplen plataformas como la del *eBay's Resolution Center,* en ambos roles, en tanto que Modria (Modria) o Smartsettle son proveedores de tecnología un proveedor del servicio[8]. Los proveedores de ODR pueden, además, ser públicos o privados[9] como la plataforma de la Unión Europea, y las plataformas ofrecidas por intermediarios como eBay (eBay, s.f.) ofrecen estos servicios a nivel transnacional, o las ofertadas por proveedores independientes como Smartsettle ONE & Infinity[10], respectivamente.

El éxito de los ODR no podría así ser desmentido. Debido al carácter trasnacional del comercio electrónico, que haría demasiado oneroso para un consumidor afrontar litigios en el extranjero, en particular por las complejidades de leyes y jurisdicciones[11] los ODR se han convertido en la gran solución, toda vez que le facilitan la solución del conflicto, de manera directa y sin necesidad de acudir a un abogado[12]

Los ODR, debido a que funcionan con un sistema de apoyo en la Inteligencia Artificial[13], cuentan con un sistema de diagnóstico, entrega de información del cliente, soporte técnico, clasificación y conducción del cliente hacia otros procesos ODR subsecuentes. Además, la implementación del sistema mejora en la medida en que interactúa con los seres humanos, con lo cual puede desarrollar "emociones", haciendo su uso fácil y accesible para cualquier persona.

La perspectiva impuesta que conduce a preguntarse si son los ODR un medio idóneo para garantizar el acceso a la justicia de los consumidores, particularmente a aquellos que son usuarios del *e-commerce,* no queda sin

---

7 SELA, A. "The Effect of Online Technologies on Dispute Resolution System Design: Antecedents, Current Trends, and Future Directions". Lewis & Clark Law Review, 21(3), 2017, 635–683

8 I*bidem*

9 BENYEKHLEF, K. "Online Dispute Resolution". Lex Electronica, 10(2), 2005, 1 - 136.

10 Smartsettle. (21 de 03 de 2021). Smartsettle. Obtenido de https://www.smartsettle.com/

11 NAVA GONZÁLEZ, W. "Los mecanismos extrajudiciales de resolución de conflictos en línea: su problemática en el derecho internacional privado". Anuario Colombiano de Derecho Internacional (13), 2020,187–208.

12 BIRKE, R. . "Evaluation and facilitation: moving past either/or. J Disput Resolution", Journal of Dispute Resolution, 2000 (2), 247–293.

13 SCHOOP, M. J. "Negoisst: a negotiation support system for electronic business-to-business negotiations in e-commerce". Data Knowl. Eng., 47, 2003, 371-401.

consecuencias[14]. La dimensión predictiva de las disputas derivada de los datos utilizados por los sistemas de Inteligencia Artificial, ha permitido la automatización de las mismas, llevando a que dentro de la oferta de ODR, haya unas de primera y otras de segunda categoría.

En consecuencia, en la primera parte de este estudio, abordaremos cómo los ODR han influido en la creación de verdaderos sistemas de justicia predictiva a partir de la automatización de las razones de las disputas de los consumidores (I), en tanto que en la segunda estableceremos cómo esta facultad de predecir las disputas ha llevado a la creación de múltiples sistemas de administración de justicia (II).

II. ODR AL ORIGEN DE LOS CRITERIOS PARA LA PREDICCIÓN DE LAS DISPUTAS

En la medida en que se pueda medir la razón de la disputa, un sistema de Inteligencia Artificial puede determinar cuál ha sido la incidencia de la misma. La IA ha sido útil para predecir así cuál será el mayor número de reclamos, no sólo entre consumidores y proveedores, sino en otras categorías que anteriormente no eran fácilmente percibidas. Así, los criterios para la predicción de las disputas se multiplicaron y, en la actualidad, contamos con los conflictos entre proveedores B2B, esto es entre proveedores y *Marketplaces* (1.); entre proveedores y consumidores usuarios de la plataforma (2.) e, incluso, entre consumidores y *Marketplaces* (3.).

1. Disputas entre proveedores y Marketplaces

La relación entre ODR y justicia predictiva es de causalidad. Las reclamaciones constantes entre proveedores y *Marketplaces* pudieron ser cuantificadas desde el inicio del uso de estas plataformas. Si ensayáramos a definir la naturaleza de los conflictos entre proveedores y este tipo de intermediarios, la complejidad de dicha naturaleza pareciera ser reducida a un

---

14 Una primera aproximación a esta pregunta la hice en el siguiente artículo: MARTÍNEZ-CÁRDENAS, B. «Online dispute resolution y la renovación del concepto del derecho de acceso a la justicia para los consumidores.» En Derecho Digital y Nuevas Tecnologías, de Agustín MADRID PARRA y Lucía ALVARADO HERRERA. Thomson Reuters, 2022.

número determinado de hipótesis, como consecuencia de las mediciones hechas con apoyo en la IA.

En efecto, en el comercio electrónico, la naturaleza de las controversias entre proveedores y plataformas electrónicas que se emplean como intermediarios para vender productos o servicios han sido ya establecidas por algunos de estos últimos. Mayores causas de disputas entre proveedores y *Marketplaces*, según Amazon, son: Vender ítems prohibidos, recibir una retroalimentación (*feedback*) negativa, queja de falta de autenticidad de un producto, quejas sobre propiedad intelectual y marcas, vender ítems usados o viejos como nuevos, utilizar múltiples cuentas de usuario o vender directamente, sin pagar la comisión a la plataforma, o vender objetos falsos o falsificados[15].

El punto de partida de esta clasificación de causas de conflicto reposa sobre la afirmación del cumplimiento de la obligación de transparencia que pesa sobre el operador de la plataforma electrónica o Marketplace[16]. Esta obligación, con la aparición de los delitos cibernéticos, incrementa el riesgo para el operador de convertirse en cómplice de alguna conducta delictiva. Los delitos informáticos o cibernéticos suceden con total independencia a la voluntad del consumidor de comprar un bien o servicio y, a diferencia de los delitos análogos, pueden tipificarse aun sin necesidad de una víctima[17]. En otras palabras, los Marketplaces que cuenten con mecanismos de IA para supervisar la existencia de la más mínima queja sobre falsedad, o venta de objetos o servicios ilícitos mediante la plataforma, sin necesidad de iniciar un proceso penal ante alguna jurisdicción determinada, pueden encuadrar dicha medición dentro de alguna de las hipótesis señaladas, con el fin a dar inicio a una controversia con el proveedor.

Sin duda, la posibilidad de predecir la comisión de un eventual delito cibernético por la vía de alguna de las hipótesis señaladas pareciera hacer mucho más sencillo el deber para el operador de mantener la transparencia en sus actividades. Sin embargo, tal tipo de predicción no sólo va

---

15 AMAZON. «Amazon Online Dispute Resolution Guide.com.» Amazon Online Dispute Resolution: Here's All You Need to Know. 2022. https://odrguide.com/amazon-online-dispute-resolution-heres-all-you-need-to-know/ (último acceso: 7 de 11 de 2022).

16 Véase por ejemplo el artículo 6 del Decreto 6 del 21 de marzo de 2021 del Ministerio de Economía, Turismo y Fomento de Chile: https://www.bcn.cl/leychile/navegar?i=1165504&f=2022-03-24

17 Véase la Ley 21459 del 20 de junio de 2022, por la que se establece los delitos informáticos en Chile: https://www.bcn.cl/leychile/navegar?idNorma=1177743

más allá de la simple violación de la obligación de transparencia, sino que implica una seria reflexión sobre las consecuencias y el impacto que tal predicción podría traer en relación con el debido proceso del proveedor.

En primer lugar, la simple inclusión de la actividad del proveedor en algunas de las hipótesis de disputas entre aquél y los *Marketplaces*, al menos para el caso de Amazon, autoriza a esta última a suspender la cuenta. Es decir, sin intervención judicial, la plataforma se auto otorga la prerrogativa de imponer una medida de especie cautelar sobre la cuenta del proveedor. El empleo de códigos de programación hace incluso que tal hipótesis se active sin la necesidad de supervisión humana.

En segundo lugar, los términos de suspensión y las formas de ejercer el debido proceso también están reglamentadas por el mismo Marketplace. En el caso analizado de Amazon, es la plataforma la que permite que el proveedor discuta sobre la imposición de la suspensión únicamente mediante la alternativa de una mediación en línea o un arbitraje. En ambos casos, previo el pago de un monto específico por acceder al servicio y, en otros, previo depósito de los que pudiera costar para el proveedor la pérdida del litigio. Entendamos acá que, toda vez que el conflicto se presenta entre profesionales, se trataría de un conflicto "entre iguales". Sin embargo, ¿está realmente el proveedor en posición de igualdad ante la plataforma en una hipótesis semejante? En caso de que se tratara de una pequeña o mediana empresa, ¿cómo podría establecerse dicha igualdad?

La especificidad de cada relación contractual es innegable, pero las hipótesis de conflicto deducidas con apoyo en la IA parecen desconocer estos matices. Para determinar que un profesional, proveedor, está realmente en posición de igualdad con la plataforma habría que tener en cuenta variables que escapan a cualquier tipo de estandarización y que deben ser evaluadas *in concreto*, en el contexto determinado de operación. Resulta entonces de estas diferencias que la interpretación predictiva hecha por la plataforma sobre posibles hipótesis de controversia habilitantes para la suspensión de una cuenta de un proveedor debe ser estudiada caso por caso. Las primeras decisiones judiciales confirman este análisis.

Así, un proveedor de Murcia, España, cuya cuenta fue suspendida por haber supuestamente incurrido en la hipótesis de vender directamente sus productos, sin pagar la comisión a la plataforma, obtuvo en el año 2019 una condena contra Amazon por valor de 460.000 euros. Durante el proceso se demostró que el sistema mediante el cual Amazon hace seguimiento y pago de las facturas, conocido como *SmartMatch* falló, además de concurrir con ello errores humanos en la recopilación de los datos necesarios para el sistema[18]. El caso de este proveedor de Murcia no fue aislado y, sólo en España, durante el mismo año, se reportan más de una veintena de productores que demandaría a Amazon por sanciones recibidas por parte de la plataforma, de manera predictiva, sin que hubiere mediado el debido proceso para la imposición de las mismas[19].

La anterior constatación debería llevarnos a reevaluar la búsqueda de una justicia predictiva basada únicamente en datos derivados de comportamientos del pasado a través de los algoritmos empleados por la IA entre proveedores y Marketplaces. Pasaremos ahora a analizar las disputas entre consumidores y proveedores.

2. Disputas ente Consumidores y Proveedores

En este caso, se trata de tomar como punto de partida el número más frecuente de reclamos contra proveedores por parte de los usuarios de las plataformas electrónicas, sea a través de las páginas web del proveedor, o, lo que es más común, de un Marketplace. La variedad de causas o controversias está íntimamente ligada a las obligaciones que los estatutos de protección al consumidor imponen a cada proveedor. Esta estandarización de los reclamos ya existía en el comercio análogo, pero con el uso de los ODR fue posible automatizarlo para el *e-commerce*. Para el presente análisis, tomaremos en cuenta la automatización de las causas hechas por la plataforma eBay, que fue la primera en utilizar ODR para afrontar las reclamaciones de los consumidores.

De acuerdo con eBay, las hipótesis de controversias más comunes entre consumidores y proveedores son: nunca haber recibido el artículo comprado o recibir un artículo distinto al que se esperaba; no recibir un reembolso o no poder encontrado; que el proveedor se niegue a cancelar el pedido (imposibilidad de ejercer el derecho de retracto); recibir un correo electrónico de eBay diciendo que se abrió un caso de artículo no pagado para un artículo que fue comprado[20].

---

18 AGUILAR, A. R. Business Insider. 30 de 03 de 2021. https://www.businessinsider.es/amazon-condenada-pagar-mayorista-espanol-460000-euros-838811 (último acceso: 9 de 11 de 2022).

19 *Ibidem.*

20 ebay Resolution Centre. (11 de 04 de 2021). Obtenido de ttps://www.ebay.com/pages/help/buy/protecting.html

Con los años que han pasado desde que eBay lanzó el servicio de resolución de conflictos en línea y el que en el año 2016 se atribuyera a haber podido solucionar más de 60 millones de disputas entre consumidores y proveedores[21], en la actualidad en la web existen testimonios de casos en que las anteriores hipótesis, justamente por ser predecibles, han podido ser usadas para estafar tanto a consumidores, como a proveedores.

Los estatutos de protección al consumidor imponen en primer lugar, el derecho a la garantía, esto es, a la protección, que por ley tienen, frente a cosos en los cuales el bien adquirido no cuenta con la calidad esperada, siendo, por lo tanto, inapto para el uso al cual está destinado. Esta disposición es aplicable por el sólo hecho de adquirir un producto a través de contratos de adhesión y de proveedores que lo ofrecen de manera masiva. El comercio electrónico es, en la actualidad, el que mejor cumple con estas características. La garantía implica que el producto pueda ser cambiado por otro que, si concuerde con la calidad prometida, o que, en su lugar, se devuelva el precio del producto, o, si es del caso, el producto sea reparado. Todo lo anterior, adicionalmente, muestra la asimetría de la relación y la necesidad de que, a través de esta imposición, el consumidor tenga confianza en el mercado.

Sin embargo, la ley no prevé otro tipo de hipótesis prácticas que ponen en riesgo la estabilidad de la anterior protección. Por ejemplo, casos de consumidores abusivos, a saber, el que después de comprar un smartphone, simula haberlo recibido roto, o incluye en la página un reclamo falso, buscando un reembolso. La IA permite en la actualidad supervisar las falsas reseñas, pero los falsos reclamos requieren de medios probatorios análogos que, en materia de comercio transnacional, son muy difíciles de lograr[22].

Una segunda hipótesis que logra filtrarse entre las causas más comunes de controversia entre consumidores y proveedores es la del proveedor que conoce cuáles son los esquemas de protección al cliente ofrecidas por la plataforma intermediaria y ofrece los productos que justamente superan dicho esquema. Es decir, el proveedor ofrece un producto que el consumidor paga, sin que el producto llegue a ser entregado. Para el año 2015, eBay no ofrecía la garantía para los compradores de vehículos. En consecuencia, a pesar de iniciarse el reclamo respectivo, lo que podía predecirse es que el vendedor mantendría el dinero sin entregar ningún automóvil.

---

21 KATSH , E., & RULE, C, *Op. Cit.*, p. 3

22 AGUILAR, A. R. Business Insider. 30 de 03 de 2021. https://www.businessinsider.es/amazon-condenada-pagar-mayorista-espanol-460000-euros-838811 (último acceso: 9 de 11 de 2022).

Igual sucedía con los perfiles paralelos abiertos por vendedores sin escrúpulos, o por la duplicación de cuentas en las plataformas de pago[23].

Todas las anteriores son hipótesis de fraude denunciadas por clientes de eBay. Algunas de ellas pudieron ser calificadas como frecuentes, pero, en la práctica, son indemostrables. Las otras, no pudieron ser calificadas de ninguna manera, así que difícilmente podría lograrse sobre las mismas iniciar un proceso de mediación o arbitraje en línea para su solución. Una vez más constatamos que es necesario reevaluar la utilidad de una justicia predictiva basada únicamente en datos derivados de comportamientos del pasado a través de los algoritmos empleados por la IA entre consumidores y proveedores. Pasaremos ahora a analizar las disputas entre consumidores y Marketplace.

3. Disputas ente Consumidores y Marketplace

En la actualidad, la experiencia de reclamos recaudada por parte de los sistemas de ODR del pasado han permitido que plataformas como Uber[24] e InDriver pueden ofrecer a los usuarios un catálogo de problemas con el conductor en su aplicación, deducidos de sistemas predictivos con base en algoritmos, y una calificación final del servicio con el fin de que les facilitan presentar una queja o reportar una inconformidad con el servicio a través de la misma plataforma. Ésta última utiliza igualmente los algoritmos para determinar que un nivel específico de calificación negativa sea la causa directa del despido del conductor.

Evidentemente, los ODR han contribuido de manera importante al desarrollo de este tipo de justicia predictiva en el eje de este contexto. Sin embargo, lo primero que se advierte es la ambigüedad del concepto. En general, "justicia" o, más específicamente, "administración de justicia" funciona como una etiqueta para referirse a una cantidad incontable de derechos, algunos de ellos calificados incluso como fundamentales por algunos sistemas jurídicos. Así, al preguntarse sobre, por ejemplo, si en los ODR hay un gran volumen de protección al derecho del debido proceso, la noción de administración de justicia que se muestra es la de una función que está a cargo del Estado. No obstante, a diferencia de la jurisdicción, los ODR utilizados por este tipo de plataformas están destinados a que sean

---

23 *Ibídem.*

24 UBER. (2022). Ayuda con un viaje. Recuperado el 11 de 11 de 2022, de https://help.uber.com/es/riders/section/ayuda-con-un-viaje?nodeId=595d429d-21e4-4c75-b422-72affa33c5c8

las mismas partes, consumidores y operadores de las plataformas, quienes solucionen directamente el conflicto, sin intervención estatal.

Lo anterior nos lleva entonces a un escenario diferente: Administración de justicia, en este caso, por los particulares. Puede decirse, por ejemplo, que los ODR con la ayuda de la IA reivindica a los particulares la facultad de emplear la fuerza para garantizar el cumplimiento de unas determinadas reglas. En este ejemplo, la sanción de despedir a un conductor como consecuencia de las reseñas negativas de los usuarios del servicio, sin llamar a dicho conductor a descargos, es una forma en que la plataforma impone y hace cumplir sus normas. En consecuencia, la expresión "administración de justicia" termina por cambiar de significado, para asimilarse más a una "administración de sanción" o de condena, muy lejos de lo que, en el mundo análogo, se conoce como el debido proceso.

Sin embargo, esta última cuestión quedará pendiente. Aquí, este estudio muestra la manera preliminar la naturaleza ambigua de la expresión "administración de justicia" y "justicia predictiva" en el contexto de los ODR, lo cual debe tenerse presente cuando se aborda la cuestión de saber si son los ODR un medio idóneo para garantizar el acceso a la justicia de los consumidores.

El análisis anterior nos lleva a concluir que las ambigüedades de estos términos han creado en la actualidad muchas formas de aproximarse a la solución de conflictos. En siglos pasados, era una función reservada al Estado la administración de justicia. En el siglo pasado, el Estado perdió dicho monopolio al permitir el desarrollo de los Métodos Alternativos de Solución de Conflictos, MASC, que permiten a los particulares gerenciar sus propios conflictos. En la actualidad, los ODR que funcionan con apoyo de la IA permiten predecir los conflictos y las soluciones según catálogos pre-establecidos. A continuación, abordaremos cómo esta multiplicidad de aproximaciones permite establecer grados de preferencia en relación con el método de solución de conflicto ofrecido.

III. ODR, PREDICTIBILIDAD Y LA NUEVA ADMINISTRACIÓN DE JUSTICIA

Una vez se desea utilizar el sistema de ODR, es posible advertir que, si las razones de la disputa pudieron ser predichas, las formas de solucionarlas, también. En algunos casos, para solucionar el conflicto, la importancia de la causa lleva a que se utilicen sistemas de ODR en los que se requiere iniciar el proceso de reclamación (1.), pero en otros, se preferirá un sistema que sea capaz de precaver el conflicto de manera automática, como en los *Smart contracts* (2.).

1. Plataformas de ODR que requieren iniciar el proceso de solución

Se trata de las plataformas que utilizan un modelo predictivo de solución de conflictos en stricto sensu. Un ejemplo de ellas es ODRI[25] o el CEDR de Amazon[26].

En este caso, los modelos estarán destinados a determinar la probabilidad de que un conjunto de datos pueda ser asociada a un futuro conflicto, o que una determinada variable tome un determinado valor a fin de tomar una decisión, como, por ejemplo, pagar una compensación. Esto es, poder predecir la solución a un conflicto a partir del ofrecimiento a las partes de un catálogo de argumentos posibles.

La analítica predictiva ha creado varios modelos de software que están disponibles en diferentes plataformas, tales como el CEDR de Amazon se ofrecen como el siguiente paso a la falta de satisfacción ante los catálogos de soluciones vistos según el contexto en la primera parte de este artículo, o como consecuencia de haber sufrido una condena por parte de la plataforma electrónica que operó según las predicciones de condena hechas por los algoritmos que preceden la formulación de los catálogos mencionados.

El Derecho de consumo, no obstante, ha permanecido relativamente ajeno al tipo de análisis realista sobre el impacto de este tipo de plataformas en la relación B2C o entre plataformas electrónicas y consumidores. Dado que difícilmente la doctrina niegue la asimetría entre aquellos y éstos[27], lo que ha justificado la creación misma de toda una gama de derecho de protección a los consumidores, el ofrecer este modelo de solución de conflictos en línea como alternativa para ellos resulta, por lo menos, sorprendente. Para acceder al sistema de mediación extrajudicial ofrecido por plataformas como ODRI o CEDR, el consumidor debe renunciar a la

---

25 ODRI. *Online Dispute Resolution International.* 2022. https://odri.us/ (último acceso: 12 de 11 de 2022)

26 AMAZON. (2022). *Amazon Online Dispute Resolution Guide.com.* Recuperado el 7 de 11 de 2022, de Amazon Online Dispute Resolution: Here's All You Need to Know: https://odrguide.com/amazon-online-dispute-resolution-heres-all-you-need-to-know/

27 PICOD, Y., & DAVO, H. *Droit de la consommation.* Paris: Dalloz, 2010 ; PIEDELIEVRE, S. *Droit de la consommation.* Paris: Economica, 2008 ; RAYMOND, G. *Droit de la consommation.* Paris: LexisNexis S.A, 2011 ; ISLER SOTO, E. *Derecho del Consumo, nociones fundamentales.* Valencia: Tirant lo blanchm 2019; BARRIENTOS CAMUS, F. Lecciones de Derecho del Consumidor. Santiago: Thomson Reuters, 2015.

asimetría típica de la relación de consumo y pasar, como igual, a contratar el servicio. Debe advertirse, además, que el acceso a estas plataformas no es gratuito y que, según el tipo de reclamo que desee gestionar, la plataforma le obligará a hacer un depósito en dinero en garantía para que, en caso de resultar condenado, la decisión sea ejecutable de inmediato.

2. *Online Dispute Resolution (ODR) y los Smart contracts*

Como hemos visto, preguntar si son los ODR un medio idóneo para garantizar el acceso a la justicia de los consumidores, supone indagar sobre la naturaleza fundamental del derecho a acceso a la justicia y de la justicia predictiva. En esta sección, nuestro estudio continuará desentrañando esta pregunta y analizará la relación entre los ODR y las Smart contracts para determinar algunas consecuencias primarias.

Los *Smart contract* han sido definidos como el tipo de protocolo de transacción computarizado destinado a ejecutar los términos de un contrato[28]. En el mundo de ODR y la justicia predictiva, los contratos inteligentes aparecen como la última y más reciente etapa de evolución de las plataformas automatizadas de solución de conflictos de manera extrajudicial. "Plataformas como Kleros[29] permiten a los usuarios monitorear sus contratos e incluso predecir la posibilidad de una disputa futura, como es de entender, antes de que ocurra.

En caso de disputas, la plataforma permite a cada una de las partes presentar sus argumentos a través del cargue de los documentos respectivos en la cadena de bloques. Posteriormente, la disputa se resolverá mediante el voto de los participantes en la cadena de bloques que hayan estado dispuestos a apostar al resultado, mediante el pago de una suma de dinero determinada. Estos participantes son elegidos al azar y, la solución que se retendrá, es la que obtenga el mayor número de votos[30].

---

28 SZABO, N. «Smart contracts 1994 (.» 1994. Recuperado de: http://www.fon.hum FETSYAK, I. (2020). Contratos inteligentes: Análisis jurídico desde el marco legal español. *Revista electrónica de Derecho de la Universidad de La Rioja*, REDUR, (18), 197-236..uva.nl (último acceso: 12 de 11 de 2011).

29 KONTAK, Matija. «Modern Tools to Lower the Costs of Disputes: Digitalisation and the New Venues of Online Dispute Resolution.» *Harmonius: Journal of Legal and Social Studies in South East Europe*, 2021: 113–132.

30 *Ibídem*.

Ahora bien, preguntarse sobre si plataformas predictivas como Kleros garantizan el acceso a la justicia para consumidores equivale a preguntarse qué característica de esta plataforma y no de las otras mencionadas en secciones anteriores, la haría más atractiva al momento de ser ofrecida. La respuesta nos lleva a uno de los criterios clásicos en materia de acceso a la justicia: la posibilidad de tener el control sobre el resultado final del proceso, o lo que es igual, el fin de la incertidumbre. En efecto, este tipo de plataformas permite predecir el resultado mediante el pago de una suma de dinero.

La doctrina relativa a los ODR no siempre ha estado interesada a responder la pregunta de las implicaciones o las consecuencias que tiene el hecho de desarrollar la tecnología al margen de las regulaciones del derecho. En este sentido, descubrir las implicaciones de plataformas como Kleros implica preguntarse también sobre qué de verdad esta plataforma ofrece a los consumidores para garantizar el acceso a la justicia, ¿se trata realmente de democratización de la justicia? o, ¿se trata de traer variables nuevas para moldear la idea misma de administración de justicia?

Una verdad obvia en materia de acceso a la justicia es la de entender que un sistema jurídico debe garantizar la aplicación del derecho para todos[31]. No obstante, con el arribo de la tecnología del *blockchain*, surge también otra verdad, ésta, tal vez, obvia para quienes usan tal tecnología, y es que los contratos inteligentes son alegales. Así, para algunos "El perfeccionamiento de un contrato mediante la implementación de tecnología blockchain o la utilización de artificial agents plantea para el derecho retos como el referido a identificar la ley aplicable, por cuanto el contrato no se crea ni administra en ninguna ubicación física específica, sino que se copia en todo el mundo en una red de consenso que garantiza su integridad"[32].

En consecuencia, para responder las preguntas de la identidad e implicaciones de plataformas como Kleros en relación con el acceso a la justicia por parte de los consumidores y la justicia predictiva, la lista de verdades obvias establecida supone comprender cómo operaría las demás instituciones jurídicas en relación con ellas. Sin embargo, es menester recordar que en la gran mayoría de países que utilizan el comercio

---

31 CAPPELLETTI, Mauro, y GARTH, Bryant. «Access to Justice: The Newest Wave in the Worldwide Movement to Make Rights Effective.» *Buffalo Law Review* 27, nº 2 (1978): 185.

32 BOURQUE, S. Y FUNG LING TSUI, S. A lawyer's introduction to smart contract. *Scientia Nobilitat Reviewed Legal Studies*(201), 2014, p. 13.

electrónico, los ODR no están regulados. Al ser así, la siguiente verdad obvia es que no todos tendrían una misma forma de entender qué significa administrar justicia y sobre quién debe hacerlo.

Al incluir la idea de la alegalidad de los *Smart contracts* en un contexto de ausencia de regulación de las ODR trae a una posibilidad que no debe ser descartada, consistente en que el conflicto sólo pueda ser solucionado por el más fuerte y, en este caso, del que más dinero apueste. De ser así, un análisis conceptual sobre la naturaleza e implicaciones de plataformas como Kleros no podría ser útil para dirimir si ellas contribuyen a hacer efectivo el acceso a la justicia a consumidores. En breve, con Kleros en escena, es posible que en realidad nos estemos enfrentando a dos objetos diferentes en relación con el derecho al acceso a la justicia para consumidores. En uno, fuera de Kleros, todavía se busca un marco legal a aplicar al momento de llegar a una mediación; en Kleros, la mediación sólo es posible si se ingresa en un juego.

IV. CONCLUSIONES

El propósito de este estudio fue analizar la pregunta de saber si son los ODR un medio idóneo para garantizar el acceso a la justicia de los consumidores, y mostrar cómo podría responderse a partir de indagar sobre la naturaleza fundamental del derecho a acceso a la justicia y de la justicia predictiva. Sugerí en la primera parte que los ODR, en sus instancias primarias, permitieron la emergencia de nuevas formas de solución anticipadas de conflictos a través de la IA y la clasificación de las causas y soluciones más frecuentes tanto en las relaciones B2B, B2C y consumidores con plataformas electrónicas. Particularmente, intenté dejar claro que las ambigüedades en los términos "acceso a la justicia" y "justicia predictiva" han creado en la actualidad muchas formas de aproximarse a la solución de conflictos. En la segunda parte, comprendimos que la naturaleza del derecho de acceso a la justicia para consumidores equivale a encontrar los principios que dan base a nuestra sociedad actual, en la que la incursión de la tecnología hace cada día más tenue los límites entre lo real y lo virtual y la justicia predictiva no es sino otro juego más.

BIBLIOGRAFÍA

MANUALES Y TRATADOS

BARRIENTOS CAMUS, F. Lecciones de Derecho del Consumidor. Santiago: Thomson Reuters, 2015.

ISLER SOTO, E. *Derecho del Consumo, nociones fundamentales.* Valencia: Tirant lo blanchm 2019.

PICOD, Y., & DAVO, H. *Droit de la consommation.* Paris: Dalloz, 2010 ;

PIEDELIEVRE, S. *Droit de la consommation.* Paris: Economica, 2008 ;

RAYMOND, G. *Droit de la consommation.* Paris: LexisNexis S.A, 2011 ;

RIPERT, G. *De la règle morale dans les obligations civiles,* 4ème éd, L.G.D.J, 1949

ARTÍCULOS CIENTÍFICOS Y CAPÍTULOS DE LIBRO

BATTELLI, E. (). La decisión robótica: algoritmos, interpretación y justicia predictiva*. Revista de Derecho Privado (0123-4366), 40, 2021, 45–86.

BELLOSO MARTIN, N. Predictive Algorithms at the Service of Justice: A New Way to Minimize Risk and Uncertainty? ; Algoritmos Predictivos Al Servicio De La Justicia: ¿Una Nueva Forma De Minimizar El Riesgo Y La Incertidumbre? Revista da Faculdade Mineira de Direito; v. 22 n. 43 (2019): REVISTA DA FACULDADE MINEIRA DE DIREITO - PUC MINAS, [s. l.], 2019.

BENYEKHLEF, K. "Online Dispute Resolution". Lex Electronica, 10(2), 2005, 1 - 136.

BOURQUE, S. Y FUNG LING TSUI, S.. A lawyer's introduction to smart contract. Scientia Nobilitat Reviewed Legal Studies(201), 2014, 1-24.

CAPPELLETTI, Mauro, y Bryant GARTH. «Access to Justice: The Newest Wave in the Worldwide Movement to Make Rights Effective.» Buffalo Law Review 27, nº 2 (1978): 181-292.

KATSH, E., &, C. «What we know about Online Dispute Resolution.» South Carolina Law Review 67, nº 2 (2016): 329.

KONTAK, Matija. «Modern Tools to Lower the Costs of Disputes: Digitalisation and the New Venues of Online Dispute Resolution.» Harmonius: Journal of Legal and Social Studies in South East Europe, 2021: 113–132.

MARTÍNEZ-CÁRDENAS, B. «Online dispute resolution y la renovación del concepto del derecho de acceso a la justicia para los consumidores.» En Derecho Digital y Nuevas Tecnologías, de Agustín MADRID PARRA y Lucía ALVARADO HERRERA. Thomson Reuters, 2022.

SELA, A. "The Effect of Online Technologies on Dispute Resolution System Design: Antecedents, Current Trends, and Future Directions". Lewis & Clark Law Review, 21(3), 2017, 635–683.

SOMEYA, M. « Resolving Data Breach Dispute: Automated Negotiation », E-Mediation, and Arbitration Assisted by Technology. *Ohio State Journal on Dispute Resolution, and Arbitration Assisted by Technology, 34*(2), 2019, 393–iv

PÁGINAS WEB Y DOCUMENTOS EN PÁGINAS WEB

AGUILAR, A. R. *Business Insider.* 30 de 03 de 2021. https://www.businessinsider.es/amazon-condenada-pagar-mayorista-espanol-460000-euros-838811 (último acceso: 9 de 11 de 2022).

AMAZON. «Amazon Online Dispute Resolution Guide.com.» *Amazon Online Dispute Resolution: Here's All You Need to Know.* 2022. https://odrguide.com/amazon-online-dispute-resolution-heres-all-you-need-to-know/ (último acceso: 7 de 11 de 2022).

ebay Resolution Centre. (11 de 04 de 2021). Obtenido de ttps://www.ebay.com/pages/help/buy/protecting.html

ESET. *Welivesecurity.* 09 de 02 de 2015. https://www.welivesecurity.com/la-es/2015/02/09/estafas-comunes-ebay-como-evitarlas/ (último acceso: 11 de 10 de 2022).

PATRICK, S. Le droit des robots, un droit de l'homme en devenir ? Communication, technologies et développement. June 2020. doi:10.4000/ctd.2877

SZABO, N. «Smart contracts 1994 (.» 1994. Recuperado de: http://www.fon.hum FETSYAK, Ihor . (2020). Contratos inteligentes: Análisis jurídico desde el marco legal español. Revista electrónica de Derecho de la Universidad de La Rioja, REDUR, (18), 197-236..uva.nl (último acceso: 12 de 11 de 2011).

UBER. Ayuda con un viaje. 2022. https://help.uber.com/es/riders/section/ayuda-con-un-viaje?nodeId=595d429d-21e4-4c75-b422-72affa33c5c8 (último acceso: 11 de 11 de 2022).

CODIFICACIÓN PREDICTIVA O TECHNOLOGY-ASSISTED REVIEW (TAR) PARA LA PRODUCCIÓN DOCUMENTAL: EL PRESENTE DE LA INTELIGENCIA ARTIFICIAL EN LOS SISTEMAS DE COMMON LAW Y EN EL ARBITRAJE COMERCIAL INTERNACIONAL[1]

Mª Victoria Sánchez Pos
Profesora Contratada Doctora de Derecho Procesal
Universidad de Navarra

I. PLANTEAMIENTO: CODIFICACIÓN PREDICTIVA O "CÓMO UN ORDENADOR PUEDE REALIZAR EL TRABAJO DE MUCHOS ABOGADOS". LA INTELIGENCIA ARTIFICIAL AL SERVICIO DEL *DISCOVERY* O *DISCLOSURE*

En el año 2013, Thomas Gricks, destacado jurista norteamericano especialmente reconocido en el ámbito del Discovery, publicó en el diario estadounidense *Wall Street Journal* el artículo "*How a computer did the work of many lawyers*"[2], en el que, junto con el periodista Joe Palazzolo[3], narró su experiencia como abogado en el asunto *Aerospace Inc. v. Landow Aviation*

---

1 Este trabajo es resultado del Proyecto de Investigación: "Aplicación de los sistemas predictivos en la tutela cautelar civil", financiado por la FUNDACIÓN PRIVADA MANUEL SERRA DOMÍNGUEZ.

2 *Wall Street Journal*, 17 de enero de 2013. El artículo puede consultarse en How a Computer Did the Work of Many Lawyers - WSJ. Todas las traducciones son de la autora.

3 Unos meses antes el mismo periodista ya había puesto este asunto en el radar con su artículo: "*Why Hire a Lawyer? Computers Are Cheaper*", *Wall Street Journal*, 18 de junio de 2012. El trabajo puede consultarse en Computers Handle More of the Discovery Process in Pretrial Legal Work, Replacing Lawyers - WSJ.

LP[4]. La particularidad del caso radicó en que fue el primero en el que un juez estadounidense había permitido el uso de la codificación predictiva para la revisión documental en el marco del *Discovery* pese a las objeciones planteadas por la contraparte, que había alegado que ningún programa informático podría sustituir adecuadamente la revisión y clasificación documental efectuada por humanos[5].

Exponiendo de manera simple, pero muy gráfica, los pormenores de este caso en el que se requería la revisión de más de dos millones de documentos a fin de determinar la responsabilidad de las entidades demandadas por los daños ocasionados en varias aeronaves privadas como consecuencia del colapso de la estructura de un hangar, Thomas Gricks manifestaba: "en lugar de contratar a un número elevado de abogados para que lean cada documento en la pantalla de un ordenador y los clasifiquen según su relevancia (al precio de 1 $ por documento), optamos por solicitar autorización para recurrir a la codificación predictiva, esto es, a programas informáticos que realizan esta misma tarea mediante el uso de algoritmos".

Una vez recibida la autorización del juez[6], el abogado describe el proceso de producción documental de la forma que sigue: "tras eliminar documentos duplicados, fotos y otro tipo de archivos, se seleccionaron y clasificaron según relevancia 5000 documentos como forma de entrenar al programa. Una vez verificado que el programa "sabía" qué debía buscar, fueron liberados el resto de documentos. Tras un proceso de 7 meses y un coste de 200.000 $ -el autor calcula que el precio de una revisión personal hubiera superado el millón de dólares-, el programa seleccionó alrededor de 173.000 documentos como relevantes". En cuanto al control posterior e índice de "acierto" del programa, Gricks explicó cómo "de

---

4 *Global Aerospace Inc. v. Landow Aviation LP*, No. CL 61040, 2012 WL 1431215 (Va. Cir. Ct. Apr. 23, 2012). El texto de esta resolución puede ser consultado en Global Aerospace Inc. v. Landow Aviation, L.P., No. 61040 (Loudon County, Va. Cir. Ct. Apr. 23, 2012) (opentext.com).

5 "No computer program is an adequate substitute for having human beings review and sort the documents".

6 "Defendants shall be allowed to proceed with the use of predictive coding for purposes of the processing and production of electronically stored information, with processing to be completed within 60 days and production to follow as soon as practicable and in no more than 60 days. This is without prejudice to a receiving party raising with the Court an issue as to completeness or the contents of the production or the ongoing use of predictive coding", *Global Aerospace Inc. v. Landow Aviation LP*, No. CL 61040, 2012 WL 1431215 (Va. Cir. Ct. Apr. 23, 2012), p. 2.

una muestra de 400 documentos seleccionados, pudo comprobarse que el 80% eran, efectivamente, relevantes para el caso. Además, en el análisis de los más de 1.100.000 de documentos que el programa había catalogado como irrelevantes, se observó que únicamente un 2,9% podrían ser considerados potencialmente relevantes". Al hilo de estos números y preguntado por la considerable cifra de documentos desechados por el sistema -alrededor de 31.000- y no aportados, por ende, a la contraparte pese a resultar eventualmente relevantes, Gricks apuntó, con cita de algunos datos sobre los que luego volveremos, que el mismo problema existe cuando la revisión documental la realizan las personas, sin que judicialmente se exija ningún tipo de validación o comprobación de la revisión efectuada.

Este sencillo trabajo periodístico permite atisbar, sin necesidad de recurrir -por ahora- a tecnicismos de ardua comprensión, cuál es el funcionamiento y qué utilidad puede tener la codificación predictiva (*predictive coding*), también denominada revisión tecnológicamente asistida (TAR: *Technology-assisted review of documents*), en el ámbito del *Discovery* o *Disclosure* propio de los sistemas judiciales de *Common Law,* así como en el contexto del arbitraje comercial internacional.

Como es sabido, el *Discovery* constituye una institución de enorme relevancia en el proceso civil americano que tiene lugar, concretamente, en la fase de *pre-trial* y que permite a ambas partes requerir y obtener de su oponente todo tipo de información necesaria para el juicio. Siguiendo a HAZARD y TARUFFO[7], son dos los objetivos que las partes pueden perseguir con el *Discovery*: investigar y explorar las pruebas de su contrario, así como obtener aquellas que ayuden a sustentar su posición. Se trata de una fase que tiene lugar sin intervención judicial (salvo que alguna de las partes recurra a los órganos judiciales bien para bloquear o bien para imponer el Discovery) y cuyo fundamento reside, según CLERMONT[8], en evitar un resultado impreciso e injusto que esté condicionado por la divergente capacidad de las partes para investigar de forma privada y de sobrevivir a un juicio "a ciegas". Pues bien, centrando nuestra atención, dentro de los distintos mecanismos de *Discovery,* en la exhibición de documentos, una de las características que más puede llamar la atención -sobre todo al jurista continental- es su amplísimo alcance. Conforme a

---

7 HAZARD, G. C. & TARUFFO, M., *American Civil Procedure,* Yale University 1993, p. 117.

8 CLERMONT. K. M., *Principles of Civil Procedure,* Concise Hornbook Series, Thomson West 2005, p. 57.

los artículos 26 y concordantes de las *Federal Rules of Civil Procedure*[9], las partes pueden requerir la exhibición de prácticamente cualquier tipo de documento[10], a salvo de aquellos que no revistan de relevancia para el caso o sean confidenciales, y siempre que su aportación resulte proporcional -luego volveremos sobre estos condicionantes-. Esta particularidad del *Discovery* nos remite, precisamente, a su mayor crítica: el elevado coste económico -en términos de tiempo, recursos y dinero-[11]. En una comparecencia denominada "*Costs and Burdens of Civil Discovery*" celebrada en el año 2011 ante la Subcomisión -de Constitución- de la Comisión de la Judicatura de la Cámara de Representantes de los Estados Unidos[12], se expuso con meridiana claridad esta problemática: "En lugar de fomentar una investigación rápida, justa y asequible, el sistema actual de *Discovery* civil alienta a las partes a enfrentarse a solicitudes excesivamente onerosas para obtener cada vez más datos de dudoso valor probatorio. El problema se ve agravado por la explosión de documentos potencialmente relevantes en un mundo digital. La cantidad de datos generados está aumentando en la actualidad de forma exponencial, duplicándose cada dos años (…) Los costes del *Discovery* están aumentando porque su regulación es excesivamente vaga. La Ley actual ofrece a las partes poca guía en cuanto a la información que realmente es objeto de *Discovery*, cuándo se requiere preservar la información y cuáles son las obligaciones en el marco de la revelación documental. Sin embargo, al mismo tiempo, las sanciones por infringir la interpretación de las reglas por los tribunales pueden resultar ciertamente onerosas (…) Este sistema no solo impone costes considerables

---

9 Art. 26 (b) DISCOVERY SCOPE AND LIMITS (1) *Scope in General.* "Unless otherwise limited by court order, the scope of discovery is as follows: Parties may obtain discovery regarding any nonprivileged matter that is relevant to any party's claim or defense and proportional to the needs of the case, considering the importance of the issues at stake in the action, the amount in controversy, the parties' relative access to relevant information, the parties' resources, the importance of the discovery in resolving the issues, and whether the burden or expense of the proposed discovery outweighs its likely benefit. Information within this scope of discovery need not be admissible in evidence to be discoverable".

10 SHREVE, G. M., & RAVEN-HANSEN, P., *UNDERSTANDING CIVIL PROCEDURE*, LEXIS NEXIS 2002, P. 306, HABLAN DE LA EXISTENCIA DE UNA PRESUNCIÓN DE "DISCOVERABILITY".

11 Cfr. GRUNER, R. H., "Anatomy of a Lawsuit. A Client's Analysis and Discussion of a Multi-Million Dollar Federal Lawsuit" (2008), Microsoft Word - Anatomy_of_a_Lawsuit.docx (gruner.com).

12 El texto del informe puede consultarse en CHRG-112hhrg71623.pdf (govinfo.gov).

a las empresas estadounidenses, forzadas a gastar un dinero que podría resultar más productivo, sino que hace que el acceso a la justicia resulte más costoso a particulares y empresas. No se cuestiona el derecho de las partes al descubrimiento de documentos relevantes en posición de la contraparte ni que la destrucción de pruebas con el propósito de evitar su revelación ha de ser sancionado, pero el sistema actual es ineficiente y supone un coste mayor del necesario para hacer justicia"[13].

La amplitud con que se presenta este deber de revelación documental en el proceso civil americano no es extrapolable al resto de sistemas de *Common Law* en los que se observa, con carácter general, un enfoque más restrictivo. Por ejemplo y sin ánimo de exhaustividad, el *Discovery* en Canadá tiene lugar una vez completada la fase de alegaciones, que delimitarán el ámbito de la producción documental; consecuentemente, solo deberán ser producidos aquellos documentos relevantes para las cuestiones identificadas en dicha etapa inicial[14]. En Reino Unido, la regulación del *disclosure* fue objeto de importantes modificaciones en el año 2019 precisamente con la finalidad de ofrecer un proceso más adaptado a las necesidades específicas del caso y, con ello, más económico y proporcionado. La mayor parte de la producción documental en el proceso civil de Gales e Inglaterra radica en la fase previa al "*Case Management Conference*" y se concreta en un documento denominado "*Disclosure Review Document*", previéndose obligaciones expresas tanto para las partes como para sus representantes en relación con la preservación y divulgación de los documentos. Como norma general, en el momento de presentar los informes del caso cada una de las partes deberá presentar copia de los documentos clave; y, dependiendo de la naturaleza de la disputa, sobre todo en asuntos complejos, este deber de revelación inicial podrá complementarse a petición de las partes a través de hasta 5 modelos distintos y progresivos de ampliación del *disclosure*[15].

Con independencia de cuál sea el modelo de producción documental que se presente, no se discute que uno de los mayores desafíos de la institución del *Discovery* o *Disclosure* es el manejo de un volumen y

---

13 The Honorable Trent Franks, a Representative in Congress from the State of Arizona, and Chairman, Subcommittee on tue Constitution (pp. 1-2).

14 Arts. 30 a 33 R.R.O. 1990, Regulation 194, Rules of Civil Procedure.

15 Cfr. BOWKER, N., "UK. ENGLAND AND WALES", *GLOBAL LITIGATION GUIDE*, DLA-PIPER (2019), Disponible en: Disclosure and Discovery around the World - DLA PIPER GLOBAL LITIGATION GUIDE (DLAPIPERINTELLIGENCE.COM) Y SIME, S., A Practical Approach to Civil Procedure, Oxford University Press (2003), pp. 337-359.

diversidad cada vez mayor de documentos almacenados electrónicamente (en inglés, ESI: *Electronically Stored Information*). En la era del Big Data, entidades, empresas y despachos se enfrentan a miles, cuando no millones, de archivos y documentos de todo tipo para cuya categorización se recurre, desde hace años, a herramientas de codificación predictiva o revisión tecnológicamente asistida (TAR), cuyos resultados han demostrado ser notablemente más precisos que los obtenidos con la revisión humana. Ahora bien, el uso de este tipo de herramientas de inteligencia artificial queda indefectiblemente condicionado al cumplimiento de los parámetros de razonabilidad, transparencia y proporcionalidad que informan la fase de *Discovery* o *Disclosure* en los distintos ordenamientos jurídicos de *Common Law* y a su interpretación por los tribunales.

El incremento de la eficiencia económica y temporal que conlleva el uso de esta tecnología en la etapa de producción documental se revela, por lo expuesto, incontestable. También su utilización cada vez mayor por los despachos. Sirvan de muestra los datos referidos en el "TECHREPORT" que cada dos años elabora la *American Bar Association.* En el último informe, hecho público recientemente -a finales del mes de noviembre de 2022- se refleja que la herramienta tecnológica preferida y más utilizada para el *Discovery* sigue siendo la búsqueda mediante palabras clave[16]. No obstante, la adquisición y manejo de la codificación predictiva se ha incrementado paulatinamente en los últimos cinco años: según los datos de 2017 y 2018[17] el porcentaje de abogados que recurrían a esta tecnología no superaba el 13%, casi duplicándose en el año 2020, con un 24%. En este mismo año, el 48% de las grandes firmas de abogados -entre 100 y 500 profesionales- contaban con alguna herramienta de codificación predictiva, frente al 11% de pequeños despachos)[18].

Otra evidencia de la creciente importancia de la codificación predictiva en el contexto de la producción documental lo encontramos en Reino Unido donde, tras la experiencia piloto (*Disclosure Pilot Scheme* (DPS)) lanzada en enero de 2019 para los procesos ante los Tribunales Mercantiles y de la Propiedad (*Business and Property Courts*)[19], el pasado 1 de octubre de 2022 entró en vigor la reforma de las normas procesales que imponen el uso de la revisión tecnológicamente asistida (TAR) en aquellos asuntos en

---

16 2022 Litigation & TAR (americanbar.org).

17 2017 Litigation and TAR (americanbar.org).

18 ABA TechReport 2020 (americanbar.org).

19 New Disclosure Pilot Scheme Begins in England and Wales | Epiq (epiqglobal.com).

los que el número de documentos sea superior a 50.000[20]. Otro ejemplo lo encontramos en Australia, cuyo Tribunal Federal lleva años fomentando el uso de toda tecnología emergente para la mejora de la eficiencia y costes de los procesos; en concreto, su nota "*Technology and the Court Practice Note* (GPN-TECH)", publicada en octubre de 2016, acogió codificación predictiva para el E-Discovery[21].

Tras esta aproximación a la materia, en las páginas que siguen abordaremos, en primer lugar, el análisis del concepto, funcionamiento y eficacia de la codificación predictiva en la fase de producción documental, así como, seguidamente, el estudio de la paulatina implementación y aceptación de su uso en los sistemas judiciales de *Common Law*, capitaneados por los tribunales norteamericanos. Todo ello constituye el contexto necesario para examinar, ya en última instancia, el tratamiento que desde las instituciones arbitrales de mayor relevancia y otras entidades se está brindando en la actualidad a esta tecnología en el marco del arbitraje comercial internacional, pues también este es un ámbito en el que la producción documental ha adquirido una gran importancia en los últimos años como consecuencia, según expondremos más adelante, de la amplísima aceptación de las reglas de la IBA sobre la Práctica de la Prueba en el Arbitraje Internacional -revisadas en 2020-. Volviendo a los números, la última edición de la estadística que anualmente elabora la *School of International Arbitration* de *Queen Mary, University of London*, en colaboración con la firma White and Case, titulada "2021 *International Arbitration Survey: Adapting arbitration to a changing world*"[22], revela que el 26% de los usuarios del arbitraje encuestados recurren a la revisión tecnológicamente asistida (TAR) en ocasiones, mientras que el 13% lo hacen frecuentemente, en lo que son datos sensiblemente superiores a los mostrados en la estadística anterior de 2018 "*The Evolution of International Arbitration*"[23].

---

20 Extended Disclosure | Practical Law (thomsonreuters.com) y Technology Assisted Review and the Disclosure Pilot | Addleshaw Goddard LLP.

21 Technology and the Court Practice Note (GPN-TECH) (fedcourt.gov.au).

22 LON0320037-QMUL-International-Arbitration-Survey-2021_19_WEB.pdf.

23 2018 International Arbitration Survey: The Evolution of International Arbitration - School of International Arbitration (qmul.ac.uk).

II. EL FUNCIONAMIENTO DE LOS SISTEMAS DE CODIFICACIÓN PREDICTIVA Y SU EFICACIA EN LA FASE DE PRODUCCIÓN DOCUMENTAL

Según hemos avanzado, los sistemas de codificación predictiva o revisión tecnológicamente asistida (TAR) utilizan la inteligencia artificial para identificar y clasificar documentos potencialmente relevantes. En concreto, son programas software que emplean algoritmos de *machine learning* o aprendizaje automático; esto es, siguiendo a Kelleher[24], estamos ante procesos que permiten a los algoritmos extraer patrones o realizar asociaciones a partir de conjuntos de datos.

Expuesto en términos sencillos, como explica Hernández Peña[25], podemos entender el *machine learning* como un proceso de aprendizaje supervisado que recurre a algoritmos que adquieren experiencia o aprenden, con escasa o muy limitada intervención humana, a partir de los ejemplos que le son suministrados. Esa nueva experticia la aplican a nueva información, a fin de resolver un problema dado o hacer predicciones. Aunque su funcionamiento es complejo, continúa el autor, el «ciclo de vida» de un proyecto de este tipo podemos resumirlo en que usualmente se utilizan datos históricos que sirven de ejemplo para entrenar los algoritmos; a partir de ellos, se extraen los resultados del modelo, que serán utilizados para analizar nueva información. Llevado al campo de la investigación y la revelación documental, se distinguen las siguientes fases en el uso de esta tecnología[26]:

- **Fase 1**: en lo que podría denominarse una primera ronda de entrenamiento, abogados con experiencia introducen en el sistema una muestra representativa de documentos (*seed set*) y los categorizan para entrenar el modelo sobre el contenido relevante y no relevante (*responsive* o *nonresponsive*) del conjunto de revisión;

---

24 KELLEHER, J. D., *Fundamentals of Machine Learning for Predictive Data Analytics: Algorithms, Worked Examples, and Case Studies,* The MIT Press, Cambridge (2015), p. 3.

25 HERNÁNDEZ PEÑA, J. C., *El marco jurídico de la inteligencia artificial. Principios, procedimientos y estructuras de gobernanza,* Aranzadi 2022, p. 30.

26 Chapter 78, "Predictive Coding (Technology Assisted Review) & Artificial Intelligence", *The Basics of e-Discovery,* Predictive Coding (Technology Assisted Review) & Artificial Intelligence - Exterro y WHITE, J. "How Technology-Assisted Review (TAR) Can Enhance eDiscovery", How Technology-Assisted Review (TAR) Can Enhance eDiscovery | Kira Systems.

- **Fase 2**: el software analiza la muestra y crea un algoritmo interno para predecir la relevancia o adecuación (*responsiveness*) de los documentos futuros.
- **Fase 3**: los abogados o revisores especializados prueban el algoritmo en documentos adicionales y lo afinan hasta obtener los resultados deseados a través de la continua introducción y codificación de documentos de muestra.
- **Fase 4**: finalizado el entrenamiento del modelo de codificación predictiva, el software aplica el algoritmo resultante de las anteriores etapas a la revisión y clasificación del resto de documentos.

Como puede apreciarse, la intervención humana, aunque limitada según decíamos, cobra una vital importancia en el entrenamiento del software y consiguiente perfeccionamiento del algoritmo, que debe aprender de ejemplos precisos y rigurosos. De ahí que todo listado de buenas prácticas aconseje que esta tarea sea encomendada a revisores de amplia experiencia, generalmente abogados senior con especial atención al detalle y profundos conocimientos del caso[27].

Moviéndonos ya precisamente al ámbito de la eficacia de esta tecnología, en el artículo *A Brief History of Technology Assisted Review*[28], los autores, Thomas C. Gricks y Robert J. Ambrogi, referenciaron los primeros trabajos de los que se tiene constancia sobre la calidad de la codificación predictiva. En el primero de ellos, publicado en el año 2005 y titulado *Automated Document Review Proves its Reliability*, Anne Karsaw[29] aportó los resultados extraídos del estudio comparado entre la revisión humana y la revisión documental efectuada de manera electrónica por un programa de software. Los resultados de análisis demostraron no solo que la revisión electrónica había sido mucho más precisa, sino que la revisión manual no había conseguido identificar casi la mitad

---

27 Cfr. How Predictive Coding Makes E-Discovery More Efficient | Thomson Reuters y Chapter 78, "Predictive Coding (Technology Assisted Review) & Artificial Intelligence". *The Basics of e-Discovery*, Predictive Coding (Technology Assisted Review) & Artificial Intelligence - Exterro.

28 GRICKS, T. C./ AMBROGI, R. J., "*A Brief History of Technology Assisted Review*", *Law Technology Today*, 17 de noviembre de 2015. El trabajo puede consultarse en A Brief History of Technology Assisted Review (lawtechnologytoday.org).

29 KERSHAW, A., "Automated Document Review Proves Its Reliability", *Digital Discovery & e-Evidence, Best Practices & Evolving Law*, vol. 5, no. 11, Noviembre de 2005. Este documento puede ser consultado en (PDF) Automated Document Review Proves Its Reliability (researchgate.net).

de los documentos relevantes[30]. Así, entre tres categorías de clasificación, el software había identificado de media más del 95% de los documentos relevantes para el caso; en una de aquellas categorías, este porcentaje fue superior al 98%. Por el contrario, con la revisión humana, la media se situó en el 51% de los documentos relevantes, bajando en una de las categorías al 43%. En definitiva, este estudio demostró que el uso de un programa software redujo el riesgo de excluir un documento potencialmente relevante en un 90%.

La misma autora participó en el segundo de los trabajos, publicado en el año 2009 bajo el título *Document Categorization in Legal Electronic Discovery: Computer Classification vs. Manual Review*[31] , y que tuvo por objeto examinar si los sistemas automáticos de revisión podían clasificar los documentos, al menos, de manera tan precisa como la revisión humana, ganándose, de ser así, tiempo y un ahorro considerable de los costes de la producción documental; en definitiva, si los resultados obtenidos de la codificación predictiva podían considerarse "razonables" a la luz de las normas reguladoras del Discovery y su interpretación por los tribunales. Tras un análisis más complejo y completo que el desarrollado en el anterior trabajo[32], la

---

30 En el trabajo se explica cómo se desarrolló el análisis de un *corpus* de 48.000 documentos para su catalogación según relevancia en tres categorías distintas. El software se configuró según las prácticas estándar del comerciante, que incluían entrevistar a los abogados y revisar documentos para conocer los criterios de relevancia para el caso y poder entrenar al software convenientemente. En paralelo, se formó a seis revisores para realizar la revisión manual de una muestra aleatoria estratificada del 43% del *corpus.*

31 ROITBLAT, H. L., KERSHAW, A. & OOT, P., "Document Categorization in Legal Electronic Discovery: Computer Classification vs. Manual Review, *Journal of the American society for Information science and Technology*, 61 (1) 2010, pp. 70-80.

32 En el estudio participaron, en primer lugar, dos *equipos originales de revisión*, conformados por un total de 225 abogados encargados de revisar y clasificar los documentos en dos categorías distintas. Tras esta fase, se encargó una nueva revisión a *dos equipos de reevaluación* constituidos por personal de una entidad especializada en este tipo de procedimientos legales; cada uno de estos equipos, constituido por 5 personas, asumió la revisión de los mismos 5000 documentos seleccionados de aquella realizada por los equipos originales de revisión. La revisión automática fue encomendada a dos empresas que analizaron los datos de forma independiente. El estudio se inició con el análisis de 1.3 terabytes de archivos electrónicos con 2,319,346 documentos: 1,5 millones de correos electrónicos, 300,000 archivos sueltos y 600,000 documentos escaneados. Tras eliminar duplicados, 1,600,047 documentos fueron sometidos a la primera revisión, produciéndose y clasificándose en dos categorías un total de 176,440 documentos. El objetivo de la reevaluación manual y de la revisión por los sistemas automáticos fue reproducir la clasificación de documentos en dos categorías distintas, según adecuación

conclusión alcanzada fue que, en todos los casos, el comportamiento de los dos sistemas de revisión automática testados resultó, al menos, tan preciso como la revisión original y su subsiguiente reevaluación. A juicio de los autores, pueden existir otros factores en juego a la hora de satisfacer aquel requisito legal de razonabilidad, pero, en igualdad de condiciones, recurrir a sistemas como los analizados en este trabajo producirá resultados comparables con los obtenidos en la práctica tradicional del Discovery, por lo que su uso parece "razonable"[33].

Ya en el año 2011 se publicó el trabajo "*Technology-Assisted Review in E-Discovery can be more Effective and more Efficient tan Exhaustive Manual Review*" [34], que constituye uno los análisis más completos hasta la fecha y todavía un referente en la materia. El estudio vuelve sobre los criterios de razonabilidad y proporcionalidad que informan, según comentaremos seguidamente, la fase de *Discovery* y, tras un exhaustivo análisis de datos[35], pudo refutar el "mito de que la revisión manual exhaustiva es más eficiente y, por tanto, más valiosa. La revisión asistida mediante tecnología puede producir -y produce- resultados más exhaustivos que la revisión manual con mucho menos esfuerzo. Por supuesto, no toda revisión tecnológicamente asistida es creada de la misma manera -tampoco toda revisión manual-. Los procesos particulares que en este estudio han resultado ser superiores

---

a lo requerido (ROITBLAT, H. L., KERSHAW, A. & OOT, P., "DOCUMENT CATEGORIZATION IN LEGAL ELECTRONIC DISCOVERY..., OP. CIT., PP. 72 Y 73).

33 La traducción es de la autora; el texto original reza: "On every measure, the performance of the two computer systems was at least as accurate (measured against the original review) as that of a human re-review. Redoing the same review with more traditional methods as was done during the re-review had no discernible benefit. There may be other factors at play in determining legal reasonableness, but all other things being equal, it would appear that employing a system like one of the two systems employed in this task will yield results that are comparable to the traditional practice in discovery and would therefore appear to be reasonable" (ROITBLAT, H. L., KERSHAW, A. Y OOT, P., "DOCUMENT CATEGORIZATION IN LEGAL ELECTRONIC DISCOVERY..., OP. CIT., P. 79).

34 GROSSMAN, M. R. & CORMACK, G. V., "Technology-Assisted Review in E-Discovery Can Be More Effective and More Efficient Than Exhaustive Manual Review", *Richmond Journal of Law and Technology*, 11 (2011), http://jolt.richmond.edu/v17i3/article11.pdf.

35 Extraídos del Legal Track at the Text Retrieval Conference (TREC) de 2009, cfr. LEGAL09.OVERVIEW.pdf (nist.gov).

son interactivos, empleando una combinación de programas informáticos y revisión humana (…)”[36].

En el momento actual, algunos de los últimos trabajos publicados sobre esta materia discuten la incidencia en la mejora de la eficacia que podría la revisión humana posterior a la revisión documental realizada mediante codificación predictiva[37].

III. EL RECORRIDO JUDICIAL DE LA CODIFICACIÓN PREDICTIVA EN LOS SISTEMAS DE *COMMON LAW*: RAZONABILIDAD, TRANSPARENCIA Y PROPORCIONALIDAD

La primera resolución de la justicia estadounidense que permitió la utilización de la codificación predictiva al servicio del Discovery se dictó en el mes de febrero del año 2012, en el marco del caso *Da Silva Moore v. Publicis Groupe & MLS Group*[38]. En este asunto, la parte demandante había prestado su conformidad al uso de esta tecnología por la demandada, existiendo solo ciertos desacuerdos sobre su alcance e implantación que fueron solventados por la aprobación judicial de un protocolo negociado por las partes[39]. En lo que constituye un pronunciamiento de gran relevancia en cuanto que precedente judicial de la revisión tecnológicamente asistida, el juez Peck afirmó: “lejos de poder interpretarse que esta tecnología deba ser utilizada en todos los casos o que el protocolo judicialmente aprobado en el litigio concreto sea apropiado y deba aplicarse en otros asuntos

---

36 La traducción es de la autora. Cfr. GROSSMAN, M. R. & CORMACK, G. V., “Technology-Assisted Review in E-Discovery Can Be More Effective and More Efficient Than Exhaustive Manual Review”, op. cit., p. 48.

37 KEELING, R. et al., “Humans Against the Machines: Reaffirming the Superiority of Human Attorneys in Legal Document Review and Examining the Limitations of Algorithmic Approaches to Discovery”, 26 *Richmond Journal of Law and Technology*, no. 1, (2020) y Grossman, M. R. & Cormack, G. V., “Reaffirming the Superiority of Human Attorneys in Legal Document Review and Examining the Limitations of Algorithmic Approaches to Discovery”: Not So Fast, 27 *Richmond Journal of Law and Technology*, no. 4, (2021).

38 La resolución puede ser descargada en Da Silva Moore v. Publicis Groupe et al, No. 1:2011cv01279 - Document 96 (S.D.N.Y. 2012) :: Justia.

39 Un análisis más riguroso de esta resolución y de otras que siguieron puede consultarse en el trabajo de Solar Cayón, J. I., “La codificación predictiva: inteligencia artificial en la averiguación procesal de los hechos relevantes”, *Anuario de la Facultad de Derecho de la Universidad de Alcalá* XI (2018), pp. 91 y ss.

futuros, lo que sí ha de concluirse es que la revisión telemática de la documentación almacenada electrónicamente es una herramienta disponible cuya utilización debe ser seriamente considerada en aquellos casos que requieran el manejo de grandes volúmenes de documentación (...) Las partes deben diseñar mecanismos apropiados y con controles de calidad también adecuados, incluyendo el uso de tecnología para la revisión y producción de la documentación almacenada electrónicamente. El manejo de la revisión tecnológicamente asistida en los casos convenientes debe ser ya considerada judicialmente autorizada[40].

Un tiempo después, en el año 2015, el mismo juez Peck volvería a pronunciarse sobre el uso de esta tecnología como práctica válida del Discovery en el asunto *Rio Tinto PLC v. Vale S.A.*[41]. En su decisión, titulada "*Predictive Coding a.k.a. Computer Assisted Review a.k.a. Technology Assisted Review (TAR) - Da Silva Moore Revisited*", el juez, volviendo sobre sus propios postulados en el precedente *Da Silva Moore v. Publicis Groupe & MLS Group* y con referencia también a otros casos ante distintos tribunales federales -incluido el asunto *Aerospace Inc. v. Landow Aviation LP*-[42], constató cómo la

---

40 La traducción es de la autora. El texto original reza: This Opinion appears to be the first in which a Court has approved of the use of computer-assisted review. That does not mean computer-assisted review must be used in all cases, or that the exact ESI protocol approved here will be appropriate in all future cases that utilize computer-assisted review. Nor does this Opinion endorse any vendor..., nor any particular computer-assisted review tool. What the Bar should take away from this Opinion is that computer-assisted review is an available tool and should be seriously considered for use in large-data-volume cases where it may save the Rio Tinto PLC v. Vale, S.A. et al Doc. 207 Dockets.Justia.com 2 producing party (or both parties) significant amounts of legal fees in document review. Counsels no longer have to worry about being the "first" or "guinea pig" for judicial acceptance of computer-assisted review. As with keywords or any other technological solution to e-discovery, counsel must design an appropriate process, including use of available technology, with appropriate quality control testing, to review and produce relevant ESI while adhering to Rule 1 and Rule 26(b)(2)(C) proportionality. Computer-assisted review now can be considered judicially-approved for use in appropriate cases.

41 La sentencia puede ser descargada en Rio Tinto PLC v. Vale, S.A. et al, No. 1:2014cv03042 - Document 207 (S.D.N.Y. 2015) :: Justia.

42 Dynamo Holdings Ltd. *P'Ship v. Comm'r of Internal Revenue*, 2014 WL 4636526; *Green v. Am. Modem Home Ins. Co.*, No. 14-CV-04074, 2014 WL 6668422 (W.D. Ark. Nov. 24, 2014); *Aurora Coop. Elevator Co. v. Aventine Renewable Energy-Aurora W. LLC*, No. 12 Civ. 0230, Dkt. No. 147 (D. Neb. Mar. 10, 2014); *Edwards v. Nat'l Milk Producers Fed'n*, No. 11 Civ. 4766, Dkt. No. 154: *Joint Stip. & Order* (N.D. Cal. Apr. 16, 2013); *Bridgestone Am., Inc. v. IBM Corp.*, No. 13-1196, 2014 WL 4923014 (M.D. Tenn. July 22, 2014); *Fed. Hous.*

jurisprudencia había evolucionado de tal manera en aquellos escasos tres años que resultaba ya indiscutible la autorización por los tribunales del uso de herramientas para la revisión telemática de documentación en el *Discovery* cuando así lo interesase la parte requerida[43]. Sentada esta premisa, el interrogante que ya se venía planteando en el *case law* norteamericano era si, comprobada la eficacia de estas herramientas, su uso en el ámbito de la revelación documental puede ser impuesto por la contraparte o el tribunal[44]. Así, por citar algunos ejemplos, en el caso *Kleen Products, LLC v. Packaging Corporation of America*[45], los demandantes solicitaron que el Juez ordenase rehacer el Discovery recurriendo a la codificación predictiva, después de que los demandados hubieran ya producido millones de documentos usando búsquedas mediante palabras clave[46]. Por el contrario, en el asunto *EORHB, Inc. v. HOA Holdings, LLC*[47], fue el juez quien instó a las partes a recurrir a la codificación predictiva para el Discovery o a justificar los motivos por los que esta tecnología no debía ser usada en el caso[48].

Estando así las cosas en Estados Unidos, era solo una cuestión de -poco- tiempo que los tribunales de otros de países de *common law* se pronunciaran

---

Fin. Agency v. HSBC N.A. Holdings, Inc., 11 Civ. 6189, 2014 WL 584300 (S.D.N.Y. Feb. 14, 2014); *EORHB. Inc. v. HOA Holdings LLC* No. Civ. A. 7409, 2013 WL 1960621 (Del. Ch. May 6, 2013); *In re Actos (Pioglitazone) Prods. Liab. Litig*, No. 6:11-MD-2299, 2012 WL 7861249 (W.D. La. July 27, 2012) (Stip. & Case Mgmt. Order); *Global Aerospace Inc. v. Landow Aviation LP*, No. CL 61040, 2012 WL 1431215 (Va. Cir. Ct. Apr. 23, 2012).

43 En el texto original de la resolución puede leerse: "In the three years since Da Silva Moore, the case law has developed to the point that it is now black letter law that where the producing party wants to utilize TAR for document review, courts will permit it" (*Rio Tinto PLC v. Vale, S.A. et al*, No. 1:2014cv03042 - Document 207 (S.D.N.Y. 2015), p. 2).

44 Algunas decisiones son analizadas por SOLAR CAYÓN, J. I., "La codificación predictiva: inteligencia artificial en la averiguación procesal de los hechos relevantes", *Anuario...*, op. cit., pp. 95 y ss. En contra de la imposición judicial del uso de esta tecnología se había pronunciado Murphy, T. H., "Mandating Use of Predictive Coding in Electronic Discovery: An Ill-Advised Judicial Intrusion", *American Business Law Journal* (2013), Vol. 50, Issue 3, pp. 609–657.

45 No. 1:2010cv05711 - Document 412 (N.D. Ill. 2012).

46 La orden denegatoria de esta petición puede descargarse en Kleen Products LLC et al v. Packaging Corporation of America et al, No. 1:2010cv05711 - Document 412 (N.D. Ill. 2012) :: Justia.

47 Civ. A. 7409, 2013 WL 1960621 (Del. Ch. May 6, 2013).

48 Para un análisis más riguroso de estas decisiones, vid. NASUTI, C. T., "SHAPING the Technology of the Future: Predictive Coding in Discovery Case Law and Regulatory Disclosure Requirements", *North Carolina Law Review*, 93 (1), pp. 222-275.

sobre el manejo de las herramientas tecnológicas para la revisión y selección documental en el marco del *Discovery*. La primera de estas decisiones la emitiría en el año 2015 el Tribunal Supremo de Irlanda en el asunto Irish Bank Resolution Corporation Limited & Ors v Sean Quinn & Ors[49], respaldando el uso de la codificación predictiva pese a las objeciones manifestadas por la contraparte. En el mismo sentido se pronunciaría un año después el Tribunal Superior de Inglaterra y Gales en *Pyrrho Investments Limited v MWB Property Limited*[50]y *Brown v BCA Trading Ltd*[51]. Ya en el continente oceánico, el Tribunal Supremo de Victoria (Australia) tuvo que designar a un tercero experto que concretase el mecanismo más efectivo para el e-discovery en el asunto *McConnell Dowell Constructors (Aust) Pty Ltd v Santam Ltd*[52], ante la imposibilidad de las partes de llegar a un acuerdo sobre esta cuestión. El tribunal australiano, fuertemente influenciado por las decisiones precedentes, consideró la codificación predictiva como un mecanismo mucho más sofisticado que las herramientas de búsquedas por palabras[53].

Estas decisiones judiciales, basadas en gran medida en los estudios de calidad y fiabilidad referenciados en el anterior apartado, vinieron a despejar la principal incógnita planteada en torno al uso de codificación predictiva en la fase de producción documental: el respeto a los principios de razonabilidad, transparencia y proporcionalidad que informan la fase de *Discovery* o *Disclosure* en los distintos ordenamientos jurídicos de *Common Law*[54]. En la decisión del asunto Irish Bank Resolution Corporation Limited & Ors v Sean Quinn & Ors por el Tribunal Supremo de Irlanda, que traemos como ejemplo, la demandante se había opuesto a la revisión tec-

---

49 [2015] IEHC 175.

50 [2016] EWHC 256 (Ch).

51 [2016] EWHC 1464 (Ch).

52 [2016] VSC 734; 51 VR 421. Esta resolución puede ser consultada en BarNet Jade - Find recent Australian legal decisions, judgments, case summaries for legal professionals (Judgments And Decisions Enhanced).

53 Cfr. RYBURN, A., "Another win for the computers - predictive coding discovery endorsed in Australian court", *ITP Techblog*, 6 de junio de 2016, disponible en Another win for the computers - predictive coding discovery endorsed in Australian court | ITP Techblog.

54 Cfr. Losey, R. C. "Predictive Coding and the Proportionality Doctrine: A Marriage Made in Big Data" *Regent University Law Review* (2013-2014), vol. 26, no. 1, pp. 7-70, ACOSTA, A. M., "Predictive Coding: The Beginning of a New E-Discovery Era", The Computer & Internet Lawyer (2013), Vol. 30, No.5, pp. 26-31 y BARRY, N., "Man Versus Machine Review: The Showdown between Hordes of Discovery Lawyers and a Computer-Utilizing Predictive-Coding Technology", *Vanderbilt Journal of Entertainment and Technology* (2020), no. 15, Law 343.

nológica alegando, entre otras razones, que al no conseguir el programa identificar y catalogar el 100% de la documentación relevante, no podían considerarse satisfechas las obligaciones de la parte requerida por el Discovery. Con meridiana claridad expositiva y sencillez, el órgano judicial apuntala las siguientes razones por las que el uso de esta tecnología debe considerarse respetuoso con las reglas del Discovery[55]:

- La evidencia establece que, en los procesos de revelación de grandes volúmenes de datos, la revisión telemáticamente asistida utilizando codificación predictiva es, cuando menos, tan precisa o más que la revisión manual o lineal a fin de seleccionar los documentos relevantes.
- Ningún método de identificación garantiza la selección y aportación de todos los documentos relevantes, pero los estudios presentados a este tribunal han demostrado que la revisión tecnológicamente asistida funcionó mejor en todas sus posibles formas que la revisión manual.
- Incluso si la codificación predictiva no fuera tan efectiva como la revisión manual, proporcionaría un *Disclosure* más expeditivo y económico, habida cuenta de su capacidad para reducir el número de documentos no relevantes para revisar.
- El proceso de codificación predictiva debe incluir un sistema de controles y equilibrios que garantice que cada fase del procedimiento es susceptible de control independiente.
- Siempre que el proceso tenga suficiente transparencia, la revisión asistida por tecnología que utiliza codificación predictiva cumple con las obligaciones de divulgación de la parte requerida.

IV. CODIFICACIÓN PREDICTIVA Y *DISCLOSURE* EN EL ARBITRAJE: LO QUE DICEN ALGUNOS INSTRUMENTOS INTERNACIONALES

Como señalábamos en el apartado introductorio de este trabajo, las estadísticas revelan que también en el arbitraje comercial internacional va cogiendo fuerza el uso de la codificación predictiva o Technology-Assisted Review of Documents (TAR) en la etapa de investigación y exhibición documental. Es difícil conocer, sin embargo, cómo se está produciendo su implantación, si esta ha sido paralela a su aceptación generalizada en los

55 Cfr. Irish court endorses use of predictive coding for disclosure | Litigation notes (hsfnotes.com).

procesos judiciales o más tardía, dada la dificultad para tener acceso a esta información sobre el desarrollo de los procedimientos arbitrales por la confidencialidad propia de este mecanismo de resolución extrajudicial de controversias, así como los escasos trabajos dedicados a su análisis.

La incorporación de la inteligencia artificial al arbitraje ha sido, desde luego, tratada en diversos estudios encaminados a analizar los desafíos técnicos, jurídicos y éticos que, en un futuro -se dice- cercano, plantearán herramientas como ARBILEX[56], ARBITRATOR INTELLIGENCE[57] o GLOBAL ARBITRATION REVIEW ARBITRATOR RESEARCH TOOL (GAR ART)[58][59]. Pocos trabajos, en cambio, han mirado al presente de la inteligencia artificial en el arbitraje en forma de codificación predictiva[60], al contrario de lo que ha sucedido con el análisis de la incidencia de esta tecnología en el proceso judicial, muy abundante como puede apreciarse en las páginas anteriores. Hasta donde llega nuestro conocimiento, en el ámbito arbitral solo podemos encontrar algunas referencias a esta tecnología en varias directrices y documentos de instituciones arbitrales que seguidamente referenciaremos.

Sea como fuere, también en el proceso arbitral, y, en concreto, en el arbitraje comercial internacional, los despachos pueden enfrentarse a peticiones de *Disclosure* que impliquen la revisión, clasificación y exhibición de importantes volúmenes de documentos almacenados electrónicamente. Ello es consecuencia, principalmente, de la importante tasa de aplicación, en todo tipo de arbitrajes, de las reglas de la International Bar Association

56 ArbiLex.

57 Arbitrator Intelligence.

58 GAR - ART - FAQ (globalarbitrationreview.com).

59 Cfr. BLANCO GARCÍA, A. I., "La inteligencia artificial en el arbitraje. Reflexiones sobre los retos que plantea", *Modernización, eficiencia y aceleración del proceso judicial*, Aranzadi (2022), Gesley, J., "Artificial "Judges"?" Thoughs in AI in Arbitration Law", *Global Law* (2021) January, 13th; Bakst, J. *et al*, "Artificial Intelligence and Arbitration: a US Perspective", *Dispute Resolution International* (2022), vol. 16, No. 1, Chauhan, A. S., "Future of AI in Arbitration: The Fine Line Between Fiction and reality", Kluwer Arbitration Blog (2020), September, 26th, Eidenmuller, H./Varesis, F., "What Is an Arbitration? Artificial Intelligence and the Vanishing Human Arbitrator", *New York University Journal of Law and Business* (2020), Vol. 17, Issue 1.

60 Algunas referencias pueden encontrarse en los siguientes estudios: Jaju, A., "Unlock the Value of Your Data Using E-discovery technology in Arbitrations", *Ankura* (2021), disponible en Unlock the Value of Your Data Using E-discovery Technology in Arbitrations, Amit Jaju (ankura.com) y Cockburn J. A., "Holding Black the Tide: the rise of the machines in arbitration", *Practical Law Arbitration Law* (2019), August 1st.

(IBA *Guidelines*) sobre la Práctica de la Prueba en el Arbitraje Internacional de 2010, que fueron revisadas en el año 2020 y publicadas finalmente en febrero de 2021[61]. Como se desprende de su Preámbulo, estas reglas de *Soft Law* están diseñadas para complementar las disposiciones legales y las reglas institucionales, *ad hoc* u otras reglas que se apliquen al desarrollo del arbitraje, y tienen como objetivo el proporcionar un procedimiento eficiente, económico y equitativo para la práctica de prueba en arbitrajes internacionales, particularmente en aquellos que surgen entre partes de distintas tradiciones jurídicas. En lo que a efectos de nuestro estudio interesa, el Preámbulo anuncia uno de los principios sobre los cuales pivota la práctica de la prueba: "cada parte debe actuar de buena fe y tiene derecho a conocer, con una antelación suficiente a cualquier audiencia probatoria o a la determinación de los hechos o fundamentos, aquellas pruebas en que las demás partes sustentan sus pretensiones". A partir de ahí, la regulación que se hace de este *Disclosure* destaca por la extensión y exhaustividad con la que aborda el procedimiento para la presentación de las solicitudes de exhibición documental y respuesta a dichas solicitudes, así como la forma en la que el tribunal arbitral se pronunciará sobre las peticiones formuladas y ordenará, en su caso, aquella exhibición[62].

Con independencia de la mayor o menor concreción con la que las instituciones arbitrales regulen esta etapa probatoria, un lugar común en sus normas es la búsqueda de la mayor eficiencia temporal y económica de un *Disclosure* por lo demás informado también por los principios de razonabilidad, transparencia y proporcionalidad. Como ejemplo, el Protocolo del CIARB para el E-Disclosure en el Arbitraje (*Chartered Institute of Arbitrators Protocol For E-Disclosure in Arbitration*)[63], cuyo artículo 3 encomienda al árbitro tener en cuenta las siguientes consideraciones a la hora de emitir una orden de Disclosure:

a. Razonabilidad y proporcionalidad

b. Equidad e igualdad de trato a las partes

c. Disponibilidad de otras fuentes

---

61 IBA guides and reports | International Bar Association (ibanet.org).

62 Cfr. el análisis de estas reglas por IZQUIERDO, J./ROBLES, M., "La fase de producción documental en el arbitraje. Especial mención a las Reglas de la IBA sobre práctica de la prueba en el arbitraje internacional", *La Ley Mediación y Arbitraje* (2020), nº 2.

63 e-iscolusureinarbitration.pdf (ciarb.org).

d. Garantía de que cada parte tendrá una oportunidad razonable de presentar su caso en relación con el coste y la gravosidad del cumplimiento de la orden.

En este contexto, no son pocas las instituciones arbitrales que incluyen en sus reglas la posibilidad de que las partes se valgan de la tecnología para hacer más efectiva la etapa de producción documental. Algunas, incluso, con mención expresa de la codificación predictiva o revisión tecnológicamente asistida (TAR). Por ejemplo, el mismo Protocolo del CIARB para el E-Disclosure en el Arbitraje detalla en su artículo 1 las consideraciones preliminares que partes y árbitros han de tener en cuenta a la hora de afrontar esta fase de investigación documental. El apartado vii alude a las herramientas y técnicas que pueden reducir el coste y gravosidad del E-Disclosure, entre las cuales se menciona el uso de programas software que las partes puedan acordar. También las Reglas del Centro Internacional para la Resolución de Disputas (International Centre for Dispute Resolution, ICDR) de la Asociación Americana de Arbitraje (American Arbitration Association, AAA), revisadas en el año 2021[64], señalan que, a la hora de determinar las normas que informarán la conducción del arbitraje, el tribunal y las partes podrán considerar cómo la tecnología, incluidos el video, el audio o cualesquiera otros medios electrónicos podrán utilizarse para aumentar la eficiencia y la economía de los procedimientos. Por último, las reglas de la IBA sobre la Práctica de la Prueba en el Arbitraje Internacional 2020 establecen que toda solicitud de producción documental dirigida por una de las partes al tribunal deberá contener, para el caso de documentos electrónicamente almacenados, identificar los archivos concretos, los términos de la búsqueda, así como otros medios de búsqueda de dichos documentos de búsqueda más eficiente y económica.

Pero el mayor respaldo al uso de la codificación predictiva en el marco del Disclosure en el arbitraje se ha producido recientemente, con la publicación en febrero de 2022 del Informe “El uso de la tecnología para un procedimiento de arbitraje internacional justo, eficaz y eficiente” (*Leveraging Technology for Fair, Effective and Efficient International Arbitration Proceedings*) por la Comisión de Arbitraje y ADR de la Corte de Arbitraje de la Cámara de Comercio Internacional (ICC)[65]. Este documento supone la revisión del anterior trabajo “Cuestiones a tener en cuenta al utilizar las tecnologías de la información en

---

64 ICDR_Rules_1.pdf.

65 icc-arbitration-and-adr-commission-report-on-leveraging-technology-for-fair-effective-and-efficient-international-arbitration-proceedings.pdf (iccwbo.org).

el arbitraje internacional", editado en 2017 y publicado por primera vez en 2004, y se erige en un recurso práctico para los profesionales que proporciona orientación detallada sobre ciberseguridad, protección de datos, hardware, software especializado e inteligencia artificial. Estas directrices pretenden abordar, en definitiva, cómo la tecnología puede contribuir a un arbitraje internacional más eficaz y eficiente, al tiempo que se garantiza la igualdad y trato equitativo entre las partes. En concreto, nos interesa el contenido de la Sección 5ª de este informe, en el que se expresa qué es la codificación predictiva y de qué forma puede ser utilizada en un arbitraje internacional. En cuanto a este último aspecto, el documento señala: "La codificación predictiva puede utilizarse para evaluar los fundamentos del caso y para identificar los documentos en los que podrán sustentarse. Además, la codificación predictiva se puede utilizar para identificar documentos que respondan a una solicitud de *Disclosure* u orden del tribunal. Actualmente no existen reglas u orientaciones sobre si una parte que tenga la intención de utilizar la codificación predictiva en el contexto de una búsqueda de documentos debe revelar este hecho a otras partes o al tribunal. Tampoco existen reglas sobre cómo el uso de la codificación predictiva debe ser admitida por el resto de partes o por el tribunal arbitral. En consecuencia, las partes y el tribunal arbitral podrán abordar el uso de esta tecnología durante la "Conferencia sobre la conducción del procedimiento" (*Case of Management Conference*), previsiblemente como parte o de un protocolo donde las partes fijen -posiblemente junto con el tribunal-, los términos de búsqueda, los rangos de fechas o los parámetros de codificación predictiva. En general, el tribunal solo será requerido para intervenir en la medida necesaria para aclarar las obligaciones de exhibición de una parte, aprobar el acuerdo en relación con los protocolos de divulgación y o resolver disputas que surjan (...).

Con esta somera referencia a la codificación predictiva, la más importante hasta la fecha en el ámbito del arbitraje, la Corte de Arbitraje de la Cámara de Comercio Internacional no solo respalda su uso, consciente la propia institución de que este aumentará significativamente en los próximos años, sino que deja entrever los desafíos que el recurso a estas herramientas de inteligencia artificial plantean. Así, ciñéndonos al proceso arbitral, la existencia o no de un deber de las partes de revelar el uso de la codificación predictiva para la producción documental y en qué momento habría de producirse esta revelación, la necesidad de que el uso de codificación predictiva deba ser acordado por todas las partes o, al contrario, si este puede ser autorizado por el tribunal arbitral aún con la oposición de la contraparte, o, por último, la incidencia que puede tener en la decisión del tribunal sobre la petición de *Disclosure* el conocimiento de la disponibilidad de esta tecnología por la parte requerida, sobre todo a efectos de la valoración de la gravosidad de la solicitud. En fin, estas y otras muchas cuestiones son muestra de los interrogantes o retos de la utilización de este tipo inteligencia artificial en el arbitraje y que, una vez presentada la herramienta en este trabajo, abordaremos en una ulterior investigación.

BIBLIOGRAFÍA

ACOSTA, A. M., "Predictive Coding: The Beginning of a New E-Discovery Era", *The Computer & Internet Lawyer* (2013), Vol. 30, No.5.

BARRY, N., "Man Versus Machine Review: The Showdown between Hordes of Discovery Lawyers and a Computer-Utilizing Predictive-Coding Technology", *Vanderbilt Journal of Entertainment and Technology* (2020), no. 15, Law 343.

BAKST, J. *et al.* "Artificial Intelligence and Arbitration: a US Perspective", *Dispute Resolution International* (2022), vol. 16, No. 1.

BLANCO GARCÍA, A. I., "La inteligencia artificial en el arbitraje. Reflexiones sobre los retos que plantea", *Modernización, eficiencia y aceleración del proceso judicial,* Aranzadi (2022).

Bowker, N., "UK. England and Wales", *Global Litigation Guide,* DLA-Piper (2019).

CHAUHAN, A. S., "Future of AI in Arbitration: The Fine Line Between Fiction and reality", Kluwer Arbitration Blog (2020), September, 26th

CLERMONT, K. M., *Principles of Civil Procedure,* Concise Hornbook Series, Thomson West 2005.

COCKBURN, J. A., "Holding Black the Tide: the rise of the machines in arbitration", *Practical Law Arbitration Law* (2019), August 1st

EIDENMULLER, H., VARESIS, F., "What Is an Arbitration? Artificial Intelligence and the Vanishing Human Arbitrator", *New York University Journal of Law and Business (2020),* Vol. 17, Issue 1

GESLEY, J., "Artificial "Judges"?" Thoughs in AI in Arbitration Law", *Global Law* (2021) January, 13th.

GRICKS, T. C./ AMBROGI, R. J., "*A Brief History of Technology Assisted Review*", *Law Technology Today,* 17 de noviembre de 2015.

Grossman, M. R. & Cormack, G. V., "Technology-Assisted Review in E-Discovery Can Be More Effective and More Efficient Than Exhaustive Manual Review", *Richmond Journal of Law and Technology,* 11 (2011).

GROSSMAN, M. R. & Cormack, G. V., "Reaffirming the Superiority of Human Attorneys in Legal Document Review and Examining the Limitations of Algorithmic Approaches to Discovery": Not So Fast, 27 *Richmond Journal of Law and Technology,* no. 4, (2021).

GRUNER, R. H., "Anatomy of a Lawsuit. A Client's Analysis and Discussion of a Multi-Million Dollar Federal Lawsuit" (2008).

HAZARD, G. C. & TARUFFO, M., *American Civil Procedure,* Yale University 1993.

HERNÁNDEZ PEÑA, J. C., *El marco jurídico de la inteligencia artificial. Principios, procedimientos y estructuras de gobernanza,* Aranzadi 2022.

IZQUIERDO, J./ROBLES, M., "La fase de producción documental en el arbitraje. Especial mención a las Reglas de la IBA sobre práctica de la prueba en el arbitraje internacional", *La Ley Mediación y Arbitraje* (2020), nº 2.

JAJU, A., "Unlock the Value of Your Data Using E-discovery technology in Arbitrations", *Ankura* (2021)

KEELING, R. et al., "Humans Against the Machines: Reaffirming the Superiority of Human Attorneys in Legal Document Review and Examining the Limitations of Algorithmic Approaches to Discovery", 26 *Richmond Journal of Law and Technology,* no. 1, (2020).

KELLEHER, J. D., *Fundamentals of Machine Learning for Predictive Data Analytics: Algorithms, Worked Examples, and Case Studies,* The MIT Press, Cambridge (2015).

KERSHAW, A., "Automated Document Review Proves Its Reliability", *Digital Discovery & e-Evidence, Best Practices & Evolving Law,* vol. 5, 11 de Noviembre de 2005.

LOSEY, R. C. "Predictive Coding and the Proportionality Doctrine: A Marriage Made in Big Data" *Regent University Law Review* (2013-2014), vol. 26, no. 1.

MURPHY, T. H., "Mandating Use of Predictive Coding in Electronic Discovery: An Ill-Advised Judicial Intrusion", *American Business Law Journal* (2013), Vol. 50, Issue 3.

NASUTI, C. T., "Shaping the Technology of the Future: Predictive Coding in Discovery Case Law and Regulatory Disclosure Requirements", *North Carolina Law Review,* 93 (1).

ROITBLAT, H. L., Kershaw, A. & Oot, P., "Document Categorization in Legal Electronic Discovery: Computer Classification vs. Manual Review, *Journal of the American society for Information science and Technology,* 61 (1) 2010.

RYBURN, A., "Another win for the computers - predictive coding discovery endorsed in Australian court", *ITP Techblog,* 6 de junio de 2016.

SHREVE, G. M., & RAVEN-HANSEN, P., *Understanding Civil Procedure,* Lexis Nexis 2002.

SIME, S., *A Practical Approach to Civil Procedure,* Oxford University Press (2003).

SOLAR CAYÓN, J. I., "La codificación predictiva: inteligencia artificial en la averiguación procesal de los hechos relevantes", *Anuario de la Facultad de Derecho de la Universidad de Alcalá* XI (2018).

WHITE, J. "How Technology-Assisted Review (TAR) Can Enhance eDiscovery".

HERRAMIENTAS PREDICTIVAS PARA LA ABOGACÍA: LAS HERRAMIENTAS DE INTELIGENCIA ARTIFICIAL DE ANÁLISIS JURÍDICO: ¿SON DE UTILIDAD REAL PARA LA PROFESIÓN?

Marta Benavides Pérez
Abogada
EJASO ETL Global

I. INTRODUCCIÓN

La profesión de abogado se encuentra en pleno proceso de transformación. Un cambio modelado por el auge de las nuevas tecnologías a través de la generación, uso y tratamiento de datos (sintetizados en la expresión *big data*), así como por las técnicas de Inteligencia Artificial o procedimientos basados en algoritmos o *machine learning.* Estos términos pueden ser actualmente los grandes desconocidos para la mayor parte de los profesionales que se dedican a la abogacía, no así para las grandes firmas nacionales e internacionales que conscientes de la importancia de la proactividad hacía la transformación tecnológica ya han comenzado a hacer uso de alguna de estas herramientas y a formar a los abogados en ese sentido.

Al respecto y de una forma muy gráfica TORRES GARCÍA habla de "una especie de darwinismo digital"[1]. Consecuentemente, destaca la necesidad de adaptarse a la nueva forma de ejercer la profesión. Por ello, irremediablemente, frente a esa evolución surge la obligación de conocer las nuevas herramientas tecnológicas que aparecen en el mercado especialmente orientadas a la abogacía.

---

1 TORRES GARCÍA, R. "La mecanización de los servicios jurídicos y el futuro de la profesión de abogado" en *Fintech, Regtech y Legaltech: Fundamentos y desafíos regulatorios,* Tirant lo Blanch, Madrid, 2020, p. 396.

Para ello, y sin perjuicio de las diversas clasificaciones que se pueden encontrar, en este trabajo se parte de la categorización proporcionada por la "Guía para el uso de las herramientas de inteligencia artificial por los abogados y los despachos en la Unión Europea"[2]. Según esta guía, se definen tres categorías de herramientas basadas en las funcionalidades de las mismas: (i) herramientas de apoyo a la redacción de textos jurídicos, (ii) herramientas de análisis de documentos, (iii) herramientas de análisis jurídico cuyo valor se deriva principalmente de la jurisprudencia o legislación. Además, también se distinguen como categorías propias (iv) las herramientas de *Chatbots* y de voz a texto. Así como (v) las herramientas que proporcionan asistencia en la administración y gestión interna de los despachos de abogados.

Así pues, el primer objetivo del presente trabajo es dar a conocer entre los profesionales de la abogacía, o entre quienes vayan a dedicarse a ella, un tipo concreto de herramientas de Inteligencia Artificial para los abogados, esto es, las herramientas de análisis jurídico o predictivas. Como primera aproximación se puede decir que son aquéllas que proporcionan información sobre en qué términos se dictará el pronunciamiento judicial o el resultado de un proceso judicial basándose en datos históricos. En otras palabras, son aquéllas que fundamentándose en jurisprudencia intentan dar una estimación de los diversos posibles resultados cuantitativos del caso.

Se trata de unas herramientas que prometen realizar funciones que hasta hoy formaban parte de actividades realizadas exclusivamente por los abogados, por lo que hablamos de automatización de funciones más que de innovación, ya que esto último consistiría en realizar nuevas funciones para satisfacer necesidades que antes, simplemente, no estaban consideradas[3]. Como se verá, los programas de análisis jurídico o herramientas predictivas son las más completas y con nuevas funciones sucesoras de las clásicas bases de datos de jurisprudencia.

---

2 Consejo Europeo de Colegios de abogados (*Council of Bars and Law Societies of Europe*) y la Fundación Europea de Abogados (*European Lawyers Foundation*), "*Guide on the use of Artificial Intelligence-based tools by lawyers and law firms in the EU*", pp. 5-7, [en línea], (2022),<https://www.ccbe.eu/fileadmin/speciality_distribution/public/documents/IT_LAW/ITL_Reports_studies/EN_ITL_20220331_Guide-AI4L.pdf>. [Consulta: 10/08/2022].

3 AMUNÁTEGUI PERELLÓ, C. *Arcana Technicae. El Derecho y la Inteligencia Artificial* (1ª ed.), Tirant lo Blanch, Valencia, 2020, p. 101.

Asimismo, las propias herramientas también han ido evolucionado con el transcurso del tiempo, inicialmente al hablar de herramientas predictivas las referencias eran principalmente a las relacionadas con comisión de delitos, las cuales funcionaban creando de forma "artesanal" patrones y comportamientos criminales. En la actualidad, también existen las que aspiran a ayudar a los jueces en sus tomas de decisiones mediante la configuración de unos estándares probatorios a efectos de valorar, ponderar o negar las pruebas como fundamentos que corroboren la motivación de la resolución judicial que se dicte[4]. De este modo, estas herramientas pueden ser de gran utilidad, tanto para los jueces, policías, incluso para los ministerios u otros organismos públicos.

Sin perjuicio de lo anterior, el concreto uso del análisis predictivo que aquí nos ocupará será aquél que permite a los abogados analizar patrones, hechos, precedentes y casos ya finalizados, con el fin de predecir y asesorar a un cliente de cara a un posible resultado en litigación[5]; lo cual, puede resultar un añadido de gran valor a la práctica de un profesional de la abogacía. A título ilustrativo, este tipo de herramientas buscarían solventar preguntas referentes a los años de prisión que podría recibir una persona sobre la base de una concreta declaración de hechos, o sobre los daños y perjuicios que con más probabilidad se le concedería a una persona lesionada en unas circunstancias determinadas; así como, sobre el importe que debería aceptar de una oferta de la compañía de seguros[6]. Incluso servirían al propio abogado para discernir si tiene asunto por los hechos que le traslada el cliente, cuánto va a costar, o cuál es la mejor defensa, etc.

En este contexto, las editoriales jurídicas más prestigiosas de nuestro país (Tirant Lo Blanch, Wolters Kluwer o VLex), siguiendo el ejemplo de otras compañías internacionales de LegalTech han desarrollado distintas herramientas analíticas de lo que se ha denominado jurimetría o herramienta de asesoramiento jurídico, de apoyo en la toma de decisiones legales, pensadas especialmente para definir la estrategia procesal más idónea

---

4 BARONA VILAR, S. *Algoritmización del Derecho y de la Justicia. De la Inteligencia Artificial a la Smart Justice*, Tirant lo Blanch, Madrid, 2021, pp.598-599.

5 *Ibidem*, p.448.

6 Consejo Europeo de Colegios de abogados (*Council of Bars and Law Societies of Europe*) y la Fundación Europea de Abogados (*European Lawyers Foundation*), "*Guide on the use of Artificial Intelligence-based tools by lawyers and law firms in the EU*"], p.29, [en línea], (2022),<https://www.ccbe.eu/fileadmin/speciality_distribution/public/documents/IT_LAW/ITL_Reports_studies/EN_ITL_20220331_Guide-AI4L.pdf>. [Consulta: 10/08/2022].

para el éxito del caso, aplicando la tecnología predictiva que durante este. Así pues, será parte de este trabajo el análisis de las distintas herramientas en el mercado, así como su funcionamiento y los elementos que las diferencian y los que las limitan en su propagación entre los profesionales.

Póngase desde este momento de manifiesto que, para los abogados, la principal finalidad de utilizar herramientas tecnológicas modernas es la posibilidad de minimizar costes y ahorrar tiempo, logrando ser más productivos, gracias a su uso. Por otro lado, debe ponerse de relieve que las herramientas de Inteligencia Artificial pueden proporcionar a los profesionales nuevas oportunidades para mejorar sus volúmenes de trabajo, permitiendo tomar las decisiones de manera más consistente e incrementando el valor añadido de su trabajo[7]. Todo, por la capacidad de las máquinas de evaluación y análisis del material que está incorporado electrónicamente, evitando tiempos, esfuerzos y costes[8]. Sin embargo, también existirán limitaciones que provoquen incredulidad o ineficacia a la hora de usar las herramientas, como se analizará.

Con todo, la intención de este trabajo no será mostrar una visión utópica de los beneficios que pueden proporcionar este tipo de herramientas a los abogados, sino, realizar un análisis tal, que los profesionales jurídicos puedan concluir lo que pueden o no pueden esperar realmente de este tipo de productos.

II. EVOLUCIÓN DE LA TECNOLOGÍA EN LA ABOGACÍA: DE LAS BASES DE DATOS A LAS HERRAMIENTAS DE ANÁLISIS JURÍDICO

Desde que en 1750 antes de Cristo, el rey de Babilonia Hammurabi recopilara todas las normas de su reino, un total de 282, en una piedra de basalto, las normas, leyes e interpretaciones se han recopilado en diversos formatos, según el avance tecnológico propio de cada época[9].

En lo que a las interpretaciones de las normas se refiere, no puede discutirse la relevancia que posee la jurisprudencia y resoluciones de Tribunales

---

7 *Ibidem*, p. 11.

8 BARONA VILAR, S., *Algoritmización del Derecho y de la Justicia. De la Inteligencia Artificial a la Smart Justice, op.cit.*, p.446.

9 TORRES GARCÍA, R. "La mecanización de los servicios jurídicos y el futuro de la profesión de abogado" en *Fintech, Regtech y Legaltech: Fundamentos y desafíos regulatorios, op. cit.*, p. 385.

para la argumentación de los escritos y/o toma de decisiones de los abogados, pues es la vía que tienen éstos para conocer la opinión de los juzgadores.

Así, desde siglos atrás esa jurisprudencia se ha recopilado en las conocidas como bases de datos jurídicas que han ido evolucionando a lo largo de los años. Serán muchos los profesionales que aun ejercen la profesión que recordarán los famosos repertorios impresos en papel. Posteriormente, fue en la década de 1980 cuando se presentaron en España las primeras bases de datos jurídicas informatizadas[10]. Desde entonces, se han convertido en una herramienta fundamental para los juristas[11].

Primigeniamente, lo que se ofrecía eran productos en CD-ROM (pensados para el usuario final) o bases de datos de distribución en línea muy distintas a las disponibles en la actualidad y que, además en aquel momento, en ningún caso eran de uso generalizado e inmediato, pues requerían de un documentalista con conocimientos específicos. Así, en los inicios de los años 90, las editoriales jurídicas percibieron el CD-ROM como una continuación de su modelo de negocio basado, en gran medida, en las suscripciones a repertorios impresos[12].

Como consecuencia, la primera mitad de la década de los noventa en España supuso un desarrollo, sin precedentes, de las tecnologías de la información y de las comunicaciones. Tanto en el contexto institucional como desde la óptica de los usuarios de información jurídica se logró una incuestionable integración de la tecnología en los hábitos de trabajo, resultando el uso de repertorios impresos, imprescindibles hasta la década anterior, un procedimiento inusual.

---

10 En Estados Unidos, las grandes bases de datos jurídicas hacen su aparición a partir de los años setenta, al igual que en Europa. "*En 1973 se presenta el sistema LEXIS de Mead Data Central que se implantaría con posterioridad en el Reino Unido y Francia. Su principal competidor se desarrolló en el seno de la editorial jurídica más importante de Estados Unidos, West Publishing que sacó a la luz en 1975 su sistema WESTLAW. En Europa CELEX nace en 1966 y está operativa desde 1970*" en ALVITE DÍEZ, M.ª. L. "Evolución de las bases de datos jurídicas en España", *Anales de Documentación,* N.º 7, 2004, p. 11.

11 FERNÁNDEZ B, C. "Cómo mejorará la inteligencia artificial la búsqueda en bases de datos", Wolters Kluwers, Diario la Ley, [en línea], (2021), <https://diariolaley.laleynext.es/dll/2021/10/07/como-mejorara-la-inteligencia-artificial-la-busqueda-en-bases-de-datos-juridicas>. [Consulta: 08/09/2022].

12 ALVITE DÍEZ, M.ª. L. "Evolución de las bases de datos jurídicas en España", *Anales de Documentación, op.cit.*, pp.14-15.

Desde 1996, cuando Internet poco a poco se iba extendiendo en nuestro país, las diversas editoriales jurídicas comenzaron paulatinamente a disponer de sitios web. Con ello, se produjo el desarrollo de las bases de datos web; lo cual, sucedió paralelamente a la implantación del DVD como nuevo formato para ofrecer la información jurídica, en el que las editoriales también confiaban[13].

Hoy en día existen editores con productos electrónicos ya consolidados; (como los del Grupo Wolters Kluwer, Aranzadi o El Derecho), bases de datos electrónicas de organismos oficiales (CENDOJ, BOE, las bases de datos de jurisprudencia del Tribunal Constitucional, y similares) y nuevas iniciativas plenamente web como Noticias jurídicas, VLex, Tirant *online*, etc.

En este contexto, la mayoría de los despachos de abogados se sirven de los tipos de bases de datos jurídicas descritos, como herramientas de apoyo a la argumentación, toma de decisiones o para el conocimiento del estado de la normativa. Sin embargo, aquéllas, más que tecnología de inteligencia artificial, son herramientas de localización de información previamente almacenada. Estas bases de datos permiten al abogado encontrar documentos que contengan las palabras buscadas o que estén clasificados conforme se ha descrito por el profesional que consulta[14]. Con los resultados de esa búsqueda, más o menos exitosa, el trabajo del abogado consistirá en la construcción de un argumento o en la toma de una decisión sobre la base de su conocimiento y experiencia.

Por lo expuesto, estas herramientas no son verdaderamente útiles sin un sistema de búsqueda eficaz. Por eso el desarrollo de las tecnologías de búsqueda ha ido en paralelo al de las bases de datos. Como consecuencia, desde los primeros sistemas basados en la búsqueda por tesauros y el algoritmo *TF – IDF*[15], a los más recientes desarrollos que utilizan la expansión

---

13 *Ibidem*, pp. 17-21.

14 FERNÁNDEZ HERNÁNDEZ, C. Y BOULAT, P. “La búsqueda en bases de datos jurídicas: técnicas y consejos” [en línea], (2014), <https://noticias.juridicas.com/conocimiento/articulos-doctrinales/4855-la-busqueda-en-bases-de-datos-juridicas:-tecnicas-y-consejos/>. [Consulta: 11/09/2022].

15 TF-IDF (*Term Frequency – Inverse Document Frequency* o Frecuencia del Término – Frecuencia Inversa de los Documentos) es un cálculo estadístico para medir qué términos son más relevantes para un asunto, analizando la frecuencia con que aparecen en una página, en comparación con su frecuencia en un conjunto más grande de páginas. En las bases de datos jurídicas es el algoritmo que, muy básicamente, ordena los documentos o resultados según la frecuencia con la que contienen las diferentes palabras buscadas, comparándolo con el contenido total del índice. FERNÁNDEZ HERNÁNDEZ, C. Y BOULAT, P., *op. cit.*

semántica, la ordenación de documentos por su relevancia jurídica o la sugerencia directa de resultados en la caja de búsqueda; la búsqueda jurídica ha ido mejorando sustancialmente sus prestaciones[16].

En la actualidad se pretende dar un paso más, siendo que la creciente aplicación de las tecnologías de inteligencia artificial (AI) a este campo, abre un nuevo horizonte de posibilidades, que puede transformar la forma en que los profesionales del Derecho buscan y utilizan la información[17].

La diferencia entre las bases de datos jurídicas comerciales utilizadas hasta ahora (Aranzadi, Tirant, El Derecho, La Ley Digital y similares) y las herramientas predictivas de inteligencia artificial es que éstas prometen ser más depurativas, óptimas y certeras; llegando a considerarse herramientas de analítica jurisprudencial que algún día puedan complementar en gran medida, por medio de razonamientos y deducciones más perfectas, a los abogados.

Debe ponerse de relieve, que la utilización de la inteligencia artificial legal fuera de nuestro país se remonta a la jurimetría, es decir, la computerización de la ley, propuesta a finales de los años 40 principios de los 50 del siglo XX por la Escuela americana de jurimetría[18]. Fue LOEVINGER, quien habló por vez primera del término, aun cuando entonces la denominación venía referida al uso de ordenadores en Derecho y, en su caso, aplicados a la legislación antimonopolista para solventar los posibles problemas que se planteasen en esta área[19].

Así, aunque el abogado no se preocupó por definir qué era la Jurimetría, su editor, HANS W. BAADE, que le publicó en 1963 la obra *Jurimetrics: the Methodology of Legal Inquiry,* sí precisó, a la vista de la obra de su autor, una sistematización del objeto de la jurimetría. Así pues, en aquel momento ya se vislumbraba lo que sería ese análisis jurimétrico: un análisis lógico del derecho a fin de aplicar a las normas jurídicas modelos derivados de la lógica, el uso del ordenador en la actividad jurídica y la previsión de sentencias futuras[20].

---

16 FERNÁNDEZ B, C. “Cómo mejorará la inteligencia artificial la búsqueda en bases de datos”, *op.cit.*

17 *Ídem.*

18 NAVAS NAVARRO, S. “Derecho e inteligencia artificial desde el diseño. Aproximaciones.” en *Inteligencia Artificial. Tecnología. Derecho,* Tirant lo Blanch, Valencia, 2017, pp. 24-72.

19 BARONA VILAR, S., *Algoritmización del Derecho y de la Justicia. De la Inteligencia Artificial a la Smart Justice, op. cit.,* p. 367.

20 *Ídem.*

Aunque no se extendió tanto como el uso de las bases de datos jurídicas, esta aproximación del objeto de la jurimetría encontraba un enorme incentivo especialmente en el mundo jurídico anglosajón, en el que el precedente judicial es vinculante, por lo que, a partir de un determinado hecho jurídico, el análisis de las sentencias dictadas anteriormente permitía un resultado de cómo se había decidido por los jueces de un determinado tribunal en el pasado y cómo debería previsiblemente decidirse en el caso concreto. Sin embargo, la visión jurimétrica desde los precedentes judiciales como herramienta computacional no tuvo el mismo éxito en los países con sistemas continentales, por carecer de fuerza vinculante ese precedente judicial, y siendo la norma jurídica la base sobre la que se va a asentar el juzgador. De este modo, la previsión de la decisión judicial parecía poco atractiva para el jurista continental, lo que no es óbice a su aplicabilidad como herramienta lógica jurídica y su empleabilidad como fuente de documentación jurídica[21], que es lo que se está pretendiendo en la actualidad.

No obstante, este recelo en los profesionales de los ordenamientos jurídicos como el nuestro, continua latente. Sin embargo, el avance tecnológico está provocando un cambio de mentalidad que parece anunciar un uso más intensivo de las herramientas de análisis jurídico-predictivo, para lo cual, es necesario conocer profundamente en qué consisten en la actualidad, cómo funcionan, así como las limitaciones que poseen.

La confianza en la utilidad de estas herramientas más avanzadas pasa por adoptar una conducta adaptativa. Igual que en los primeros tiempos de las bases de datos, los profesionales de la abogacía pasaron de los tomos en papel a las cajas de búsqueda en sus dispositivos electrónicos, con la IA puede ocurrir un cambio radical similar[22]. Los profesionales deben entender que el *big data* juntamente con la IA aplicada en las bases de datos jurídicas, incorpora a los resultados de las búsquedas variables analíticas y predictivas, que les permiten no solo obtener los documentos más favorables, sino recomendaciones y estrategias en cada caso concreto, por lo que contarán con un enriquecimiento que optimice las prestaciones de la búsqueda[23].

---

21 *Ibidem*, p. 368.

22 FERNÁNDEZ B, C., "Cómo mejorará la inteligencia artificial la búsqueda en bases de datos" *op.cit.*

23 *Ídem.*

III. APROXIMACIÓN A LAS TECNOLOGÍAS PREDICTIVAS O SIMULADAS Y AL MÉTODO PREDICTIVO O JURIMÉTRICO

En relación con el tema que nos ocupa resultan sugerentes las palabras de WENDELL HOLMES, O.: "*Las profecías acerca de lo que los tribunales harán realmente y nada más pretencioso que eso, es lo que yo entiendo por derecho*"[24].

Hoy, en pleno desarrollo de la inteligencia artificial se nos habla a los juristas de herramientas que mediante métodos cada vez más sofisticados pretenden transformar suposiciones, especulaciones o conjeturas sobre cuál será el resultado final de un asunto judicial determinado (las "profecías" de las que hablaba HOLMES), en hipótesis jurídicas estadísticamente testadas con un alto grado de probabilidad de ocurrencia[25]. A continuación, profundizaremos en este concepto.

1.¿Son las "herramientas predictivas" verdaderamente "predictivas"? El uso del término

En primer lugar, antes de proceder al estudio de las herramientas de análisis jurídico estimativas o de realización de pronósticos, en concreto, aquellas denominadas como "herramientas predictivas" debe ponerse de manifiesto que el concepto de "Justicia Predictiva" del que procede el origen de estas "herramientas predictivas", objeto del presente trabajo, no es generalmente aceptado por los actores del sector.

Se considera que la referencia a lo "predictivo" da lugar a un concepto engañoso, mal utilizado y sin realidad científica, procedente de un anglicismo que puede incluso provocar confusión en cuanto al verdadero resultado que ofrecen las herramientas. Tan es así, que algunos profesionales rechazan completamente el uso de ese concepto; mientras que, otros, lo explotan con fines comerciales[26].

---

24 SUSSKIND, R., *El abogado del mañana. Una introducción a tu futuro,* Wolters Kluwer, Madrid, 2017, p. 89.

25 OLIVA LEÓN, R. "Transformación digital y tecnológica de la justicia" en *Fintech, Regtech y Legaltech: Fundamentos y desafíos regulatorios,* Tirant lo Blanch, Madrid, 2020, p. 491.

26 Conseil National de Barreaux, Assemblée générale du 9 octobre 2020 Groupe de travail Legaltech, "Legaltechs du domaine de la jurimétrie: Préconisations d'actions Rapport", p. 9. [en línea],(2020),<https://www.ccbe.eu/fileadmin/spe-

Ciertamente, "predecir" es anunciar por revelación, conocimiento fundado, intuición o conjetura algo que ha de suceder[27]. Siendo que, verdaderamente, el ejercicio que realizan las herramientas predictivas no es tanto anunciar lo que va a suceder, sino que se basa más en una evaluación probabilística, previsible, anticipada o simulada[28] del resultado de un procedimiento judicial a la luz de las decisiones históricas tomadas por los distintos tribunales, en igualdad de condiciones. Por ello, el Consejo Nacional de la Abogacía Francesa considera los términos "jurímetría" o "justicia simulada" más neutros y adecuados para designar la actividad y las herramientas relacionadas con ese tipo de análisis jurídico que permite la toma de decisiones[29].

Por otro lado, Wolters Kluwer en colaboración con Google España han adoptado como propio el término "Jurimetría" para designar la concreta plataforma web que han desarrollado para cumplir con las funciones "predictivas" relacionadas con el proceso.

En consecuencia, en el presente trabajo se hará uso de los términos indistintamente, ya que, más allá de la exactitud de lo que como "predictivo" se designa, es la expresión que se ha impuesto rápidamente en el uso terminológico (jurídico o no)[30]. Siempre, siendo conscientes de que "predictivo" tendrá un significado particular en relación con el lenguaje del *machine learning* y con estas herramientas concretas, significando sencillamente que el resultado obtenido nace de la aplicación de un modelo basado en datos históricos[31]. Y que "Jurimetría" puede referirse tanto a la antedicha herramienta concreta, como a la disciplina en general.

---

ciality_distribution/public/documents/Events/20201027_Online_Roundtable/Rapport-CNB-sur-la-jurime-trie-adopte-9-10-20.pdf>. [Consulta: 12/08/2022].

27 Según el Diccionario de la lengua española (RAE).

28 DEUMIER P. "La justice prédictive et les sources du droit: la jurisprudence du fond", *Archives de philosophie du droit,* (Tomo 60), p. 49-66. DOI: 10.3917/apd.601.0064. [en línea] (2018) <https://www.cairn.info/revue-archives-de-philosophie-du-droit-2018-1-page-49.htm>. [Consulta: 12/08/2022].

29 Conseil National de Barreaux, Assemblée générale du 9 octobre 2020 Groupe de travail Legaltech, "Legaltechs du domaine de la jurimétrie: Préconisations d'actions Rapport", *op.cit.*, p. 9.

30 DEUMIER P. "La justice prédictive et les sources du droit: la jurisprudence du fond", *Archives de philosophie du droi, op.cit.*, pp. 49-50.

31 Consejo Europeo de Colegios de abogados (*Council of Bars and Law Societies of Europe*) y la Fundación Europea de Abogados (*European Lawyers Foundation*), "*Guide on the use of Artificial Intelligence-based tools by lawyers and law firms in the EU*", p. 29,

2. Concepto de herramientas predictivas o simuladas

Expuesto lo anterior, debe ponerse de relieve que, actualmente, son consideradas herramientas de predicción legal aquellas que utilizan una mezcla de MACHINE LEARNING, BIG DATA e inteligencia artificial para realizar análisis de jurisprudencia, de pruebas y demás datos disponibles para calcular los resultados probables de una controversia, o la evaluación de riesgos en cualquier actividad legal, ya sea de un contrato, un pleito[32] o incluso, de las distintas partes intervinientes en el proceso.

Se trata de un conjunto de instrumentos desarrollados mediante el análisis de grandes masas de datos jurídicos que muestran mediante gráficos u otros parámetros, sobre todo a partir de un cálculo de probabilidades, el resultado de un litigio. En otras palabras, una herramienta de análisis mediante la cuantificación de los datos judiciales, que permite formular probabilidades sobre el resultado de un caso a partir de correlaciones[33].

Sin perjuicio de que en este trabajo la cuestión se centrará únicamente en las aplicaciones con las funcionalidades descritas, debe ponerse de relieve que KATZ destacó el uso de herramientas predictivas de costes y predicción de presupuestos por la prestación del servicio de los abogados, siendo útiles para que los clientes puedan determinar una tarifa aceptable que pagar por un servicio legal prestado. A título ilustrativo, TyMetrix entre otros servicios, contiene una plataforma de analítica legal que ofrece datos de los servicios puestos en relación con el gasto legal en la industria legal. Para desarrollar esta inmensa base de datos, TyMetrix, aprovechó su rol como proveedor de software de pago y facturación a varios departamentos legales[34].

[en línea], (2022),<https://www.ccbe.eu/fileadmin/speciality_distribution/public/documents/IT_LAW/ITL_Reports_studies/EN_ITL_20220331_Guide-AI4L.pdf>. [Consulta: 10/08/2022].

32 TORRES GARCÍA, R. "La mecanización de los servicios jurídicos y el futuro de la profesión de abogado" en *Fintech, Regtech y Legaltech: Fundamentos y desafíos regulatorios, op. cit.*, p. 394.

33 DEUMIER P. "La justice prédictive et les sources du droit: la jurisprudence du fond", *Archives de philosophie du droit, op.cit.*, p. 50.

34 KATZ, D. M. "Quantitative legal prediction - or - how I learned to stop worrying and start preparing for the data-driven future of the legal services industry", *Emory Law Journal*, 62 (4), pp. 909-966. [en línea] (2013) <https://papers.ssrn.com/sol3/papers.cfm?abstract_id=2187752> [Consulta: 30/10/2022].

3. Cómo funcionan técnicamente las herramientas: el método predictivo

Dichas herramientas requieren la aplicación de un método para conseguir esos resultados probables. Así, el método predictivo comporta no únicamente una, sino varias técnicas estadísticas, aprendizaje automático y explotación de datos que permite tratar los datos actuales e históricos para transmitir unos resultados que pretenden ser pronósticos acerca del futuro o de acontecimientos aun no conocidos[35]. Lo que permite dicho método a efectos del trabajo de los letrados es el desglose de las reglas del derecho, formulándolas en lenguaje informático y sobre la base de datos históricos establecer un árbol de decisión asociado a una lógica sometida a condiciones similares a las del caso enjuiciado. Sin olvidar, que, en nuestro Derecho, casi nunca un caso es igual a otro. Pero esto, es una cuestión que analizaremos al considerar los límites de estas herramientas predictivas.

En relación con el método, es conveniente conocer cómo trabajan técnicamente hablando estos servicios de análisis predictivo para lograr entender su utilidad. Para lo cual, en primer lugar, resulta necesario manejar y familiarizarse con los términos relacionados con las tecnologías que emplean:

- **Reconocimiento óptico de caracteres (OCR)[36]:** se refiere a los procesos informáticos de traducción de texto impreso o mecanografiado en archivos de texto.

- El *software* OCR se utiliza para recuperar el texto de la imagen de un documento y guardarlo en un archivo que pueda ser utilizado en un procesador de textos y almacenado en una base de datos. Salvo en el caso en el que las decisiones de la jurisprudencia sean decisiones digitales desde su origen y en un formato determinado, la práctica de la digitalización de las resoluciones tiene como resultado la generación de un archivo de imagen que debe ser tratado. Este reconocimiento óptico es, por tanto, una etapa preliminar en el análisis de la jurisprudencia.

- **Procesamiento automático del lenguaje natural (PLN) o *Natural Language Procesing (NLP)*[37]:** *este modelo tiene como objetivo crear herramientas*

---

35 BARONA VILAR, S. *Algoritmización del Derecho y de la Justicia. De la Inteligencia Artificial a la Smart Justice, op. cit.*, p. 445.

36 Conseil National de Barreaux, Assemblée générale du 9 octobre 2020 Groupe de travail Legaltech, "Legaltechs du domaine de la jurimétrie: Préconisations d'actions Rapport", *op.cit.*, p. 50.

37 *Ídem.*

de procesamiento del lenguaje natural para diversas aplicaciones. En otras palabras, busca la comprensión del lenguaje humano mediante un ordenador o máquina. En el caso de la "Justicia Predictiva", se utiliza para analizar los textos jurisprudenciales y caracterizarlos (decisión favorable o desfavorable, por qué motivos, etc.).

- ***Word embedding* (incrustación de palabras)**[38]**:** *la incrustación de palabras es un método de aprendizaje de una representación de palabras. Esta técnica permite representar cada palabra de un diccionario mediante un vector de números. Esta nueva representación tiene la particularidad de que las palabras que aparecen en contextos similares tienen vectores correspondientes que están relativamente cerca. Por ejemplo, el término "nómina" debe entenderse de la misma manera que los términos "salario" y "sueldo". Así, por medio de este método se contextualiza el concepto jurídico que muestra una vinculación entre estas nociones.*
- **Tesauro**[39]**:** un tesauro es un diccionario que recoge todas las variantes de una palabra (por ejemplo: nómina = salario = ingresos = etc.). Es útil para buscar criterios (en este caso, los ingresos de la persona) que no tienen un estándar o norma para encontrarlos.
- **Ontología**[40]**:** una ontología es un tesauro asociado a un árbol de relaciones. Por ejemplo, el tesauro enumera todos los sinónimos de "empleado" (empleado = funcionario = etc.) y todos los sinónimos de "empresa" (establecimiento = negocio = comercio = etc.), mientras que la ontología indica, entre otras, que el trabajador está vinculado a la empresa bien por un contrato de trabajo, bien por el convenio colectivo o que la empresa paga un salario al trabajador. En otras palabras, la ontología ayuda a comprender el funcionamiento y relaciones de los conceptos de un tesauro.
- **Árbol de decisión**[41]**:** Un árbol de decisión es una herramienta de apoyo a la decisión que representa un conjunto de opciones en forma de árbol. Las diferentes decisiones posibles se encuentran en los extremos de las ramas (las «hojas» del árbol) y se alcanzan según las decisiones tomadas en cada etapa.

---

38 *Ídem.*

39 *Ibidem*, p. 51.

40 *Ídem.*

41 *Ídem.*

- **Remuestreo**[42]**:** Es un método para estimar la precisión de una muestra estadística (mediana, varianza, cuartil) utilizando subconjuntos de los datos disponibles o extrayendo una muestra aleatoria con un descuento, a partir del mismo conjunto de datos. Este método se utiliza en el análisis de datos jurídicos para completar los datos que faltan y para ensayar los algoritmos en varios conjuntos de pruebas.
- **Bosque aleatorio (*Random forest*)**[43]**:** Es un algoritmo de aprendizaje automático (machine learning), que parte de múltiples árboles de decisión fusionados en subconjuntos de datos ligeramente diferentes. Este algoritmo se puede utilizar para la clasificación y/o la regresión. Los datos de los distintos árboles se fusionan para garantizar las predicciones más precisas. La predicción del bosque será el promedio de los resultados del conjunto de todos los árboles, de manera que, de esta forma, los bosques corrigen el hábito de los árboles de decisión de sobreajustar su conjunto de entrenamiento para obtener unos resultados deseados, obteniéndose unas predicciones más estables.

En segundo lugar, debe ponerse de relieve que, para la aplicación de los modelos y métodos expuestos, las herramientas parten de las bases de datos; las cuales, serán más o menos sólidas dependiendo del historial de datos que tengan las empresas que creen las herramientas o de las asociaciones que aquéllas hayan podido formalizar con los productores de datos (por ejemplo, el Centro de Documentación Judicial del Consejo General del Poder Judicial -CENDOJ-) o editoriales.

Respecto a la importancia de dichas bases de datos en relación con la fiabilidad de los resultados que provean las herramientas, hay opiniones encontradas.

Por un lado, algunos estudios[44] consideran que las herramientas de análisis jurídico dependen fundamentalmente del requisito previo consistente en la posibilidad de disponer de volumen suficiente de textos jurídicos en formato electrónico para su análisis, incluida la legislación o la jurisprudencia. Asimismo, se considera relevante para aceptar la credibilidad de la

---

42 *Ídem.*

43 *Ídem.*

44 Consejo Europeo de Colegios de abogados (*Council of Bars and Law Societies of Europe*) y la Fundación Europea de Abogados (*European Lawyers Foundation*), "*Guide on the use of Artificial Intelligence-based tools by lawyers and law firms in the EU*"], p.28, [en línea], (2022),<https://www.ccbe.eu/fileadmin/speciality_distribution/public/documents/IT_LAW/ITL_Reports_studies/EN_ITL_20220331_Guide-AI4L.pdf>. [Consulta: 10/08/2022].

herramienta si las decisiones judiciales, que sirvan de base para el análisis predictivo, son decisiones judiciales seleccionadas y anonimizadas manualmente de forma que hayan sido editadas (como ocurre en el caso español por el tratamiento que tienen las resoluciones publicadas por CENDOJ), o en el expediente judicial completo (o al menos en las resoluciones sin anonimizar ni modificar antes de su publicación), similar al *Public Access to Court* (PACER) en Estados Unidos o el *Find Case Law* en Reino Unido.

Al respecto, no resulta ilógico pensar que aquellas empresas, que para crear una herramienta predictiva, tengan acceso a más información tendrán una ventaja competitiva o, incluso, crítica en comparación con otras entidades.

Sin embargo, la postura opuesta considera que la masa de documentación no es el criterio más relevante para evaluar la calidad de las estadísticas generadas por las herramientas. De hecho, en lugar de la cantidad de datos, los defensores de esta opinión entienden que es preferible dar prioridad a un buen tratamiento de dichos datos[45].

En cualquiera de los casos, el tratamiento de los datos, de las decisiones judiciales y jurisprudencia debe realizarse. Efectuándose, fundamentalmente, en tres etapas[46]:

- Un primer análisis global se lleva a cabo mediante la aplicación de PLN (procesamiento automático del lenguaje natural) para analizar los textos de la jurisprudencia a fin de determinar un tesauro (un diccionario que recoge todas las variaciones de una palabra) para caracterizar cada una de las decisiones judiciales.
- Un segundo trabajo consiste en la vinculación de los términos objeto de tratamiento, lo cual, se realiza mediante la incrustación de palabras (análisis de un conjunto de palabras en un contexto para acercar su significado) para hacerlos coincidir con conceptos más amplios.
- Por último, se realiza una tarea de rectificación humana de los datos (por medio de un experto interno, un conjunto de usuarios que utilicen la herramienta o una autoridad académica). Esto permite eliminar los elementos incoherentes o de escasa relevancia.

---

45 Conseil National de Barreaux, Assemblée générale du 9 octobre 2020 Groupe de travail Legaltech, "Legaltechs du domaine de la jurimétrie: Préconisations d'actions Rapport", *op. cit.*, pp. 52 y 53.

46 *Ídem.*

Con todo, sobre la base de la muestra representativa de datos se generarán las estadísticas.

Este método se va repitiendo de forma que se realizan actualizaciones regulares (diariamente para las leyes y reglamentos, semanal o quincenalmente para la jurisprudencia). En cualquier caso, cada herramienta tomará diferentes variables, circunstancias y algoritmos para elaborar sus predicciones, por lo que podrán generar resultados distintos en función de los datos utilizados y las técnicas empleadas.

IV.BREVE ANÁLISIS DE HERRAMIENTAS PREDICTIVAS CONCRETAS

Actualmente, los proveedores de tecnología legal están continuamente mejorando y creando nuevas herramientas. Igualmente, el ecosistema LegalTech se encuentra en plena ebullición[47], por lo que resulta extremadamente complejo estar totalmente actualizado. No obstante, en este epígrafe se tratará de dar una visión general de distintas herramientas y plataformas jurídicas, las más populares, que por sus funcionalidades se consideran de analítica predictiva jurisprudencial; las cuales, entre otros operadores jurídicos, están destinadas principalmente a abogados.

Primeramente, debe ponerse de manifiesto que, debido a las diferencias legales y lingüísticas, la mayoría de las herramientas predictivas (y en general, muchas de las *legaltechs*) no van a estar disponibles en el mercado de forma generalizada, sino que se circunscribirán al uso concreto en el país para el que hayan sido desarrolladas[48]. Por ello, nos centraremos en conocer las herramientas que funcionan en el mercado español. Aunque, no sin mencionar algunas herramientas disponibles en otros países, a fin de lograr una visión global del entorno.

---

47 Derecho Práctico.es. "Guía Legaltech. Análisis de herramientas y plataformas para transformar las profesiones jurídicas", p. 4, [en línea], (2022), <https://www.derechopractico.es/downloads/guia-legaltech-2022/>. [Consulta:02/10/2022].

48 Consejo Europeo de Colegios de abogados (*Council of Bars and Law Societies of Europe*) y la Fundación Europea de Abogados (*European Lawyers Foundation*), "*Guide on the use of Artificial Intelligence-based tools by lawyers and law firms in the EU*"], p.14, [en línea], (2022),<https://www.ccbe.eu/fileadmin/speciality_distribution/public/documents/IT_LAW/ITL_Reports_studies/EN_ITL_20220331_Guide-AI4L.pdf>. [Consulta: 10/08/2022].

1. Herramientas de analítica predictiva en desarrollo en España

Sobre la base de la Guía *Legaltech* 2022[49], destacamos las siguientes tres herramientas: *Jurimetría, Tirant Analytics* y *Vlex Analytics.*

Jurimetría es la herramienta de analítica jurisprudencial predictiva creada por Wolters Kluwer en colaboración con Google[50], destinada a ayudar a definir una estrategia procesal idónea. Utiliza aprendizaje automático (*machine learning*), procesamiento del lenguaje natural (PLN) y *big data.* Consta de 6 módulos interconectados, cada uno con una finalidad y que aportan una perspectiva completa: Jurimetría del Caso, del Abogado, del Magistrado, de la Empresa, del Tribunal y del Organismo Público. Abordan el orden jurisdiccional civil, social, contencioso administrativo y penal. Jurimetría bebe de las resoluciones de la base de datos La Ley Digital (se habla de un conjunto de más de 10 millones de resoluciones[51]) y de la estadística judicial actualizada por el CGPJ[52]. Como explica Cristina Retana[53], Directora de Innovación de Wolters Kluwer, básicamente lo que hace la herramienta es analizar abundantes resoluciones y exponer unos resultados por medio de gráficos visuales, ajustando los algoritmos de acuerdo con la rama del derecho para obtener unos resultados óptimos. Algunos de los parámetros que refleja son: duración media de los procedimientos, probabilidad de recurso, historial estadística del juez o del letrado, líneas jurisprudenciales en torno a una temática.

Por su parte, *Tirant Analytics* (https://analytics.tirant.com/analytics/), desarrollada por Tirant lo Blanch, desde 2018 es también una herramienta de analítica jurídica que funciona a través de *big data* y *machine learning.* En esta ocasión, la base de datos cuenta con más de 500 millones de datos. La herramienta presenta la información de un modo muy práctico y visual lo que permite, que, a simple vista, puedan detectarse las notas esenciales de la búsqueda, entender el contexto en que se producen,

---

49 Derecho Práctico.es. "Guía Legaltech. Análisis de herramientas y plataformas para transformar las profesiones jurídicas", *op. cit.*

50 Anunciaron su colaboración en el año 2017. Véase:<https://www.todojuristas.com/blog/google-llega-al-sector-juridico-revolucion/> [Consulta: 02/10/2022].

51 Derecho Práctico.es. "Guía Legaltech. Análisis de herramientas y plataformas para transformar las profesiones jurídicas", *op. cit.,* p. 35.

52 GALINDO AYUDA, F. "¿Inteligencia Artificial y Derecho? Sí, pero ¿cómo?", *Revista Democracia Digital e Governo Electrónico,* Florianópolis, v.2, n. 18, pp. 36-57, 2019.

53 Para ESIC Business & Marketing School en <https://youtu.be/dpDAE35X-yI> [Consulta: 02/10/22].

establecer conexiones y extraer conclusiones de forma rápida y eficaz[54], incrementando las probabilidades de acierto al poder ver con gran detalle lo que la jurisprudencia esconde.

El funcionamiento de la herramienta es práctico e intuitivo: al insertar una expresión de búsqueda en el buscador de jurisprudencia e ir a *Tirant Analytics*, la herramienta permite seleccionar una jurisdicción concreta, tras ello la plataforma suministrará distintos gráficos interactivos que reportan información valiosa. Por ejemplo, los porcentajes de fallos posibles relacionados con la búsqueda, los conceptos jurídicos más relevantes y las categorías tesauro con la que se encuentran relacionadas. Asimismo, se puede filtrar y seleccionar alguno de los conceptos clave para afinar más en la búsqueda.

Igualmente, la herramienta permite analizar la mejor estrategia y tomar decisiones eficaces, proporcionando porcentajes de éxito de distintos casos de la jurisprudencia dependiendo de la prueba practicada (prueba diabólica, hecho notorio, pericial); de cuestiones procesales, y de los motivos del recurso o principios invocados; todo ello a través de la representación de árboles de decisión. También se permite al profesional analizar, por medio de otra tipología de gráfica, las comparativas sobre la modalidad de fallos posibles entre los distintos Tribunales nacionales, así como las probabilidades de una condena en costas. Incluso, las gráficas de Tribunales informan de la duración estimada del procedimiento judicial, la tasa de recurribilidad del órgano concreto que se seleccione o el criterio de cada uno.

Asimismo, se muestran representaciones visuales de un elenco de normativa directamente relacionada con el caso. Además, se efectúan cruces legales y jurisprudenciales que mediante la conexión entre documentos permite interconectar los fundamentos y conocer la legislación más aplicada y la jurisprudencia más consolidada.

En cualquier momento, se pueden añadir filtros de búsqueda como ponente, año o abogado, lo que permitirá unos resultados más delimitados. Otras funciones que ofrece la aplicación son los mapas conceptuales (representación gráfica de cada resolución), indicaciones de la relevancia de cada sentencia, marcando las que los expertos consideran de máximo

---

54 Derecho Práctico.es. "Guía Legaltech. Análisis de herramientas y plataformas para transformar las profesiones jurídicas", *op. cit.*, p. 36.

interés, resúmenes navegables interactivos, entre otras[55]. Una vez se considere finalizada la búsqueda es posible consultar los resultados que han servido de base como datos para proporcionar los gráficos y estadísticas[56].

Por último, *VLEX Analytics* se autodescribe como un producto de analítica judicial. En este caso, el número de resoluciones que componen la base de datos de la aplicación no está tan definido como en los casos anteriores. Se habla genéricamente de que procesan "*centenares de miles de sentencias*". Esas resoluciones de las que se nutre *Analytics* provienen de la base de datos propia de vLex y de la estadística judicial. La herramienta emplea algoritmos de inteligencia artificial (*machine learning* y procesamiento de lenguaje natural). Al igual que las plataformas anteriormente descritas *VLEX Analytics* ofrece información estadística clave para preparar los casos, estimaciones de plazos y probabilidades de éxito en virtud tanto del juzgado y de los recursos como de los asuntos; si bien ésta destaca principalmente por el sistema de predicción de pensiones compensatorias y de la pena que podría un juzgado según el tipo penal[57]. También es reseñable que el programa permite tres opciones distintas para efectuar la consulta: "Análisis por Juzgados", "Análisis por Casos", "Análisis por Recursos"[58].

Con todo, en el mercado actual las editoriales proporcionan soporte a quien por poca frecuencia en la necesidad o poseer pocos medios no desarrollen sus propias herramientas para uso privado. Esto es lo que harán (y están haciendo) las grandes firmas. Sin perjuicio de ello, no resultarán aislados aquellos grandes despachos de abogados y empresas que utilizando como base de datos sus propios documentos, datos y experiencia apuesten por desarrollar por sus propios medios, en la medida que dispongan de ellos, herramientas propias, adecuadas a sus necesidades.

---

55 Véase:<https://analytics.tirant.com/analytics/estaticas/guiausuario/guia analytics web.pdf> [Consulta: 27/10/2022].

56 Para más información consultar el videotutorial, "TIRANT ANALYTICS, la mejor estrategia para el éxito" en <https://youtu.be/8P0G1p QTY4>. [Consulta: 30/10/2022].

57 DerechoPráctico.es. Guía Legaltech. Análisis de herramientas y plataformas para transformar las profesiones jurídicas", *op. cit.*, p. 37 y véase <https://vlex.es/assets/uploads/2017/10/vlex-ANALYTICS.pdf>. [Consulta: 30/10/2022].

58 GALINDO AYUDA, F. "¿Inteligencia Artificial y Derecho? Sí, pero ¿cómo?", *Revista Democracia Digital e Governo Electrónico, op.cit.*, p. 42-43.

2. El entorno internacional

LexisNexis, *Westlaw* y *Bloomberg Law* son tres herramientas que operan en Estados Unidos, de las más pioneras en el uso de la inteligencia artificial[59]. Las tres han desarrollado secciones específicas para ayudar a los usuarios a entender los datos relacionados con los jueces, tribunales, abogados, despachos y tipos de casos[60].

En Francia también se están desarrollando este tipo de herramientas, algunas con usos mucho más específicos. A título ilustrativo *Juris Data analytics*, (creado en 2017) es un producto de la empresa *LexisNexis* Francia, integrada en el grupo multinacional RELX destinado a valorar el importe de una indemnización o cualquier otra prestación de carácter monetario aprovechando los datos numéricos contenidos en la jurisprudencia[61].

Por su parte, *Case Law Analytics* es una empresa francesa creada en 2017. En concreto, se trata de una *startup* fundada a partir de aplicaciones desarrollada por el INRIA (*Institut National de Recherche en sciences du numérique*) entidad pública de investigación[62]. Lo que hace es crear modelos matemáticos que se basan en inteligencia artificial y conocimientos jurídicos profundos para analizar rápidamente los riesgos asociados con un expediente judicial o un contrato[63].

---

59 KEISER, B.E. "How AI is Changing Legal Research", *Online Searcher*, volumen 44, Nº 5, pp. 17-24 [en línea] sept/oct 2020 <https://www.infotoday.com/OnlineSearcher/Issue/10212-September-October-2020.shtml>. [Consulta: 09/10/2022].

60 Por ejemplo, LexisNexis lanzó L*exis + Litigation Analytics*, véase en <https://www.derechopractico.es/lexisnexis-lanza-lexis-litigation-analytics-integrado-por-sus-productos-lex-machina-y-courtlink/> [Consulta: 09/10/2022]. Asimismo, *Litigation Analytics* fue desarrollada por *Westlaw Edge* perteneciente al grupo Thomson Reuters, véase en <https://legal.thomsonreuters.com/en/products/westlaw-edge/litigation-analytics> [Consulta: 09/10/2022] y, por último, *Litigation Analytics* fue desarrollada por Bloomberg Law, <https://www.bloomberglaw.com/help/litigation-intelligence-center#litigation-analytics>. [Consulta: 09/10/2022].

61 GALINDO AYUDA, F. "¿Inteligencia Artificial y Derecho? Sí, pero ¿cómo?", *Revista Democracia Digital e Governo Electrónico, op.cit.*, p. 44.

62 *Ídem.*

63 Véase: <https://www.caselawanalytics.com/> [Consulta: 27/10/2022].

V. LÍMITES A ESTE TIPO DE HERRAMIENTAS

A pesar del optimismo y de la progresiva expansión que en el mercado están teniendo las herramientas predictivas, existen limitaciones que impiden lograr extraer todo el potencial de estas herramientas.

En primer lugar, se habla de la existencia de obstáculos para la obtención y el uso de datos jurídicos. Al respecto, en España se considera que el órgano técnico del Consejo General del Poder Judicial que se encarga de la publicación oficial de la jurisprudencia, esto es, el Centro de Documentación Judicial (en adelante, CENDOJ), aun siendo una de las herramientas con mayor número de publicaciones abiertas; pone límites a la publicidad de las sentencias judiciales. La cuestión es que el CENDOJ una vez trata informáticamente las resoluciones para suprimir los datos personales, por medio de una empresa especializada en ello, las pone a disposición de determinadas empresas con capacidad económica para que puedan adquirirlas a un precio unitario. Consecuentemente, estos datos solo están al alcance de un número concreto de empresas que, tras adquirirlos, los indexan y los procesan para llevar a cabo las herramientas. En este contexto, cualquiera no podría optar a desarrollar una herramienta o utilizar tecnología para analizar y predecir por sus propios esfuerzos y técnicas las resoluciones jurídicas. Así, se considera que esta realidad "reduce la oferta de productos y servicios para los profesionales del derecho, minora la competencia empresarial, abaja la innovación y lastra el desarrollo de la industria tecnolegal o legaltech española" [64].

Sin embargo, en otros países donde la legislación parece favorecer la universalidad del acceso a los datos jurídicos como Francia, la realidad práctica se traduce en similares dificultades de acceso a las resoluciones judiciales (sobre todo, de primera instancia) y, consecuentemente, barreras de entrada en el mercado de este tipo de herramientas[65].

---

64 GÓMEZ-OBREGÓN, J. "Del limitado acceso a las resoluciones judiciales", [en línea], (2022), <https://www.hayderecho.com/2022/07/07/del-limitado-acceso-a-las-resoluciones-judiciales/>. [Consulta:25/09/2022].

65 En Francia, la política de difusión de las decisiones judiciales se inicia con la aprobación de la Ley N.° 2016-1321 de 7 de octubre de 2016 para una República Digital, la cual prevé la libre disponibilidad de todos los datos de las administraciones públicas y las decisiones de todos los tribunales. Asimismo, la Ley 2019-2022 de Programación y de Reforma de la Justicia (*LOI n° 2019-222 du 23 mars 2019 de programmation 2018-2022 et de réforme pour la justice)* establece que las resoluciones dictadas por los tribunales franceses se pondrán a disposición del público de forma gratuita en formato electrónico., *vid.* Conseil National de Barreaux, Assemblée

Otra de las limitaciones es la llamada "el silencio de los datos"[66]. Se refiere a la dificultad que presenta el análisis de la jurisprudencia en el Derecho Continental por la escasa estandarización que poseen los textos de las resoluciones judiciales en países como Francia o España. A diferencia de lo que ocurre en el *Common Law* en el que las decisiones judiciales están relativamente armonizadas, principalmente por la aplicación del precedente.

De la misma forma, el carácter abstruso de los datos no facilita la expansión de las herramientas predictivas. En este sentido, el lenguaje natural resulta fuertemente ambiguo, a lo que se une el hecho de que el lenguaje jurídico es complejo en sí mismo (no sólo por la complejidad sintáctico-semántica fruto de la longitud de algunas oraciones o el uso de latinismos, sino también por la propia terminología tanto legal como de otros sectores -sanidad, energía, educación, etc.- que se incluyen en las resoluciones) y, aunque, como se ha analizado, algunas tecnologías aplicadas intentan facilitar esta tarea siguen existiendo dificultades de contextualización y análisis.

Por otro lado, podemos observar los cambios legislativos de nuestro país vecino, Francia, para reflexionar sobre otras limitaciones de las herramientas que nos ocupan. Así, la legislación francesa ha limitado estas herramientas, especialmente por a la necesidad de respetar los datos personales. De esta manera, el artículo 33 de la Ley 2019-22 de Reforma de la Justicia francesa impone pena de hasta cinco años de privación de libertad a quienes reutilicen los datos personales de los jueces con el fin de analizar, evaluar, comparar o redecir sus prácticas profesionales[67]. Con ello se pretende poner freno a la posibilidad de efectuar grandes patronajes ideológicos de los jueces, que pudieran afectar gravemente a sus derechos fundamentales y a los principios que rigen el Poder Judicial.

Por otro lado, y más al margen de los datos, el optimismo respecto a la posible disposición de los abogados a adquirir herramientas jurimétricas no es unánime y muchos actores informan de que la profesión jurídica rechaza estas herramientas[68]. No obstante, en la confianza de que los profesionales acabarán adaptándose, es importante que éstos aprendan a inter-

---

générale du 9 octobre 2020 Groupe de travail Legaltech, "Legaltechs du domaine de la jurimétrie: Préconisations d'actions Rapport", *op.cit.*, p. 56.

[66] *Ibidem*, p. 57.

[67] BARONA VILAR, S. *Algoritmización del Derecho y de la Justicia. De la Inteligencia Artificial a la Smart Justice, op.cit.*, p. 372.

[68] *Ídem.*

pretar distintos tipos de gráficos y parámetros estadísticos para no añadir un nuevo límite al uso de estas herramientas.

A mayores, en determinados casos, la capacidad económica de los bufetes de abogados para financiar el uso de estas herramientas puede llegar a ser limitada, sobre todo la de los despachos de menores dimensiones o aquellos abogados que ejercen la profesión de manera autónoma.

Hasta el momento, únicamente se han señalado factores externos a las herramientas como causas de las limitaciones que existen a la expansión de las mismas. Sin embargo, también están aquellos elementos internos que obstaculizan su uso habitual. Se trata, principalmente, de la existencia de sesgos, es decir, en terminología estadística, la existencia de errores sistemáticos en los que se puede incurrir cuando al hacer muestreos o ensayos se seleccionan o favorecen unas respuestas frente a otras. Esto provoca que los resultados proporcionados sean unos, pero no infalibles y que, en todo caso, estén relacionados con la jurisprudencia más cercana al caso introducido.

A fin de disminuir los efectos que estos sesgos puedan tener en los resultados ofrecidos, algunas herramientas proporcionan una evaluación del impacto de los criterios que fueron más influyentes en la muestra jurisprudencial tomada como base y cómo contribuyeron en la decisión final de las resoluciones. Pero no todas lo hacen. De hecho, la gestión de los sesgos varía dependiendo de la empresa que preste el servicio, siendo posible identificar tres posturas[69]:

- No procesamiento: Algunas empresas desarrolladoras son conscientes de la existencia de sesgos en los resultados, pero deciden no procesarlos, sobre la base de que la aplicación de estadísticas a datos en masa permite mitigar en cierta medida esos errores que puedan producirse. Debe ponerse de relieve que la adopción de esta postura puede llevar a obtener unos resultados menos fiables, ya que, los impactos que puedan tener los errores estadísticos o sesgos no son nulos. A título ilustrativo, si lo que se pretende conocer con la herramienta de jurimetría es el importe de indemnización por daños que se viene aplicando por los Tribunales en un caso concreto de accidente de tráfico, debe tenerse en cuenta que los resultados de los valores monetarios proporcionados con la herramienta, por

69 Conseil National de Barreaux, Assemblée générale du 9 octobre 2020 Groupe de travail Legaltech, "Legaltechs du domaine de la jurimétrie: Préconisations d'actions Rapport", *op. cit.*, p. 53.

ejemplo, no tienen en cuenta la inflación; lo que, consecuentemente, puede llevar a una subestimación de la compensación y a tomas de decisiones erróneas por parte de los abogados.

- Tratamiento selectivo: otras empresas optan por seleccionar los sesgos que consideran oportunos.
- Sesgos relacionados con el Poder Judicial: las empresas del sector son conscientes de que la mayor parte de los errores que pueden tener los resultados proporcionados por sus herramientas son fruto de las dispares y diversas decisiones que pueden tomar los Jueces y Tribunales, sobre la base de su propio criterio y dependiendo del marco de referencia legal empleado. No obstante, dada la dificultad de obtener patrones o estadísticas fiables de los comportamientos magistrados, normalmente no se destacan los posibles sesgos que se producen[70]. Por lo que, resulta conveniente ser también conscientes de esta circunstancia, a la hora de valorar los resultados obtenidos.

Con todo, y a pesar de que las limitaciones expuestas sean significativas, los profesionales de la abogacía no deberían pasar por alto la contribución de estas nuevas herramientas a la profesión. Así, siendo conscientes de las limitaciones de las herramientas y haciendo buen uso de ellas, la cuestión clave será que conjuntamente profesionales, poderes públicos, académicos e ingenieros puedan debatir, probar y revisar continuamente la aplicación de las herramientas para reducir al máximo sus limitaciones.

Por otro lado, y aunque queda fuera del alcance del presente trabajo, sería conveniente reflexionar profusamente sobre las ventajas y oportunidades, así como de las desventajas y riesgos que traen consigo estas herramientas predictivas. Si bien es cierto que se está hablando de reducciones de costes y ahorro de tiempo, de una justicia más previsible con menos incertidumbre jurídica, de la posibilidad de crear estímulos hacia acuerdos y conciliaciones[71] como potenciales oportunidades de las herramientas de simulación; también lo es que los sesgos que se han comentado, el llamado "efecto

---

70 Consejo Europeo de Colegios de abogados (*Council of Bars and Law Societies of Europe*) y la Fundación Europea de Abogados (*European Lawyers Foundation*), "*Guide on the use of Artificial Intelligence-based tools by lawyers and law firms in the EU*", pp. 53-54, [en línea],(2022),<https://www.ccbe.eu/fileadmin/speciality_distribution/public/documents/IT_LAW/ITL_Reports_studies/EN_ITL_20220331_Guide-AI4L.pdf>. [Consulta: 10/08/2022].

71 BARONA VILAR, S. *Algoritmización del Derecho y de la Justicia. De la Inteligencia Artificial a la Smart Justice, op.cit.*, pp. 374-374.

rebaño"[72], las desigualdades en el acceso y el empleo de las herramientas, al igual que la posible afectación a derechos fundamentales que puede implicar su uso. Por tanto, son cuestiones relevantes que habrá que abordar.

VI. VALORACIÓN FINAL

Como en muchos otros ámbitos del día a día de las personas, la inteligencia artificial está suponiendo un avance en la forma de ejercer la abogacía. En concreto, las herramientas de análisis jurídico (predictivas o de simulación) estudiadas en este capítulo están llegando para colaborar, facilitar, apoyar, complementar y, en definitiva, asistir al profesional de la abogacía; pero dejando a la decisión humana la propuesta y estrategia de asesoramiento y defensa de los clientes.

Sin perjuicio de los límites y riesgos que implica su uso; lo cierto es que, bien utilizadas y perfeccionando algunos extremos, los resultados que proporcionan, sobre todo en forma de gráficos, plantean caminos o estrategias inalcanzables para la búsqueda tradicional que hasta ahora habían permitido las bases de datos. Permiten una visión más global, posibilitando al abogado considerar mejor los valores en juego.

Desde una perspectiva práctica estas herramientas pueden servir a los abogados para dos cosas fundamentalmente: (i) para mejorar la relación entre el profesional y los clientes con respecto a los asuntos, permitiendo concretar con mayor precisión la viabilidad de su caso y presupuestar el servicio conforme a eso y, (ii) para cambiar su forma de trabajar, ya que la máquina hará trabajos de análisis y estudio a unos niveles inabarcables y el abogado se centrará en interpretar los resultados y tomar decisiones.

BIBLIOGRAFÍA

ALVITE DÍEZ, M.ª. L. Evolución de las bases de datos jurídicas en España. *Anales de Documentación, N.º 7, 2004, pp.7-27.*

AMUNÁTEGUI PERELLÓ, C. Arcana Technicae. El Derecho y la Inteligencia Artificial (1ª ed.). Tirant lo Blanch, Valencia, 2020.

BARONA VILAR, S., Algoritmización del Derecho y de la Justicia. De la Inteligencia Artificial a la Smart Justice, Tirant lo Blanch, Madrid, 2021.

[72] *Ídem.*

Conseil National de Barreaux, Assemblée générale du 9 octobre 2020 Groupe de travail Legaltech, "Legaltechs du domaine de la jurimétrie: Préconisations d'actions Rapport" [en línea], (2020), <https://www.ccbe.eu/fileadmin/speciality_distribution/public/documents/Events/20201027_Online_Roundtable/Rapport-CNB-sur-la-jurime-trie-adopte-9-10-20.pdf>. [Consulta: 12/08/2022].

Consejo Europeo de Consejo Europeo de Colegios de abogados (*Council of Bars and Law Societies of Europe*, CCBE) y la Fundación Europea de Abogados (*European Lawyers Foundation*, ELF: "*Guide on the use of Artificial Intelligence-based tools by lawyers and law firms in the EU*" [en línea], (2022), <https://www.ccbe.eu/fileadmin/speciality_distribution/public/documents/IT_LAW/ITL_Reports_studies/EN_ITL_20220331_Guide-AI4L.pdf>. [Consulta: 10/08/2022].

Derecho Práctico.es. *Guía Legaltech. Análisis de herramientas y plataformas para transformar las profesiones jurídicas.* [en línea] (2022) < https://www.derechopractico.es/downloads/guia-legaltech-2022/>. [Consulta: 02/10/2022]

DEUMIER P. "La justice prédictive et les sources du droit: la jurisprudence du fond", *Archives de philosophie du droit,* (Tomo 60), p. 49-66. DOI: 10.3917/apd.601.0064. [en línea] (2018)<https://www.cairn.info/revue-archives-de-philosophie-du-droit-2018-1-page-49.htm>. [Consulta: 12/08/2022].

FERNÁNDEZ B, C. "Cómo mejorará la inteligencia artificial la búsqueda en bases de datos", Wolters Kluwers, Diario la Ley [en línea] (2021) <https://diariolaley.laleynext.es/dll/2021/10/07/como-mejorara-la-inteligencia-artificial-la-busqueda-en-bases-de-datos-juridicas>. [Consulta: 08/09/2022].

FERNÁNDEZ HERNÁNDEZ, C. Y BOULAT, P. "La búsqueda en bases de datos jurídicas: técnicas y consejos" [en línea] (2014) <https://noticias.juridicas.com/conocimiento/articulos-doctrinales/4855-la-busqueda-en-bases-de-datos-juridicas:-tecnicas-y-consejos/>. [Consulta: 11/09/2022].

GALINDO AYUDA, F. "¿Inteligencia Artificial y Derecho? Sí, pero ¿cómo?", *Revista Democracia Digital e Governo Electrónico,* Florianópolis, v.2, n. 18, pp. 36-57, 2019.

GÓMEZ-OBREGÓN, J. "Del limitado acceso a las resoluciones judiciales" [en línea] (2022) <https://www.hayderecho.com/2022/07/07/del-limitado-acceso-a-las-resoluciones-judiciales/>. [Consulta:25/09/2022].

KATZ, D. M. "Quantitative legal prediction - or - how I learned to stop worrying and start preparing for the data-driven future of the legal services industry", *Emory Law Journal,* 62 (4), pp. 909-966. [en línea] (2013) <https://papers.ssrn.com/sol3/papers.cfm?abstract_id=2187752>. [Consulta: 30/10/2022].

KEISER, B.E. "How AI is Changing Legal Research", *Online Searcher,* volumen 44, N° 5, pp. 17-24 [en línea] sept/oct 2020 <https://www.infotoday.com/OnlineSearcher/Issue/10212-September-October-2020.shtml>. [Consulta: 09/10/2022].

NAVAS NAVARRO, S. "Derecho e inteligencia artificial desde el diseño. Aproximaciones" en *Inteligencia Artificial. Tecnología. Derecho.* Tirant lo Blanch, Valencia, 2017, pp. 23-71.

OLIVA LEÓN, R. "Transformación digital y tecnológica de la justicia" en *Fintech, Regtech y Legaltech: Fundamentos y desafíos regulatorios,* Tirant lo Blanch, Madrid, 2020, pp. 441-493.

SUSSKIND, R., *El abogado del mañana. Una introducción a tu futuro,* Wolters Kluwer, Madrid, 2017.

TORRES GARCÍA, R. "La mecanización de los servicios jurídicos y el futuro de la profesión de abogado" en *Fintech, Regtech y Legaltech: Fundamentos y desafíos regulatorios,* Tirant lo Blanch, Madrid, 2020, pp. 379-396.

WAKEFIELD, J., "AI predicts outcome of human right cases" [en línea], (2016), <https://www.bbc.com/news/technology-37727387>. [Consulta: 02/08/2022].